suhrkamp taschenbuch 3079

Nike Wagner, Urenkelin des Komponisten Richard Wagner, hat die Geschichte ihrer Familie geschrieben, mit großer Authentizität und dem Wissen um Hintergründe und Zusammenhänge, das nur ein Familienmitglied haben kann. Aus kritischer Perspektive untersucht sie die besondere Familiendynamik sowie die politischen und kulturhistorischen Verflechtungen des Festspielorts Bayreuth und der Villa »Wahnfried«, Inbegriff des Wagnerkults. Besonderes Augenmerk gilt der dunklen Zeit mit Winifred Wagner bis 1944, der »politischen Götterdämmerung des Familiendramas«. Die Zeit nach dem Krieg wird bestimmt von den Enkeln Wieland, Nike Wagners Vater, und Wolfgang, der seit Wielands Tod 1966 alleiniger Herrscher über die Festspiele blieb und die Frage nach dem Fortgang bislang unbeantwortet läßt.

»Nike Wagner demonstriert in einer Serie von Werkanalysen ihre intellektuelle Kompetenz in Sachen Wagner, aber auch emotionale Souveränität in ihrer Darstellung der Familiengeschichte.«

Reinhard Baumgart, Die Zeit

Nike Wagner, geboren 1945, hat in Berlin, München und den USA Musik-, Theaterwissenschaft und Literatur studiert. 1973 promovierte sie mit einer Arbeit über Karl Kraus. 1984–1986 war sie Fellow am Wissenschaftskolleg zu Berlin. Seither ist sie schriftstellerisch und publizistisch tätig. Schwerpunkte: Kultur- und Geistesgeschichte der europäischen Jahrhundertwende und deutsche Zeitgeschichte. Jüngste Buchveröffentlichung: *Über Wagner. Von Musikern, Dichtern und Liebhabern.* Lebt seit 1986 in Wien.

Nike Wagner
Wagner Theater
Mit zahlreichen Abbildungen

Suhrkamp

Umschlagfoto:
F.A.Z.-Magazin / Christin Losta

suhrkamp taschenbuch 3079
Erste Auflage 1999

Druck: Druckhaus Nomos, Sinzheim
Printed in Germany
Umschlag: Göllner, Michels, Zegarzewski
ISBN 978-3-518-39579-0

3 4 5 6 7 8 – 13 12 11 10 09 08

INHALT

DAS THEATER DER WAGNERS UND WAGNERTHEATER

»Was ist's ihr Glatten,
das dort so gleißt und glänzt?«

»Von selbst dann leuchtet der Gral ...«

Bayreuth ist ein geographisch bestimmbarer Ort im Fadenkreuz zwischen München und Berlin, zwischen Paris und Prag, ein Ort, der vor den beiden Weltkriegen in deutscher und europäischer Mitte lag, nach der Teilung Deutschlands ins karge Zonenrandgebiet verwiesen wurde und nun wieder zurückgekehrt ist an seinen Platz im Herzen der vereinigten Bundesländer. Bayreuth ist ein geschichtlicher Ort, der im 18. Jahrhundert zum »Juwel« umgestaltet wurde, zur markgräflichen Residenz, mit Garten- und Baukunst, einem Schloß und einem kostbaren Rokokotheaterchen, mit einer Eremitage, Wasser- und Ruinenkünsten. Bayreuth ist das vielbeschriebene reizende Frankenstädtchen mit Sandsteinhäusern, Zwiebelkirchtürmen, Bierkneipen und lieblich geschwungenen Hügeln ringsum, das den kauzigen Romantiker Jean Paul ebenso beherbergt und inspiriert hat wie den Anarchisten Max Stirner. Bayreuth hat immer kräftig das deutsche Schicksal geteilt und dementsprechend auch seine politischen Narben erhalten. Zerbombt im letzten Krieg, hat es unter der Ästhetik kommunalen Wiederaufbaus nicht weniger gelitten und sonnt sich heute in der Normalität von Stadtautobahnen und Einkaufsstraßen.

Bayreuth ist aber vor allem eines: Ort der Wagnerfestspiele im Wagnertheater, Stätte der Monokultur Wagnerscher Musikdramen. Hier gilt's der Kunst eines einzigen Komponisten, und dieser Anspruch und seine Verwirklichung hat Bayreuth in der Welt begrifflich fixiert; Bayreuth ist identisch mit Wagner. Denn dort steht, seit über hundert Jahren, thronend über der Stadt auf grünem Hügel, das von Richard Wagner begründete und nach seinen Plänen erbaute Festspielhaus. Jeden Sommer werden in diesem Haus, dessen schlichter Fabrikstil die Gegenposition zu den prunkvollen Hofopernhäusern seiner Zeit deutlich markiert, die Werke Wagners aufgeführt, und ein deutsches und internationales Publikum findet sich ein.

Warum ein Ort identisch werden konnte mit seiner Bestimmung als Festspielort, warum die Stadt Bayreuth im Zeichen Wagners begriffen wird – mehr noch als die Stadt Salzburg im Zeichen Mozarts –, hat einen Grund in der eigentümlichen Überlagerung realer und geschichtlicher Komponenten mit irrealen, mit geistigen und mythologischen. Wie in den Wagnerschen Partituren die Handlung, die dramatisch vorwärtstreibende Aktion, verknüpft ist mit einer Musik, die aus den Bausteinen des Erinnerten und Bekannten eine Art zeitlose Gegenwart herstellt – oder auch umgekehrt die Musik gleichsam die Handlung anzettelt und antreibt, wenn diese sich in Reflexion zu verlieren scheint – so charakterisiert den Komplex Wagner/Bayreuth ebenfalls ein Ineinander von Widersprüchen. Aus der Gegenbewegung von Realität und Bewußtsein, von Geschichte und Mythos entstand eine Dynamik, die durch die ewigen Wiederkehr derselben Werke zugleich auf der Stelle tritt.

Dieses Konglomerat aus wirklichen und unwirklichen Partikeln, aus dem beschreibbaren Dasein eines Festspielortes in Gegenwart und Vergangenheit und seinem Abbild im Bewußtsein, seiner auratischen Existenz, läßt sich in seine Bestandteile zerlegen.

Natürlich ist das Bayreuther Festspielhaus ein Festspielhaus und nichts als das, ein Opernbetrieb als Saisontheater, mit allen dazugehörigen Personal- und Besetzungsschwierigkeiten, mit Aufführungsziffern und Gagendifferenzen, mit Dekorationen und Dispositionen, da gibt es Gewerkschaftsbestimmungen, Sicherheitsvorschriften und Reparaturbedürfnisse, Kartenbüro und Computer. Das Festspielhaus ist ein Unternehmen auf dem kulturellen Sektor der Gesellschaft, eine aus sozialen, technischen, wirtschaftlichen Faktoren bestehende Maschinerie. Und als solches ist es natürlich kein isoliertes Phänomen, sondern steht seit Anbeginn in offenen und geheimen, in freiwilligen und erzwungenen Beziehungen mit seinem Umfeld, mit der staatlichen und parastaatlichen Außenwelt und ihren Befugnissen und Gewalten, ihren Wünschen und ihren Zudringlichkeiten. Mochte es sich auch eines schönen Tages vor den Augen des Komponisten erhoben haben mit der Irrealität einer »Narrenlaune«, so mußte doch der wirkliche bayrische König da sein und mit ihm das bayrische Staatsbudget, damit es diese »Narrenlaune« gab, und es mußten willige Stadtväter da sein, private Mäzene, pilgerschaftsbereite Vereine und ein Kranz von Propagandisten, Paladinen und Presseleuten. Das hat sich seither nur insofern geändert, als die Formen staatlicher Verfassung, öffentlicher Körperschaften und medialer Vervielfältigung sich geändert haben.

Das reale Bayreuth war und ist seinem Kontext verbunden und gebunden an die Bedingungen, die dieser offeriert oder diktiert. Es ist Teil der öffentlichen und politischen Geschichte, der geschichtlichen Wirklichkeit und des konkreten Kulturprozesses einer Nation. Daß dieser Kulturprozeß sich im Falle Wagner und Bayreuth als eminent deutscher versteht und sich darin selbst bespiegelt und bestätigt, hat mit dem über seine Opern und Schriften nicht immer deutlich, doch immer laut vernehmbaren Selbstverständnis des Komponisten zu tun, der seine Theaterrevolution als Gleichnis und Stimulans für eine Umschaffung der deutschen Verhältnisse verstand, als nationale Kunst.

Die stete Wiederholung seiner Werke, ihre schier unglaubliche Kontinuität seit den Zeiten Ludwigs II. über zwei

Weltkriege hinweg bis heute signalisiert in einem ebenso beunruhigenden wie beruhigenden Sinne die Kontinuität eines Segments deutscher Geschichte. Daß sich deutsche Geschichte, als Kulturgeschichte, in der inneren Geschichte der Festspielführung und ihrem Verlauf in Regentschafts-Perioden – man spricht von der »Ära« eines Festspielleiters – ausdrückt, ist so richtig und fragwürdig, wie jede Personalisierung von Geschichte in Herrscherfiguren. In jedem Falle bringt jede neue Ära in der Festspielgeschichte dramatische Ereignisse mit sich, Aufregungen, Königsmorde, Thronstürze, Regime- und Paradigmenwechsel, Transformationen, neue Ansätze. Insofern dieses reale und konkrete, dramatische und politische, dieses weltliche, veränderliche, geschichtliche Bayreuth als Objekt im Netz von Verpflichtungen und Begehrlichkeiten gesehen werden kann, ist es mit Fragen der Macht verbunden, mit Macht als Besitz und mit Macht als Herrschaftsausübung. In Anbetracht jenes Summum Opus, das Machtfragen zum Thema hat und für dessen Ausführung das eigene Theater nötig war, des *Ring des Nibelungen*, könnte man dieses materiell sich verwirklichende, ans Materielle gebundene, sich in der Zeit entfaltende und einem Telos gehorchende Bayreuth Wagners mit dem »Ring-Prinzip« identifizieren.

Das Ring-Prinzip schließt Ringkämpfe ein, Machtkämpfe von einzelnen Personen im Inneren des Hauses und Kämpfe, die von den öffentlichen Lobbies geführt werden. Sogar das Herzstück des Hauses, die Bühne, ist ein Schauplatz, auf dem Rivalitäten ausgetragen werden, zumindest seit es »Regietheater« und größere Spielräume der »Interpretation« auf der Wagnerbühne gibt, seit den späten dreißiger Jahren. Die Bühne, kleinste Einheit im Rahmen der Hauskämpfe und Machtstrategien, ist das Forum und die Arena, wo über artistische Geltung und Ruhm entschieden wird. Insofern kommt der Bühne in einem gewissen Maß Offenbarungscharakter zu. Erfolg oder Mißerfolg hier können auf weitere Führungskonstellationen einwirken. Die ästhetische Sphäre ist nie unabhängig, sondern wirft den »gleißenden« Widerschein des Dingsymbols Goldring bis tief hinein in die Strukturen der Machtinteressen.

Doch sind es nicht das Ring-Prinzip und seine Dynamik, wodurch Bayreuth zur Identität mit sich selbst als dem Ort Wagners gebracht wurde. Jedes Opernhaus, jede Firma, jeder größere Besitz kennt ähnliche Vorgänge. Das Ungewöhnliche an dem *Ring*, der mit Bayreuth zu gewinnen ist, ist vielmehr jene Dimension, die oft genug beschworen und beschrieben wurde, die des Mythischen. Auf emblematischen Darstellungen, vor allem zu Jahrhundertanfang, erstrahlt über den Konturen des Festspielhauses häufig eine Gloriole, eine Art kindlicher Sonne. Es strahlt das Haus, es strahlt aus ihm heraus. Daß damit nie die Sonne der Aufklärung gemeint war, sondern ein Heiligenschein, also eine sakral-nationale Überhöhung des Wagnertheaters, zeigt nicht nur die Geschichte der Wirkung Bayreuths, die dem gläubigen immer stärker als dem kritischen Muster folgte. Der Gründervater selbst hatte sein Theater als Ort der Erfüllung des erneuerten Mythos konzipiert, als eine deutsche Entsprechung griechischer Vorbilder, zu Delphi. Im Gegensatz zur »Kirche im Dorf«, die mitten in einer Gemeinschaft liegt und gemeinschaftsstiftend sein will, sich gemein macht, liegt das Wagnertheater in topographischer Erhabenheit hoch über der Stadt vor dunklem Tannenwald, einem heiligen Hain. Im Innern des Hauses zitiert die amphitheatralische Anordnung des Auditoriums antike Anlagen. Gleichsam an Geist und Körper gefangen, eingepreßt, ausgeliefert an das Geschehen, ist das Publikum solchermaßen einbezogen in das Gesamtkunstwerk, mehr noch, ist Teil seiner Komposition. Das orakelhaft-mystifikatorische Versenken des Orchesterkörpers ins Unsichtbare folgt den von Nietzsche erkannten »dionysischen« Wirkungsabsichten Wagners und transzendiert den braven Fachwerkbau vollends zum Orgien-Mysterientheater. Der Klang rauscht auf im Dunkel, im Imaginären, ohne Ursprung erscheint die Musik selber als die Halluzination eines Ursprungs, als ein Mythisches. Daß Wagner sich mythologische Stoffe für seine Musikdramen holte, daß er Helden und Ritter, Götter, Schwäne und Drachen musikalisch-szenisch versammelte, richtet die landläufigen Vorstellungen von Bayreuth ohnehin auf die raunenden Sagenquellen aus, von der neueren Wissenschaft zu schweigen, die in Wagners Partituren die »Strukturen der Mythen« sich enthüllen sieht.

Den Begriff Bayreuth gibt es also nicht ohne diesen Überbau des Mythisch-Mystisch-Kultischen. Als semantische Konstante begleitet und verankert der »Mythos Bayreuth« das reale Bayreuth und seine in der Zeit ablaufenden Kämpfe und Ereignisse in der Tiefe des Irrationalen, des kulturellen Unbewußten. Da Wagner nun aber nicht Aischylos oder Sophokles vertont hat, sondern an der Erneuerung germanischer Mythen und christlicher Legenden interessiert war, so prägte sich dem allgemeinen Verständnis für Bayreuth ein Symbol ein, das die Summe dieses unsichtbaren, magischen, mythischen, sakralen Bayreuth bildete: der Gral. Im *Parsifal* leuchtet er, erleuchtet er eine Gemeinschaft. Dieses Leuchten hat eine andere Farbe und Strahlkraft als das verführerische »Gleißen« seines weltlichen Widerparts, des Ringes, der dem, der ihn trägt, Verderben bringt. Im »Grals-Prinzip« haben wir das Gegenprinzip zum *Ring*. *Parsifal*, Wagners letztes, sein »Weltabschiedswerk«, ausschließlich zur Aufführung in seinem Haus bestimmt, verkörpert am prägnantesten den sogenannten »Bayreuther Gedanken«, jene Wunschvorstellung, mit der Bayreuther Festspielstätte dem eignen Werk herausgehobenen, entzeitlichten, kultischen Charakter zu geben. Die Geschichte von der »Lex Parsifal«, dem Versuch Cosima Wagners, den Reichstag zu einem Verbot von *Parsifal*-Aufführungen außerhalb Bayreuths zu bewegen, und die Bezeichnung »Parsifal-Raub« für die vor dem Ende der damals dreißigjährigen Schutzfrist stattfindenden *Parsifal*-Aufführungen in Amsterdam und New York sind schöne Beispiele für das Ineinandergreifen von Geschichte und Mythos, für die Dynamik von Geschichtsprozessen überhaupt. Ob man das negativ sieht als Gefährdung des gehüteten Sakralen durch das Raub- und Ringprinzip oder positiv im Sinne aufklärerischer Ideale als Enteignung eines Archaikums zugunsten fortschreitender Verweltlichung, Emanzipation, Demokratisierung, möge dahingestellt bleiben.

Der »Mythos Bayreuth« konstituiert sich durch das Zusammenführen der verschiedenen Parameter des Wagnerschen Werkes, des Festspielhauses mit seiner Klangarchitektur und des Erwähltheitscharakters des Standorts. Doch es gibt noch eine andere Komponente, die für die Zählebigkeit dieses Mythos auch in säkularisiertester Zeit sorgt: In bekenntnishafter Mitte der Stadt liegt die »Villa Wahnfried«. Ein Geschenk König Ludwigs, grenzt diese klassizistische Villa, Wagners Wohnhaus, an den markgräflichen Hofgarten; nach seinem Tode lebte seine Witwe darin, Cosima, und mir ihr und nach ihr die Kinder, Enkel und Urenkel Wagners. So real diese Villa mit dem hoffnungsvollen Namen sich ausnimmt, so mythenträchtig wiederum ist sie in ihren symbolischen Wirkungen.

Wer hier wohnt, leitet die Festspiele. Wahnfried beherbergt die innere Geschichte der Bayreuther Spiele, hier ist die Führungsbrutstätte, die Urzelle, die familiäre Kaderschmiede, der Ort privater Mythologien, die Heimat jener Theaterfamilie, die Familientheater macht.

Natürlich ist Wahnfried auch konkretes Erbe – Villa im Stadtzentrum mit Grünanlage und Liegenschaften, und insofern lauert auch hier immer das *Ring*-Prinzip auf seine Entfaltung –, seine Mythisierbarkeit aber verdankt es der ungewöhnlichen Tatsache, daß das Erbe hier nicht nur gelebt und verwaltet wird, sondern daß hier über ein Vermächtnis bestimmt wird, daß hier ein im Kern spiritueller Auftrag an Kinder und Kindeskinder weitergegeben und erfüllt werden soll. Die Familie verwaltet ein Archiv von europäischer Bedeutung, und sie muß laut testamentarischer Verfügung für die »festliche Aufführung der Werke Richard Wagners« Sorge tragen. Der Wortlaut dieser Verfügung stammt allerdings aus dem Testament des Sohnes Siegfried Wagner. Diesem selber hatte sein Vater bloß aufgetragen, er möge das Erbe in »ethisch-moralischer« Hinsicht erhalten; es gibt keinen schriftlichen letzten Willen von der Hand Wagners. Für den Sohn, der beim Tode Wagners erst vierzehn Jahre alt war, übernahm deshalb zunächst die Mutter die Bayreuther Regentschaft, nach Siegfried Wagner wird seine Witwe Winifred Haus und Hof, Wahnfried und Festspielhaus erben, in ihre Rechte treten wiederum die gemeinsamen Kinder, und so geht es fort.

Wahrscheinlich schafft sich jede Familie, die ein genealogisches Bewußtsein entwickelt, eine »Saga«. Das ist seit den imponierenden Zeugungsreihen der biblischen Geschichten so, durch die Bande »blauen Blutes« legitimierten sich Kaiser- und Königshäuser seit je, und die Bürgerwelt tat es ihnen gleich, sobald sie die bloß biologische Etablierung von familiären Reihen durch Besitz oder Bildungsprivileg – oder eben durch Kunst – nobilitieren oder transzendieren konnte. Meist steht ein klar erkennbarer Gründungsakt am Anfang der Generationen und etabliert einen Anspruch nach außen und einen Auftrag nach innen. Im Falle der Wagnerfamilie war es der Akt der Grundsteinlegung des Festspielhauses im Jahr 1872, der den entscheidenden Unterschied zu anderen Komponistenfamilien ausmacht. Im überzeitlichen Sinne hatte damit die genealogische Mythe begonnen, im zeitlich-weltlichen Sinne die Transformation einer Familie in eine Dynastie. Besitz und Betrieb des Festspielhauses ließen das soziale Prestige nach oben schnellen, die Aura als Kunsthaus konstituierte die ideelle Höherwertigkeit. Wiewohl nicht mit Schlössern und Kronen gesegnet, sondern eher mit Schulden und Krediten, wurden die Wagners von der Volksphantasie immer wieder mit Royalitäten verglichen, oder es wurde ihre Geschichte als »Familiensaga« in vielerlei Fassungen kolportiert. Kolportagehaftes, bizarres, unerhörtes Kolorit färbt ja in der Tat die Entstehungsgeschichte, bis sie langsam wirklich zu einem Märchen, zu einer Mythe des 19. Jahrhunderts wurde. Daß der König mit dem Künstler geht, ist sozialgeschichtlich eine Extravaganz, daß der König jung, schön und wirklichkeitsflüchtig ist und der Künstler genial, aber eigentlich ein Sozialrevolutionär, Flüchtling, Emigrant und notorischer Schuldenmacher, macht die Sache noch bunter, noch legendenhafter. Daß es überdies eine »Prinzessin« in Gestalt der schmalen Cosima gibt, Tochter aus der romantisch-illegitimen Verbindung des gefeiertsten Virtuosen und Komponisten seiner Zeit, Franz Liszt, mit einer schönen französischen Gräfin, komplettiert das märchen- oder sagenhafte Arrangement, das die Wirklichkeit hier getroffen hatte. Wenn wir das Rad der Geschichte weiterdrehen bis in unsere Zeit, lassen sich wieder mythogene Elemente ausmachen. Der Sohn Siegfried nimmt sich ein mittelloses englisches Waisenkind zur Frau, das sein Profil schon als Schulmädchen sehnsüchtig in ihre Hefte gezeichnet hatte, eine Art Aschenputtel und sein Prinz. Aus dem reichen Kindersegen der beiden gehen Brüder hervor, die nach Krieg und Zerstörung die Ehre des Hauses retten, ein berühmter Künstler der eine, der andere ein tapferer Macher, doch unselig wie im Hause Habsburg zerschneidet Bruderzwist das Familiengefüge und zieht seine Spuren bis hin zu Kindern und Kindeskindern.

Durch das Familienmotiv geraten wir, wie durch eine Falltür, wieder in die unteren und inneren Gewölbe dieser Festspielfestung, in die sagenbildenden Maschinenräume. Das Bild vom Gral, der von den Erben enthüllt werden muß, damit »der Alte«, damit RW leben kann, drängt sich auf. Der Gral muß, metaphorisch und real, immer wieder zum Leuchten gebracht werden, damit frisches Blut durch die Adern des Werks gepumpt werde. Aber auch die Lebensbedingungen der Ausführenden scheinen von diesem Enthüllungs- und Vorzeigeritual abzuhängen – als ob die Fabel, die das Theaterstück erzählt, einwirke auf die inneren Gesetze der Familie und sie nach seinen Mustern forme. Im Komplex Bayreuth/Wagner steckt für die Familie ein Ritus, der wiederholt werden muß; er wirkt als Beschwörung gegen Zeit und Geschichte. Wer den Festspiel-Gral enthüllt und in Wahnfried wohnt, garantiert für die Substanz des »bewußtlosen Wesens«, wie Hegel den Familiengeist im Gegensatz zum »Gemeinwesen« des Staates genannt hat.

Neben diesem statischen Element, das die geistig-seelische Substanz ausmacht, gibt es immer auch gegenstrebige Momente, die auf Veränderung, Unruhe, Bewegung ausgerichtet sind. Begriff und Realität einer Familie sind, so scheint es, an einen Naturauftrag gebunden, und dieser will die weitere Reihung, Diversifikation, Aufspaltung in neue Familienglieder – eben auch die Jungen, die vorwärtsdrängen. Damit eröffnen sich dem Grals-Prinzip der Familie Konflikte und Widersprüche, die dem Muster des Ring-Prinzips folgen. Wo immer dynastische Probleme und Nachfolgefragen auftauchen, dreht sich das Ring-Prinzip unerbittlich »gleißend« herein. Da geschieht es denn, daß einer Tochter Wagners, Isolde, von ihrer Mutter Cosima ihre wagnersche Abkunft streitig gemacht und der erste Gemahl Cosimas, Hans von Bülow, als Vater reklamiert wird. Die Sorge war groß, daß Isolde – so wurde das Mädchen getauft, weil es zur Zeit der *Tristan* Uraufführung in München geboren wurde, noch in den Zeiten illegitimen Zusammenlebens Cosimas und Richards – ihren Mann, den Dirigenten Franz Beidler, als Erben des Festspielthrons ins Spiel brächte. Cosima duldete keinen Nebenbuhler für Sohn Siegfried. Als nicht blutsverwandt mit Wagner hatte Isolde keine Handhabe mehr, ihre familiären Wünsche am grünen Hügel durchzusetzen. Ähnlich wie bei diesem skandalösen Entreißen des Ring-Anteils kam es in der nächsten Generation wieder zu einem Beiseiteschieben legitimer Ansprüche. Der Sohn des Beidler-Ehepaars, Franz Wilhelm mit Namen, war Jurist und Schriftsteller geworden und lebte in der Schweiz. Als er nach dem Krieg – die Hauptfamilie war wegen ihrer Freundschaft mit Adolf Hitler schwer inkriminiert und zur Leitung der Festspiele politisch nicht mehr tauglich – Vorschläge zur Reorganisation der Festspiele mit Hilfe eines internationalen Gremiums renommierter Schriftsteller, Musiker und Intellektueller machte, wurde er von den beiden Wagnerbrüdern Wieland und Wolfgang geschickt hinausintrigiert. Nicht sehr viel anders erging es übrigens der Schwester Friedelind, die als einziges Familienmitglied Nazigegnerin und Emigrantin war und deshalb die ideale Repräsentantin für die Festspiele des Wiederaufbaus gewesen wäre: echte Wagner und dennoch »sauber«. Doch wer den Festspiel-Ring einmal in seinen Besitz gebracht hat, der läßt ihn nicht mehr los, den läßt er nicht mehr los. Wolfgang Wagner, der Enkel, hütet ihn seit 1951, zuerst in Zusammenarbeit mit dem Bruder, ab 1966 allein, weit über das menschlich zuträgliche Zeit- und Intendantenmaß hinaus. Damit überdehnt er die Tradition, eskamotiert die Wünsche und Rechte der Nachgeborenen. Neben die Intrige ist die Blokkade getreten, der Generationenvertrag scheint vorläufig aufgekündigt.

Historische Konstellationen wie diese haben freilich den Vorteil, die innere Ambivalenz der beiden gegensätzlichen Mächte – des statisch Beharrenden, der Legende, und des dynamisch Geschichtlichen – sichtbar zu machen. Wo das Grals-Prinzip zu dominieren beginnt, wirft es seine Schatten: Stillstand in der Wiederholung, Feier des Status quo. Aus dem Ritual wird Routine, geistige Erstarrung droht: Das war in der ersten nachwagnerischen Ära, der Ära der »Gralshüterin« Cosima, schon einmal vorgeführt worden. Gegen diese Gebrechen des geradezu heiliggesprochenen Grals-Prinzips offenbart das moralisch verschrieene Ring- und Raub-Prinzip seine Notwendigkeit als Schutz vor der schlechten Mythe, offenbart es seine Eigenschaften als »Stirb-und-werde«-Lebensquelle.

Damit zeigen die beiden Prinzipien ihre vitale Bezogenheit aufeinander, vielleicht sogar ihre Abhängigkeit voneinander. In der Geometrie der Kreisform einander gleich, unterscheidet sie nur das Volumen. Tiefe und Fülle kennzeichnen den Gral, der nach der Tradition ein Kelch ist, während der Ring eine schmale Bahn offeriert, wie zum Gratwandern oder Rennfahren. Beiden Symbolen ist auch die Möglichkeit einer Sinnestäuschung beigegeben: Die Tiefe des Grals kann leer sein wie der Himmel und seine leuchtende Fülle bloßer Schein; ein Vorwärts auf ringförmiger Bahn dürfte hoffnungslos sein. Die Tatsache, daß Wagner nach der Zerstörungsorgie am Ende des *Ringes* das heilende Gegenbild des Grals gesetzt hat, sehen viele Musikdenker als das letzte Wort des Komponisten an, als Sieg des »Leuchtens« über das »Gleißen«. Zumindest die Zusammengehörigkeit der Werke und ihrer Symbole wird daran sichtbar, die Hoffnung, daß nicht der Untergang der Welt, sondern ihr Fortbestand im Gleichnis der Kunst aufgehoben sein möge.

Kreisförmig geschlossene Sinnbilder kehren überall in der Bayreuther Wirklichkeit wieder. In der Topographie der Festspiellandschaft taucht die Rundung ebenso auf wie in der geistigen Sphäre: Die Gartengestaltung von Wahnfried ist kreisförmig angelegt, der Blick aus dem zentralen Salon und Musikzimmer fällt auf einen runden Brunnen mit Rundwiese, einen Kreis beschreibt die Auffahrtallee um das Festspielhaus, vor dem Gebäude gabeln sich die weltlichen Wege gleichsam in Reverenz (erst Wolfgang Wagner hat diese Anlage aus verkehrstechnischen Gründen aufgebrochen). Der Neubayreuther Bühnenraum Wieland Wagners, der damals als revolutionär empfunden wurde, zeigt rückblickend seine Fixierung ans »Erbe«: Der magische Kreis wurde zum Grundriß der »archetypischen« Gestaltungsideen des *Rings* und vor allem des *Parsifal.* Auch in der Bayreuther Ideologie spielt die Rundform ihre Rolle: Der »Bayreuther Kreis«, ein Zirkel dogmatischer Schriftsteller und Musiker, der schon zu Wagners Lebzeiten für Person und Werk propagandistisch tätig war, verstärkte in der Folge seine kultische – vor allem aber nationalistische – Engstirnigkeit; die geistige Isolation war schon in der Namensgebung erkennbar. Heute tragen die Mitglieder des »Vereins der Freunde von Bayreuth« als Abzeichen und Erkennungszeichen einen kleinen goldenen Ring am Revers – humoristisch der »Goldene Schließmuskel« genannt.

Mit dem Werk Wagners und dem Festspielhaus ist ein auf Zeitlosigkeit in der Reproduktion der eigenen Mythe ausgerichtetes System gegeben. Mit der formelhaften allsommerlichen Wiederholung der Spiele und dem rituellen Wagnerkult, den der Medienmarkt inzwischen übernimmt, wird diese Befindlichkeit bekräftigt. Das innere Triebwerk dazu bildet das Wahnfriedwesen, das auf der Identifikation mit diesem Kulturerbe beruht und danach strebt, es zu besitzen, in der eigenen Person zu verwirklichen, und selber zu leuchten. Ihrer Geschichtlichkeit entkommen diese beiden spiegelbildlich aneinander gebundenen Komplexe aber trotz der Phasen der Verweigerung nie. In der Ambivalenz und der dialektischen Verknüpfung des Gral- und des Ring-Prinzips sind die zwei Einheiten, das wagnerische Bayreuth und die

Familiensubstanz, miteinander kongruent, das Theater der Wagners und das Wagnertheater sind einander der Struktur nach zugeordnet.

Es ist daher kein Zufall, daß in den folgenden Überlegungen zu einzelnen Werken Wagners in zunehmendem Maße familiäre Umrisse auftauchen – als seien die Familiendramen von den Musikdramen nicht zu trennen. Als hätte die »unterirdische Macht der Familie« die Feder gelenkt, treiben die Essays immer mehr von der »objektiven« Schicht in die private, subjektive, bis sie in eine ausdrückliche Darstellung der Familiengeschichte münden. Auf ihre Weise aber bildet sich in den essayistisch-wissenschaftlichen Betrachtungen zu Wagners Werk ebenfalls Familiengeschichte ab; in ihnen verstecken sich Stationen der geistigen Biographie der Autorin selbst. Kein Wagnererlebnis, ohne daß Vater, Mutter oder Bruder nicht die Hand im Spiel gehabt hätten, zu schweigen vom unaufhörlichen Fluß der familiären Rede, die die einzelnen Deutungen und Umdeutungen des Wagnertheaters zustimmend, ironisch oder höhnisch begleitete. Sinnliches Attachement an den *Tannhäuser*, die *Meistersinger*, den *Parsifal* vermittelte die Mitwirkung in den verschiedenen Tanzgruppen zwischen 1963 und 1965; jenes euphorische Bühnenraumgefühl, von dem sonst nur die »alten Hasen« schwärmen dürfen, steuert seither die Erinnerung, animierte die Beschäftigung mit diesen Werken. Ausgehend vom Neubayreuth des Vaters, das Kindheit und Jugend mit seinem Geist und seinen Bildern prägte, formten sich auf der Bildungsreise durch die Welt – die ins intellektuell-musikalisch-jüdische Amerika führte, dann über philosophische Kreise in Frankreich schließlich ins literarische Österreich – neue und andere Ansichten über Wagner. Der Blick von außen half auch das eigene Milieu entschlüsseln und erlebte Unschuld revidieren. Half aber auch, das kunstumflossene Kinderglück in Wahnfried und Festspielhaus sich bewußter anzueignen. Wie jede Bühneninszenierung von gestern aber zwischen aktueller Ferne und erinnerter Nähe changiert, so erhalten auch die ehemals »heißen« Eindrücke oder die extremen Auseinandersetzungen um Wagner manchmal etwas vom Charme geologischer Ablagerungen. Oft genug wird das scheinbar Abgelebte aber schon wieder jung, erlebt man die Wiederkehr von Themen, die bereits »verarbeitet« schienen – Wagner als Wegbereiter der Nazis, dessen »Werkplan« ein heimliches Vernichtungsprogramm enthalte, wurde in den siebziger Jahren entdeckt, nun schäumt das gleiche Thema, interpunktiert vom »Historikerstreit«, in den achtziger Jahren, am Ende der neunziger wieder auf. Oder es feiern scheinbar überholte Kunstprinzipien – Symbolismus und Abstraktion – nach Jahrzehnten des aktualisierenden, historisierenden und ideologiekritischen Theaters, verwandelt und verändert, ästhetische Auferstehung. Selbstvergewisserung und Zeitprotokoll halten einander solchermaßen die Waage.

Im einzelnen zeichnet sich das autobiographische »Unterfutter« etwa folgendermaßen ab: Eine aufregende Umwertung der Werte im *Holländer* hat Bruder Wolf Siegfried in einer Aufführung von 1978 vorgenommen – Zeit der konkreten, historischen Lesart auch romantischster Opern. Am *Tannhäuser*-Problem hat sich Vater Wieland fast die Zähne ausgebissen – nicht unähnlich übrigens dem Komponisten selber, der mit den Diskrepanzen dieses Werkes nicht zurechtkam. In den Gedanken zum *Lohengrin* stehen durchaus noch die allgemeinen Zusammenhänge dieser den Übergang zum Musikdrama bildenden Oper mit der französischen und deutschen Romantik im Vordergrund. Den Hintergrund dazu aber bilden zwei familiengebundene Erfahrungen, eine ästhetische und eine polemische: Die in ihrer blausilbernen Poesie unvergeßliche *Lohengrin*-Inszenierung Wielands von 1958 in Bayreuth (vom dreizehnjährigen Töchterchen zu Weihnachten brav abgemalt) wird kontrapunktiert von der Auffassung Gottfrieds, Wolfgang Wagners Sohn, der mit seiner Dessauer Inszenierung von 1996 beweisen wollte, daß im *Lohengrin* bereits der »Hitler in Wagner« vorgebildet sei. Am *Ring des Nibelungen* interessierte, naturgemäß, das riesige Familien-Psychodrama, das unter den germanisch mythologischen Gewändern steckt, die Darstellung von Familiengeschichten in ihren oft nur durch den Tod auflösbaren Verstrickungen im Medium der Kunst. Identifikatorische Momente spielen hier eine Rolle, wird doch das Bewußtsein der eigenen emotionalen Gebundenheit durch die Erfahrung der doppelten Spiegelung in Bann geschlagen: die Familienphantasmen des Nibelungenrings von Familienmitgliedern im Familientheater immer wieder aufgeführt zu sehen. (»Der Inzest im *Ring*«, »Der ›selige Bund‹«). Über den *Tristan* gibt es von Wieland Wagner einen Text, den er im Anschluß an seine Bayreuther *Tristan und Isolde*-Inszenierung des Jahres 1964 im Beiheft zur späteren Schallplattenaufnahme geschrieben hat. Nicht nur, daß diese Inszenierung zu seinen geglücktesten zählte; der Text darüber ist ein Schmerzensdokument. Er entstand in einem späten Stadium seiner tödlichen Krankheit, in jener Münchener Klinik, in die er im Juli 1966 eingeliefert worden war. An der Figur des Tristan hat sich hier die Melancholie und Depressivität dieses Wagnerenkels als Lebensgefühl aussprechen können. Viele innere Fäden ziehen sich von diesem Sterben und von diesem Text zum »Zweimal einsamen Tod«, einer Betrachtung, die von der *Tristan und Isolde*-Inszenierung des Sohnes von Wieland Wagner, Wolf Siegfried, 1992 ausgelöst wurde.

Die vielfältige unterirdische Verflechtung der Werke mit Familiengeschichten ist auch im Problem der *Meistersinger* zu spüren. Hier drängt die politische Geschichte Hitlerdeutschlands herein, hier liegen die empfindlichen Stellen, an denen sich Familiengeschichte mit jener hohen Politik überkreuzt, die eine niedrige war. Die *Meistersinger*-Inszenierungen Wieland Wagners in Bayreuth nach dem Krieg sind Stationen einer Bewußtseinsgeschichte, an der sich ablesen läßt, wie die ersten unklaren Schuldgefühle sich artikulierten, zwar kaum je ins Wort drängten, aber doch ins Bild. Wieland Wagner spricht laut und aggressiv zum verdorbenen deutschen Richard Wagner, aber weiß er wirklich immer, was er sagt? (»Die Festspielleitung wie auch die Stadt Bayreuth sind seit 1945 bemüht, dieses für die Bayreuther Festspiele tödliche Thema vergessen zu lassen.«) Die Zeit des Nationalsozialismus war seiner Generation, die damals jung war, zu nahe und zu selbstverständlich, um das Ausmaß des Entsetzlichen zu fühlen. Wie sollte als zweiter Schock erfahrbar sein, was als erster nicht »begriffen« war? Daß ein Geschehen erst durch seine zeitliche Entfernung auf der Haut zu brennen anfängt, ist ein noch unerklärtes Paradox der »Vergangenheitsbewältigung«. Gedanken zur Bedeutung von Begriffen, die nicht unmittelbar mit dem ständigen Antisemitismusverdacht zu tun haben, der die *Meistersinger* seit der zweiten Nachkriegsetappe umgibt, Gedanken zu ihrem »Wahn« und ihrem »Witz«, wollen einmal genauer erforschen, wie die linguistischen und psychologischen Mechanismen jener Heiterkeit funktionieren, an der sich nun schon Generationen delektieren. Welche Lustquellen vor allem der böse Witz, die Schadenfreude, erschließt, dürfte unschwer die Analogie zur politischen Sphäre herstellen. Eine Hauptvokabel Wagnerschen Denkens ist der »Wahn«, schillernd zwischen künstlerischen und bedrohlichen Konnotationen. Trotz sichernder sozialer Strukturen, das zeigen die *Meistersinger* auch, schlägt er jederzeit und überall in Wahnsinn um, in Chaos. Wahn-Fried gibt es nicht. Gewalt ist nicht präzisierbar, nicht vorhersehbar. »Gott weiß, wie das geschah?« läßt sich mit Hans Sachs oft genug auch in unsere Weltzustände hineinfragen, wenn es zu spät ist.

Wie es geschah, daß das jüdische Wien der Jahrhundertwende zur geistigen Heimat und dem Zentrum der literarischen Studien der Autorin geworden ist, läßt sich auch nicht so leicht sagen. »Wahnfried« liegt weit ab von diesem Kulturbereich. Das Wien der Jahrhundertwende ist freilich nicht nur das von Karl Kraus, Sigmund Freud, Arthur Schnitzler und Hugo von Hofmannsthal, sondern auch Hitlers Wien gewesen, das spätere »Anschluß«-Wien. Insofern führt doch ein stiller Faden zurück nach Wahnfried: der Versuch, das unheilvolle Junctim zwischen dem Antisemitismus Richard Wagners und dem Antisemitismus des jüdischen Kulturbürgertums zu verstehen, mag so gesehen werden. Am Beispiel des *Parsifal* und des in eine Privattheologie übersetzten Phantasmas der Reinheit wird über diesen paradoxen historischen Verblendungszusammenhang nachgedacht. *Parsifal* und kein Ende: Herzstück Bayreuths, ist das Bühnenweihfestspiel verkörperte Familientradition. Daß Traditionen irgendwann einmal aufgebrochen werden müssen, daß der *Parsifal* irgendwann einmal neu gesehen werden mußte, verlangt das Gesetz der geschichtlichen Entwicklung. Wie sich der »Geist der Familie« aber dennoch durchsetzte, auch gegen den scheinbar entschiedenen Antitraditionalismus der Neudeutung eines Wieland Wagner, bezeichnet das dialektische Wesen aller Revolten oder vielmehr die List der Mythe, die der berühmteren List der Vernunft durchaus ebenbürtig ist. Wie die Zukunft dieses Werkes aussehen könnte, das unseren durchsäkularisierten Zeiten so fern zu stehen scheint, beschreiben Erlebnisse außerhalb Bayreuths. Vielleicht hat dieses »außerhalb Bayreuths« seinen Sinn. Schon Wieland Wagner wollte der familiären Festung entkommen. Etappen seines Weges zeichnet mit Hilfe Hegelscher Kategorien das Kapitel »Wieland Wagner – ein ›negatives Leben‹«. Vielleicht wäre es auch für Richard Wagner gut, wenn der grüne Hügel und seine Funktion innerhalb unserer Kultur und Gesellschaft wieder einmal gründlich überdacht würde.

»WAHN/FRIED/HOF« ist der düstere Titel, der den derzeitigen Stand der Familiengeschichte präzis benennt. Wahnfried ist im Zuge der Umwandlung des Familientheaters in ein Staatstheater und in eine Stiftung zum Museum gemacht worden. Längst wohnt darin kein Familienmitglied mehr. Der derzeitige Festspielchef bewohnt ein privates Haus, die übrigen Wagnernachkommen sind in Deutschland und Europa verstreut. Das Ring-Prinzip scheint sein götterdämmerndes letztes Wort behalten zu haben. Der Gral oben auf dem Hügel wird zwar enthüllt und darf leuchten, aber er hat den Schimmer der trüben Ewigkeit eines Kirchenlichtes angenommen. Familiengeschichte ist Festspielgeschichte, doch wenn die Rückversicherung in der eigenen Substanz dünn zu werden droht, läßt sie sich nur mehr im Rückblick erzählen, als Chronik. Dem Satyrspiel jenes vereinigten Versuches von Stadt und Festspiel, den hundertsten Geburtstag der Hitlerbekennerin Winifred Wagner im Juni 1997 öffentlich zu feiern, ist eine letzte Betrachtung gewidmet. Die neue moralische Unschuld, die der Philosoph Hans Blumenberg durch die gleichsam allgegenwärtige Schuldübernahme in Deutschland diagnostiziert hat, ist in Wagners Bayreuth noch die fatale Unschuld ersten Grades.

KEIN AHASVER, SONDERN EIN AUSBEUTER

Zu einem ›Holländer‹-Konzept

Der »Fliegende Holländer« ist kein Gespenst, kein Satan, kein Odysseus und kein »Ahasverus des Ozeans«. Warum aber wird er – vom Komponisten und den Figuren seiner romantischen Oper – unter solchen Bildern wahrgenommen? Was bedeuten die mystifizierenden, mythologischen Chiffren im Klartext?

Die Entstehungsgeschichte des *Holländers* ist bekannt. 1838 lernt Wagner, noch in Riga, die Legende vom Geisterschiff kennen, ebenso Heinrich Heines 1834 erschienene Version desselben Stoffes. Im Pariser Exil treffen die beiden Deutschen 1839/40 zusammen. Mit dem Einverständnis Heines fertigt Wagner das Libretto an. Wie dieser sich also an der Umformung der alten Sage durch Heine orientiert, so gehen wir ebenfalls auf den »Urtext« zurück, um von dort Aufschlüsse über das zum Opernsujet Transformierte zu erhalten. Während Heine nämlich eine ironische Erlösung *vom* Weib suggeriert, findet Wagner zu der für seine späteren Werke charakteristischen Idee von der Erlösung *durch* das Weib.

Interessant aber ist die Optik, aus welcher diese sogenannte Erlösung des schuldigen Mannes durch den Selbstmord der Frau gesehen wird. Es ist diejenige Sentas. Aus ihrer Perspektive und Psychologie wird die Geschichte erzählt, in ihrer Ballade sind die drei inhaltlich entscheidenden Zeitlichkeiten miteinander verknüpft – Vergangenheitsbeschwörung, dramatische Gegenwart und Zukunftshoffnung. Aus offenbar uralten Zeiten werden ein blutrotes Segel, ein höllenschwarzer Mast und ein bleiches Leidensgesicht in die

Spinnstube gerufen. Von Wagner wird diese sagenhafte Zeit und dieser sagenumsponnene Mann näher bestimmt als eine Figur aus der »weltgeschichtlichen Epoche der Entdekkungsreisen«; Heine ist da noch genauer: es handelt sich um einen Kapitän in spanisch-niederländischer Tracht, einen Mijnheer Freibeuter auf allen Meeren in der Epoche Wilhelms von Oranien. Wohl hundert Jahre ist die erzählte Zeit seiner Irrfahrten entfernt von der Erzählzeit im Hause Dalands. Und in diese spukt die Realzeit des Dichters Heine und des Komponisten Wagner, die frühe Mitte des vorigen Jahrhunderts, hinein. So mischen sich in der Oper drei Zeitebenen; allen drei freilich ist eine Erfahrung gemeinsam: immer wird, wie Wagner es in der »Mitteilung an meine Freunde« formuliert, »mit einer alten Welt gebrochen«.

Die Holländergestalt, von der die Ballade spricht, stammt aus der Zeit des Unabhängigkeitskampfes der Niederlande gegen Spanien und ihres Aufstiegs zur wichtigsten Handelsmacht Europas zwischen dem Ende des 16. und der Mitte des 17. Jahrhunderts, einer Zeit, die die Verlagerung des Handels vom Mittelmeer auf den Ozean erlebte und den Erwerb von überseeischen Ländern, Ceylon, Java und der Kapkolonien. Den dadurch bedingten Lebensveränderungen folgten die Reaktionen des Bewußtseins. Das Fremdheitserlebnis des Seefahrers wurde seither – und erst recht vom späteren und romantischen Geist – zur Daseinsqual schlechthin stilisiert. Analog dazu erfuhr das ferne Geschehen, ein Unbegreifliches und Unbegriffenes für die Daheimgebliebenen, eine Mythisierung. Wie sollten die Bewohner der abgeschlossenen Dörfer und Küstenortschaften jene neuen Möglichkeiten der Naturbeherrschung und Naturausbeutung, wie sie in den exotischen Kolonien stattfanden, denn auch verstehen? Zu ihrem Staunen über die »sagenhaften« Schätze und Importe gesellte sich die Furcht vor den durch die Expansion ins Unerhörte gesteigerten Gefahren zur See; so entstanden Gerüchte über Klabautermänner, Seeungeheuer, Teufelsflüche und übermenschlich tolle Kerle, Kapitäne. Sich da einzufühlen, mitzufühlen war der große Reiz für die von Abenteuern abgeschirmte, häuslich behütete weibliche Psyche. Othello erweckt mit den Schilderungen seiner bestandenen Gefahren die Liebe Desdemonas. Mijnheer Holländer braucht dem Mädchen seine »unerhörtesten Leiden« auf der »unermeßlichen Wasserwüste« (Heine) kaum mehr vor Augen zu führen. Sie hat die Qualen des Mannes schon seinem Konterfei abgelesen und so verinnerlicht, daß ihr sein Heil als das ihre erscheint.

Das psychische Modell von Projektion und Identifikation, das uns Wagner in dieser Kauffahrerstochter aus dem frühen 18. Jahrhundert vorstellt, ist keineswegs das einer halbirren Hysterikern oder gar klinisch Schizophrenen – schon weil ein »klarer Fall« künstlerisch unergiebig wäre. Wagner bezeichnet Senta im Gegenteil als »kerniges, nordisches Mädchen«, dessen »kräftiger Wahnsinn« nur aufgrund einer völligen Naivität ausbrechen kann. Ihr gesteigertes Einfühlungsvermögen aber, ihr Zugang zu der von der Umwelt ängstlich verdrängten zweiten Wirklichkeit des Imaginären und ihre Kraft, die Wunschgebärden des Unbewußten laut werden zu lassen und sich zu ihnen zu bekennen, sind Reaktionen, die Rückschlüsse auf die psychologischen und sozialen Ursachen dieser »Störung« erlauben.

Senta gibt uns das Modell des typischen Jungmädchentraums vom außerordentlichen Mann, der sie herausnehmen und befreien wird aus der vorgegebenen tristen Daseinskonvention des Vaterhauses, das für eine hochgespannte Liebeserwartung keine bessere Erfüllung bereit hat als einen biederen Erik. Daß der Erwählte hier kein Prince charmant ist, sondern ein verbitterter Nihilist, bezeichnet nur die romantische Einschwärzung jenes gesellschaftlichen Stereotyps, daß eine erotisch-sexuelle Fixierung tabu ist und durch einen Vorwand geschützt werden muß: Unerlaubte Leidenschaft kann daher auch im Gewand der christlichen Tugend des Mitleidens daherkommen.

Wenn die Moral der behäbig-patriarchalischen Dalandswelt so beschaffen ist, daß sie problemlos zuläßt, das eigene Fleisch und Blut als Ware und für Geld an den (unbekannten) Mann zu bringen, werden die Fluchttendenzen Sentas, ihre Halluzinationen von einer besseren und aufregenderen Bestimmung, auch als Kontrastentwurf zu ihrer pragmatisch-merkantil orientierten Umwelt verstehbar. Zwar sitzt sie, gefangen in den Fesseln ihres töchterlichen und weiblichen Daseins, am Spinnrad und träumt. (Oder »spinnt«, wie es doppeldeutig im Volksmund heißt.) Doch täuscht ein solches Bild. Sie ist, auch für Wagner, keineswegs eine Penelope. Es scheint nur, als warte sie passiv auf den Mann. In Wirklichkeit innerlich höchst aktiv, entzieht sie sich dem falschen Freier und geht der Wahrheit ihres Traumes von einem Mann nach, zu dem der eintretende nur die Folie ist, um dann die tödlichen Konsequenzen dieser Treue zu sich selbst zu ziehen.

Unbewältigte Vorstellungen können die erstaunlichsten Verarbeitungen und Verdichtungen erfahren. Senta bringt auch die kollektive Unruhe zum Ausdruck, von der das christliche Gerechtigkeitsdenken angesichts der brutalen und hybriden Unterwerfung anderer Länder erfaßt wird. In ihrer Beschreibung des Totenschiffs leuchten die Signalfarben rot und schwarz auf, die den visuellen Schreck wiedergeben, den freilich erst das darauffolgende Jahrhundert, Wagners Jahrhundert, haben konnte. Die ersten Dampfschiffe, die da entwickelt wurden, rissen Heine zu apokalyptischen Metaphern hin: »Diese tragen ein dunkles Feuer in der Brust und sie fahren gegen Wind und Wetter – Ihre Rauchfahne flattert wie der schwarze Federbusch des nächtlichen Reuters, ihre Zackenräder sind wie kolossale Rundsporen, womit sie das Meer in die Wellenrippen stacheln, und das widerspenstisch schäumende Element muß ihrem

Willen gehorchen, wie ein Roß – aber sehr oft platzt der Kessel, und der innere Brand versehrt uns.«

So anthropomorph verfremdet spiegelt der technische Fortschritt sich in den Augen von Zeitgenossen. Die Widersprüche zwischen der objektiven Rasanz der industriellen Revolution und den irrationalen Abwehraffekten gegen ihre Errungenschaften sind kennzeichnend für die Zeit Wagners und Heines. Je nüchterner es in der postromantischen Ära des Handelsliberalismus herging, je weiter die aufklärerische, atheistische Bewegung des »Jungen Deutschland« um sich griff, desto stärker verteidigte die Kunst ein parareligiöses Terrain. Dämonen, Nixen, Hexen, Teufel und Vampire bevölkerten damals die Opernszene von Fouqué und Weber, Marschner und Meyerbeer. Solche Verkörperungen aber sind Rück- und Kunstgriffe der Fortschrittsangst, die in altbekannten und häufig naturhaften Inkarnationen nach Beschwichtigung vor dem Neuen sucht. In ähnlicher Weise erfahren wir über die Visionen Sentas von einem »fliegenden Holländer« etwas von den regressiven, mystifikatorischen Tendenzen der Psyche und des Geistes unter dem Druck industrieller und technischer Umwälzungen. Und weil im Holländer-Sagenstoff selber schon eine Umbruchsproblematik steckte – die des Übergangs vom Mittelalter zur Neuzeit –, bot er dem jungen Wagner die Möglichkeit, sich und seine geschichtliche Situation darin sowohl zu artikulieren wie zu verbergen.

Von solchen Überlegungen kann ein szenisches und musikalisches Konzept ausgehen: Wolf Siegfried Wagner, Sohn Wieland Wagners, und Wolf Münzner, ehemaliger Assistent Wielands in Bayreuth, haben es 1978 realisiert. Um die zeitlich gestaffelten Erzählebenen, die sich in diesem Stück durchdringen, anschaulich machen zu können, siedelten sie ihren *Holländer* in der Zeit an, in der er geschrieben und komponiert wurde. Eine wechselseitige Überblendung der einzelnen Zeitchiffren auf der Szene gab die temporale Tiefenstruktur.

Der Holländer dieser Aufführung ist der zynische Ausbeuter reicher Kolonien. Als solcher trägt er in der Tat an einem »Fluch«. Es ist der Fluch der Einsamkeit, der realen Absonderung von menschlicher Gemeinschaft durch Wochen und Monate auf dem Wasser. Die von Daland angedeuteten unermeßlichen Dimensionen von Zeit, Raum und Schätzen haben ihre genau umrissene Wirklichkeit in den Weltmeeren, den transatlantischen Besitzungen der Niederlande und ihren menschlichen und materiellen Ressourcen. Seine Heimatlosigkeit ist echt, seine Entfremdung ist echt, nur eben nicht im mythischen, sondern im frühkapitalistischen Sinne. Echt ist auch seine Sehnsucht nach einer Frau als dem Inbegriff der Geborgenheit. Nicht die Liebe aber sucht der Hartgesottene, und damit auch nicht »das Weib«, sondern (wie viele Männerfiguren Wagners) sein höchsteigenes »Heil«, und hinter diesem vagen Begriff verbirgt sich ein Todeswunsch, der um so berechtigter ist, als der Tod die einzige wirkliche Aufhebung seiner selbstentfremdeten »modernen« Existenz bedeutet. Zwischen den »teuflischen« Kräften, die ihn nach »draußen« zwingen, zu Entdeckungen und Eroberungen, und dem Leiden an den Folgen dieses Triebes schwankt er hin und her, weder ganz lebend noch ganz tot. Ausgestoßen von den Menschen, denen er in der Fremde zum Fremden geworden ist, projiziert er seinen misanthropischen Ekel sogar auf das Element seines Erfolges, das Meer. Der magische Turnus der sieben Jahre, in denen er an Land darf, um, wie Heine sagt, »seine Erlösung zu betreiben«, steht für seine hartnäckigen und aussichtslosen Versuche, sich wieder einer Lebensform zu integrieren, die ihm längst nicht mehr gemäß ist. Die Enttäuschung, die folgen muß, wird der Treulosigkeit der Frauen zur Last gelegt: eine wahrlich märchenmäßige Einkleidung der Angelegenheit. Sein Ende ist konsequent und wenig metaphysisch.

Statt eines Todes mit Verklärung wurde in dieser Inszenierung eine Art Unfall nahegelegt: der Holländer verheddert sich buchstäblich in den Stricken seines eigenen Schiffs, er geht sich selbst ins Netz und wird von seinen Sklaven, die die Gelegenheit zur Revolte wahrnehmen, gar in die Tiefe gestoßen.

Und Senta? Indem die Inszenierung des Urenkels nicht den »harten«, sondern den »Erlösungsschluß« gewählt und Senta zu Anfang des Stückes in derselben Haltung wie am Ende gezeigt hat, kommt ein Element der Wunscherfüllung und eines der Wiederkehr ins Spiel. Die Zeitlosigkeit einer bestimmten seelischen Situation, charakteristisch für junge Mädchen, die sich in Träumereien von realitätsverweigernder, schicksalssüchtiger Unbedingtheit verlieren, gewinnt in diesem geronnenen Bild beklemmenden Ausdruck. Jede Gestalt nämlich kann in solchen Köpfen zum Fabelwesen emporwachsen, bietet sie der Phantasie nur halbwegs die passende Nahrung – sei es ein abenteuerlicher Hintergrund, exotisches Äußeres, geheimnisvolles Leiden, Helden- oder Märtyrertum. In dem Wunsch nach dem Besonderen, Nichtalltäglichen, Absoluten offenbart sich der tiefere Wunsch nach Entfesselung. Sinnbild dieser mit erotischen Akzenten versehenen Entfesselung ist das Meer. In dem prophetischen Traum, den Erik für Senta träumt und ihr als Spiegelbild ihrer eigenen Wünsche vorhält, flieht sie mit dem »bleichen Mann« aufs Meer hinaus; in Freiheit und Tod, denn solche Wünsche haben keine Ufer.

Die übliche Auffassung des Paares Holländer/Senta erscheint somit ins Gegenteil verkehrt. Als traditionelles Attribut des Seefahrers galt im allgemeinen seine mythische Zeitlosigkeit; in diesem Konzept dagegen wird er »dingfest gemacht«, zeitlich und örtlich fixiert. Und Senta, gewöhnlich in Norwegen lokalisiert und typologisch genau umrissen, wird gleichsam entgrenzt, zum Inbegriff von Sehnsucht, Auflehnung und Selbstverwirklichung erhoben. Hatte Wagner sie nicht als das »Weib der Zukunft« bezeichnet? Auch die Zukunft des jungen, revolutionär gesinnten Wagner ist auf Freiheit, eine Freiheit auf Leben und Tod abgestellt. Auch er folgt seinem »Dämon«, dem Ruf ins Offene, sowohl in der Kunst wie der Politik, folgt den Figurationen seiner »Sehnsucht ... nicht auf ein Altbekanntes, Wiederzugewinnendes, sondern auf ein geahntes und gewünschtes Neues, Unbekanntes ...«.

»... OHNE JEDE EIGENTLICHE GEMÜTLICHE ZWISCHENSTUFE«: DER *TANNHÄUSER*

Oft kolportiert wurde die Anekdote, die sich um den berühmten Wagnerdirigenten Hans Knappertsbusch rankt. Bekannt für seine Abneigung zu proben, pflegte er bei den einschlägigen Gelegenheiten vor sein Orchester zu treten mit den Worten: »Sie kennen das Stück, meine Herren, ich kenne das Stück. Also fangen wir an.«

Wir alle kennen den *Tannhäuser*. Diese Highlights, diese eigentlich bei Wagner nicht zulässigen Restbestände von alten Opern-»Nummern«, von Arien, Ensembles, ja sogar einem »Finale« mit Cabaletta. Die Pilgerchöre, den Einzug der Gäste, die Hallenarie, das Lied an den Abendstern, das »Gebet einer Jungfrau« – das kennen wir bis zum Überdruß und lieben es, mitsummend, eher mit schlechtem Gewissen. Dann diese etwas ranzige Problematik eines Mannes, der sich zwischen zwei Frauen nicht entscheiden kann – hier heißen sie Venus und Elisabeth –, was uns nicht darüber hinwegtäuscht, daß es sich um das Lore-Roman-Lieblingsthema des attraktiven Mannes handelt, der naturgemäß auf nichts verzichten und alles haben will: den Sex und die Sauberkeit, das Abenteuer und die Sicherheit, die erotisch anregende inoffizielle Gefährtin und die standesgemäße und legitime. Heutzutage gilt dieser Männertypus – so häufig er auch ist – als etwas »unerwachsen«. Diese ganze Dreiecksgeschichte nun christlich übertüncht, die moralische Unvereinbarkeit der Liebesziele nach jenem religiösen Erlösungsmodell kurzerhand an den – oder besser in den Himmel – projiziert, den der Komponist ja auch weiterhin nicht müde wird zu variieren. Der Tannhäuser: ein unglücklicher älterer Bruder des Parsifal? »Der Tannhäuser ist uns so heilig wie der Parsifal«, notierte die Gattin des Schöpfers gewissenhaft. Wäre da nicht die mitreißende Musik – viele Partien wurden vom braven 4/4- zum schmissigeren 3/4-Takt umgearbeitet –, würde uns das Werk interessieren?

Ein Kunstwerk ist deshalb ein Kunstwerk, weil es trotz aller zu Klischees geronnenen Bilder und Vorstellungen eine Dimension behält, die es wieder rätselhaft macht. Als ob es eine innere Unerschöpflichkeit besäße, die immer aufs neue befragt werden will, die immer wieder staunen macht. Manchmal kann dies die Vollkommenheit der künstlerischen Mittel sein – wie beim *Tristan* –, manchmal kann es auch seine Unvollkommenheit sein, seine äußere oder innere Unfertigkeit, seine nicht gelösten inhaltlichen oder musikalischen Spannungen. Letzteres ist beim *Tannhäuser* der Fall – in einem Maß, das bei Wagner, dessen »Vollbringertum« Thomas Mann bewundert hat, ungewöhnlich ist. Der *Tannhäuser* ist in seiner äußeren Gestalt eigentlich nie fertig, sondern immer nur geändert worden. Ein »work in progress« nannte es der Musikwissenschaftler Werner Breig, geprägt von seinen – häufig durch die Aufführungspraxis bedingten – Umarbeitungen, von seinen »Fassungen« schon seit der Dresdner Uraufführung im Oktober 1845. Man spricht von der Dresdner, der Pariser, der Münchner, der Wiener Fassung. Keine war endgültig. Noch wenige Wochen vor seinem Tod äußerte Wagner, wie wir aus Cosimas Tagebüchern wissen, daß er »der Welt den Tannhäuser noch schuldig« sei.

Das Ungenügen des alten, des *Parsifal*-Wagner an dem Werk seiner mittleren Jahre reizt natürlich den Forscherdrang. War es ihm unangenehm, daß sein *Tannhäuser*, genauer besehen, ein Stil-Konglomerat darstellte, aus Teil-Stilen bestand? Daß das Bacchanale und die Venuspartie, neu komponiert für Paris 1861, seine Erfahrungen mit dem inzwischen komponierten *Tristan* verraten, musikalisch raffinierter, farbiger, reicher chromatischer sind als der einfachere, archaischere Rest? Daß die Pilgerchöre den Sakralton pflegen, daneben aber richtige Lieder zur Harfe gesungen werden, daß der Einzug der Gäste im höfischen Stil gehalten, die Rom-Erzählung dagegen fast eine Sprechtheaterrolle ist und erste Schattierungen des Musikdramas aufweist? Störte Wagner die uneinheitliche »musikalische Signatur« (Breig) seines *Tannhäuser* – die man ihm doch für den *Holländer* und den *Lohengrin* nicht nachsagen kann: ließ ihn deshalb das Werk nicht in Ruhe?

Auch die Wagnerkenner unter den Musikwissenschaftlern kommen da zu keinem bündigen Schluß. Von der äußeren Ungelöstheit des Stückes ausgehend, stellen wir die Hypothese auf, daß es vielleicht auch die inneren Eigenheiten und Ungelöstheiten waren, die den Komponisten zum Eingeständnis brachten, er sei der Welt den *Tannhäuser* noch schuldig. Ein »Erdenrest, zu tragen peinlich« haftete dem Werk für seinen Schöpfer wohl noch an: Der *Tannhäuser* trägt Spuren und Zeichen, die für den Musiker, den Dramatiker wie auch den Mann Wagner nicht genügend sublimiert, in Kunst transzendiert, einfach nicht genügend »aufgehoben« waren. Es fehlt, um gut hegelianisch fortzufahren, die dialektische Vermittlung in jener Dramaturgie der Antithesen und Kontraste, aus denen Wagner sein Stück gebaut hat, in jener erbarmungslos dualistischen, um nicht zu sagen manichäischen Welt von Schwarz und Weiß, von Nacht und Tag, von Hölle und Himmel, Ewigkeit und Zeit, die hier in die bühnenwirksame Anschaulichkeit von Venusberg und Wartburg gebracht worden sind.

Die Überschrift deutet es schon an: »... ohne jede eigentliche gemütliche Zwischenstufe« ist Teil eines Selbstzitates Wagners aus seinen Erinnerungen an den Tannhäuser-Darsteller der Münchner Erstaufführung von 1865, Ludwig Schnorr von Carolsfeld. Wagner erläutert ihm die Hauptpartie: »Als Grundzug derselben bezeichnete ich ihm höchste Energie des Entzückens wie der Zerknirschung, ohne jede eigentliche gemütliche Zwischenstufe, sondern jäh und bestimmt im Wechsel.« Das Problem des *Tannhäuser* muß etwas mit dieser »Ungemütlichkeit« zu tun haben, mit dem harschen Aufeinanderprallen von Kontrastwelten und Kontraststimmungen, mit den jähen Wechselbädern, durch die ja nicht nur der Held gejagt wird, sondern auch das Publikum. Das Publikum der Münchner Aufführung zumindest, gewohnt an jene die dramatische Aktion mildernden Striche im Finale des Zweiten Aktes, die Wagner bei der Uraufführung in Dresden vornehmen mußte, um seinen damaligen Tenor, Tichatschek mit Namen, nicht zu überfordern, reagierte ablehnend, als es sich nun die von Wagner bevorzugte vollständige Fassung derselben Stelle anhören mußte. Schnorr muß die Schreie von Tannhäusers Zerknirschung, dessen »Erbarm dich mein!« und den Abschied von Elisabeth derart wahnsinnig ausgestaltet haben, daß Verstörung sich breitmachte. Auch die intelligenteren Freunde Wagners wünschten sich die, wie Wagner selbst sie nannte, »bisherige, wenn auch mir nicht genügende, gemütlichere mattere Auffassung« des Tannhäuser zurück. Wagner und sein geliebter Schnorr aber taten sich erst recht gegen diese »allgemeine Verweichlichung, ja Verliederlichung [...] des öffentlichen Geschmackes« zusammen: Schnorr von Carolsfeld wurde nicht zufällig sein unübertroffener erster Tristan-Darsteller.

Die kleine Geschichte zeigt den Ernst der Lage. Die Härte des Konflikts ist gewollt. In einer schönen Studie über die *Grundfigur der gespaltenen Welt bei Wagner* hat Friedrich Dieckmann herausgefunden, daß die Gespaltenheit – als Reflex der politischen und kulturellen Widersprüche seines Zeitalters – Wagners Lebensgefühl bestimmte und in jedem seiner Werke aufs neue Gestalt annimmt, wobei die Konflikte bei der Begegnung der Welten – einer magisch-mystisch-romantischen und einer historisch realen und lokalisierbaren – fast immer tödlich ausgehen. Innerhalb dieses Schemas ist der Tannhäuser ein Sonderfall. Während ein Holländer, ein Lohengrin und auch der glücklichere Walther von Stolzing individuelle Verkörperungen einer romantischen Gegenwelt sind, die in die normale Welt einbrechen, mit ihr in Konflikt geraten und entweder als Fremde ausgestoßen werden – Holländer und Lohengrin – oder integriert wie in den *Meistersingern* (was einige vermittelnde Anstrengungen voraussetzt), gerät Tannhäuser direkt zwischen die Mühlen der »romantischen« und »normalen« Welt. Er ist kein Sendbote von außen, erkennbar am romantischen Requisit, wie zum Beispiel dem Schwan oder dem Geisterschiff, sondern ein Einheimischer, ein Liedersänger mit Harfe wie seine ritterlichen Kollegen, zugleich aber ist er ein Fremder, ein Außenseiter, der zwischen den einander feindlichen Welten steht, »fremd in beiden, bezogen auf beide« (Dieckmann). Das zieht seine Vernichtung nach sich. Tödlich wird die Konstellation deshalb, weil beide Welten real sind, beide haben eine selbständige Bühnenwirklichkeit – die Venuswelt ist nicht nur »Erscheinung«, Zeichen oder wahnhafte Imagination des Helden, sondern Realität. Wolfram zum Beispiel nimmt sie im Dritten Akt, als er Tannhäuser zurückreißt, ebenfalls wahr; damit ist sie vor Zeugen bewiesen. Tödlich wird sie auch, weil Tannhäuser sich nicht für eine der beiden Welten entscheiden kann. Im Venusberg sehnt er sich nach der frischen Natur und dem einfachen Leben, auf der Wartburg übermannt ihn die Sehnsucht nach dem Hörselberg. Im Unterschied zu Tristan etwa, dessen Todestrieb ihn konsequent in eine Richtung weist, ist die Tannhäuser-Variante des Umgangs mit der gespaltenen Welt ausweglos. Nicht nur, daß *ein* Individuum hier buchstäblich zwischen zwei Bereichen zerrieben und zerrissen wird; es gibt noch einen zweiten Tod. Keinen wirklichen Liebestod, der durch seine Gemeinsamkeit noch irgendwie versöhnen könnte, sondern einen einsamen, schiefen Tod: Elisabeths Selbstopfer.

Die ungewöhnlich grausame Gestaltung der Wagnerschen »Grundfigur der gespaltenen Welt« ist es, die mir am *Tannhäuser* auffallend und interessant scheint. Vor allem deshalb, weil sie eigentümlich quer steht zu dem kompositorischen Ideal der allseitigen Vermittlung aller Beziehungen und Motive, das Wagner in der Folge entwickeln wird und das bereits im *Tannhäuser* deutlich ist. Der *Tannhäuser* ist kein »Frühwerk« mehr, sondern ein Werk, das Wagner unterwegs von der Oper zum Musikdrama zeigt. Gerade deshalb aber ist es spannend zu sehen, wie die jugendlicheren, ungestümeren, härteren Züge eines Werkes vom älteren und erfahreneren Komponisten zwar in einigen Details wärmere Konturen, einige musikalische Milderungszulagen bekommen, daß jedoch die antithetische Struktur des Ganzen, aus der die beiden Toten hervorgehen, nicht verändert wurde.

Betrachten wir die ungemütliche, weil mitleidlos polarisierte *Tannhäuser*-Szenerie näher:

Liegt die Unvermitteltheit, mit der die Kontrastwelten von Venusberg und Wartburg aufeinanderprallen, an der Stoffgeschichte, die zwei heterogene Sagenkreise zusammenschweißt? Illustriert sie den Charakter einer Welt, die keine überwölbende Einheitlichkeit mehr aufweist – womit das 19. Jahrhundert nicht anders durch die mittelalterlichen Verkleidungen schiene als durch die germanischen des *Rings*? Liegt es an der psychischen Disposition des Helden, dem der damals positive Wagner-Kritiker Eduard Hanslick 1846 schon »pathologische Momente« nachgesagt hat? Liegt es an den biographischen und psychologischen Momenten, von denen der Komponist in der Entstehungszeit untergründig gesteuert wurde und die gleichsam als dynamischer

Subtext unter der Handlung liegen? Wie zu erwarten, spielen alle diese drei Faktoren hier eine Rolle.

Der Doppeltitel, den das Werk trägt, kündigt einen Zwiespalt schon an. Tannhäuser *und* (nicht etwa: *oder*) der Sängerkrieg auf Wartburg. Hier werden zwei Sagenkreise verschränkt, die eigentlich nichts miteinander zu tun haben. Zum einen die in »Des Knaben Wunderhorn« aufgezeichnete, aus älteren Quellen stammende (und von Heinrich Heine ironisch variierte) Legende vom Ritter Tannhäuser, der im Venusberg war, sich losreißt, von Papst Urban aber keine Absolution erhält und von dem Zeichen der Vergebung – der verdorrte Zweig beginnt zu grünen – nie erfährt, weil er »in Jammer und in Leiden« wieder in den Venusberg zurückgekehrt ist und dort verschwunden bleibt. Zum anderen die aus dem thüringischen Sagenkreis überlieferte Geschichte vom »Kampf der Sänger« auf der Wartburg, wie E. T. A. Hoffmann sie in den »Serapionsbrüdern« erzählt, wo der unkonventionelle Sänger Heinrich von Ofterdingen einen lebensgefährlichen Streit entfesselt. Zwischen der Tannhäuser- und der Wartburggeschichte gibt es eigentlich, außer winzigen Querverweisen, keine Verbindung: damit gibt es auch keinen Konflikt. Ohne Konflikt aber keine Oper. Um den dramatisch wirkungsvollen Knoten schürzen zu können, erfindet Wagner eine Liebesbeziehung zwischen Elisabeth, der Nichte (historisch: der Schwiegertochter) des Landgrafen Hermann und Tannhäuser. Das antithetische Arrangement der beiden Sagenstoffe aber läßt schon vermuten, daß diese Liebesbeziehung keine vermittelnde Funktion zwischen den Welten wird haben können. Das Perverse ist eher, daß die verschiedenen Sphären einander auch deshalb ausschließen, weil sie dieselben Wünsche und Ansprüche an Tannhäuser haben und auf diese Weise einander statisch und unbeweglich zugeordnet sind. Das läßt sich, wie Peter Wapnewski schrieb, bis in die gleiche Wortwahl verfolgen: er möge »in die Saiten greifen«, zum Beispiel, er möge »bleiben« oder »zurückkehren«, beide – Venus und die Vertreter der höfischen Welt – sprechen vom »Zauber« seines Gesanges. Elisabeth hat zwar insofern Züge einer Mittlerfigur, als sie den Tannhäuser liebt und die Liebe – nicht nur bei Wagner, sondern in den Religionen überhaupt – als das Medium der Erlösung gelten darf. Elisabeth könnte den Sänger vor sich selbst retten, hinüberziehen in die einfache, irdische, eheliche Liebe, Elisabeth könnte ein anderes Evchen Pogner sein – der sie ja auch insofern ähnelt, als sie die Muse eines Wettgesanges darstellt. Außerdem ist sie ja keine Heilige von vornherein: es gibt Kommentare Wagners – und seine Musik –, die keinen Zweifel an der erotischen Ausstrahlung Elisabeths lassen; auch der Dialog der beiden zu Anfang des Zweiten Aktes belehrt darüber. Der »Gott der Liebe« habe ihn hergeführt zu ihr, behauptet Tannhäuser – was Sigmund Freud eine Fehlleistung nennen würde. Tannhäuser meint natürlich die *Göttin* der Liebe, darf das aber nicht sagen. Dennoch brennt sie ihm noch im Blut und affiziert das Bild der nächsten Frau, die ihm begegnet. Die Liebe, die als vermittelnde Instanz, als Medium der Rettung, als Brücke zwischen der sündigen und der sittlichen Welt hätte fungieren können, darf dies so aber nicht. Nicht nur, weil sie vergiftet ist, denn der Tannhäuser nach den Erfahrungen im Bordell ist ein anderer als vorher (spinnt man den Faden weiter, wäre auch nach der Hochzeit – wie bei Lohengrin und Elsa – sein Geheimnis irgendwann herausgekommen, wie alles Verbotene und Verdrängte), die Liebe kann auch deshalb nicht versöhnend wirksam werden, weil Tannhäuser ihr die Existenzbedingungen entzieht, zerstörend in ihr gesellschaftliches Umfeld eingreift. Gereizt von den für ihn verlogenen, weichlichen und weltfremden Minne-Auffassungen der höfischen Sänger, platzt er mit der nackten Wahrheit über die Natur der (männlichen) Liebe als sexuellem Genuß heraus. Nach dem Codex der Welt, in der er sich befindet, ist er damit Außenseiter, Verbrecher. Auf die Frau, die ihn liebt, wirkt sein Affront aber noch schlimmer, als »Todesstoß«. Sie wird nun in die Rolle der Heiligen, deren Liebe Caritas sein muß, Fürbitte und Verzicht, förmlich hineingeschoben. Daß Elisabeth eine »Allegorie der Maria« darstellt – mit der Anrufung der Maria bricht Tannhäuser den Zauber des Venusberges –, hat der Musikwissenschaftler Reinhold Brinkmann erkannt. Wobei dem geschulten Psychoanalytiker nicht entgehen wird, daß mit der Marien-Identifikation nicht nur der Schein des Heiligen und Jungfräulichen auf Elisabeth fällt, sondern auch der des Mütterlichen.

Im Extrem ihres Selbstopfers aber ist sie dem Extrem, das der Sünder Tannhäuser darstellt, gewachsen, nur die Märtyrerin ist dem Gemarterten ebenbürtig. Im Tod werden die Mittlerkräfte der Liebe wirksam, Elisabeth kann dem Sünder wenigstens zu einem gnädigen Jenseits verhelfen, christlich gesprochen: zu seiner Erlösung. In irgendeinem geistigen Bezugssystem mußte die »Aufhebung« der Gegensätze, eine Art Versöhnung, ja darstellbar sein, und Wagner nimmt das von der frommen Legende vorgeschriebene und in seinem Kulturkreis verständliche. Daß der *Tannhäuser* deshalb ein christliches Mysterienspiel von Schuld und Sühne, Sünde und Erlösung sei, ist freilich zu bezweifeln. »Es macht mir doch Freude, einmal so hartnäckig auf dem christlichen Standpunkt gestanden zu haben, und zwar als Künstler«, behauptet Wagner im Rückblick auf das Werk, 1851. Wahrhaft christlich ging es zwar im Barocktheater zu, da war die Welt noch ehrlich geteilt in Himmel und Hölle, da wußte ein Autor immer, wo Gott wohnt. Im Zeitalter der Romantik aber war das anders geworden, da stand man vielleicht auch auf dem »christlichen Standpunkt«, aber eben künstlich, »als Künstler«. »Schlagen Sie die Kraft der Reflexion nicht zu gering an«, schrieb Wagner 1847 an Hanslick. »Das Kunstwerk der höchsten Bildungsperiode kann nicht anders als im

Bewußtsein produziert werden«. Die christlichen Vorstellungen von Himmel und Hölle kehrten in der Romantik als Bewußtseinsreflexe wieder, als dem Bewußtsein introjizierte Gegensätze, als zwei Welten, die die Seele zerreißen – daher die vielen »zerrissenen« Helden der romantischen Literatur. Auch Ludwig Tiecks dämonische Seelen-Novelle vom »getreuen Eckart und dem Tannenhäuser« gehört zu den Quellen, die Wagner zu seiner romantischen Grausamkeitsoper inspiriert haben.

An den beiden Legenden, die Wagner über die Beziehung Elisabeth–Tannhäuser willkürlich miteinander verknüpft, liegt es nicht, daß die »Grundfigur der gespaltenen Welt« im Tannhäuser so extrem gestaltet wurde. Im Gegenteil: Die Verknüpfung selber ist so gestaltet, daß sie den Konflikt der zwei Welten intensiviert und zur Explosion bringt. In der Behandlung der Stoffgeschichte kommt viel eher die dramatische Pranke Wagners zur Geltung, die unwiderstehliche Wirkungen zu erzielen weiß.

Einige Interpreten – Hans Mayer, Udo Bermbach – haben in der auffallenden Kontrastdramaturgie des *Tannhäuser* in erster Linie den Zusammenstoß von Individuum und Gesellschaft erkennen wollen und im Individuum Tannhäuser den Künstler-Außenseiter-Revolutionär gesehen, der mit den reaktionären, verkrusteten, jederzeit militanten Organisationsformen einer polizeistaatähnlichen Institution hadert, die sinnliche Spontaneität und künstlerisch eigenständiges Verhalten an ihren starren Ritualen zerbrechen läßt (Bermbach). Ein Kunstwerk erlaubt viele Ansichten. Bedenkt man jedoch, daß der *Tannhäuser* eine ganze Weile vor der Dresdner Revolution von 1848 geschrieben worden ist – die eher auf die *Siegfried*-Tragödie extrapolierbar ist –, so scheint uns, wenn es schon das historische Interpretationsmodell sein soll, der Blick auf eine andere Polarität ergiebiger. Daß vor allem der Venusberg eine mythologische Bildmetapher ist, die man dechiffrieren kann, liegt auf der Hand. Die Venuswelt erwächst aus dem »ekelhaften Boden der modernen Sinnlichkeit«, die Wagner in Paris mit Widerwillen kennengelernt haben will, sie repräsentiert, da bin ich etwa mit Friedrich Dieckmann einig, nicht so sehr die christliche Negativprojektion einer Lusthölle, sondern ein französisches »paradis artificiel«. Der Venusberg bedeutet »Paris, Europa, den Westen« – jene luxurierende, frivole, kommerzialisierte und verderbte Welt, in der »die Freiheit, aber auch die Entfremdung« weiter fortgeschritten sind als in der »deutschen Provinz mit ihrer anheimelnden Zurückgebliebenheit« (Dieckmann).

Die autobiographischen Schilderungen Wagners sprechen diesbezüglich eine deutliche Sprache. Blenden wir die Situation kurz ein. Wagner ist 29 Jahre alt, lebt in Paris ein elendes Hungerleben mit allen möglichen Lohnarbeiten; von der Sehnsucht nach der Heimat getrieben, sucht er nach einem deutschen Opernstoff und stößt, nachdem er einen *Manfred*-Plan gehegt hatte – Manfred ist der Sohn des Hohenstaufenkaisers Friedrich II. –, auf die Gestalt Tannhäusers, an der ihn nicht das Geschichtliche, »das prangende historisch-poetische Gewebe« anzieht, sondern daß er »Mensch« ist, »eine unendlich ergreifende und rührende Gestalt«, ein »lebenssehnsüchtige(n)r Künstler«. Als Wagner dann im April 1842 bei seiner Rückreise nach Deutschland, wo er in Dresden den *Rienzi* einstudieren soll, mit seiner Frau Minna zum ersten Mal den Rhein überschreitet, hat er »helle Tränen im Auge« und schwört, »ein armer Künstler«, seinem »deutschen Vaterlande ewige Treue«. Die Reise führt ihn über Thüringen, er kommt an der Wartburg vorbei, und diese regt ihn »ungemein warm an«. »Einen seitab von ihr gelegenen ferneren Bergrücken stempelte ich sogleich zu meinem Hörselberg, und konstruierte mir so, in dem Tal dahinfahrend, die Szene zum 3. Akte meines Tannhäuser« (»Mein Leben«). Zehn Wochen danach geht er an die Abfassung des Librettos. Die Welt, in die er zurückgekehrt ist, scheint ihm Heimat, Natur und Frieden, erscheint ihm einfach, echt und rein, erscheint ihm deutsch. Sein Tannhäuser sei »ein Deutscher vom Kopf bis zur Zehe« – heißt es in einem Brief gleich nach der Fertigstellung der Oper an den französischen Musikschriftsteller und Freund Karl Gaillard. Das Ressentiment gegen Frankreich, gegen Paris als Inbegriff einer Welt des Scheins, der »Genußsinnlichkeit« und einer üppigen Unterhaltungskunst, einer Welt, die von dem deutschen Musiker nichts wissen wollte, sondern Meyerbeer anbetete, haftete tief in der Seele Wagners; noch Jahrzehnte später, als die Preußen Ende 1870 vor Paris stehen, freut er sich auf ein Bombardement dieser Stadt. Andrerseits ist aber auch Wagners Empörung über die deutsche Kleinstaaterei und deren Engstirnigkeit in künstlerischen und Repressivität in sozialen Dingen bekannt – das Jahr 1848 steht vor der Tür.

Eine Lektüre des *Tannhäuser* als »Zeitstück« (Dieckmann), als Resümee seiner Erfahrungen zwischen den unvereinbaren Welten Paris und Eisenach/Dresden ist nicht von der Hand zu weisen. Über die Polarisierungen im *Tannhäuser* erfährt man davon, wie abgrundtief Wagner die Verschiedenheit dieser Welten und ihrer Kulturen empfunden haben muß. Das Französische sei ihm »instinktmäßig zuwider gewesen«, sagte er, oder: »Nicht im mindesten fühlte ich die Neigung, das französische Wesen mir anzueignen«. Man erfährt aber auch von seinen Entscheidungsschwierigkeiten und Ambivalenzen. Paris war damals die europäische Kulturhauptstadt, in der er unbedingt reüssieren wollte. Nach den Besuchen des kleinen Sachsen in den »glänzenden Aufführungen der Großen Oper« stieg eine, so schilderte er selbst, »wollüstig schmeichelnde Wärme« in ihm auf, die ihn

»zu dem Wunsche [...] ja zu der Gewißheit erhitzte, hier noch triumphieren zu können«. Eigentlich aber suchte er sein eigenes Profil, suchte er sich, polemisch und schöpferisch, durch die Schaffung eines spezifisch deutschen Kunstbegriffs von der italienisch/französischen Ästhetik abzusetzen, deren »äußerliche Wirksamkeit« bei »innerer Zerfahrenheit«, deren Trivialität und Seichtheit er verachtete. Daß gerade der *Tannhäuser*, fast zwanzig Jahre nach seiner Uraufführung, in Paris zum größten denkbaren Theaterskandal, zum »Schlachtabend« (Wagner), geworden ist und dabei dennoch ein »Triumphieren« bedeutete, ist in dieser Hinsicht eine schöne Pointe.

Behalten wir jedenfalls das emotionsgeladene Verhältnis Wagners zwischen Paris und Deutschland im Auge: Paris zieht ihn an und stößt ihn zugleich ab, im Gegenzug dazu erwacht Patriotismus in ihm, eine deutsche Sehnsucht oder Sehnsucht nach dem Deutschen, die sich später in deutschen Nationalismus verwandeln wird. Die »Grundfigur der gespaltenen Welt« gehört auch in ihrer biographisch-historischen Dimension zu Wagner und verlieh allen seinen ästhetischen Gestaltungen Schubkraft und Schärfe. Daß das Leben bisweilen aber »gemütlichere Zwischenstufen« parat hat als die Kunst, sei hier nicht verschwiegen. Mit dem Bezug von Luxusstoffen und Parfums aus Paris, der Zuneigung zu einer schönen Französin, zu schweigen vom überbordenden *wagnérisme* dieses Landes, fand in Wirklichkeit ein reger und vergnügter Transfer statt zwischen dem »paradis artificiel« der Franzosen und der deutschen – der Bayreuther – Spießerprovinz, in der Wagner sich schließlich eingerichtet hatte.

Stichworte Kunst und Leben, Leben und Kunst. Wagners gespaltene Welt, wie wir ihr in seiner Kunst begegnen, nicht nur in den Frühwerken und den romantischen Opern, sondern auch im *Tristan*, dem *Ring* und vor allem im *Parsifal*, speist sich noch aus anderen Quellen – aus den psychologischen.

»In meiner Natur liegt es ursprünglich, schnell und stark in den Extremen der Stimmung zu wechseln: die höchsten Spannungen können fast kaum auch anders als nah sich berühren; darin liegt oft sogar die Rettung des Lebens. Im Grunde hat auch die wahre Kunst keine andren Vorwürfe als diese höchsten Stimmungen in ihrem äußersten Verhalten zueinander zu zeigen«, schreibt Wagner an die *inspiratrice* seines *Tristan*, an Mathilde Wesendonck; er schreibt ihr das 1859 aus Paris, zu jener Zeit also, als er den *Tannhäuser* tristanesk umarbeitet. Ein paar Zeilen weiter unten aber bekennt der Feuerkopf, daß er eigentlich schon einen Schritt weiter sei, und charakterisiert das Besondere seiner Musik dahingehend, daß es ihr »auf Vermittlung und innige Verbindung aller Momente des Überganges der äußersten Stimmungen ineinander« gehe. »Meine feinste und tiefste Kunst möchte ich jetzt die Kunst des Überganges nennen, denn mein ganzes Kunstgewebe besteht aus solchen Übergängen: das Schroffe und Jähe ist mir zuwider geworden«.

Diese berühmte Selbstcharakteristik ist dem Stolz über die neugewonnene kompositorische Meisterschaft des *Tristan* zu verdanken. Aufschlußreich ist aber, daß er gleich darauf auf den *Tannhäuser* zu sprechen kommt und darüber schimpft, daß man ihm bei einer Aufführung in Berlin ausgerechnet jenen »Übergang« am Ende des Zweiten Aktes als »Länge« gestrichen habe, wo er musikalisch zwischen dem Ausbruch des Entsetzens nach Tannhäusers Bekenntnis und der Fürbitte Elisabeths sorgfältigst vermittelt habe. Der *Tannhäuser* scheint ihm besonders gefährdet durch Kürzungen – durch die Kürzungen anderer wohlgemerkt –, und wir glauben auch zu wissen, warum: weil ohnehin die »gemütlichen Zwischenstufen« fehlen, weil das Publikum inmitten des »jähen und gestimmten« Wechsels der Zustände die spärlichen Übergänge braucht, die einstimmen, die vermitteln – die deshalb vielleicht auch »lang« erscheinen. Die musikalischen »Übergänge« – harmonische Modulationen zum Beispiel, Aufgreifen von Motivmaterial – sind das rhetorische und psychologische Mittel, ein Abkühlen des Publikums zu verhindern, es zu überreden, an das Geschehen auf der Bühne zu glauben. Es soll, es muß »geleitet« werden.

Derselbe Brief an Mathilde Wesendonck enthüllt uns überdies Entscheidendes über die geheimen Verbindungen zwischen Subjektiv-Psychologischem und Werkgeschichtlichem: warum Wagner zum Beispiel, dessen Temperament doch offenbar affektgeladen und explosiv war, zugleich so ungeheuren Wert auf das Gegenteil, das »Vermitteln« zwischen den »schroffen Enden« seiner Stimmungen legte, auf die »Übergänge« und »Vermittlungen«. Sein tiefster Wunsch als Künstler und Mensch sei es, »verstanden zu werden«. Auch Wagners werkgeschichtlich imponierende Schrift der Züricher Jahre, die »Mitteilung an meine Freunde« von 1851 spricht dieses Anliegen wiederholt aus: Wagner möchte verstanden, restlos verstanden werden. Deshalb mußte er lernen, zwischen seinen extremen Affekten und Stimmungen im Leben wie in der Kunst versöhnliche Überleitungen zu schaffen, denn wenn er sein Gegenüber verletzte, erregte er nur Kälte und Ablehnung, stünde wieder allein da: im Grunde eine einfache Regel der Kommunikationstheorie. Dieses Hin und Her, diese Spannungen zwischen seiner, wie er sagte, »Not der Entladung unseres Inneren«, das heißt seiner spezifischen Äußerungsform in Extremen, und der Einsicht in die Notwendigkeit zur Vermittlung, weil ihm sonst keiner zuhört, prägt sein künstlerisches und menschliches Dasein. Dabei kann es auf der sozialen Ebene auch mal schiefgehen.

Herzzerreißend und komisch zugleich ist die Rechtfertigung, die er Mathilde in demselben Brief wegen eines durch ihn mißratenen Abends gibt. Er rekapituliert eine Geselligkeit, wo auch sie anwesend war. Dort hatte ihn »plötzlich die Ruhe verlassen«, und er verletzte seinen Freund, den Architekten Gottfried Semper, durch einen »stark akzentuierten Angriff«. Selber dadurch »sogleich innerlich abgekühlt«, suchte er nun nach einer Strategie, um dem Gespräch wieder eine »schickliche Fassung zu geben«. Sie schlug spektakulär fehl, weil Wagner meinte, nicht »Verstummen« sei das Mittel, eine Beschwichtigung und neue Verständigung einzuleiten, sondern das Weiterreden, wenn auch »mit künstlerischem Bewußtsein«. Statt sich für seinen Affront beim gekränkten Semper zu entschuldigen, perorierte er ohne Punkt und Komma über seine Sujets, über seine Kunst. Keiner kam mehr zu Wort, kein sensibler Bezug auf die Kränkung schwächte diese ab oder löste sie auf, was zum Resultat hatte, daß Wagner auch keine geneigten Gemüter mehr fand, die ihm zuhörten. Die Runde war verstimmt, und Wagner, beleidigt, zog daraus den kindlich-trotzigen Schluß, er »lehne jetzt jede eigentliche Gesellschaft ab«.

In anderen Worten: Was hier in der sozialen Mikrozelle wegen seines Temperaments und seiner mangelnden kommunikativen Fähigkeiten zu einem »Übergang«, zu vermittelnden »Zwischenstufen« nicht funktionierte, darauf mußte er auch im Makrokosmos seines musikalischen Dramas achten. Wagners Entwicklung vom *Tannhäuser* bis zur *Götterdämmerung*, zu jenem perfekten Universum der Vermittlungen und Spiegelungen der Themen und Figuren, wo kein musikalisches Detail mehr für sich steht, nichts mehr »jäh« im Wechsel ist, bezeugt nicht nur, wie »lernfähig« dieser Künstler war, sondern wie hochempfindlich die Bereiche von Kunst und Leben bei ihm miteinander verschränkt waren. Der »Beziehungszauber«, den Thomas Mann an seiner Kunst rühmte, war schwer erkämpft.

Was bringen nun aber seine Einsichten in das Wesen der Kommunikation für seinen *Tannhäuser*? Wird der Wesendonck-Wagner, der jetzt den *Tannhäuser* überarbeitet, die Konsequenzen aus dem neuen und fruchtbareren Vermittlungskonzept ziehen? Wird er zwischen Venus- und Wartburgwelt kleine Beziehungsbrücken bauen, wird er die antithetischen Pole, wenn schon nicht auf der dramaturgischen Ebene, so doch wenigstens auf der musikalischen miteinander in eine beschwichtigende, überleitende Verbindung bringen? Zunächst gibt es da schlechte Nachrichten. Durch die Neukomposition des Bacchanals und der Venuspartie des Ersten Aktes im chromatisch irisierenden *Tristan*-Reifestil vertieft sich die Kluft zur Musik der mittelalterlich-christlichen Gegenwelt und ihrer Repräsentanten, zu denen auch Tannhäuser gehört. Diese läßt er weitgehend in der Dresdner Fassung bestehen, komponiert sie nicht neu, und dementsprechend wirkt sie nun wie die Musik einer früheren Entwicklungsstufe oder Zeit. »Die Differenz zur verbliebenen Einfachheit der Liedstruktur und der daraus hervorgehenden Systematik des Szenenaufbaus (hat) sich vergrößert: das Tannhäuserlied erscheint noch trivialer«, heißt es bei Brinkmann, der insbesondere dem Tannhäuserlied (»Dir, Göttin der Liebe/soll mein Lob ertönen«) seine Aufmerksamkeit widmet, weil es zweimal den jähen Umschwung der Geschehnisse provoziert: vom Hörselberg ins Wartburgtal und von der Sängerhalle zur Fahrt nach Rom. Vorteile freilich sind für die Venus zu verbuchen – ihr Gesangspart wird angereichert, ihrer Figur wird mehr Farbe, Kontur und Statur gegeben als damals in Dresden. Die Venus sei »keine Theatermedea mehr, sondern eine leibhaftige Göttin ersten Ranges« schreibt Hans von Bülow bewundernd. Als »leibhaftige Göttin« aber verschärft sie erst recht das Gewicht der Kontraste, jetzt ist sie als Gegenspielerin erst wirklich ernst zu nehmen. Kenner musikalischer Raffinessen hören nicht nur Nachklänge an die Isolde, sondern auch schon Töne der Kundry in der Pariser Venus vorweggenommen. Vielleicht ist Wagner der Passion zu Mathilde Wesendonck doch noch nicht so ganz entkommen: Ihr Liebeszauber wirkt noch in die neue Venusmusik hinein. Jedenfalls pflegt Wagner den engsten brieflichen Kontakt mit seiner *Tristan*-Muse und berichtet ihr minutiös und ausführlich von seinen Pariser *Tannhäuser*-Gedanken, Entwürfen und Erlebnissen.

Wäre mit der Revision nicht zugleich ein inhaltlich-dramatisches Anliegen getroffen – die Wartburgwelt läßt sich durchaus als eine einfachere und archaischere Welt ansehen als die dekadente Drogenszenerie des Venusberges –, hätte Wagner sich wohl damals entschließen müssen, den Rest der Oper neu zu komponieren. Das war nicht möglich. Die formale Anlage insgesamt, die Ausprägung des Tonsatzes, verzahnt mit zentralen musikalischen wie dramatischen Momenten des Ganzen erlaubten das nicht (Brinkmann). Möglich waren nur einige wenige musikalische Brückenschläge – sie »Zwischenstufen« zu nennen wäre übertrieben. Von einer Veränderung im Sinne der tristanschen »Vermittlung« weiß zum Beispiel der Leiter der Wagner-Gesamtausgabe, Egon Voss, zu berichten: Nach dem krassen Umschlag, der auf Tannhäusers Losungswort »Maria« im Ersten Akt erfolgt und ihn vom Venusberg ins Wartburgtal versetzt, ertönt zuerst eine einsame Hirtenschalmei, dann singt der Hirt, unbegleitet, sein Frühlingsliedchen »Frau Holda kam aus dem Berg hervor«. In Takt 8 dieses Liedes nun schiebt Wagner für Paris ein Zwischenspiel ein, »das die Funktion hat, die so überraschende Wendung der G-Dur-Melodie des Hirten nach Fis-Dur nachträglich zu stützen, ist also Vermittler im Sinne der im *Tristan* entwickelten Kunst des Übergangs. Zugleich aber wird das Lied«, so schreibt Voss weiter, »durch das instrumentale Intermezzo, das noch dazu mit einer Fermate endet, gleichsam episch gedehnt und so seine formale

Geschlossenheit aufgebrochen, ganz im Sinne der späteren Wagnerschen Musikdramatik, der alle vorgegebene musikalische Form suspekt ist.« Reinhold Brinkmann wiederum deckte an einzelnen Stellen musikalische Korrespondenzen auf, die ihm zwischen den Extremen zu vermitteln scheinen. Die Marienanrufung Tannhäusers im Ersten Akt zum Beispiel wird der Venusanrufung beim Sängerkrieg durch kleine Veränderungen harmonisch und melodisch angeglichen. »Gleichheit von Harmoniefolge und Melodiegerüst bezeichnet die Verbindung der Situationen, die Divergenz der Instrumentation und Figuration vor allem bestimmt deren Differenz«, heißt es in seiner Analyse. »Zu ›Maria‹ löst sich aus dem Streichertremolo ein reiner, stehender Holzbläserklang« – mit reinen Holzbläserakkorden wird auch Elisabeth dargestellt –, »zu ›Venus‹ bestimmt erregte Figuration der hohen Streicher im Tremolo den Klang.« Ein solches Verfahren kann durchaus mit dem Begriff einer dialektischen Vermittlung bezeichnet werden, auch wenn im *Tannhäuser* eben nur Ansätze zu solchen Vermittlungen vorhanden sind, die die Grundproblematik nicht lösen können. Zwei inhaltliche Korrespondenzen hat Peter Wapnewski gefunden, magere zwar, aber immerhin: Das Hirtenlied im Ersten Akt besingt »Frau Holda«, die aus dem Berg hervorkommt; sie ist die Inkarnation des Frühlings, unverkennbar aber auch eine im Berg wohnende heidnische Göttin, harmloser als die Venus, aber noch entfernt mit ihr verwandt. Und Wolfram von Eschenbach fällt es offenbar nicht auf, daß der »holde Abendstern«, dem sein melancholisches Sinnen gilt, identisch mit einem Stern ist, der Venus heißt.

Kommen wir nun zur Tannhäuser-Figur selbst. Wenn es richtig ist, daß Schöpfer und Geschöpf zumindest für die Zeitspanne zwischen Konzeption und Niederschrift miteinander identisch sind – Goethe ist Werther und Goethe ist Tasso, Schiller ist der edle Räuber, Flaubert die Madame Bovary –

wird uns ein genauerer Blick auf die innere Verfassung des Helden das Fürchten lehren.

Dank Wagners Unzufriedenheit mit der fehlerhaften Darstellung der Tannhäuser-Figur auf den zeitgenössischen Bühnen gibt es Zeugnisse zur Genüge, die uns über seine künstlerischen Absichten unterrichten. Der Tannhäuser sei um Gottes willen eben kein haltloser, »hin und her schwankender, schwacher und unmännlicher Charakter«, schreibt er 1852. Das ganze Drama würde unverständlich, wenn er als »gutmütig oder bürgerlich fromm und höchstens mit einigen liederlichen Neigungen behaftet« aufgefaßt und gespielt würde. »Tannhäuser ist nie und nirgends etwas nur ›ein wenig‹, sondern alles voll und ganz«, heißt es weiter. Das Fieber des *Tannhäuser*-Entwurfes zeigt sich am Duktus des Wagnerschen Sprechens, es herrscht der Superlativ: »Mit vollstem Entzücken hat er in den Armen der Venus geschwelgt«, in vollster Überzeugung von der »Notwendigkeit« seines Tuns zerbricht er aber auch diese Fessel, »mit vollster Rückhaltlosigkeit« gibt er sich dem Eindruck der heimischen Natur hin, dem »tränenreichen Ausbruch eines kindlich religiösen Reuegefühls«, im Namen »Elisabeth« strömt Vergangenheit und Zukunft »blitzesschnell wie in einem Feuerstrom zusammen, der [...] zum leuchtenden Stern eines neuen Lebens für ihn zusammenfließt«, dann jauchzt er in »wonnigster Lebenslust auf, stürmt er der Geliebten entgegen«. »Wie ein ferner, dumpfer Traum liegt alles Vergangene [...] kaum weiß er sich seiner zu erinnern« – »unwillkürlich« muß er aber auch erfüllen, was er Venus beim Abschied gelobt hat: ihr »mutiger Streiter« in der Welt zu sein. Wagner kommt zu dem logischen Schluß: »Tannhäuser, der nur des unmittelbarsten Ausdruckes seiner aufrichtigsten, unwillkürlichsten Empfindungen mächtig ist, muß sich zu dieser« – der Wartburgwelt – »im schroffsten Gegensatz finden«. Und prompt läßt er »jede Rücksicht fahren«, treibt sich mit seinem Preislied an die Venus in die »Erhabenheit seiner Entzückung«, um dann, »urplötzlich«, eine »Erscheinung« als »gänzlich neu« wahrzunehmen, die »seine ganze Empfindung« einnimmt: »das Weib, das sich aus Liebe für ihn opfert«. »Fortan«, erklärt Wagner – und es wundert niemanden mehr – »kann er nicht mehr leben ohne ebenso überschwengliche Schmerzen, als zuvor seine Freuden überschwenglich waren«.

»Voll und ganz« ist Tannhäuser bei allem, was er unternimmt und allem gegenüber, was ihm begegnet, reflexionslos, erinnerungslos, nur leidenschaftlich im Jetzt seiner Affekte – und seien es die widersprüchlichsten. Nicht unähnlich dem jungen Siegfried, wechselhaft und im Moment lebend, vergeßlich auch ohne Zaubertrank, nicht unähnlich auch dem jungen Parsifal, der seiner Mutter entläuft und sie vergißt. »Tiefes Vergessen hat über heut und gestern sich gesenkt«, behauptet Tannhäuser, kaum ist er der Venus entkommen. Wer ist das: ein Psychopath, ein Manisch-Depressiver, ein sehr romantischer Künstler? Die gespaltene Welt, der Riß durch die Schöpfung – statt »Schöpfung« sollte man freilich lieber »Moderne« sagen – scheint durch ihn hindurchzugehen. Es ist, wie Baudelaire, der Dichter der »Blumen des Bösen« und wichtigste Partisan der Zukunftsmusik Wagners in Paris, es gesagt hat: »Hier haben zwei Prinzipien das menschliche Herz zu ihrem Hauptschlachtfeld erwählt: d. h. des Fleisches mit dem Geist, der Hölle mit dem Himmel, Satans mit Gott.« Ist die geteilte Welt, in der Tannhäuser sich bewegt – das mythologische Bordell der Liebesgöttin hier und die sittlich durchreglementierte höfisch-christliche Welt der Wartburg dort, verstärkt und versteift durch die moralische Autorität des Papstes in Rom, sind diese zwei Welten nicht vielmehr nur Gleichnisse für die extrem polarisierte Verfassung seines Inneren? Szenische Metaphern für seine Seelenzustände? Wie kommt es zum Entwurf einer derart zerrissenen »Konfliktexistenz« (Brinkmann)? Welche Faktoren sind daran beteiligt?

Der Tannhäuser ist eine Figur, die von zwei prägnanten Konfliktkonstellationen ihres Schöpfers geformt worden ist: einer historisch bedingten ästhetischen und einer grundsätzlichen psychoneurotischen. Erstere haben wir bereits angedeutet. Es ist nicht zu übersehen, daß die von eigenem Profilierungsdrang geprägte polemische Einstellung Wagners jenem Heldentypus gilt, der als »schwankender Charakter« – sei es der Arnold aus Rossinis »Wilhelm Tell« oder die Meyerbeer-Helden wie Robert le diable, der Raoul aus den »Hugenotten« und der Jean aus dem späteren »Propheten« – damals die Pariser Bühne beherrschte. Das war die Konkurrenz, solche Schwächlinge mußte er künstlerisch bekämpfen. Zurück zum Opera-seria-Typus des 18. Jahrhunderts, als der Held noch seiner selbst sicher und ungebrochen agierte, konnte ein Zukunftsmusiker aber nicht. Der Held der Grand Opéra war nur durch eine Radikalisierung jener einzelnen Haltungsschwankungen, die für ihn typisch waren, zu übertreffen und aus dem Feld zu schlagen. In jeder Situation, und sei sie noch so widersprüchlich, *»voll und ganz«* zu sein, sich mit Leib und Seele einzusetzen, muß einen Charakter dann aber extrem auseinanderziehen. Tannhäuser sieht aus dieser Perspektive tatsächlich übergründlich »deutsch« aus.

Kurioserweise funktioniert Wagners aus der Polemik geborener ästhetischer Plan. Über die Radikalisierung des Charakters des Protagonisten gewinnt sein Opernschaffen Dimensionen der »Innerlichkeit«, die es über das »juste milieu« in Paris hinausheben. In seiner Studie über »Paris und das Musiktheater des 19. Jahrhunderts« fragt der Musikwissenschaftler Anselm Gerhard, warum Meyerbeers Werken die »überzeitliche Wirkung« erschwert worden ist – obwohl er doch mit seinen zweifelnden Helden ein sehr modernes Problem darstellte: den Zweifel an der tatsächlichen Autonomie des einzelnen. Die Antwort lautet: »Den Helden seiner Opern fehlte es an der individuellen Größe, die zur gleichen Zeit in Berlioz' ›Benvenuto Cellini‹ oder Wagners ›Tannhäuser‹ beschworen wurde. Zwar befinden sich Meyerbeers Protagonisten in einem tragischen Zwiespalt, nie verkörpern aber diese ziemlich passiven Figuren ein utopisches Wollen, das über den Kontext der geschlossenen Dramenhandlung hinausreichen würde.« In der Tat wird Tannhäuser, der den Kelch der Freuden und den Kelch der Leiden bis zur Neige leert – man denke an die erschütternde Rom-Erzählung – von einem »utopischen Wollen« verzehrt, das ihn entscheidend von einem Robert, einem Raoul oder einem Jean abhebt. Unbestritten gehört er zur Gattung der Heilssucher (»Mein Heil ruht in Maria«) – und zwar in einer so heißen und unbedingten Weise, die ihm eine »Größe« gibt, die imponiert, die aber auch folgenden Verdacht nahelegt: Wir haben das Tannhäuserproblem eingangs als das ziemlich landläufige Problem des Mannes zwischen zwei Frauen charakterisiert. Stutzig machen aber die folgenden Bemerkungen in Wagners biographischer »Mitteilung« zum *Tannhäuser*. Da spricht er von seiner »Sehnsucht nach Befriedigung in einem höheren, edleren Elemente« und bezeichnet dieses näher als das »Element unendlicher, irdisch unvorhandener Liebe«. Daß irgendeine Frau »die richtige« für eine Extremnatur wie den Tannhäuser sein könnte, der in seiner forcierten »Seelenqual« selber das Zeug zu einem Heiligen hat, ist unwahrscheinlich. Er wird es bei keiner aushalten, weil sein Durst in Wahrheit ein spiritueller und ein sehr egoistischer ist: er will *sein* Heil. Und *glaubt* nur, es bei den Frauen finden zu können. Frauenliebe ist aber – trotz der idealen Inkarnationen durch eine Göttin und einen Engel – noch nicht Gottesliebe. Auf Erden wird dem Tannhäuser nicht zu helfen sein.

Auf Erden aber war Wagner zu helfen. Der Tannhäuser ist seine Form einer genialen Selbsttherapie – nicht anders als es der Werther für Goethe war. Über die Externalisierung dieser Figur konnte er »der Not seines Inneren« begegnen. Natürlich sind Schöpfer und Geschöpf miteinander identisch – der Wagner zwischen 1842 und 1845 »ist« der Tannhäuser; er »ist« es zwischen 1859 und 1861 erneut – und bleibt es wahrscheinlich in gewissem Maße bis an sein Lebensende, insofern er der Welt dieses Werk noch schuldig zu sein meint. Von jenen »extremen Spannungen« seines Gemüts haben wir schon gehört: Auch Wagner ist – leider bis in die verschiedensten politischen Überzeugungen hinein – immer alles »voll und ganz«, immer exaltiert. Hier muß uns das psychoanalytische Instrumentarium ein Stück weiterhelfen. Daß Sigmund Freud die Dichter für ihren Mut bewunderte, ihr eigenes Unbewußte laut werden zu lassen, gilt auch für den Dramatiker. Mit seinem Spiegelbild Tannhäuser schleuderte Wagner zugleich auch einen Beitrag zur Psychologie seiner Liebesbedingungen ins Rampenlicht. Wie wir über den *Tannhäuser* etwas von den gesellschaftlichen und ästhetischen Kämpfen Wagners im Pariser Opernmilieu erfahren, so erfahren wir über Tannhäusers zwischen Venus und Elisabeth aufgespaltenem Frauenbild etwas über seine ödipalen Konfliktstrukturen. Sie bilden das »psychodramatische Substrat« (Peter von Matt), in dem das Werk nicht aufgeht, das ihm aber deutlich durchschimmernd zugrunde liegt.

Das die Entwicklung des frühkindlichen Seelenlebens bestimmende ödipale Drama, dessen unaufgelöste Restbestände bis ins Erwachsenenleben hineinragen, spielt sich, wir wissen es, innerhalb der Kernfamilie ab. Der Sohn muß den Vater umbringen, sonst bringt der Vater ihn um – als den potentiellen Rivalen. Der Sohn liebt die Mutter, darf dieses aus Gründen des Inzesttabus nicht, muß sich also, um fremde Frauen lieben zu können, von ihrem Bild lösen. Im Zuge der begehrlich herumirrenden Pubertätsphantasien des Knaben vermischen sich in der Mutterimago das Bild der reinen und das Bild der sexuellen Frau. Da die Mutter aber dem Vater gehört, schafft das Rache-, Haß- und Schuldgefühle gegen diesen. Tannhäuser begegnet zwei symbolischen Vaterfiguren, gegen die er die ödipale Revolte zwar wagt, aber in beiden Fällen unterliegt. In der personalen Vater-Sohn-Konstellation mit dem Landgrafen kapituliert er und akzeptiert die Strafe für sein Vergehen; in der überpersonalen Begegnung mit dem Über-Vater, dem Papst, geht diese Unterwerfung dann tödlich aus. Daß zwischen den Väterfiguren noch eine gesellschaftlich-hierarchische Steigerung herrscht, wirft ein interessantes Licht auf den Sozialrevolutionär Wagner, der er im *Tannhäuser* eigentlich noch nicht ist (Dieckmann). Wagner hat sich, wie man weiß, als einen »Vaterlosen« empfunden – der Vater starb vor seiner Geburt, und er trug eine Zeitlang den Namen seines Stiefvaters. Über die unaufhörliche Thematisierung des Vater-Sohn-Autoritätskonfliktes in seinen Werken wird sichtbar, daß dahinter ein tiefes, nur auf der Ebene der Kunst zu lösendes Problem steckte. Wagner muß die Auflehnung, den »gesunden Vatermord« über weite Strecken erst üben: Lohengrin opfert sein persönliches Glück dem fernen Vater Parsifal, König Markes Klage zertrümmert Tristan, Siegmund ist Opfer des stärkeren Vaters, Siegfried zerhaut zumindest dem Großvater den Speer, aber erst Parsifal triumphiert über den alten Titurel. Im *Tannhäuser* ist noch die Ohnmacht des aufbegehrenden, dann sich doppelt unterwerfenden »schuldigen« Sohnes gestaltet.

Dem Vaterlosen bleibt die Mutter. Doch um die Mutter handelt es sich erst im *Parsifal* ganz offen; hier ist sie verdeckt und versteckt in den beiden konträrsten Projektionen des Weiblichen, die es gibt: der Heiligen und der Hure. Beide Frauenbilder aber leitet Freud, so erstaunlich es klingen mag, aus dem Mutterkomplex ab: »Im Unbewußten fällt häufig in eins zusammen, was im Bewußtsein in zwei Gegensätze aufgespalten vorliegt.« Denken wir für einen Moment an die tiefenpsychologisch aufschlußreichste Figur Wagners, an Kundry, in der diese beiden Bilder der Frau auf eine unerhört kühne, aber für den Analytiker bloß »korrekte« Weise ineinandergeblendet werden. Kundry ist sexuelles Werkzeug und heilige Magdalena in einem, zudem suggeriert sie dem Knaben Parsifal das Mutterbild, während sie ihn zu verführen versucht. Sie personifiziert die im Unbewußten zur Einheit verschmolzenen kontradiktorischen Bilder der Mutter. Hier im *Tannhäuser* erscheint die Doppelimago der Mutter aber noch sauber und streng und weit auseinanderdividiert: Das Bewußtsein und seine Zensur läßt nicht zu, was das Unbewußte weiß. Vom konfliktträchtigen Zustand der Künstlerpsyche aber erzählt erst der Umgang mit diesen Bildern: Wagner wünscht, daß es die reine und heilige Frau sei, die das Duell um den geliebten Mann gewinnt. Venus, obwohl mit »wollüstigen Klängen« (Otto Wesendonck) ausgestattet und immer höher gewertet im Lauf der Umarbeitungen, muß verlieren.

Von Wagners Männerphantasien bekommen wir im *Tannhäuser* also schon jene kleinen Lichter aufgesteckt, Kerzenlichter gleichsam, die im »Parsifal« dann endgültig zu ewigen Lichtern werden. Ein sexuelles Zauberreich gibt es auch dort – aber welch einer Abwertung und scheußlichen Verzerrung der reizvollen Venus begegnen wir in Klingsor, dem von eigner Hand entmannten Magier! Die Sehnsucht nach erlösender Reinheit, im *Tannhäuser* ersichtlich, treibt Wagner in seinem letzten Werk auf die Spitze. Der *Parsifal*-Reinheitskult ist unverkennbar ein Kult sexueller Reinheit. Hier ist die Saat, die im *Tannhäuser* gesät wurde, zu bizarrsten Keuschheitsblüten aufgegangen. Obwohl Wagner in seinen revolutionären vierziger Jahren theoretisch dem jungdeutschen Ideal der freien Sinnlichkeit huldigte, ist etwas anderes schon damals stärker: Er kann eine reaktionäre Verdammung der Sinnenlust nicht unterdrücken – obwohl er sie durch eine progressive Musik zugleich feiert und verherrlicht. Daß Tannhäuser, phantasmatisch an die Doppelrepräsentation des Mutterbildes gebunden, sich nicht für eines der beiden Bilder entscheiden kann, erscheint dem symbolischen Konfliktgefüge gemäß. Es gibt keine Lösung der ödipalen Konstellationen, in die Tannhäuser/Wagner verheddert ist, es gibt nur deren Manifestation. Die »innere Ungelöstheit«, die am Werk auffällt, hat in dieser tiefenpsychologischen Dimension ihren Kern.

Vielleicht ist es bedauerlich, daß Wagner sich für seinen Tannhäuser nicht an jenen Ausweg gehalten hat, den Heinrich Heine ihm in seinem Gedicht vorgezeichnet hat. Bei dem romantischen Aufklärer, der Heine war, ist die Venus etwa das, was Christiane Vulpius für den Geheimrat Goethe war: Heines Venus verbindet Sex und Fürsorge miteinander. Dem aus Rom heimkehrenden Tannhäuser wird erst mal eine warme Suppe hingestellt und ein Bad eingelassen, bevor es ins Bett geht. Doch zugegeben, Wagner war kein Aufklärer, und weder die »gemütlichen« noch die humanen Konfliktlösungen haben ihn interessiert. Sie hätten ihn einfach nicht inspiriert, nicht produktiv gemacht. So aber entstand eine Kunst, der die Kontroversen eingeschrieben sind, nicht nur im *Tannhäuser*.

LOHENGRIN BEWÄHRT SICH ALS »UNIVERSALPOESIE«

Wagners »romantische Oper in drei Aufzügen«, einst ein Werk der musikalischen Avantgarde und das Entzücken der elitärsten Geister, ist längst in ihr Schicksal als abgesunkenes Kulturgut hineingewachsen. Den *Lohengrin* hat jeder schon als Kind gesehen, den Inhalt muß man so wenig nacherzählen wie den Inhalt des »Froschkönigs«. Vor allem in Wilhelminischen Zeiten ist die Oper so populär geworden, daß der Autor dahinter fast verschwand – ähnlich wie Heinrich Heine hinter der »Loreley«. Auch der, der den Brautchor komponierte, ist wieder ein Unbekannter geworden, irgendein Kintopp-Komponist, dessen Schlager bei jeder bürgerlichen Gelegenheit herangezogen wird: »Treulich geführt«, ein Produkt der Trivialkultur. Aber der Schwanenritter Lohengrin war seit den Anfängen auch Objekt unzähliger Parodien und Satiren – die besseren Beispiele wären Hans Pfitzners »Cafe Lohengrin«, Heinrich Manns Darstellung des Besuchs einer *Lohengrin*-Aufführung durch den aggressiven Spießer Diederich Heßling im Roman »Der Untertan« und Walter Slezaks Sammlung von Theateranekdoten »Wann geht der nächste Schwan?«

Unsere Urgroß- und Großeltern und die Vätergeneration haben sich der Faszination des romantischen Wunders, das mit *Lohengrin* auf der Bühne erschien, trotz der rumpelnden Bühnentechnik nicht entziehen können – siehe Thomas Mann und die Stadttheater –, und durch die Identifikation gekrönter oder gewählter Häupter mit Lohengrin, von Ludwig II. über Wilhelm II. zu Adolf Hitler, sind solche Wunder politisch notorisch geworden. Aber durch Witze, Scherze, Anekdoten und Zitate wurde diese Oper im Lauf der Zeit derart liebevoll in die Alltagswelt integriert, daß hinter der Ornamentalität ihres »Schmücke-Dein-Heim« Substantielleres kaum mehr durchscheint. Den untrüglichen Beweis für diese Art von Popularität liefert ein Gang über die Flohmärkte unserer deutschen und der österreichischen Großstädte. Neben Wagner-Gipsbüsten findet man dort Lohengrins Bild auf Tellern und Tassen, manchmal sind auch die Noten von »Nie sollst Du mich befragen« aufs Bildungsporzellan gemalt. *Lohengrin* ist längst zur Ikone des Kitsches erstarrt, ein Emblem, eine Formel, ein Kulturkürzel geworden.

Auch die Musikwissenschaft tut sich schwer, neues Forschungsinteresse zu mobilisieren. Der kenntnisreiche Reinhold Brinkmann gesteht 1979: »Über den *Lohengrin* ist, wie über so vieles, eigentlich fast alles schon einmal gesagt worden.« Der Musikschriftsteller Michael von Soden pflichtet ihm 1980 bei: »Über die Deutung des Werkes sind heute keine nennenswerten Kontroversen mehr erkennbar – auf der Bühne so wenig wie in Exegese und Kritik.« Im Unterschied zur inneren Gebrochenheit der *Nibelungen*-Tetralogie, die zu immer neuen Deutungen auf der Bühne herausfordert, scheint der *Lohengrin* frei von jenen Brüchen und Ambivalenzen, an denen ein Zeitgeist sich reiben könnte.

»Nächstens soll hier Kapellmeister Wagner's Oper *Lohengrin* mit brillanter Ausstattung in Scene gehen«, hieß es in einer Zeitungsnotiz aus Dresden vom Januar 1849. Im April des Vorjahres war die Partitur fertiggestellt worden. Im Unterschied zum *Rienzi* und zum *Tannhäuser* aber, die hier ihre Uraufführung erlebten, wird es in Dresden bei der konzertanten Voraufführung des Schlusses des Ersten Aktes bleiben, den der Komponist aus Anlaß der Dreihundert-Jahr-Feier der Dresdner Hofkapelle im September 1848 dirigiert. Wagners Mitwirkung am Maiaufstand und seine Flucht in die Schweiz bewirken, daß der *Lohengrin* erst 1850, dank des Freundes Franz Liszt, in Weimar zur Uraufführung gelangt.

Daß die Dresdner Zustände als Theaterzustände oder als gesellschaftlich revolutionsbedürftige im *Lohengrin* eine interessante und wohl auch inspirative Rolle spielen, ist natürlich von all jenen Interpreten beachtet worden, die sich den Themen »Wagner und seine Zeit«, »Wagner und die Politik« oder »Wagner und die Revolution« gewidmet haben. Wir streiten nicht ab, daß es da unterirdische Beziehungen gegeben hat, und man kann im Ernst nicht mehr der Meinung Thomas Manns sein, daß der *Lohengrin* und das Jahr 1848 zwei Welten seien, verbunden höchstens durch eines: das nationale Pathos. Es wird eher so gewesen sein, daß die beiden Welten sich im Kopf des jungen Kapellmeisters und Komponisten vermischten und die Empörung über die allgemeinen sozialen und politischen Zustände, die in der Luft lag, seiner individuellen Empörung über das »moderne Kunstleben« entgegenkam und umgekehrt. Eines dürfte im andern seinen Ausdruck gesucht haben, ohne daß deshalb im Wechsel des Mediums eine Unwahrheit gelegen haben muß.

Wagner auf den Barrikaden und Wagner, der im »Dresdner Vaterlandsverein« republikanische Bestrebungen mit dem Königtum vereinen wollte, Wagner als Freund Bakunins, als Mitherausgeber der sozialrevolutionären »Volksblätter« und Wagner, für den die ganze Revolution eigentlich nur darauf hinauslaufen sollte, daß der König von Preußen für sein Operntheater einmal einen »vernünftigen Entschluß« fassen und alle Verantwortung dem Kapellmeister übergeben möge: Es ist ein und dieselbe Person, der romantische Künstler. Dresden gibt insofern nur die Silhouette zu jenem Werk ab, das nicht die äußere Revolution zum Gegenstand der Bühne erhob, sondern eine Revolution im Innern des musikalischen Kunstwerks einleitete. Wagner inszenierte im *Lohengrin* nicht den Abschied von Feudalstrukturen, sondern den Abschied von der alten Nummernoper und, wie Franz Liszt in seiner legendären Werkbetrachtung schrieb, ihrer »ganze[n] adoptierte[n] Ökonomie«

einer Einteilung in »Arien, Romanzen, Soli und Tutti [...] bei der es gilt, nur Sänger und Melodien [...] zur Geltung kommen zu lassen«. Statt einer neuen Gesellschaft entwarf Wagner ein, so Liszt, »in seiner Art ganz neue[s] Werk«.

Man muß also doch noch einmal hinter die Kulissen des erstarrten Kitsches und der obwaltenden Inaktualität der Oper zurückgehen, um vielleicht von der ursprünglichen Faszination der *Lohengrin*-Musik etwas wiederzugewinnen, etwas spüren zu lassen. Carl Dahlhaus hat in seinem *Lohengrin*-Aufsatz von 1971 eine Bemerkung gemacht, der er nicht weiter nachgegangen ist: »Die *romantische Oper*, deren Kulmination *Lohengrin* darstellt, bewährt sich als ›Universalpoesie‹.« Von der »Universalpoesie« weiß man, daß sie ein Gedankenprojekt der Frühromantiker war, die es sich zum Programm gemacht hatten, die Gattungsgrenzen zwischen den Künsten aufzuheben, auch die zwischen Philosophie und Poesie. Friedrich Schlegel schreibt im 116. Athenäums-Fragment: »Sie umfaßt alles, was nur poetisch ist, vom Größten – wieder mehrere Systeme in sich enthaltenden System der Kunst – bis zum Seufzer, dem Kuß, den das dichtende Kind aushaucht in kunstlosem Gesang.« Eingelöst haben die Romane, Novellen, Dramen, die Fragmente und die Lyrik der Romantiker diesen Großverschmelzungsentwurf dichterisch wohl nicht, so eindrucksvoll die einzelnen Zeugnisse bei Novalis oder bei Tieck, Brentano und Eichendorff auch sind. Sicherlich war die romantische Poetik auch deshalb nur bedingt einlösbar, weil sie ihrem inneren Programm nach über das, was das Wort leisten kann, hinausstrebte: Sie wollte Musik werden. Tieck hat es ausgesprochen, daß er die »schmerzlich irdische Sprache« in reine Musik verwandeln wolle.

In Schuberts Liedvertonungen, den poetischen Klavierstücken Schumanns, ist dies häufig genug geglückt, jedenfalls im Sinne der späteren Romantik, die in einer Art zweiter Naivität die erste Naivität des Volksliedes und des

Volksliedhaften kultivierte. In Wagners romantischem frühen Werk aber, den *Feen*, dem *Holländer*, dem *Tannhäuser*, dem *Lohengrin*, scheinen gewisse Projekte der philosophisch gestimmten Frühromantiker aufzugehen: Alles mit allem zu verbinden, Systeme innerhalb von Systemen zu schaffen, Dichtung mit Tönen zu verschmelzen und Töne mit Worten, Philosophie mit Psychologie, Geschichte mit Sage, Sage mit Märchen. Novalis zufolge, dessen »Hymnen an die Nacht« Wagner dann im *Tristan* ausschöpfen wird, soll der Geist derart einen »ewigen Selbstbeweis« führen und sich doch zugleich im Geschaffenen immer wiedererkennen. Wagner, ein anderer »Lehrling zu Sais«, begegnet sich in seinen Gestalten beständig selber, in den Helden wie in den Frauen. Novalis' »Das Theater ist die tätige Reflektion des Menschen über sich selbst« gilt für niemanden mehr als für Wagner.

Die Bemerkung von Carl Dahlhaus erweist sich als zutreffend. Spät kommt der Romantiker Wagner nach Jena, Halle, Berlin und Heidelberg, doch er kommt. Der Erwartung entspricht die Erfüllung. Seitdem Nietzsche von der »blauen Musik« des *Lohengrin* sprach und Thomas Mann dies zu einer »blau-silbernen« variierte, ist der assoziative Zusammenhang mit dem berühmten Sinnbild der romantischen Sehnsucht, der »blauen Blume« des Novalis, unbestritten. Dennoch würde es vergnüglich sein, zu zeigen, in welchem Maß der *Lohengrin* zentrale Programmpunkte der romantischen »Universalpoesie« erfüllt, und sich zu fragen, wie Wagner das Dilemma gelöst hat, das mit der romantischen Ästhetik in die Welt kam, nämlich die innere Form, die das Unendliche, Unbegrenzte, Offene will – »Sinn und Geschmack für das Unendliche«, sagte Schleiermacher – mit Mitteln darzustellen, die dem von ihrer Natur her widersprechen. Das Drama ist der Vergegenwärtigung, dem Plastischen, dem Hier und Jetzt verpflichtet, oder, wie Wagner sagt, der »höchste[n] Deutlichkeit [...] in der Ausführung«. Die Erfüllung des Unendlichkeitsprogramms wäre denn auch beinahe gescheitert. Schon als Gattung ist der *Lohengrin* ein ästhetisches Unding: eine Mischung aus Historiendrama und Märchen, ein Wechselbalg aus »Echtem« und »Erfundenem«, Zeitlichem und Außerzeitlichem. Den Rahmen gibt das historische Bild König Heinrichs I., der die führerlosen Brabanter zur Teilnahme am Ungarnfeldzug bewegen will. Und auf der Leinwand selbst finden wir eine Unzahl von Märchenelementen versammelt: eine verfolgte Unschuld, eine Wundererscheinung, einen verzauberten Schwan mit goldenem Kettlein, eine böse Frau, der Schwarzen Magie kundig. Dazu eine einfache Erzählstruktur, die klar zwischen Gut und Böse scheidet und deren Zusammenprall schildert. Das zentrale musikalische Motiv, das Frageverbot mit seiner Moral der bestraften Neugier, hat märchenhaften Charakter, und dem Märchen entstammt auch die Idee, daß einer seinen Zauber einbüßt, wenn enthüllt wird, wer er ist. Die Fabel, die Wagner bündig formuliert hat: »Die Berührung einer übersinnlichen Erscheinung mit der menschlichen Natur und die Unmöglichkeit einer Dauer derselben«, könnte ein Resümee mancher Grimm- und Bechstein-Märchen sein, oder sie erinnert uns an typische Grundkonstellationen in den Erzählungen von E.T.A. Hoffmann. Bei diesem Zwitterding aus Historie und Märchen verstärkt sich die ästhetische Widersprüchlichkeit aber noch einmal, indem eine dramaturgische Spannung hinzukommt. Wagner hat dem Geschehen einen tragischen Ausgang gegeben. Dieser paßt zwar zum Historiendrama, das insofern seine Verbindung zur Tradition der großen Oper erkennen läßt, nicht aber zum Märchen, wo es doch im allgemeinen gut ausgeht.

Aber solche Widersprüche haben die Theaterbesucher nie gestört. Denn das Mittelalterliche hat hier gar nichts Wirkliches, entpuppt sich vielmehr als bloßes Kolorit. Wagner selbst hat darauf mehrmals hingewiesen und zugegeben, daß das alte deutsche Königtum für ihn höchstens äußerlichen Wert habe. In der Tat interessierte den Komponisten gar nicht, worum es dem mittelalterlichen Anonymus zu tun war, dem wir neben den paar Hinweisen bei Wolfram von Eschenbach das *Lohengrin*-Epos verdanken: das Genealogische, der Nachweis der göttlichen Abstammung Gottfried von Bouillons vom Chevalier du Cygne und damit die Legitimation der Kreuzzüge. Wagner ging es dagegen um das »uralt menschliche[s] Gedicht«, das darin steckte, also um einen Stoff, an dem sich ein unlösbarer allgemein menschlicher Konflikt darstellen ließ.

Das Geschichtliche ist in Wagners *Lohengrin* nicht das entscheidende Element. Es gibt die Farbe und das Gepränge, erlaubt Trompeten und Aufmärsche. Außerdem ließ sich in den historischen Faltenwurf etwas integrieren, was Wagner liebte: die Darstellung eines welthistorischen Moments wie etwa des Übergangs von einer Religion zur andern. Die Zauberin Ortrud ist die Tochter eines alten Friesenkönigs und ihre Intrige gegen Lohengrin und Elsa läuft im Auftrag der »entweihten Götter« Wodan und Freia. Auch die romantischen Dichter liebten das christliche Mittelalter als nostalgischen Rahmen für ihre Dichtungen (Achim von Arnim: »Die Kronenwächter«, Novalis: »Die Christenheit oder Europa«), und die Dramen eines Zacharias Werner, Brentano oder Fouqué behandelten immer wieder Zeiten, in denen das Christentum sich gegen den heidnischen Mythos erhob. Zu vaterländischen Stoffen griffen sie ebenfalls gern, wie Pläne von Tieck und Schlegel beweisen. Nie aber ist dabei zu verkennen, daß nicht die Geschichte als Realität sie faszinierte, sondern der Geist der Geschichte, Geschichte als sehnsuchtsvolles Zurück in ein imaginäres, einheitsstiftendes Einst, das es natürlich so nie gegeben hat. Die Historie ist dem Romantiker immer nur Kontrast und Folie jener Welt, die ihn eigentlich in den Bann zieht: der inneren Welt.

Bei Wagner ist das nicht anders. Das historische Schwertergeklirr, der Heerrufer, das nationale Pathos berühren den Kern seiner Geschichte nicht. Am Verlauf der *Lohengrin*-Konzeption läßt sich dies belegen. Im Juli 1845 war Wagner zur Kur in Marienbad, um sich von der Dresdner »Theaterlampenluft« zu erholen. Sein Kopf hatte aber seine »Rastlosigkeit« nicht verlieren wollen, und so hat er denn den *Lohengrin*-Plan in aller Ausführlichkeit niedergeschrieben. Der Arbeitsprozess selbst dokumentiert den Prozeß einer Poetisierung und also Romantisierung. Enttäuscht von der Dürftigkeit und Plattheit des alten Epos, erzählt Wagner, wie er die »fast ganz unkenntlich gewordene Sage aus dem Schutt und Moder der schlechten, prosaischen Behandlung« befreit und »durch eigene Erfindung und Nachgestaltung wieder zu ihrem reichen, hochpoetischen Werte« gebracht habe, indem er andere Quellen zu Hilfe holte: die »Deutschen Sagen« der Brüder Grimm, in denen die Schwanenkindergeschichte steht, die Niederländischen Sagen und Bechsteins Märchensammlung. Die Poetisierung und Romantisierung des *Lohengrin*-Epos gehen Hand in Hand mit seiner Enthistorisierung. Da die Blume die gültige Metapher der Romantiker fürs Poetische ist, greift auch Wagner gern zu diesem Bild: »Je näher ich mich nun aber mit meinem neuen Stoff vertraut machte, je inniger ich die Idee erfaßte, desto reicher und üppiger ging mir dessen Kern auf und entfaltete sich zu einer so vollen, schwellenden Blume, daß ich mich in ihrem Besitze wahrhaft glücklich fühle.«

»Alles Poetische muß märchenhaft sein«, forderte Novalis einst, und Wagner tat, wie dem Universalpoeten geheißen: Er durchsetzt und durchformt den geschichtlich-mittelalterlich-christlich-vaterländischen Stoff mit Märchenhaftem in Inhalt und Form, bis vom alten Geschichtsstoff fast nur noch das Handlungsgerüst und einige Personen übrigbleiben. Außerdem fügt er ein eigenes Märchen hinzu: die Figur der Ortrud. Aus dramaturgischen und poetischen Gründen ist ein schwarzer Kontrapunkt inmitten der hellen Welt unerläßlich, und die mythopoetischen Valeurs dieser zauberkundigen Gegenspielerin bringen zusätzliche Dimensionen ins Spiel. Als »wilde Seherin« steckt Ortrud mit halbem Leib noch im Sumpf heidnischer Naturmagie. Nur sie durchschaut, was den »Aufgeklärteren« nicht gelingt: daß ihr lichter Kontrahent Lohengrin ebenfalls mit magischen Mitteln arbeitet und sich hinter der refrainartig wiederholten Beschwörungsformel seines »Nie sollst du mich befragen« die Angst vor der Entzauberung und Entmachtung seiner Person verbirgt. Zaubersprüche und die rituelle Wiederholung bestimmter Wortfolgen gehören ins Märchenrepertoire aller Zeiten, wenn es darum geht, Verwandlungen zu bewirken, Berge zu öffnen und zu schließen, Gold oder Prügel regnen zu lassen und Geheimnisse zu verbergen oder zu enthüllen – aber auch Namen haben ihre eigene Magie. Sie sind identisch mit der Person selbst, Name und Objekt sind noch eins in der Märchensphäre. Wer deshalb den Namen einer Person weiß, besitzt auch die Macht über sie. Solange Elsa Lohengrins Namen nicht kennt, bleibt er ihr trotz seiner strahlenden Manifestation verborgen und entzogen; die Namenlosigkeit bewahrt ihm seine heimliche Überlegenheit, seinen außerirdischen Charakter. »Die irdischen Dinge haben wir in der Hand, wenn wir ihren Namen aussprechen«, heißt es in Wackenroders »Herzensergießungen eines kunstliebenden Klosterbruders« mit sprachphilosophischem Anstrich. »Erkennt ihr ihn – dann muß er von euch ziehn«, heißt Lohengrins Antwort an all jene, die ihn über die Namensnennung »gleich«-machen und seiner habhaft werden wollen.

Märchen sprechen eine einfache Sprache, aber sie bedeuten häufig etwas Kompliziertes. Märchensprache ist Chiffrensprache, Geheimnissprache. Dinge haben symbolische Konnotationen, oder durch den Körper der Protagonisten scheint der Geist, den sie repräsentieren, sie sind Allegorien. Der Gral beispielsweise, der im *Lohengrin* noch unsichtbar bleibt, ist Symbol. Sein Äußeres kann wechseln – Stein ist er noch bei Wolfram, Gefäß mit dem Blute Christi ist er in anderen Traditionen. Immer jedoch ist der Gral Sinnbild des Heiligen, der überirdischen Gnade, des Nicht-Sagbaren. Für Wagner ist er im *Lohengrin* das ideale Symbol gewesen, weil ihm das Frageverbot immanent ist. »Wer ist der Gral?« wird Parsifal im gleichnamigen Musikdrama später fragen und die Antwort bekommen: »Das sagt sich nicht.« Allegorische Züge dagegen trägt sein Bote, der Ritter Lohengrin. Er verkörpert eine Idee, deshalb wirkt er so seltsam unkörperlich, gläsern; er kommt und verschwindet wie ein Licht oder wie ein Ton. Aus fernem Land, übers Wasser gezogen von einem Fabeltier, agiert er gar nicht wirklich, sondern gebärdet sich passiv, wie eine Marionette seines Vaters Parsifal. Die Idee, die durch Lohengrin dargestellt wird, ist die Idee des Gottes, der durch die Liebe einer Frau zum Menschen werden will. Er will im existentiellen Sinne »entstehen«, dieser erwachsene Homunculus. Als Protagonist einer gescheiterten Menschwerdung aber gehört Lohengrin noch immer ins Märchen, ist er ein Verwandter von Fouqués Undine. Seine allegorische Verrätselung entschlüsselt sich erst aus einer Deutungsperspektive, die von der Imago des romantischen Künstlers ausgeht. Und zu dieser Imago gehören nicht nur Liebe, Religion und ferne Zeiten, sondern auch die gesellschaftliche Selbstdefinition als eines »Unverstandenen«. Lohengrin ist Gralsritter, aber auch die Allegorie des unverstandenen (modernen) Künstlers.

Hier bedarf es einer kleinen biographischen Rückblende, bei der zwei auf das Künstlersubjekt bezogene »Blütenstäubchen« von Novalis im Gedächtnis zu halten sind: »Divinatorische, magische, echt poetische Menschen können unter Verhältnissen wie die unsrigen sind, nicht entstehn«, und: »Wir suchen überall das Unbedingte und finden immer nur Dinge«.

Wieder ist es in jenem Sommer 1845 in Marienbad. Wagner, dem der Arzt zu arbeiten verboten hatte, arbeitet. Er fühlt sich »leicht und fröhlich«, und von der Aussicht auf raschen Gelderwerb beflügelt, entwirft er eine komische Oper – die *Meistersinger von Nürnberg*. Dann aber ereignet sich etwas Aufregendes und Aufschlußreiches: eine Art Lustverbot mit Triebdurchbruch. Ein innerer Befehl verlangt von Wagner die Umkehr und Abkehr vom heiteren Stoff, zwingt ihn zurück in Richtung *Tannhäuser*, in Richtung Mittelalter, in Richtung Tragik, und wir müssen hinzufügen: in Richtung Romantik. »Kaum war ich um die Mittagszeit in mein Bad gestiegen, als ich von solcher Sehnsucht, den *Lohengrin* aufzuschreiben, ergriffen ward, daß ich, unfähig, die für das Bad nötige Stunde abzuwarten, nach wenigen Minuten bereits ungeduldig heraussprang, kaum die Zeit zum ordentlichen Wiederankleiden mir gönnte und wie ein Rasender in meine Wohnung lief, um das mich Bedrängende zu Papier zu bringen. Dies wiederholte sich mehrere Tage, bis der ausführliche szenische Plan des *Lohengrin* ebenfalls niedergeschrieben war.« Seinen »erquicklichen kleinen Ausflug in das Gebiet des Heiteren«, der *Meistersinger*, interpretiert Wagner ein paar Jahre später negativ, bezeichnet ihn als »letzte Äußerung des genußsüchtigen Verlangens«, sich an eine »Umgebung der Trivialität« anzupassen und mit ihr auszusöhnen. Die Frage, warum er sich so »leidenschaftlich gedrängt« fühlte, sich in die »sehnsüchtig ernste Stimmung« des *Lohengrin*-Stoffes zu versetzen, ist einfach zu beantworten, achtet man auf die feinen Gesetze des sowohl triebstarken wie hochsensiblen Künstler-Egos.

In der »Mitteilung an meine Freunde« erklärt Wagner, die »unnatürliche Allgemeinheit und Öffentlichkeit« habe in ihm eine »Widerstandsäußerung« hervorgerufen, die sich »dem modernen Leben gegenüber nur als Sehnsucht, und endlich als Empörung, somit in tragischen Zügen« kundgeben könne. Diese Situation habe im *Lohengrin* ihre künstlerische Gestaltung erfahren. Lohengrins heißester Wunsch sei es, »durch das Gefühl rückhaltlos aufgenommen und verstanden zu werden«, aber die profanen Organisationsformen des Kunstbetriebes machten eine Rezeption unmöglich, die diesem Gefühl der Unbedingtheit entspricht. Wagner sieht sich von Zweifel und Kritik umgeben, die Umwelt glaubt nicht an den »divinatorischen Menschen«, an den, wie er sagt, »absoluten Künstler«, an die Offenbarung, die er darstellt. Die radikale Subjektivität des Künstlers findet keinen korrespondierenden Reflex in der Bürgerwelt. Dem »Gefühl« antwortet der »Verstand«, und insofern sind seine Existenzbedingungen tragisch. Man könnte im Sinne der idealistischen Philosophie fortfahren: Wenn das Subjekt sich nicht im Objekt erkennt, ist ihm auch die Selbsterkenntnis verwehrt. Deshalb kann Wagner von seinem Lohengrin sagen, daß er, der aus der Einsamkeit komme, »vernichtet in seine Einsamkeit« zurückkehren müsse. *Lohengrin* ist auch ein romantisches Künstlerdrama, Lohengrin ist ein Verwandter von Franz Sternbald, Ardinghello, Ofterdingen, Kreisler. Nimmt man die Topoi des Herumziehens und der Einsamkeit hinzu, die Aura des Fremden und Fernen, die ihn als seine »erhöhte Natur« umgibt, so hat man bald alle Motive dieses besonderen romantischen Typus beisammen.

Wie aber fügen sich die übrigen Personen in die Interpretation Lohengrins als des »absoluten Künstlers«? Läßt sich deren Märchenhaftigkeit dechiffrieren? Könnte es richtig sein, daß die Romantisierung einer Figur gleichbedeutend mit ihrer Allegorisierung ist? Für Ortrud, Lohengrins dunkles Pendant, trifft dies noch zu, doch je »historischer« die Figuren angelegt sind, desto weniger sind sie transparent für eine »Idee«.

Im Bühnengeschehen verkörpert Ortrud den Zweifel, der Elsa beschleicht und der das Glück der Schönen, Guten und Naiven zerstören wird. Sie muß deshalb ins Äußere der Hexe gesteckt werden, einer schwarzen Fee. Naturgemäß sind ihre Machenschaften üble – vom Entfernen des Kronprinzen, der Königsmacherei mit ihrem eigenen Mann, bis hin zur psychologischen Kriegsführung gegen den nächsten Thronprätendenten, gegen Lohengrin. Durch Ortruds düstere Erscheinung bricht sich eine fürs romantische 19. Jahrhundert niederschmetternde Erkenntnis Bahn: daß Frauen politisch aktiv werden könnten. »Ein politischer *Mann* ist widerlich«, schreibt Wagner an Franz Liszt, »ein politisches *Weib* aber grauenhaft«. Die Idee des Politischen findet in Ortrud ihren allegorischen Ausdruck; doch das verabscheute Politische ist nur Teil jenes rationalistischen Geistes, der als Kritik und Skepsis am Künstler die Öffentlichkeit beherrscht und unter dem Wagner/Lohengrin litt. Ortrud repräsentiert die politische Intrige und den berechnenden Pragmatismus, sie ist Gegenspielerin des »divinatorischen Menschen«, seine Antichristin. Als die Antichristin im Spiel, als heidnische Fürstin, verkörpert diese Figur obendrein noch das »Reaktionäre«. Eine »nur auf das Alte bedachte und deshalb allem Neuen Feindgesinnte« nennt Wagner sie, ohne zu bedenken, in welche Paradoxien er sich damit verwickelt, da der Geist der Politik, Kritik und Skepsis keineswegs dem reaktionären Denken zugeordnet ist, sondern ins Gebiet der Aufklärung gehört. Aber der Komponist, »leidenschaftlich gedrängt«, packt alles, was sich dem Künstler als Wunder oder dem Künstler als Neuerer entgegenstellt, auf diese Figur.

Für die beiden Partner der Protagonisten – für Elsa von Brabant und den Grafen Telramund – bleibt, da Lohengrin und Ortrud bereits den Löwenanteil an Ideen verkörpern, nicht mehr viel übrig. In der »Mitteilung an meine Freunde« wertet Wagner seine Elsa – die in der Rezeptionsgeschichte immer eher als dumme Gans dasteht und erst neuerlich als emanzipierte Frau entdeckt wurde, die sich nichts vormachen läßt – erheblich auf, indem er sie als die Anima Lohengrins darstellt. Sie sei der »andere Teil seines eigenen Wesens«, sein »unbewußtes Bewußtsein«, als solche seine Ergänzung und seine Sehnsucht nach dem eigenen, vollkommenen Selbst. Das dürfte aber eine nachträgliche psychologische Stilisierung sein, damit auch Elsa ins Rollenschema der Erlöserinnen paßt, die Wagner seinen Frauen zugedacht und die er in der Senta und in der Elisabeth bereits verwirklicht hat. Weder kommt Elsa als Komplement Lohengrins noch als Zweifelnde – das ist die Ortrud in ihr – zu sich, sondern als Träumende. Das Träumende, Halluzinatorische ist der eigentliche Ausdruck ihres Charakters, Ausdruck der Stärke der Schwachen, die sich auf ihre eigene Wirklichkeit und Sprache verläßt und nur mit dieser Radikalität sichtbare Erfolge erzielen kann. Der Geträumte erscheint, so intensiv hat sie an seinen Sphären gesogen. Gewiß ist Elsa, weißgekleidet, unschuldig und den Machtintrigen gegenüber hilflos, eine märchenhafte Figur, eine Genoveva, ein Rapunzel, ein unglückliches Königskind. Aber die Tatsache, daß sie als einzige mit ihrer Traumerzählung noch eine »Nummer« im alten Opernstil singen darf, verrät, daß sie dennoch eher vom historischen Kolorit eingefärbt ist. Elsa von Brabant ist in der geschichtlichen Vorlage schon einigermaßen durchgezeichnet, nicht anders als Telramund, der im Epos ebenfalls namentlich genannt ist. Als Figur wirkt Telramund flach, und obwohl nur seiner »Ehre« verpflichtet, ist er nicht mehr als der verlängerte Arm Ortruds. Beide, Elsa wie Telramund, stehen in ihrer »Schwäche«, sozusagen ex negativo, noch einmal für das Übergewicht des Märchens über die Historie ein.

»Das Märchen ist ganz musikalisch«, heißt es bei Novalis in den »Fragmenten«. Von dieser inneren Stimmigkeit her ist die außerordentliche Geglücktheit jenes »romantisch gnadenvollste[n] aller existierenden Musikstücke« zu verstehen, das dem *Lohengrin* seit der Uraufführung die Zauberwirkung sicherte, des Vorspiels zum Ersten Akt. Verschiedentlich sind Versuche unternommen worden, dieses Vorspiel zu beschreiben. Die Musikalisierung einer selbst schon musikalischen Vorstellung in Worte fassen zu wollen, führt jedoch an die Grenzen des Sprachlichen. Natürlich kann man das Vorspiel in fachlichen Termini beschreiben und wiederholen, was schon so oft gesagt wurde: der A-Dur-Dreiklang der Violinen mit dem sanften Flöten- und Oboenkolorit, die durch achtfache Teilung der Violinen zum Irisieren gebrachten Klangflächen, die dramatische Aufwallung im Mittelteil, die die Akkordblöcke in D, h, Fis, h, A und D aneinanderreiht, ein Übergang ins Diminuendo mit aparten Registerwechseln und schließlich das dreifache Pianissimo der hohen Geigen, mit dem das A-Dur des Anfangsteils wiedergewonnen wird (Ulrich Schreiber). All dies wäre aber in unserem Sinne wenig ergiebig. Für unsere eher literarischen Belange ist es wichtiger, die Imaginationen und Assoziationen zu verfolgen, zu welchen diese Musik gerinnen konnte und sie als genuin poetische zu erkennen, als Verselbständigungen der Musik, als ihre Sprach-Ableger. Der Ausdrucksnot, die bei der Transkription des nichtsprachlichen Mediums ins sprachliche herrscht, verdanken wir eine spezifische Bildlichkeit, die wir uns bei drei romantischen Prosaisten näher anschauen wollen: bei Wagner selber, bei Franz Liszt und bei Charles Baudelaire. Ihre Re-Literarisierung von Musik scheint mir nicht eine Rücknahme des romantischen Programms zu sein, das in der vollkommenen Musikalisierung der Sprache die poetische Utopie sah, sondern eine Parallelaktion, wenn nicht gar eine zweite Romantisierung. Denn die fortgesetzte Bilderreihe des Vorspiels tendiert genau dahin, wohin auch die total musikalisierte dichterische Sprache tendierte: zur Gegenstandslosigkeit, zur Abstraktion, zur *poésie pure.* »Erzählungen, ohne Zusammenhang, jedoch mit Assoziation wie Träume. Gedichte – bloß wohlklingend und voll schöner Worte – aber auch ohne allen Sinn und Zusammenhang«, wünschte es sich Novalis. Oder: »Die Gegenstände müssen wie die Töne einer Äolsharfe da sein, auf einmal, ohne Veranlassung, ohne ihr Instrument zu verraten«.

»Der heilige Gral« hieß Wagners programmatischer Untertitel zu seinem *Lohengrin*-Vorspiel, wie er es bei den Züricher Festkonzerten im Mai 1853 dargestellt hat. Das Gefäß mit dem Blut Christi will er aber gar nicht unmittelbar als Sanctissimum verstanden wissen wie im *Parsifal*, sondern er umschreibt es als Gefühl, als Gegenbild der Sehnsucht zu einer Welt der »öden Sorge für Gewinn und Besitz«, aus dem sich das »unertötbare Liebesverlangen des menschlichen Herzens [...] das, je glühender und überschwenglicher es unter dem Drucke der Wirklichkeit sich steigerte, um so weniger in eben dieser Wirklichkeit zu befriedigen war«. Dieses »Liebesverlangen« projizierte die »verzückte Einbildungskraft daher außerhalb der wirklichen Welt, und gab ihm, aus Verlangen nach einer tröstenden sinnlichen Vorstellung des Übersinnlichen, eine wunderbare Gestalt, die bald als wirklich vorhanden, doch unnahbar fern, unter dem Namen des ›heiligen Grales‹ geglaubt, ersehnt und aufgesucht ward«. Wir haben also die musikalische Suggestion einer Sehnsucht, für welche die Phantasie das Bild des Gralsgefäßes findet. Dann gibt es Bewegung in dieser bloßen Befindlichkeit: »Dem verzückten Blicke höchster, überirdischer Liebessehnsucht scheint im Beginne sich der klarste blaue Himmelsäther zu einer wundervollen, kaum wahrnehmbaren, und doch das Gesicht zauberhaft einnehmenden Erscheinung zu verdichten; in unendlich zarten Linien zeichnet sich mit allmählich wachsender Bestimmtheit die wunderspendende Engelsschar ab, die, in ihrer Mitte das heilige Gefäß geleitend, aus lichten Höhen unmerklich sich herabsenkt.« Diese Engelsschar nun gießt den Segen über einen »Schauenden« aus und entschwindet wieder.

Wagners Exaltationsprosa – deren Unanschaulichkeit allenfalls von gewissen Passagen im »Heinrich von Ofterdingen«

übertroffen wird – kulminiert in einigen Schlüsselworten, die als exzessiv romantisch zu identifizieren nicht schwerfallen wird: »... aus lichten Höhen ... süße Düfte ... goldenes Gewölk ... in die innigste Tiefe des bebenden Herzens mit wunderbar heiliger Regung ... wonniger Schmerz ... schauernd selige Lust ... schwellen alle erdrückten Keime der Liebe ... zerspringen vor der gewaltigen Sehnsucht, vor einem Hingebungsdrange, einem Auflösungstriebe ... höchster beglückendster Wonne ... alle Herzen im Flammenglanze der ewigen Glut ... schwinden die Sinne ... sinkt nieder in anbetender Vernichtung ... dämpfen sich zu immer milderem Glanze ... Atemhauch unsäglichster Wonne und Rührung ... nie geahnter Beseligung ... im hellsten Licht des blauen Himmelsäthers ...«

Die Philipp-Otto-Runge-Engelsschar Wagners, eher süßlich in ihrem Auf und Nieder, gestaltet sich beim Weltmann Franz Liszt zu einem gewaltigen, phantastischen Bauwerk, zu einem himmlischen Jerusalem der Seele: »Vor unserer Phantasie erscheint dieser Tempel, welcher im Auge des Dichters ein Bau ist von unverweslichem Holze und goldenen Toren, mit Schwellen von Asbest, mit Säulen von Opal, mit Fensterwandungen von Onyx, mit Vorhöfen aus Edelsteinen – Prachthallen, denen sich nur diejenigen nähern dürfen, deren Herzen erhoben, deren Hände rein sind.« Wagner, so Liszt, zeige uns aber diesen Tempel nicht in seiner wirklichen Struktur, sondern »nur im Widerschein azurner Wellen, zurückgestrahlt von irisfarbenen Wolken. Ein breites träumendes Sich-Niedersenken der Melodie, ein duftiger Äther, der das heilige Bild, das wir erschauen sollen, umgibt ...« An diese Luftschloß-Spiegelung heften sich Begriffe wie Geheimnis, Schönheit, Mysterium – in sich grenzenlose Begriffe.

Zum irrealen Stillstand dieses Gebildes gesellen sich nun für Liszt im Verlauf der Oper die irrealen Erregungen der Seele, die aus dem erweiterten Orchester emporsteigen.

»Aus ihm dringt der Schrei des Hasses, das Wüten der Rache, das Flüstern der Liebe, die Ekstase der Anbetung. Es zeichnet wie in Nebelduft mystische Träume und färbt mit glänzenden Tinten stolze Triebe.« Und als Paraphrase zu den romantischen Ideen einer wechselseitigen innigen Durchdringung des Stofflichen und des Seelischen, von magischen Operationen und gegenseitigen Potenzierungen, meint Liszt nun von der Disposition der Oper: »Alles verbindet, alles verkettet, alles steigert sich«: keine musikalische/dramatische Einzelheit sei aus dem Ganzen herauszulösen. Dann folgt eine kluge Bemerkung, die von der intellektuellen Bewußtheit zeugt, die vor allem auch den Frühromantikern eigen war. Indem Wagners Melodien gewissermaßen personifizierte Ideen oder Gefühlsmomente bezeichneten, zwinge er den Hörer zu mnemotechnischen Leistungen, er muß die Geschehnisse und Gestalten aus der Musik verstehen, wiederkehrende, abwandelnde Motivkomplexe miteinander verknüpfen, muß sich über gewisse Zeitstrecken hinweg akustisch erinnern können. So füge Wagner den Reizen der Musik die Genüsse des Verstandes hinzu, so gelinge es ihm, die »Wirkungen der Musik dem Gebiete unbestimmter Rührungen«, einer falsch verstandenen Romantik also, »zu entreißen«.

Daß der Romantik bei allem Kult des Gefühls hochgradige und überscharfe Bewußtseinsvorgänge zugrunde liegen, wußte keiner besser als der berühmteste Vorspiel-Exeget, Charles Baudelaire, der das Vorspiel 1860 in Paris, in einem Konzert Wagners im »Théâtre des Italiens«, hörte. Baudelaire kannte die Erläuterungen Wagners und die Analysen Franz Liszts, denen er nun seine eigenen Eindrücke hinzufügt. Statt der Engelsschar Wagners und des gespiegelten Tempels bei Liszt vermittelt dieser âme romantique die *Lohengrin*-Musik abstraktere Bilder: Bilder des Traumes und des Träumens. Befreit von der »Bande der Schwerkraft«, fühle er die »außerordentliche Lust, die hochgelegenen Örtlichkeiten eigentümlich ist«; diese Lust ist mit dem Gefühl der völligen Einsamkeit verbunden, aber, so Baudelaire, »einer Einsamkeit mit unendlichem Horizont, in mattes Licht getaucht, die Unendlichkeit an sich«. Und er fährt fort: »Bald hatte ich das Gefühl einer zunehmenden Helle, einer mit solcher Schnelligkeit wachsenden Lichtintensität, daß kein Wörterbuch genügen würde, dieses beständige aus Glanz und Weiße Sichneugebären zu schildern.« Lichtbewegungen leiten die Seele in die Ekstase und führen sie weit über die irdische Welt empor, »endlich das Erlebnis eines bis an die letzten vorstellbaren Grenzen ausgedehnten Raumes«. Beim Anhören der *Lohengrin*-Ouvertüre hat Baudelaire jenes Gedicht entworfen, das in den »Blumen des Bösen« den »Correspondances« voranging:

»Natur: ein Tempelbau, lebendige Säulen ragen,
Manchmal daraus ein wirres Wort entflieht;
der Mensch durch Wälder von Symbolen zieht,
Die mit vertrauten Blicken ihn befragen.

Wie ein Hall und Widerhall von weit
in Eines dunkel tief zusammenklingen,
Ton, Duft und Farbe ineinander schwingen,
Endlos wie Nacht und wie die Helligkeit.«

Verfolgt man die Ästhetik der »Correspondances« in ihre äußersten Fluchtlinien, so löst sich die Welt des Festen und Gegenständlichen auf in ein universales Netz klanglichfarblicher Beziehungen. Die Wahrnehmung der Welt ändert sich, Grund und Boden verschwinden. Das *Lohengrin*-Vorspiel als Vision eines zeitenthobenen unendlichen weißen Raumes, der sich in einer Art pulsierender Eigenbewegung befindet, bricht mit allen Überlieferungen und leitet ein Verständnis von Kunst ein, das über den Symbolismus in die

Abstraktion führen wird. (Wassily Kandinsky: »Das Weiß ist wie ein Symbol einer Welt, wo alle Farben [...] verschwunden sind. Diese Welt ist so hoch über uns, daß wir keinen Klang hören können. [...]. Deswegen wirkt auch das Weiß auf unsere Psyche als großes Schweigen, welches für uns absolut ist. Es klingt innerlich wie ein Nichtklang. Es ist ein Schweigen, welches nicht tot ist, sondern voll Möglichkeiten. Das Weiß klingt wie Schweigen, welches plötzlich verstanden werden kann. Es ist ein Nichts, [...] welches vor dem Anfang, vor der Geburt ist.«)

Gelöst von religiösen Inhalten oder anderen konkreten poetischen Bildern ist die Musik Wagners schon bei Baudelaire ein Nichtbild, die absolute Gegenstandslosigkeit bei gleichzeitigem intensiven Gefühlserlebnis – das ebenfalls keinen faßbaren Inhalt mehr hat. Das Subjekt löst sich in »Wollust und Erkenntnis« auf, in einen puren sinnlich-geistigen Aggregatzustand. Das Tor zur Moderne steht damit offen. Die Bodenlosigkeit, die die *Lohengrin*-Klänge vermittelten, kann in der Mitte des Jahrhunderts vielleicht noch ins Weiße oder, traditioneller, ins Ätherblaue transzendiert werden, nach oben sich richten, aber sehr bald, schon mit Baudelaire, dann mit Nietzsche, wird sie den Blick in die Gegenrichtung provozieren: ins rabenschwarz Nihilistische der Tiefe.

Am Jahrhundertende, in den neunziger Jahren, hat wiederum ein französischer Dichter seine Erfahrungen mit dem *Lohengrin*-Vorspiel beschrieben. Bekannt als Nichtwagnerianer, der aber in seiner Jugend dennoch den notorischen Wagnerismus durchlebte, hat er dieses reine Erleben des reinen Zustands ähnlich noch einmal wie Baudelaire formuliert, obwohl er aus gänzlich anderen Empfindungsbereichen kam. Jede Farblichkeit ist inzwischen freilich erloschen. Es ist nicht Mallarmé – ebenfalls ein *Lohengrin*-Begeisterter, für den mit dieser Oper endlich das Wunderbare auf die

Bühne zurückgekehrt war –, sondern es ist Paul Valéry. Im Vorspiel sah er seine Idee einer »reinen Empfänglichkeit des Bewußtseins für sich selbst« verwirklicht. Tondauer, Tonhöhen und Klangfarben seien darin auf eine Weise eingesetzt, meinte er, »um so früh wie möglich den Zustand der ›unendlichen Erwartung‹ zu fixieren und abgeschlossen zu halten«. Etwas Unendliches fixiert und abgeschlossen halten: die Wahrnehmung des *Lohengrin*-Prologs als eines Paradoxons. Damit ist das Unsagbare, soweit Sprache es vermag, wohl gesagt.

Dem *Lohengrin*-Vorspiel, das die romantischen Wünsche bis zum Exzeß erfüllt, folgt freilich die Oper, die dramatische Auseinandersetzung in Ton *und* Wort. Wagner ist nicht symphonischer Dichter, sondern Musikdramatiker. Er hat deswegen mit der Schwierigkeit fertig zu werden, daß die Sprache immer in Inhalte zurückverwandelt, was die Musik aus den Inhalten hinausgedrängt hat. Die Sprache enthält einen gegenromantischen Zug. Ging es Wagner, da die Vorspiele nie allein stehen, grundsätzlich darum, die Musik wieder an die Sprache zurückzubinden, der Operation des Bewußtlosmachens wieder Bewußtsein entgegenzusetzen? Will er, wie Elisabeth Lenk spekulierte, mit der Sprache wieder an Land gehen wie der fliegende Holländer mit einer Frau, weil er die Schrecken der Unendlichkeit auf dem weiten Meer kennengelernt hat? Wozu die Erfindung der »unendlichen Melodie« des Orchesters, wenn die Personen mit ihren höchst endlichen Belangen ständig dazwischenreden?

Während die Romantiker grundsätzlich davon überzeugt waren, daß Musik die romantische Kunst par excellence sei und daß alle Poesie letztlich darauf ausgehe, Klang zu werden, müssen wir uns Wagner immer als eine Art Doppelagenten von Musik und Sprache vorstellen. An seiner Auseinandersetzung mit Beethoven und an seiner Auseinandersetzung mit einem Kritiker der *Lohengrin*-Musik – beides findet nach seiner Flucht aus Deutschland, im Züricher

Exil der frühen fünfziger Jahre statt – läßt sich ablesen, an welchem Punkt Wagners ästhetische Ablösung und Abzweigung vom romantischen Denken beginnt. Es ist eine andere Vorstellung von Sprache, ein anderer Wunsch nach »Mitteilung«.

Mitten in Wagners Arbeit an »Oper und Drama«, der theoretischen Neubestimmung des Wort-Ton-Problems, platzt das Schreiben eines gewissen Adolf Stahr, Professor für Altphilologie in Oldenburg. Er tadelt den Komponisten des *Lohengrin* für seine eintönigen und unrhythmischen Melodien. Statt beleidigt zu sein, antwortet Wagner souverän, »mit einem gewissen – schwer zu definierenden – Lächeln«. Eine Welt liege zwischen dem *Lohengrin* und seinem jetzigen Vorhaben, und peinlich sei es ihm, seine »abgestreifte Schlangenhaut« vorgehalten zu bekommen. Am liebsten sähe er den *Lohengrin* vergessen. Es ist offensichtlich, daß Wagner von der Höhe eines neugewonnenen Reflexions- und Schaffensstandes aus spricht. Er gibt seinem Kritiker nicht ganz unrecht, insofern ihm damals, zur *Lohengrin*-Zeit, der engste Zusammenhang, die »Urverwandtschaft« zwischen Ton und Wort noch nicht aufgegangen sei. Der Grund dafür sei aber nicht der Musik anzulasten, sondern der Sprache und ihren noch »ungebildeten Versen«. Ganz im Sinne der romantischen Theorie sei ihm 1847 die Musik nur »vollerblühte Sprache« gewesen, nur Fortsetzung, Weiterführung und Verbesserung der Dichtung. Es gehe aber darum, die Musik *aus* der Sprache zu holen, sonst könne eine »Erlösung« in die Universalität des Gefühls nie entstehen. An diesem Punkt nun, auf diesem differenziertesten Niveau, beginnt Wagners Abgrenzung von den Romantikern, sein Weg vom »Wortdichter«, der den Text in Musik hebt, zum »Tondichter«, der den Text in die »Urverwandtschaft« mit der Musik »erlöst«. Die verbalen Qualen und die begriffliche Suche, die seine Abhandlungen kennzeichnen, sprechen für die Schwierigkeit dieses Klärungsversuches in Worten.

Er muß – gegen die Romantiker – rechtfertigen, daß die Erlösung ins totale Fühlen mit der Musik allein – etwa der symphonischen – für den »mit Bewußtsein« schaffenden Künstler aus historischen und »organischen« Gründen nicht mehr möglich ist. Die Bestätigung dafür holt er sich beim bewunderten Beethoven. Der entscheidende Moment für Wagner ist jener letzte Satz in der Neunten Symphonie, der den Übergang von der reinen Musik ins Wort vollzieht: »Die vom Musiker gefühlte Notwendigkeit, sich in die Arme des Dichters zu werfen«. Erst dann entstehe, auch bei Beethoven, die semantisch erfüllte, die »erlösende Melodie«. Die Rückbindung an den Verstand, an das »Bewußtsein«, an die Hilfe des Wortes war nötig gewesen, um die Musik zu befreien.

Ist Wagner im *Lohengrin* noch »Wortdichter« gewesen, so ist er seither auf dem Weg zum »Tondichter«, der erkannt hat, daß er andere sprachliche Voraussetzungen schaffen, daß er die Sprache erst nach ihren musikalischen Partikeln, den Vokalen und Konsonanten organisieren mußte, um die Musik wirklich flüssig machen zu können. Die Sprache des Kunstwerks war radikal zu unterscheiden von der »kärgliche[n] Sprache des Alltagslebens«, sie will als »Tonsprache«, nach dem Charakter ihrer »tönenden Laute« verstanden und behandelt werden. Dazu bedurfte es einer Rückkehr zu den »Sprachwurzeln«. Im Vokal sieht er den »verdichteten Ton«, den dehnbaren, sanglichen, dem sich die innere Wirkung des Tons verdankt, im Konsonant, der den Vokal nach außen und innen abgrenzt, die »Verdichtung« des Vokals, seine »physiogonomische Außenseite«, das sinntragende und zugleich sinnliche Element. In der Stabreimdichtung, die die »Wurzelworte« so miteinander verbindet, daß durch den gleichen Anlaut die Identität der Gefühlsregungen verbürgt ist, während durch die verschiedenen Vokale bereits ein Gegensatz mitschwinge (»Lust–Leid«), daß also gemischte Empfindungen mitgeteilt werden können, findet er – im Unterschied zum »welken Hinterteil« der Endreime, die das Gehör nur abfertigen und das Gemüt nur beschwichtigen – jene Redeweise, die ein Universum von Beziehungen und Gefühlen eröffne. Der musikalische Ton sei nur das »Mutterelement«, in den das »akzentuierte und stabgereimte Wurzelwort« aufgelöst wird.

Stolz schreibt Wagner an Adolf Stahr, daß er eben die Dichtung von »Siegfrieds Tod« abgeschlossen und seine Sprache jetzt den »kernigen, sinnlichen Zusammenhang« habe, »wie sie für die Musik nötig ist«. Sprachmusik und Musiksprache ergänzen einander von nun an als zwei selbständige Partner, und aus ihren intensiv genutzten Strukturverwandtschaften entsteht das durchkomponierte Musikdrama. Die romantische Oper war mit *Lohengrin* an ihren Gipfel, aber auch an ihr Ende gekommen. Das unverbindliche verliebte Ineinander von »Ton, Duft und Farbe« mußte den seriösen »Urverwandtschaften« des Mythos Platz machen – das leidenschaftliche »romantische« Verhältnis, das ein Paar nur vorübergehend bindet, der guten Ehe weichen.

In diesem Zusammenhang steht auch die weitere Kontroverse mit Adolf Stahr. Hauptthema des Schriftwechsels mit dem Altphilologen – und mit noch einem anderen *Lohengrin*-Kritiker, dem Dresdner Schriftsteller Hermann Franck – war nicht die Musik der Oper, sondern ihr Schluß, die Trennung der Liebenden. Während die Teilnehmer nun glauben, eine inhaltlich bestimmte Diskussion zu führen – ob diese Trennung notwendig sei oder nicht –, verhandeln sie in Wirklichkeit über Fragen, von denen das Überleben des *Lohengrin* als romantischer Oper abhing. Diese hatten wir als Paradoxon definiert: Ihrem innersten Anliegen nach will sie »Sinn und Geschmack für das Unendliche« wecken und kultiviert damit die offene Form, während das Realitätsprinzip eines Dramas Handlung zeigt, Ideen durch konkrete Bühnengestalten ausagieren läßt, alles in einer, wie Wagner sagt »plastischen Unzerflossenheit« ins Bild holen und vergegenwärtigen will, also nolens volens eine geschlossene Form aufweist, mit Anfang und Ende. Hätte Wagner nicht überhaupt einen Roman schreiben müssen, um den Forderungen der »Universalpoesie« gerecht zu werden, hat er sich in der Kunstgattung geirrt? Novalis hatte doch ausdrücklich erklärt, nur der Roman könne alles an literarischen Genres, an geschichtlicher Zeit und märchenhafter Urzeit, an permanenter magischer Transformation der Personen und Geschehnisse in sich bergen, nur dem Roman gelinge die Projektion in die Grenzenlosigkeit von Traum und Raum und Zeit. Hätte Wagner nicht *diesen* Kunstweg gehen sollen, um dann ein *Lohengrin*-Fragment zu hinterlassen, jene Form der vollendeten Unvollendung, die die Romantiker so gerne praktiziert haben? Das Drama als Form ließ ihm, der so auf Einstimmung und Einfühlung aus war, eigentlich keine Chance: Um der geschlossenen Form und dem klassischen »Selig in sich selbst« zu entgehen, arbeitete das romantische Drama mit Mitteln der Illusionsbrechung, der ironischen Multiperspektive. Eine ironische Dramaturgie und eine durchkomponierte Musik aber vertragen sich erst recht nicht.

Zum Glück hat Wagner keinen Roman geschrieben, sondern dieses Problem anders gelöst: nicht formal, sondern inhaltlich. Pointiert gesagt, löste er es durch menschliche Grausamkeit. Nach der Uraufführung schon war er von dem besorgten Opernbesucher Hermann Franck gemahnt worden, den harten Bestrafungs-Schluß, den Abschied Lohengrins und den Tod Elsas, abzuändern und zu mildern. Das macht Wagner unsicher, er erwägt andere Schlüsse – Elsa könnte eventuell mit Lohengrin fortziehen –; ein Briefwechsel mit der Frau des Intendanten von Weimar entspinnt sich über diese Frage, sie gibt Wagner recht, der Dichter ist erleichtert und läßt alles beim alten. Doch fünf Jahre später wieder dasselbe Dilemma: Adolf Stahr legt ihm erneut nahe, daß Lohengrin doch seine Wunderkräfte hingeben solle um der Liebe willen, nur so würde er uns, das Publikum, »aus der unklaren Traumsymbolik abstrakter Transzendenz erheben«. Wagner müsse Lohengrin Mensch werden lassen, »den Mythus humanisieren«. Noch einmal schwankt der Komponist, gibt Stahr recht, bereitet aber damit seinem *Lohengrin*-Anhänger Franz Liszt Kummer, der ebenfalls für die Trennung votierte. Allgemeine Verwirrung. Wagner quält sich, bis es ihm plötzlich »sonnenklar« wird und er Liszt aus dem Schweizer Asyl mit dem Telegramm beruhigen kann: »Stahr hat unrecht, Lohengrin hat recht.« Damit war die Affäre abgeschlossen.

Uns zeigt dies aber einen aufregenden Vorgang aus dem Innern der Kunst. Hätte Wagner seinen braven Ratgebern nachgegeben, wäre die Erfüllung des universalpoetischen Programms unterblieben, und die wohl romantischste aller Opern hätte Selbstverrat begangen – im sentimentalen, rationalen, bürgerlichen Kompromiß. Natürlich ist ein Mitleid mit Elsa berechtigt, einem Geschöpf, das unschuldig schuldig gemacht und dafür mit dem Tod bestraft wird – in den mittelalterlichen Vorlagen muß sie nicht sterben. Und natürlich wird die Oper *Lohengrin* durch diesen unversöhnlichen und nirgends Erlösungshoffnung zulassenden Schluß die »schwärzeste« der Tragödien Wagners, wie Peter Wapnewski es ausgedrückt hat. Aber ein Erbarmen mit dem Liebespaar, ein Humanisieren der außerirdischen Art Lohengrins um der menschlichen Liebe willen hätten eine dramatische Situation zerstört, deren Bausteine doch gerade so geschickt gesetzt waren, daß sie ein Bilderbuchbeispiel für die rhetorische Figur des Paradoxons abgaben. Und nur über das Paradoxon kann sich die innere Form als offene gegen die äußere Geschlossenheit des Dramas behaupten, kann so etwas wie das reine Gefühl – nennen wir es Sehnsucht oder, wie Novalis, die »Möglichkeit eines unendlich reizenden Schmerzes« schwebend erhalten werden.

Der Weg nach innen, den die Romantiker gepredigt haben und von dem sie meinten, er sei der poetische Königsweg und als poetischer ein grenzenlos sich öffnender, dieser Weg ist natürlich auch der Weg in die Moderne, der Weg in die Psychologie. »Die Ästhethik dürfte wohl ganz zur Psychologie gehören«, vermutete Novalis. Wenn wir den *Lohengrin*-Schluß psychologisch lesen, so sieht man gleichsam auf den menschlichen Grund der dramatisch paradox konstruierten Situation.

Die Katastrophe des Liebespaares war eigentlich von Anfang an gegeben, insofern Wagner sie ganz aus inneren Motiven ableitete. Die inneren Motive Elsas hier und Lohengrins dort nun sind – trotz bester Absicht der Beteiligten – so gelagert, daß sie keine Lösung, Beendigung, Beruhigung des Konfliktes zulassen, wie so viele falsch konstruierte Liebeserwartungen. Ist Elsas Liebe wirkliche Liebe, jene warmherzige, menschliche, weibliche, nach der Lohengrin sich sehnt aus seiner gläsernen Einsamkeit – aus seinem Narzißmus vielleicht –, so muß sie die Frage nach seiner Identität stellen. Liebe verlangt sinnliche Gewißheit, Liebe ist kein abstraktes Gefühl. Lohengrin hingegen sucht die Liebe als blindes Vertrauen, geschenkte Liebe, Gratisliebe, Liebe als totalen Glauben an ihn, gleich wer er ist. Daß er mit dem Frageverbot, das er aufrichtet, um die bedingungslose Liebesgefolgschaft zu sichern, sich selber eine Falle stellt – denn er will ja menschlich geliebt, also erlöst werden –, gehört zur raffinierten Dialektik des Fehlverhaltens des »männliche[n] Egoismus«, den Wagner schließlich auch seinem Helden negativ ankreidet. Denn er kann ja nicht Mensch werden und sein göttliches Selbst behalten.

Jeder versöhnliche Schluß wäre aus der Perspektive der inneren Wahrheit der Figuren ein falscher. Keiner kann nämlich aus seiner Haut heraus, nur in der Sehnsucht, im

Traum finden sich und harmonieren die Wünsche und Begierden von Mann und Frau. In der Realität gehen sie aneinander vorbei. Lohengrin sucht das Unbedingte und findet eine wißbegierige Frau. Elsa findet das Unbedingte und sucht einen Mann fürs Leben. Und darin ist die Oper dann doch ein romantischer Roman, ein Liebesroman, der die Spaltung von Imaginärem und Realem im Ich zum Thema macht: Der Traum kann zwar ins Leben treten, das Leben aber nimmermehr in den Traum. Eine Trennung der Sphären, die sich berührt haben, reißt das Leben in den Tod. Der Traum aber überlebt: Lohengrin zieht in die Ferne zurück, aus der er gekommen war. Und er wird wiederkehren, in »fremder, luftiger Gestalt« (Novalis), wird die Frauen als Traum heimsuchen.

»Wollte ich den *Lohengrin* loslassen, mußte er los, wie er war«, schrieb Wagner trotzig an die Adepten, die ihn zur Milde veranlassen wollten. »Mit einem völligen Rausche tauchte ich ihn in die Musik: es war nichts Anderes damit zu machen; so bewahrte ich mich doch wenigstens vor einer rationalistischen Oper.«

Das dürfte ihm geglückt sein. Wäre Wagner nach dem *Lohengrin* gestorben, hätte es kein Musikdrama im eigentlichen Sinne gegeben. Aber die Reihe seiner romantischen Opern hätte mit dem *Lohengrin* ihre letzte Steigerung erfahren und ihren Abschluß, ihr »blaues Wunder«.

VOM INZEST IM *RING*

Um 1912 hat sich ein geduldiger Pseudonymus in der Berliner Theaterzeitschrift »Die Schaubühne« darum bemüht, die familiären Beziehungen in Wagners Tetralogie zu klären: »Siegfried ist der Sohn seines Onkels und der Neffe seiner Mutter. Er ist sein eigener Vetter als Neffe und Sohn seiner Tante. Er ist der Neffe seiner Frau, folglich sein angeheirateter Onkel und sein angeheirateter Neffe. Er ist der Neffe und Onkel in einer Person. Er ist der Schwiegersohn seines Großvaters Wotan, der Schwager seiner Tante, die zugleich seine Mutter ist. Siegmund ist der Schwiegervater seiner Schwester Brünnhilde und der Schwager seines Sohnes, er ist der Mann seiner Schwester und der Schwiegervater der Frau, deren Vater der Schwiegervater seines Sohnes ist. Brünnhilde ist die Schwiegertochter [...]«. Es herrscht Chaos in der *Ring*-Familie.

Offenbar handelt es sich aber gar nicht um die Darstellung wirklicher Familienbeziehungen, sondern um phantastische, phantasmatische. Diesen Beziehungen möchte ich nachgehen. Fest steht ja, daß Wagner das Beziehungsgeflecht der Personen, wie sie in seinen Vorlagen – den nordischen Heldenliedern der Edda und dem höfischen Epos – überliefert sind, verändert, umarrangiert, familiär angenähert und so eng zusammengeknüpft hat, daß der Religionswissenschaftler Klaus Heinrich unlängst formulieren konnte, Wagner habe aus der »Totengeschichte« des Nibelungenstoffes ein einziges »Inzestspektakel« gemacht.

Man kann den *Ring* auf vielerlei Weise lesen, auch als »Inzestspektakel«. Ergiebig dürfte dies deshalb sein, weil der Inzest – oder das Inzestverbot – sich als ein Indiz verwenden läßt, um die komplizierten Verschränkungen der Begriffe von »Fortschritt« und »Rückschritt« zu erläutern. Sie lassen sich auf zwei Ebenen beobachten, die im Kunstwerk gleichnishaft miteinander zusammenhängen: der anthropologischen und der tiefenpsychologischen.

Auf der tiefenpsychologischen Ebene ist vom schwierigen Entwicklungsprozeß des Individuums auf seinem Weg vom Kind zum mündigen Erwachsenen die Rede; die Seelengeschichte und ihre ewigen, archaischen Konstanten werden herausgefiltert. Auf der anthropologischen Ebene erscheinen dynamische Prozesse, die Stufen der Menschheitsgeschichte auf ihrem Weg von der Natur zur Kultur. Von bewußtloser Natur oder grauer, mythischer Vorzeit führt der Weg zu den höheren Bewußtseinsstufen des Geistes und seinen kulturellen und sozialen Ausformungen. Der verübte oder nicht verübte, der nicht gemeinte, aber doch symbolisch vollzogene Inzest zeigt jeweils an, welche Stadien von Progression oder Regression im *Ring* verhandelt werden, ob es um einen Rückfall in ein früheres, seelisch infantileres und menschlich primitiveres Stadium geht oder um ein Vorwärts, ein Herausschälen aus archaischen, atavistischen Stadien hin zum Licht, zum Geist, zum Humanen.

Die Sache kompliziert sich aber, weil die beiden Spannungspole – Natur, Mythos, Infantilität hier und Kultur, Geschichtlichkeit, Erwachsensein dort – doppelwertige Begriffe sind, ambivalent bestimmte. Natur: das kann das Heil bedeuten, instinktives Wissen oder unbekümmerten Tatendrang, freischwebendes Glück, ihrer selbst unbewußte Schönheit und Schuldlosigkeit. Natur kann aber auch barbarisch, regellos-willkürlich und bedrohlich erscheinen, Anarchie bedeuten, wo jeder jederzeit das Recht hat, den anderen totzuschlagen, oder wo die sexuelle Fülle und Gesetzlosigkeit herrscht, tierische Triebsphäre, Gewalt. Die avancierte Kultur stünde gegen diese Natur wie das Heil, wäre Recht und Ordnung, Sinn und Form, Kunst und Sittlichkeit. Doch im fortgeschrittenen Stadium, überanstrengt durch ihre fortschreitenden Triebverzicht-Leistungen, kann Kultur in ihr Gegenteil umschlagen: in Vergewaltigung der Natur wie der Menschen, der Menschen-Natur. Intuitive Werte gehen verloren, rationale setzen sich an ihre Stelle, die Sphäre der Reflexion, des Zweifels, der Handlungsgehemmtheit dominiert über die instinktsichere des »Wissens«, des Ahnens und der subjektiven Handlungsfreiheit. Im Begriff der »Dialektik der Aufklärung« hat die moderne Philosophie die Verschränkungen progressiver Valeurs mit den regressiven beschrieben, die den Kulturprozeß charakterisieren – die Rückbildungen im Vorwärts und das Vorwärts im scheinbaren Rückwärts.

Die Ambivalenz der beiden Pole von Natur und Kultur und ihre dialektische Verhedderung ineinander im Lauf der Moderne bedingt wiederum die Bewertung des Inzests. Wir werden sehen, wie Wagner, Exponent der Moderne im 19. Jahrhundert, ihn versteht und gestaltet – im Vergleich zu den späteren, nicht künstlerischen, aber wissenschaftlichen Deutungen des Inzestgeschehens bei Sigmund Freud und Claude Lévi-Strauss. Freud hätte Wagners Botschaft zwar verstanden, vom Kulturstandpunkt aus aber kaum gebilligt, während Lévi-Strauss Wagner gerade vom Kulturstandpunkt als den Wiederentdecker verlorengegangener mythischer Strukturen mit den Mitteln der Musik gepriesen hat. Als Anthropologe des Inzests freilich hätte er über die Inzestmanie im *Ring* den Kopf schütteln müssen.

Was Inzest ist, glauben wir zu wissen: die sexuellen Beziehungen unter Blutsverwandten. Der Inzest handelt immer von der Familie, erzählt etwas von Familienverhältnissen und deren Desorganisation. Einerseits gilt der Inzest als Archetyp der Sünde; als Fluch lastet er, wie die Literaturen und Mythen der Völker erzählen, auf ganzen Generationen. Ödipus ist nur die deutlichste Fassung dieses Motivs, dem die psychoanalytische Mythenforschung »Ubiquität« bescheinigt. Andererseits hat der Inzest positiven Charakter, ist er ein Vorzugs-Merkmal: Die astralen Mythen, die inzestuöse Verhältnisse an den Himmel projizieren, zeugen davon in Okzident und Orient; Zeus und Hera hier, Isis und Osiris dort sind nur die bekanntesten Geschwisterehen. Inzestmotive durchziehen in mannigfaltigen Einkleidungen und Umformungen die Literatur von der Antike übers Mittelalter bis in die moderne Literatur, bis hin zu jenen Werken, in denen Wagnerscher Inzest unmittelbar eine Rolle spielt, in Thomas Manns Novelle »Wälsungenblut«, oder auch, weniger direkt, in jenem Roman, der die Geschwisterliebe zur Utopie überhaupt macht, Robert Musils »Mann ohne Eigenschaften«. Der Inzest im Spiegel künstlerischer Erzeugnisse hat immer etwas Schillernd-Faszinierendes, zugleich Elitäres wie Kriminelles.

Der »elitäre« Zug mag sich geschichtlich daraus erklären, daß es in verschiedenen Dynastien bei den alten Ägyptern, Persern, Inkas, Ptolemäern Geschwisterehen gab, wenn auch nur in Ausnahmefällen. Als »göttliches Vorrecht« blieb jedoch etwas davon im Gedächtnis der Völker haften. Grundsätzlich aber überwiegt das Gefühl für das Verbot. Inzest ist widernatürlich, abstoßend, ekelhaft, eine Perversion, die seit der Bibel – wenn auch nach Kulturkreisen verschieden – als kriminelles Delikt verfolgt wird.

Dabei zeigen wiederum die Literaturen, daß es drei Zonen und Stufungen innerhalb des Inzestdeliktes gibt, graduell intensivierte Tabuzonen sozusagen. Halbwegs tolerierbar oder entschuldbar sind die Geschwister-Verbindungen: phylogenetisch sei der »Geschwister-Komplex« einem späteren Verdrängungsschub unterlegen als der sogenannte »Elternkomplex«, sagt der Freud-Schüler Otto Rank in seinem Buch »Das Inzest-Motiv in Sage und Dichtung«. Diesen Geschwisterkomplex unterteilt Rank wiederum nach den Motiven der gegengeschlechtlichen Geschwisterliebe und des gleichgeschlechtlichen Geschwisterhasses. Denn mindestens so häufig wie das Motiv des sich, bewußt oder unbewußt, liebenden Paares von Bruder und Schwester tritt das Motiv der »feindlichen Brüder« auf. Geschwisterinzest und Brudermord sind einander komplementär. Älter jedoch und dem »Geschwisterkomplex« zugrundeliegend ist der »Elternkomplex«. Die Beziehungen zwischen den Generationen sind viel stärker tabuisiert – wobei das Verhältnis Vater/Tochter wiederum um einige Grade vorstellbarer ist als die am widerwärtigsten empfundene sexuell-erotische Liebe zwischen Mutter und Sohn. Bei der etwas geringeren Tabuisierung Vater/Tochter mögen die vaterrechtlichen, patriarchalischen Familienstrukturen eine Rolle spielen, die auf die mythischen der mutterrechtlich orientierten folgten: Daß der Vater die Tochter in emotionale und auch erotische Abhängigkeit bringt, und das ausnutzt, ist ein häufiges und gar nicht so märchenhaftes Motiv in der Literatur, dem Leben immer noch abgelauscht. Die Personenkonstellation Mutter/Sohn dagegen, die von Freud als die archetypische interpretiert wird, ist die am stärksten tabuisierte. Wenn Dichter dieses Motiv berühren, verschieben sie denn auch häufig die sexuelle Liebe von Mutter und Sohn auf die von Stiefmutter und Stiefsohn – dann stimmen die Altersrelationen wieder halbwegs, und das ästhetische wie das moralische Empfinden, das ein gleichwertiges Liebespaar sehen will, ist beruhigt.

Vom Inzest als solchem kann man eigentlich nicht sprechen. Der Inzest existiert nur als Tabu. Als Tabu ist er integraler Bestandteil der bürgerlichen Familienstruktur, seine Funktion hat er darin, dem heranwachsenden Individuum die notwendige Ablösung von der Kernfamilie zu erleichtern. Sehr viel mehr weiß man nicht von diesem Tabu. Über seine Herkunft herrschen in der Forschung unterschiedliche Meinungen. Keine Theorie scheint schlüssig zu sein: weder die biologische der Degeneration, die psychologische der instinktiven oder erworbenen Abwehr noch die politisch-ökonomische; und auch die psychoanalytische Theorie kann nur erklären, warum der Inzest unbewußt begehrt, nicht aber, warum er bewußt verurteilt wird. Fest steht nur, daß der Inzest das einzige Tabu der Menschheitsgeschichte ist, das universellen Charakter hat. Aufgrund dieses seines universellen Charakters, erklärt uns Lévi-Strauss in den »Elementaren Strukturen der Verwandtschaft«, streift das Inzestverbot die Natur, die Biologie und die Psychologie. Ebenso sicher aber sei, daß es als »Regel« ein gesellschaftliches Phänomen darstellt und zum Universum der Regeln, also zur Kultur gehört. Lévi-Strauss kommt zu dem Schluß: Das Inzestverbot »ist der grundlegende Schritt dank dem, durch den und vor allem in dem sich der Übergang von der Natur zur Kultur vollzieht«. Es ist das Moment der Verwandlung von Natur in Kultur.

Für den *Ring* heißt dies: Ein Überschreiten oder Verletzen des Inzest-Tabus, sei es im wirklichen oder im metaphorischen Sinne, signalisiert einen Rückfall ins regellos Allgemeine der Natur oder in das, was vor Geschichte und Kultur liegt, ins Prähistorisch-Mythische. Das Opus in seiner Gesamtheit führt uns ja Verwandlungsprozesse vor: vom uranfänglich-präverbalen Stadium – man denke an die onomatopoetischen Laute der Rheintöchter –, über die höhere, da hierarchisierten Gesetzen unterworfene Welt der Götter bis zur nächstfolgenden Kulturstufe, zur Kultur als Politik bei den Gibichungen. Innerhalb dieser Stufen unterscheiden wir Figuren, für die der Begriff des Inzests noch keine Bedeutung hat, also Geschöpfe vor aller Reflexion, vor Bewußtsein und Geschichte – Erda, die Rheintöchter – und dann jene, für die der Inzest keine Bedeutung mehr hat, in denen das Band mit der Natur zerrissen ist, die zu ihrer eigenen Natürlichkeit, Menschlichkeit, Sinnlichkeit keine Beziehung mehr haben – die Gibichungen, Hagen. Dazwischen stehen die anderen, die problematischen, die inzestanfälligen, halbmythisch-halbgeschichtlichen, halbnatürlichen-halbkultivierten, halbkindlich-halberwachsenen

Geschöpfe, die einen Übergangszustand anzeigen und uns auf der entwicklungsgeschichtlichen wie auf der seelengeschichtlichen Ebene eine Gratwanderung vormachen, mitsamt ihrer progressiven Dynamik, aber auch mit ihren sehnsüchtigen Regressionen. Wotan gehört dazu, Brünnhilde, das Zwillingspaar und, wenn auch bedingt, Siegfried; auch an Alberich zeigt sich manches.

Wohnt Erda, die mythische Natur, in der tiefsten Tiefe, so erklimmt Wotan mit seiner protzigen Burg noch einmal eine höhere Höhe als die gewöhnlichen Berghöhen der Lichtalben: gleichsam die höchste Kulturstufe seiner Welt. Er ist denn auch die Figur, die kippt. Mit seiner Verletzung der Natur zu Anfang seiner Karriere geht seine eigene Versehrtheit durch die Kultur. Des Gedankens Blässe kränkelt ihn an; Zweifel, Einsicht seiner Ohnmacht, Selbstreflexion kennzeichnen ihn, verurteilen ihn zur Ohnmacht der Macht. Er ist schon zu kultiviert, zu weit vom naturhaft-instinktiven Wissen entfernt – er muß es sich von Erda holen – und noch nicht nah genug an der politischen Skrupellosigkeit der Kulturstufe der Gibichungen. Der »unsel'ge Ewige« ist ja auch anders als die anderen Götter, er hat in seiner individuellen Biographie schon Stadien durcheilt, von denen jene nichts wissen: »Als junger Liebe / Lust mir verblich, / verlangte nach Macht mein Mut: / von jäher Wünsche / Wüten gejagt, / gewann ich mir die Welt, [...] band durch Verträge, / was Unheil barg: [...] Von der Liebe doch / mocht' ich nicht lassen; / in der Macht verlangt' ich nach Minne.«

Das unterscheidet ihn von seinem Hauptgegenspieler Alberich, Alberich ist darum stärker, vom Zwiespalt zwischen Macht und Liebe erst gar nicht gequält. Er entscheidet sich sofort, er bleibt am Leben. Alberich, zwerghaft verkrüppelt als Naturgestalt, verkrüppelt auch als Kulturgestalt – er ist ein frühindustrieller Menschenschinder –, gehört über das Motiv der feindlichen Brüder ins inzestuöse Gefüge. In Alberich und Mime haben die groben Brüder

Fafner und Fasolt ihr raffiniertes Pendant. Alberich ist aber für unsere Zwecke wenig ergiebig, denn er ist entwicklungslos, interessant nur als tierisch-triebhafte Vorstufe zum Sohn, zu Hagen, in dem des Vaters erzwungener Verzicht auf die Liebe eine weitere kulturelle Verdrängungsstufe erreicht hat und in Rache umschlägt: nicht in eine Rache für die »Natur«, sondern für die »Kultur« der Dinge. Hagen ist nicht mehr verkrüppelt, er ist einheitlich, entsetzlich erwachsen.

Doch zurück zu Wotan, der in der Macht auch die Minne will. Wen liebt er denn? Nicht Fricka, seine Frau, nicht mehr. Am Disput über den Inzest, einer zentralen Szene für den Verlauf des Dramas, zeigt sich, warum sie einander nicht mehr verstehen können – sie repräsentieren verschiedene Kulturstufen. Wotan hält den Wälsungen-Inzest für ein elitäres Vorrecht ungewöhnlicher Menschen; er hält ihn für originell. Für Fricka dagegen ist die Liebe zwischen Siegmund und Sieglinde nur kriminell. Sie belegt, was für Wagner »Naturnotwendigkeit« heißt, mit dem schlimmsten denkbaren Namen: Blutschande. Und sie verlangt dafür das äußerste Strafmaß, die Todesstrafe.

Daß jede der beiden Figuren eigene Interessen verfolgt, steht auf einem anderen Blatt, zusammen verkörpert das göttliche Ehepaar die widersprüchlich schillernden Aspekte des Inzest-Problems. Fricka, Hüterin von Eherecht und Ehemoral, Hauptopponentin natürlich-anarchistischer Verhältnisse, symbolisiert eine primäre, defensiv gegen das Chaos gesteuerte Kulturordnung: seelisch entwicklungslos wie die andern Götter, bleibt sie auch in ihren Vorschriften statisch, »stets Gewohntes« nur wiederholt sie. Das Gesetz ist das Festgesetzte, der Buchstabe. Wotan dagegen ist dynamisch, will wieder ein Stück Naturrecht in den Kulturverlauf einbauen, will das Gesetz biegen, damit es die Menschen nicht bricht. Doch Fricka triumphiert über Wotans Idee des

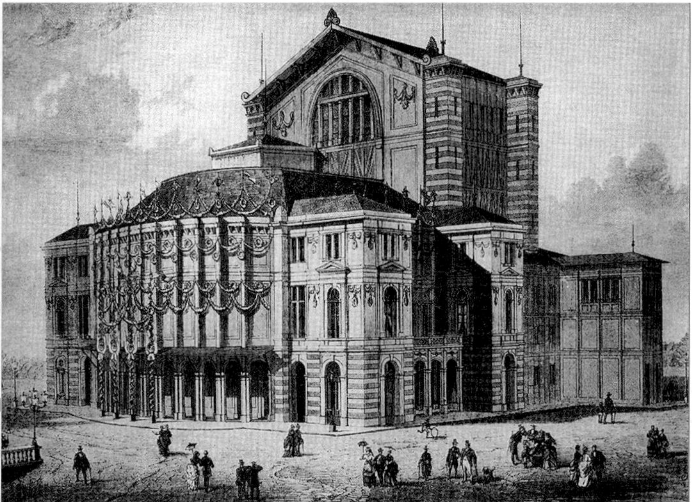

DIE BAYREUTHER FESTSPIELE

sind von Richard Wagner ins Leben gerufen worden und standen seither unter der Leitung von

1876-1882

1908-1930

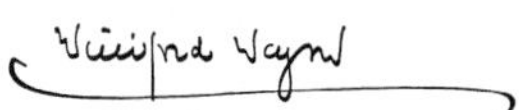

1930-1944

Interimszustand
nach dem Tode Richard Wagners
1883-1884

1951-1966

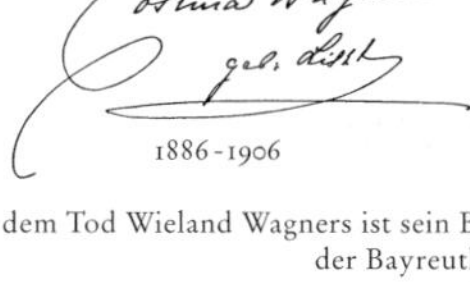

1886-1906

1951-

Nach dem Tod Wieland Wagners ist sein Bruder Wolfgang Wagner alleinverantwortlicher Leiter der Bayreuther Festspiele geworden

Abb. 1

Abb. 2: Die frühindustrielle Spinnstube

Abb. 3: Kolonialwaren-Handel

Abb. 4: Bayreuther Fassung des *Tannhäuser*-Bacchanals von Wieland und Gertrud

Abb. 5: Papas *Lohengrin*, Kinderzeichnung (1958)

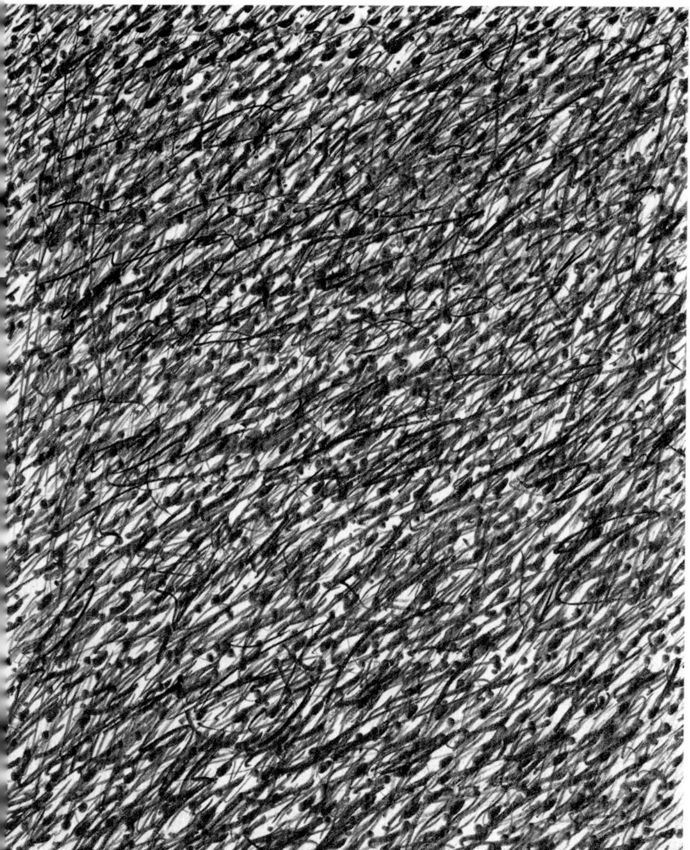

Abb. 6: *Lohengrin*-Gedanken (Günther Uecker 1979)

Abb. 7 und 8: Mütter und Söhne

Abb. 9 und 10: Brüder und Schwestern

Abb. 11: Vater und Tochter

Abb. 12: Beckmesser - komisch?

Abb. 13: Wieland, wähnend - Schusterstube 1963

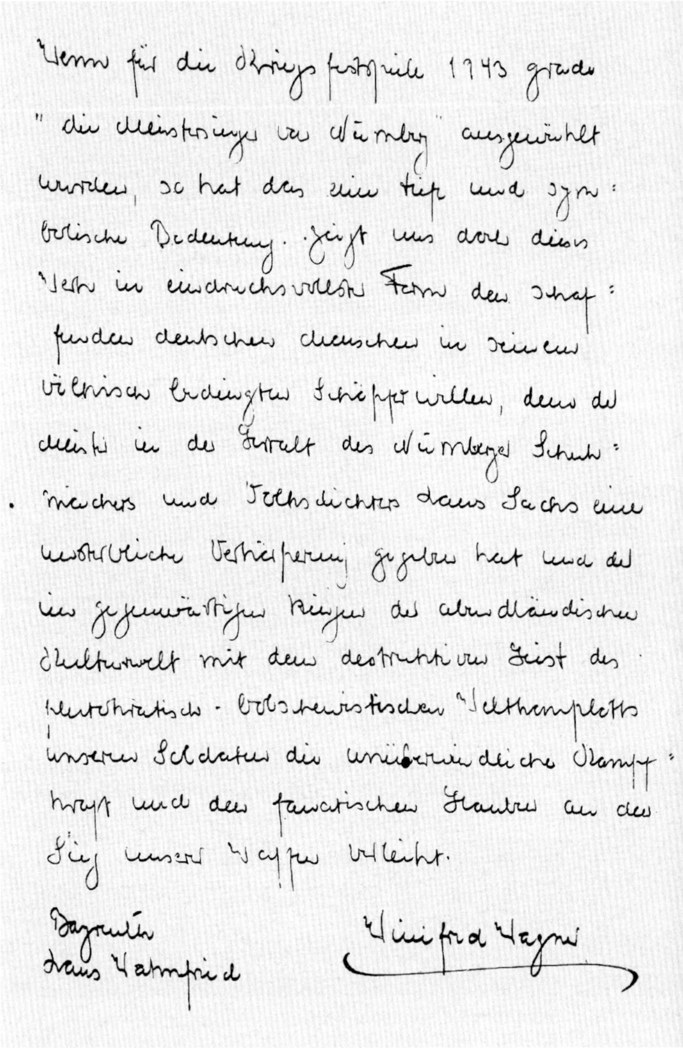
Wenn für die Kriegsfestspiele 1943 gerade
"die Meistersinger von Nürnberg" ausgewählt
wurden, so hat das eine tiefe und sym:
bolische Bedeutung. Zeigt uns doch dieses
Werk in eindrucksvollster Form den schaf:
fenden deutschen Menschen in seinem
völkisch bedingten Schöpferwillen, dem der
Meister in der Gestalt des Nürnberger Schuh:
machers und Volksdichters Hans Sachs eine
unsterbliche Verkörperung gegeben hat und der
im gegenwärtigen Ringen der abendländischen
Kulturwelt mit dem destruktiven Geist des
plutokratisch-bolschewistischen Weltkomplotts
unseren Soldaten die unüberwindliche Kampf:
kraft und den fanatischen Glauben an den
Sieg unserer Waffen verleiht.

Bayreuth
Haus Wahnfried

Winifred Wagner

Abb. 14: Meistersinger 1943. Autograph Winifred

Abb. 15: Wieland - *Meistersinger* II. Akt, 1943

Abb. 16: Wieland - *Meistersinger* II. Akt, 1956

Abb. 17: Kikeriki, Wien 1882

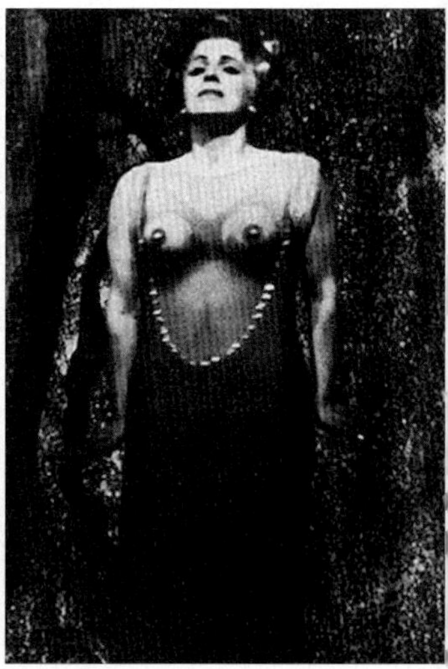

Abb. 18 und 19: Kundrys

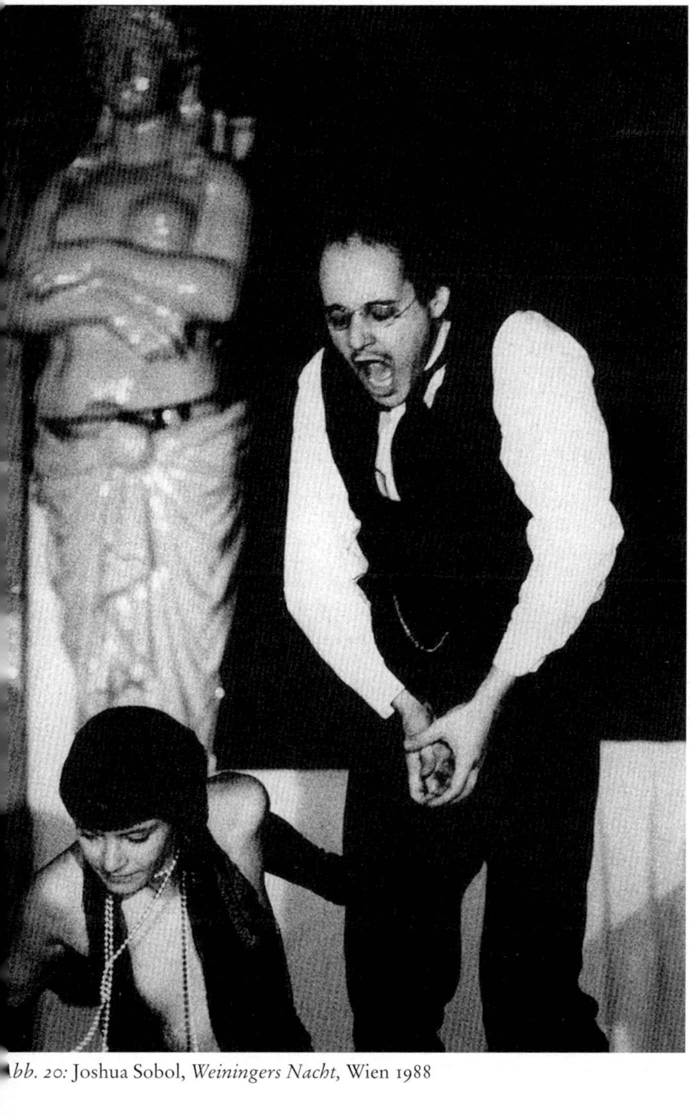

Abb. 20: Joshua Sobol, *Weiningers Nacht*, Wien 1988

Abb. 21: Parsifal: Wieland Wagner, 1951

Abb. 22: Parsifal: Robert Wilson, 1991

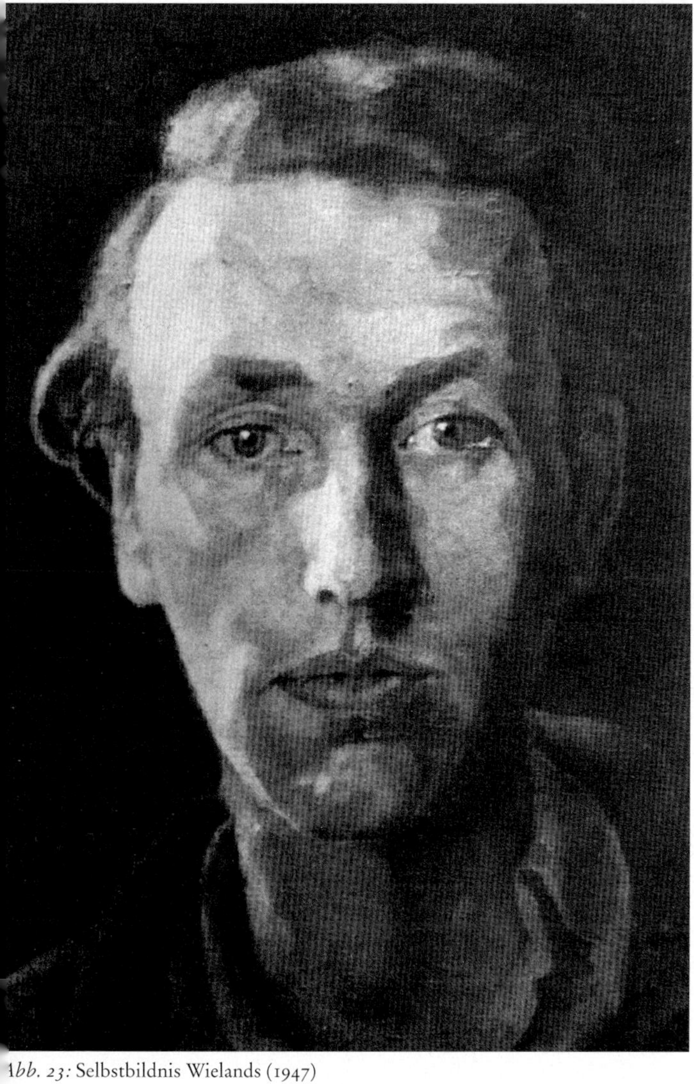

Abb. 23: Selbstbildnis Wielands (1947)

Abb. 24: Wie eine Braut - Winifred

Fortschritts in Gestalt eines kulturellen Rückschritts, und Hunding ist ihr Agent.

Im Wald hat Frickas Kultursystem sich durchgesetzt. Aber im Bereich der Hofintrige, in der Welt der Gibichungen, wirkt es veraltet und plump. Man redet von Ehre und Treue, in Wirklichkeit aber werden zwei Ehen durch Betrug geschlossen: Siegfried und Gutrune, Gunther und Brünnhild. Hier herrscht Ehepolitik. Es gibt keine Liebesgeschichten mehr, geschweige denn Inzestfälle. Identische Namenssilben allerdings verbinden wieder zwei Geschwister, und Gunther und Gutrune gleichen einander in ihrer dekadenten Schwäche, in ihrer Abhängigkeit vom Halbbruder Hagen, der sie kontrolliert und manipuliert. »In schweigendes Sinnen« verloren sind sie, als Hagen sie beschimpft, daß sie sich nicht längst verheiratet haben – welch ein hochkulturelles Negativbild zu den guten Wilden Siegmund und Sieglinde! Im Gibichungenhof haben wir das Sinnbild einer in der Naturbeherrschung fortgeschrittenen Kultur. Im Nibelungenlied, der Quelle, ist man dort schon fromm, geht in den Dom. Es ist freilich eine Kultur, die mit ihren Triebverdrängungen aller Art, mit ihren Ränkespielen und Machtansprüchen nicht mehr fertig wird. Die Rückfälle ins Barbarische sind ihr schon einprogrammiert: Im Mord an Siegfried als einem Stück fremd gewordener naiver Natur macht sie sich Luft.

Das Unbehagen in der Kultur, von dem Freud im 20. Jahrhundert spricht, ist bei Wagner vorformuliert. Während Freud – immerhin auch ein Skeptiker des Fortschritts – dennoch Anwalt kultureller Repressionen gegen die »Natur«-Kräfte des Menschen bleibt, sucht Wagner als Romantiker und als alter Achtundvierziger, der er seit der Konzeption Siegfrieds bis zum unentschiedenen Schluß der Tetralogie geblieben ist, nach anderen Entwürfen. Wo wäre der ersehnte Zustand zu finden, der weder Naturverfallenheit noch deren Vergewaltigung, pervertierte Kultur wäre? Aus Wagners Schriften wissen wir, daß er dafür den seltsam entzeitlichten Terminus des »Reinmenschlichen« geprägt hat. Er meinte damit die Verwirklichung menschlicher Qualitäten, die rein und frei von den negativen Kriterien sowohl des rohen Natur- wie des denaturierten Kulturzustandes sind. Man kann sagen, daß er diesen fiktiven, utopischen Ort dort erkennt, wo die Natur aufgehört hat zu sein, ohne daß die Kultur ihre Zerstörungsarbeit schon begonnen hätte; an einem Schnittpunkt, einem Augenblick des Übergangs, wo das Mythisch-Naturhafte nicht mehr ist und das Zivilisatorische noch nicht, wo eine Substanz »rein« hervorleuchtet.

An einzelnen Figurationen, Konstellationen im *Ring*, wo ein Überschwang an Metaphern von Licht und Leuchten, Strahlen und Lachen sich kundtut – in der Musik noch deutlicher als im Wort –, sind diese Momente gestaltet. Es sind Momente, in denen die einzelnen Paare die wenigen erfüllten Augenblicke feiern, die ihnen der Fortgang der Tragödie läßt. »Was ich bin, / hell wie der Tag / taucht es mir auf« benennt Sieglinde ihr Liebeserwachen zu Siegmund als Selbsterwachen. Mondlicht, immerhin Licht, fällt zugleich mit der Liebe in Hundings düstere Hütte. »O laß in Nähe / zu dir mich neigen, / daß hell ich schaue / den hehren Schein, / der dir aus Aug / und Antlitz bricht.« Und Siegmund: »Im Lenzesmond / leuchtest du hell; / hehr umwebt dich / das Wellenhaar.« Das Auge als Ort des Lichteinfalls in Körper und Seele spielt dabei eine große Rolle. Am Blick erkennt Sieglinde ihren Vater im Wanderer. Über den gleichen »gleißenden Wurm«, der den Geschwistern aus den Augen »glänzt«, erfaßt Hunding die Zusammenhänge. Später verteidigt Brünnhilde den korrumpierten Siegfried: Vor dem Blick seines »blitzenden Auges – / das selbst durch die Lügengestalt / leuchtend strahlte zu mir –«, möge ein Hagen sich verstecken. »Du lachende Lust meines Auges«, nennt Wotan seine Tochter Brünnhilde. Und zum Abschied küßt er »der

Augen strahlendes Paar«. Dem »glücklichern Manne / glänze sein Stern« – für ihn, Wotan, muß es sich schließen im dritten *Walküre*-Akt. Als Siegfried zur Braut eilt, ist ihm das Feuer nicht Gefahr, sondern Vorbote der Liebe: »Ha! Wonnige Glut! / Leuchtender Glanz! / Strahlend nun offen / steht mir die Straße«. Als er, auf sonniger Höhe, Brünnhildes Panzer löst, wirkt die ganze Natur mit: »Schimmernde Wolken / säumen in Wellen / den hellen Himmels-See; / leuchtender Sonne / lachendes Bild / strahlt durch das Wogengewölk!« Analog zum elterlichen Liebespaar bedeutet Lieberwachen Selbsterwachen, wer liebt, ist mit sich selbst identisch. »Daß ich selbst erwache, / muß die Maid ich erwecken«, sagt Siegfried. »Erwachen durft' ich nur dir!« gibt Brünnhilde ihm zurück, dem »Wecker des Lebens«, dem »siegenden Licht«. Über einen wahren Schlagabtausch von Leuchtvokabeln eilt die Liebesszene ihrem Höhepunkt und Ende zu. Er: »Deines Auges Leuchten / seh ich licht [...] Sangst du mir nicht, / dein Wissen sei / das Leuchten der Liebe zu mir?« Und er beschwört sie: »Tauch aus dem Dunkel und sieh: / sonnenhell leuchtet der Tag.« Sie gibt nach, überwindet ihre Angst: »Mir strahlt zur Stunde / Siegfrieds Stern«, so ihr Bekenntnis zum erfüllten Augenblick. Siegfried antwortet: »Heil dem Licht, / das der Nacht entaucht! / Heil der Welt [...] sie lacht mir entgegen: / prangend strahlt / mir Brünnhildes Stern!« Von »leuchtender Liebe«, »lachendem Tod« singen beide.

Drei einander liebende Paare also, in denen die Substanz des »Reinmenschlichen« aufleuchtet: Siegmund und Sieglinde, Wotan und Brünnhilde, Brünnhilde und Siegfried. Betrachtet man diese Liebespaare aber von außen, ihre Situierung im dramatischen Verlauf, so fällt die Labilität ihres Zustands auf. Obwohl sie es so empfinden mögen, sind die Paare nicht jenseits von allem und allein ihrer Subjektivität anheimgegeben. Sie haben eine symbolische Funktion zu erfüllen: Repräsentanten eines Übergangs zu sein. Deshalb verbinden sich in ihnen regressive Tendenzen mit progressiven, sie stellen sich uns durchmischt von Ambivalenzen dar.

Siegmund und Sieglinde bekennen sich zur autonomen, menschlichen Liebe, zur Absage an ein Determiniertsein durch die väterlich-göttliche Autorität. Darin sind sie junge Generation, Fortschritt, Emanzipation. Sieglinde freilich bezahlt dafür. Sie reflektiert, ihr ist ins Bewußtsein gedrungen, daß sie ein Menschheits-, ein Universaltabu überschritten hat, sie wird post coitum von Schuldgefühlen überschwemmt. Er dagegen nicht. Darin ist Siegmund schon ganz Präfiguration seines Sohnes. Vom Kulturstandpunkt aus repräsentiert das Geschwisterpaar aber ein Stadium des Rückfalls in die atavistisch-regellose Eigengesetzlichkeit der Natur. Wotans Tochterliebe ist patriarchalische Besitzliebe, also Regression auf eine quasi-mythische Gewalt. Er will jedoch den Übergang auf die nächsthöhere, bessere Stufe, will von der Liebe nicht lassen, nur kann er diesen Übergang nicht mehr selbst vollziehen. Dies tut die Tochter – es ist wie im Staffettenlauf. Sie wandelt, was er als väterliche Strafe und Haftung gedacht hat, in einen emanzipatorischen Akt um. Indem sie ihre Angst vor dem Menschsein und der Liebe überwindet und ihre eigene Geschichtlichkeit, also den Tod akzeptiert, statt der ewigen Natur, die sie einst besessen hatte, nachzutrauern, vollzieht sie den Übergang von der mythisch-göttlichen Vorzeitstufe in die helle Welt menschlicher Kultur. Und mehr noch. Sie wird Agentin des Untergangs jener alten Welt. Indem sie die Vaterwelt in Brand steckt, zahlt sie Wotan mit dem gleichen Mittel heim, mit dem er sie einst in töchterlich-infantiler Abhängigkeit gehalten hatte, dem Feuer.

Siegfrieds Fall dagegen ist schwieriger. Lange, allzu lange verbleibt er im Natur-Stadium, in einem kindlich-knabenhaften Zustand, bleibt Waldmensch und Schlagetot. In die Welt der Politik versetzt, versteht er nicht, was vorgeht; er verstand schon nicht, welche »Lehren« ihm Brünnhilde mitgeben wollte. Erst im Sterben, in letzter Minute, macht er einen Entwicklungssprung durch. Er erkennt und versteht, was ihm widerfahren ist, begreift es als Schicksal. Mit dem Umschlagen seines Bewußtseins ist er rehabilitiert. Als Gefallener und Toter ist er wieder der Held, den Wagner – musikalisch – brauchte.

Liebespaare, Augenblicke des »Reinmenschlichen«, Übergangsfiguren. Erinnern wir uns an die Überlegungen von Claude Lévi-Strauss zum Inzesttabu als jenem Punkt, an welchem Natur in Kultur übergeht, zum Inzesttabu, welches das Band zwischen den beiden Bereichen bildet. Da sieht es bei Wagner merkwürdig anders aus. Es sind gerade und ausschließlich inzestuöse Liebespaare, die diesen symbolischen Ort besetzen. Real-inzestuös sind Siegmund und Sieglinde, »psychischen Inzest« – um eine Formulierung Robert Doningtons aufzugreifen – betreiben Wotan und Brünnhilde, Brünnhilde und Siegfried.

Was kann das heißen? Heißt das, der Inzest bei Wagner ließe sich als die wahre Liebe definieren? Oder als eine Idee der wahren Liebe enttarnen, näher an Robert Musils Utopie als an Thomas Manns Geschwister-Caprice? Ein Modell für die Ehe, die nicht in Diskrepanz zur Liebe stünde, liefert Wagner nicht. Und wenn seine mythischen Vorlagen sie auch nicht lieferten, so ist das kein Argument: Wagner hat überall dazuerfunden, was und wie er's brauchte. Wäre nun, was nicht sein darf, der Inzest das Modell der wahren Liebe, so ist dennoch nicht zu übersehen, daß die inzestuös aneinander gebundenen Paare allesamt scheitern. Wenn sie scheitern müssen, dann doch eben wegen ihrer Verletzung des mächtig wirkenden Universaltabus? Zumindest kann man das Wirken des Tabus in seiner gradweisen Intensivierung vom Geschwisterinzest zum Elternkomplex in der Anordnung der Paare genau beobachten. An den zunehmenden

Verschleierungstechniken, die Wagner anwendet, kann man die steigende Notwendigkeit der Verdrängung mitvollziehen.

Bruder und Schwester: gleiche Schönheit, gleiche Wildheit, gleiches Elend. Das wirkte sogar für ein wilhelminisch-prüdes Publikum nicht schockierend. Im Gegenteil: Das Identischsein der beiden, in den gleichen Namenssilben hervorgehoben, mildert das Tabu, unterläuft es fast, erheischt und erhält sympathetisches Mitfühlen. Auch die inzestuöse Bindung von Vater und Tochter, Wotan und Brünnhilde spielt mit schützenden Vorgaben. Eigentlich sind sie ja ein und dieselbe Person, philosophisch eingekleidet in die Einheit von männlichem »Willen« und weiblichem »Wunsch«. Die Rührseligkeit der Abschiedsszene überdeckt außerdem den wahren Sachverhalt: Erst in der Eifersucht, die Wotan ergreift, wenn man seine ihm hörige Tochter – er spricht von beider »seligem Bund« – sich in einen jungen Mann verliebt, kommt der »psychische Inzest« deutlich zutage. Schon bei Siegmund knurrt er: »da labte süß/dich selige Lust [...] Du folgtest selig / der Liebe Macht«, und dafür folgt die Strafe auf dem Fuß. Als der nächste Bräutigam dann kommt, Siegfried, stellt Wotan sich ihm mit der vollen Wucht seiner Eifersucht entgegen. Er will sich nicht zu Impotenz und Tod verurteilen lassen, das Feuer hat er wie einen glühenden Keuschheitsgürtel um seinen Besitz gelegt. Der junge Ödipus jedoch erschlägt den Alten – das Bild des Großvaters ersetzt in den Mythen häufig das anstößigere Bild des Vaters, und außerdem »ist« Siegfried ein wiedergeborener Siegmund, indem er dessen Schicksalsfaden aufnimmt. Er rächt sich, um eine Generation verschoben, an jenem Vater, der seinen Vater ermorden ließ, und besteht auf einer Liebe nach dem eigenen Gesetz. Symbolisch für Wotans Tod ist das Zerbrechen des Speeres und die Regieanweisung: »Er verschwindet in plötzlicher Finsternis.«

Siegfried als Ödipus zu bezeichnen hat einen genauen

Sinn: nicht nur, weil er gleich unwissend gewesen ist wie der Held des sophokleischen Dramas, das Wagner sehr genau studiert hat, nicht nur, weil Siegfried seinen Vater Wotan metaphorisch, seinen Pflegevater Mime wirklich umbringt. Das Paar Siegfried-Brünnhilde, das dritte und zentrale Liebespaar, reicht in seiner Konstellation in ödipale Tiefen, erfüllt alle Voraussetzungen der am stärksten verdrängten Wunschphantasie des infantilen Seelenlebens. Deshalb ist es das am meisten getarnte: Die Verwandtschaftsgrade von Brünnhilde als seiner Tante und Siegfried als ihrem Neffen haben sich fabelhaft ins Akzeptable verschoben, sie hat zwanzig Jahre geschlafen und erwacht als fast Gleichaltrige mit dem jungen Helden, so daß die Liebesbeziehung normal und natürlich erscheint. Der wahre, der archaische Typus des Inzests von Mutter und Sohn erschreckt selbst – unbewußt – den hemmungslosen Wagner. Am liebsten hätte er seinen Siegfried in der Waldeinsamkeit »unter der Linde gelassen«, sagte er. Aber etwas ist stärker. »Mit dunkeln, erhabenen Schauern« sei er nach zwölfjähriger Unterbrechung wieder an die Arbeit, an den dritten *Siegfried*-Akt gegangen, heißt es 1869 in einem Brief an König Ludwig. Eigentlich hatte Wagner sich überhaupt vor der Szene drücken wollen. Sein Freund aber, der Karlsruher Kapellmeister Eduard Devrient, hatte ihm klargemacht, daß es dramaturgisch nicht angehe, sofort das zerstrittene Paar Brünnhild-Siegfried, wie Wagner es mit »Siegfrieds Tod« geplant hatte, zu zeigen; eine Liebesszene vorher müsse schon sein.

War Sigmund Freud selber am *Ring*, an Wagner, einer wahren Fundgrube also, vorbeigegangen, so haben doch seine mythen-, märchen- und sageninteressierten Schüler Otto Rank und Georg Groddeck den Dritten Akt *Siegfried* leicht entschlüsseln können. Brünnhilde »ist« Siegfrieds Mutter. Brünnhilde wußte, daß Sieglinde schwanger war, sie gab dem Kind den Namen, und liebte sie nicht schon Siegmund? Sieglinde bestätigt ihr in weiblicher Solidarität: »Für ihn, den wir liebten, / rett' ich das Liebste«: Derselbe Mann, dasselbe Kind, die Figuren Brünnhilde und Sieglinde rinnen ineinander. Kein Wunder, daß Siegfried die beiden erst recht nicht auseinanderhalten kann. »Dich Zarten nährt ich, / noch eh du gezeugt, / noch eh du geboren, / barg dich mein Schild«, so geheimnisvoll raunend stellt Brünnhilde sich ihm als seine mythische, vorzeitliche Mutter vor. Damit leistet sie dem Mißverständnis, in dem er schwimmt, Vorschub. Sie bleibt eine Unterscheidung, eine Aufklärung über seine Herkunft schuldig. Ihre Unklarheit hat einen Zweck, sie fördert – um das inzestuöse Glück anzusteuern – das Wechselspiel zwischen der Imago der Mutter und der geliebten Frau. Brünnhilde arbeitet ähnlich wie Kundry, es funktioniert nur besser. Siegfried wehrt sich nicht, er ist kein Parsifal. Den konnten Kundrys Racheschwüre nicht treffen, Siegfried aber treffen die Racheschwüre der »Mutter«. In die Welt entlassen muß Brünnhilde den »Sohn«, das gehört zu den familiären Konventionen. Im Moment aber, wo er sich innerlich von ihr löst und eine Ehefrau nimmt, ist die Katastrophe da. »Gutrune heißt der Zauber, / der den Gatten mir entzückt«, behauptet die eifersüchtige Brünnhilde; blind vor Eifersucht und Gekränktsein, will sie seinen Tod als »Sühne für sich und euch«. Weil sie solchermaßen die archetypisch-archaischen Verhältnisse wieder herstellen will, wird sie plötzlich rückfällig – ruft Wotan an, den sie nicht lange zuvor noch jubelnd zum alten Eisen geworfen hatte.

In der tiefenpsychologisch gesehenen Konstellation der Personen und ihrer Entwicklungsstadien wirkt Brünnhilde retardierend auf den Reifungsprozeß des jungen Mannes ein. Sie will ihn in der infantilen Ur-Konstellation der ödipalen Liebeserfüllung festhalten oder ihn für sich zurückerobern. Mit dem Auftauchen der Wotanstochter am Gibichungenhof gerät Siegfried in eine Situation zwischen Mutter und Ehefrau, in eine psychische Klemme, eine tödliche Falle. Er muß sich zwischen beiden entscheiden. Das kann nicht ohne Grausamkeit abgehen. Entweder eine der beiden Frauen wird das Opfer oder er selbst. Sein Tod ist, so gesehen, wirklich ein Sühneopfer: aber für Brünnhilde, und nicht nur, wie diese meinte, »für sich und euch«. Seine schuldige Schuldlosigkeit besteht darin, daß er der magna mater, der phantastischen Mutter, der »phantasmère« nicht entgehen konnte; auch seine Frau Gutrune fürchtet die Macht Brünnhildes. Sie weiß ja, daß sie nur geliebt werden kann, solange der Vergessenstrank wirkt, solange das Unbewußte schweigt, wenn er seine Mutter vergißt. Mit der Aufhebung des Vergessens, Verdrängens, mit der Erinnerung aber kommt auch die Erkenntnis beim sterbenden Siegfried. Mit der Erkenntnis kommt auch die Entscheidung: daß die »heilige Braut« eben doch die Frühgeliebte, Erstgeliebte, die Mutter ist.

Diese wiederum büßt für das Festhalten an der inzestuösen Liebe zum Sohn, für ihrer beider lustvolle Regression in vorzeitlich-naturhafte Zonen, wo die Wünsche noch frei umherschweiften, von keiner Regel gebunden. Als Verweigerung der notwendig gewordenen Kulturforderung aber sind diese Wünsche kriminell geworden. Und vielleicht läßt sich die Dialektik ihrer Worte im Schlußgesang: »Mich mußte / der Reinste verraten, / daß wissend würde ein Weib« einmal dahingehend verstehen, daß sie verstanden hat, warum er von ihr loszukommen versuchen mußte – um seiner eigenen Emanzipation willen. Aber sie sagt: »wissend« – und das Wissen gehörte immer der mythisch-erdahaften Sphäre an. Sie hat verstanden, daß sie zum Sühnetod dazugehört. Und den feiert sie als Rückkehr in die seelisch wie geschichtlich atavistische Einheit des Inzestglücks. Grane, das Roß aus alter Zeit, mythologisches Inventar und Natur-Zeichen, muß mit hinein in die Elementarmacht des Feuers, in dem sich Brautbett und Todesbett, Inzestfeier und Sühne für die Lust am Inzest vereinen.

Warum sonst, könnte man sich fragen, gibt es zwar viele

Fassungen des *Ring*-Schlusses, aber keine, die Brünnhilde den ratlos Herumstehenden als Botschafterin neuer Humanität zeigt? Warum ist sie, die einzige, die dazu das Zeug gehabt hätte, nicht zum Vorbild und zur Leitfigur geworden, zum Inbegriff einer neuen Ordnung? »Das Inzest-Verbot«, schreibt Lévi-Strauss, »ist das Verfahren, mit dem die Natur sich selbst überwindet [...], es ist der Funke, der neue und komplexere Strukturen entstehen läßt [...], es zeitigt und ist selbst die Heraufkunft einer neuen Ordnung.« Brünnhilde hat das Verbot nicht eingehalten, konnte es nicht, durfte es nicht: Wagner hatte seine guten, musikalisch effektvollen, vor allem aber lustvoll inzestuösen Gründe, dies nicht zuzulassen.

Schluß der Vorstellung. »Vorstellung« im doppelten Sinn des Wortes: der realen Theatervorstellung, die uns einen weltgeschichtlichen Wandlungsprozeß vorführt, und der mitlaufenden seelischen Vorstellungsreihen des Komponisten, der sein Publikum durch einige Tabuzonen des Bewußtseins und durch einige kathartische Straf- und Trauerprozesse mitreißt, mitschleift. Erschöpft, strapaziert, betäubt verläßt man den Schauplatz. Wenn es wahr ist, daß mythische Gebilde analoge Strukturen zu unseren frühkindlichen Phantasien aufweisen – wie sollte man dem durch die Überlagerung dieser Strukturen enorm verstärkten Appell ans eigene Unbewußte entkommen? Alles kann man haben im Leben, nur den Inzest nicht, alles kann man sein in der sozialen Welt, nur kein furchtlos-freier Naturheld. Wohl aber in Sagen, Phantasie und Kunst. Doch auch nicht in der Sage, Phantasie oder Kunst entgeht ein Kulturmensch der Zensur: Auf der Ebene des Wortes, des Handlungsverlaufs selbst, des *Rings* als Drama haben wir die kulturbedingte, die »progressive« Verurteilung jener Dinge, die gleichzeitig von der Musik heftig bejaht und gefeiert werden.

Dreimal glühend mache die Musik die Handlung, meinte

Ernst Bloch, sie setze sie überhaupt erst. Wie schwer hat es da die »Kultur«, sich gegen die »Natur« durchzusetzen, das Tabu gegen die älteren und zäheren Wünsche. Wir haben im *Ring* eine sich über die Musik erfüllende Wunschphantasie, eine groß ausgesponnene, durch viele Einkleidungen und Umformungen und Mythenklitterungen hindurchgeführte Inzestphantasie, eine in der Musik, über die Musik und durch die Musik ausgelebte Inzestphantasie ihres Schöpfers. »Die Kunst fängt genau da an, wo das Leben aufhört«, schrieb Wagner an Liszt, »wo nichts mehr gegenwärtig ist, da rufen wir in der Kunst: ich wünschte!« Kunst erfüllt sich aber eben erst über die Form und in der Form. Indem Wagner über die Form Herr seiner Wünsche bleibt, indem er zu den Delikten Schuldgefühl und Strafe gleich mitliefert, können wir Kulturbürger nach erfolgter inzestuöser Mittäterschaft beruhigt nach Hause gehen – fast beruhigt.

DER »SELIGE BUND«: WOTAN UND BRÜNNHILDE

Aus einem Felsengebirge stürzt ein gepanzertes junges Mädchen herein, jubelnd, kriegerisch, kindisch – Brünnhilde. Für ihre überschäumende Lebenslust sind wilde Hoch-Tief-Silbensprünge gerade der richtige Ausdruck: »Heiaha! Hojothoho!«. Jäh und steil und gezackt wie das Gebirge ringsum ist ihr Gesang. In ihm widerhallt die Natur, die die Walküre umgibt und die ihre Heimat ist. Ein wenig früher, im *Rheingold*, hatten die weichen und wellenförmigen Urlaute der Rheintöchter einem ähnlichen Einklang mit der Natur Ausdruck gegeben. Brünnhilde ist, wie die Wesen der Tiefe, ungestört in ihrem Sein, obwohl dies weder das einer Frau ist, trotz ihres Geschlechts, noch das eines Mannes, trotz ihrer Aufgabe, sich in Schlachten herumzutreiben. Brünnhilde ist eins mit sich, weil sie mit ihrer Aufgabe eins ist. Und die Aufgabe, in der sie aufgeht, ist von Wotan gegeben, ihrem Vater.

Daß es eine häßliche und blutrünstige Aufgabe ist, Helden in den Tod zu locken, damit sie in Walhall »leben«, fällt ihr nicht auf. Durch Vaterbefehl ist deren Richtigkeit garantiert. Außerdem liebt sie ihren Vater. Und sie ist seine Lieblingstochter, vor allen anderen »schlimmen Mädchen«, die er unehelich gezeugt hat. Von ihrem »seligen Bund« spricht er gern. Eigentlich ist sie auch Wotans Lieblings*frau.* Denn Lieblingsfrau des Mannes ist die, die seine Göttlichkeit nicht stört, sondern bestätigt. Brünnhilde macht keine Schwierigkeiten wie Fricka, die Ehefrau, die immer nörgelt, wie Freia, die sich nicht einfach verkaufen lassen will, wie Erda, die fortwährend nur Warnungen ausstößt und dann versinkt. Brünnhilde reitet mit ihm durch Sturm und Wetter, reicht ihm sein Bier beim Essen, läßt sich küssen zu jeder Stund. Ihre kindliche Weiblichkeit bezaubert, ohne zu befremden, ihre knabenhafte Männlichkeit birgt keine ödipalen Drohungen. Vaterstolz schwellt Wotans Brust, als er sie zum Kampf ruft, um Siegmund gegen Hunding zu helfen. Sie folgt begeistert, nicht ohne Wotan – wie Verliebte es tun – mit einigen Neckereien zu bedenken, als sie die wütend heranrauschende Fricka wahrnimmt.

Die erste Szene des Zweiten Aktes der *Walküre* hat Harmonie und Schwung, weil Autorität und Gehorsam einander entsprechen. Es ist das Glück der Tochter, so zu sein, wie der Vater sie wünscht, und das Glück des Vaters ist die lustige Komplizin, Fleisch von seinem Fleische, sein verlängerter Arm, sein »Tochterkörpergebiet« (Klaus Theweleit). Die nächste Begegnung der beiden zeigt uns dieselbe Innigkeit, nur in meditativ-depressiver Variante. Regieanweisung: »Sie legt traulich und ängstlich Haupt und Hände ihm auf Knie und Schoß. Wotan blickt ihr lange in das Auge; dann streichelt er ihr mit unwillkürlicher Zärtlichkeit die Locken. Wie aus tiefem Sinnen zu sich kommend, beginnt er endlich.« Er erzählt ihr sein Leben. Er hält ein Selbstgespräch zu zweit mit ihr: »Mit mir nur rat ich, / red ich mit dir«. Die Intimität ist nicht zu übertreffen. Seine »Wunschmaid« nennt er sie an anderer Stelle. Die Formulierung verrät, wie sehr die Tochter Inkarnation seiner Wunschphantasien ist: als ob sein Unbewußtes in ihr Gestalt angenommen hätte. Sollte Brünnhilde außerhalb der väterlichen Projektionen noch gar nicht existieren? Von Mitleid geschüttelt, als sie von den Zwängen hört, denen er unterliegt und die das Ende seiner Herrschaft bedeuten werden, hört man sie erschrocken fragen: »O sag!, künde, / was soll nun dein Kind?«

Selbst wenn wir nicht mitten im *Ring* wären, dem die düsteren Schatten des Nibelungenepos eingeschrieben sind und Wagners notorische Katastrophen-Dramaturgie – wir wüßten schon, daß eine solch ideale Liebe nicht lange gutgehen kann. Über die Problematik infantil narzißtischer Symbiosen im Familienschoß sind wir hinreichend unterrichtet, seit die Aufklärung nach der Mündigkeit des Individuums verlangte und die Psychoanalyse mit dem Reifeziel Individuation nichts anderes anstrebte. Denken wir an das Wort von Thomas Mann, der für seine Lieblingstochter Erika, seine Sekretärin, Biographin und Nachlaßhüterin, den Begriff der »Tochter-Adjutantin« prägte, denken wir an Anna Freud, die Stütze und »Antigone« ihres wissenschaftlichen Vaters. Auch Brünnhilde gehört offenbar zum Typus der Tochter-Adjutantin. In diesem Begriff spiegelt sich die männliche Identifikation der Tochter mit dem überlegenen Vater, und der militärische Beigeschmack des Wortes trügt nicht: Gehorsam kennzeichnet diese Beziehung. Auch die Gefahren einer solchen Symbiose mit Papa sind in diesem Wort enthalten. Tochter-Adjutantinnen haben meist auf ein selbstbestimmtes Leben, auf »Mündigkeit« zu verzichten, bleiben kinderlos und verlöschen und vertrocknen in Ergebenheit. Die Bilder eines »versäumten Lebens« umgeben vor allem die Frauen der patriarchalen bürgerlichen Gesellschaft; Ibsen und Schnitzler haben sie geschildert und uns in ihnen einen Frauentypus überliefert, der sich seither nur besser verstecken gelernt hat. Existenzfrage der Tochter-Adjutantinnen ist die Lösung vom Vater. Ohne Konflikte, Kämpfe, Schmerzen und womöglich Rückfälle wird es nicht abgehen.

Im allgemeinen gilt für solche Konstellationen die psychologische Faustregel: das Mädel möge sich in einen Jüngeren, Stärkeren verlieben, in einen, der ganz anders ist als der Vater, in einen Fremden möglichst, der die Verlockung zu inzestuöser Wiederholungstäterschaft gar nicht erst bietet. Siegfried, jung, unbekümmert, ein Tatmensch, ist ganz anders als der alte Wotan, der Zweifler und Skeptiker. Und jubelt nicht Brünnhilde, ihrer mythisch-wotanischen Fesseln ledig, am Ende des dritten *Siegfried*-Aktes, diesem jungen Mann zu, fegt sie nicht mit großer Geste die gesamte Väterwelt zugunsten der Geschlechtsliebe vom Tisch? »Fahr hin, Walhalls / leuchtende Welt! / Zerfall in Staub /

deine stolze Burg! / Leb wohl, prangende / Götterpracht! [...] Mir strahlt zur Stunde/Siegfrieds Stern!« Am Beispiel der Geschichte der Brünnhilde, die den Kennern der Wagnerschen Tetralogie als »selbständige, ich-starke, wirklich liebende und erlösende Frau« gilt (Dieter Schnebel), scheint sich eine gelungene Übertragung der glücklichen Liebe zum Vater auf einen Geliebten zu vollziehen. Brünnhildes Geschichte könnte eine klassische Emanzipationsgeschichte sein. Doch langsam, der *Ring* hat sich noch nicht geschlossen, der *Ring* ist keine Trilogie, die mit dem *Siegfried* endete, das Ende kommt noch, und es wird sich manches anders darstellen.

Alle dramatischen Konflikte seit Sophokles seien Autoritätskonflikte, hat die Literaturwissenschaft herausgefunden. Autoritätskonflikte implizieren Kampfhandlungen, bis die Entscheidung fällt und das alte Ordnungssystem – meist über Stadien einer autoritätslosen, anarchistischen, krisenhaften Zeit – entweder gefestigt hervorgeht oder ein neues sich etabliert hat. Solche großen geschichtlich-gesellschaftlichen Prozesse ließen sich über die elementaren Beziehungen der Generationen zueinander, über die Vater-Kind-Beziehungen dramatisch am eindringlichsten darstellen (Peter Horst Neumann). Der Vatermord des Ödipus ist das Grundmuster aller dramatischen Auseinandersetzungen zwischen Vater und Sohn. Für die Konflikte zwischen Vater und Tochter gibt es keine so schlagkräftigen Beispiele, denn durch die gegengeschlechtliche Anziehung, durch die Tendenz der Töchter, sich in Helferinnen und Mitleidsengel zu verwandeln, wenn der alte Herr Schwäche zeigt, ist die Sache viel komplizierter. Wie rührend stützt und begleitet die antike Antigone den selbstgeblendeten Vater in die Verbannung. Antigone aber trägt ihren Vaterkonflikt dann doch aus: Im Namen des menschlichen Gesetzes der Liebe opponiert sie gegen die unmenschliche, die patriarchalisch-staatliche Autorität des Onkels Kreon und begräbt den toten Bruder. Daß sie sich damit die Todesstrafe einhandelt, bestätigt ihr Tun und bringt schließlich das Staatsgesetz zu Fall. Wagner liebte und pries die Figur dieser Antigone (»Oper und Drama«); Brünnhilde ist eine späte, ins Neurotische überzeichnete Verwandte Antigones.

Auslösendes Moment der ersten emanzipatorischen Regung Brünnhildes ist ebenfalls ein Liebesmoment in Zusammenhang mit einem (Halb-)Bruder. Sie sieht die kompromißlose, von keinerlei »Wonnen Walhalls« beirrbare Liebe Siegmunds zu Sieglinde, und der Funke springt über, das »kalte und harte« Walkürenherz ist erweicht. Sie verweigert sich dem väterlichen Tötungsbefehl, wechselt die Fronten, wird Siegmund zu schützen versuchen und sich damit in eine erste Opposition zum Vater setzen. Szenisch sehr rührend wird das von Wagner klargemacht: Rechts, hoch im Bühnenraum schwebt Brünnhilde über Siegmund im Lichtglanz, ihn mit dem Schild deckend; links, über Hunding, bricht Wotan in rötlichem Schein durch dunkles Gewölk. Vater und Tochter stehen einander wie zwei Geistererscheinungen gegenüber, die Opposition ist sichtbar, ihre Komplizenschaft, ihre Komplementarität erscheint auch optisch entzweigerrissen. Ein Ende der erotisch getönten, der falschen Liebessymbiose kündigt sich an.

Voraussetzung für dieses Ende ist eine Krise der väterlichen Autorität selbst. An einer mit sich zerfallenen, widersprüchlich gewordenen Herrschaftsfigur kann man sich einhaken, abstoßen. Wotans gesellschaftliche Position ist bereits angeschlagen, der Ring gehört nicht mehr ihm, er muß um sein Ende fürchten, er darf nicht mehr handeln, wie er möchte und muß die bestrafen, die es für ihn tun. Ohnmächtig und in die Defensive geraten, wird die Selbstbehauptung der Macht aber um so gewalttätigere Züge annehmen. Auf der privaten, emotionalen Ebene bedeutet das, daß die beiden Funktionen von Väterlichkeit, die eine gute Autorität ausmachen – die des gerecht Strafenden und die des gütig Sorgenden –, nicht mehr miteinander verschmolzen sind, sondern auseinandertreten und gegeneinander. Das Bild des Vaters wird ein Janusgesicht, das sich willkürlich drehen kann, um das strafende zu zeigen oder das liebende. Geradezu ein Schulbeispiel einer solchen Dissoziation der Autorität bietet Wotan. Sobald die Gegenrede Brünnhildes sich hervorwagt: »Den du zu lieben / stets mich gelehrt [...], gegen ihn zwingt mich nimmer / dein zwiespältig Wort«, da explodiert er: »Ha, Freche du! Frevelst du mir? [...] Kennst Du, Kind, meinen Zorn?« Sein Schwanken zwischen autoritärer Straflust und väterlicher Gefühlsseligkeit bietet die Chance für sie, den Ausstieg aus ihrer Adjutantenrolle vorzubereiten und sich ein eigenes Liebesschicksal zu schaffen. Doch zuvor muß die ganze Klaviatur der Abhängigkeiten des Vaters von der Tochter und der Tochter vom Vater durchgespielt werden.

Unwetter beherrscht die Zeit des Ungehorsams und die Zeit der Strafe am Ende des Zweiten und zu Beginn des Dritten Aktes der *Walküre*. Blitz, Donner, Sturm und jagende Wolken sind Ausdruck der Wut des Herrschenden über die Befehlsverweigerung. Angst regiert die Walkürentöchter, Angst hat Brünnhilde vor der Strafe, vor »Wotans Rache«. Wir sind mitten in der Kinderstube, erleben das Ausgeliefertsein von Unmündigen an väterliche Gewalt auf musikalische, also elementare Weise. Vielleicht macht das die Beliebtheit dieses Aktes aus: das alte Ohnmachtsgefühl des Kindes nachzuvollziehen, um dann in einen psychischen Handlungsprozeß eingebunden zu werden, der einen allmählichen Führungswechsel vorsieht und uns in das Schauspiel einer Mündigwerdung, einer Emanzipation des Kindes vom Vater integriert? Der Verwandlung von Ohnmacht in Macht? Wagner spielt alle seelischen Hochs und Tiefs eines solchen Prozesses der schwierigen Lösung aus Blutsbanden aus: »Ausgestoßen / aus der Ewigen Stamm; / gebrochen ist unser Bund: / aus meinem Angesicht bist Du verbannt!« schleudert Wotan der Tochter entgegen und kann sich in der Strafverschärfung gar nicht genug tun – in »wehrlosen Schlaf« wird er sie versenken, um sie der Prostitution preiszugeben, der dann ein Hausfrauenleben in Schimpf und Schande folgen mag; Brünnhilde bricht zusammen.

Ein negativer Höhepunkt der Vater-Tochter-Beziehung ist erreicht, dann legt sich der sinnbildliche Sturm und ruhige Abenddämmerung geht in Nacht über. Langsam aufsteigenden Holzbläser-Sequenzen folgend, arbeitet Brünnhilde sich seelisch, geistig und physisch wieder auf die Füße. Wozu war sie schließlich Tochter-Adjutantin gewesen? Zur Schulung in Männlichkeit gehört auch die Fähigkeit zur disputatio, zum Wortgefecht, zum Argumentieren. Es ist fabelhaft, wie sie sich der zwielichtig und zwiespältig gewordenen Vaterautorität gegenüber frei argumentiert, bis diese zusammenbricht und Wotan sein ganzes emotionales und existentielles Elend herausläßt. Als sie ihm auch noch die Idee eingibt, wie er, ohne sein Gesicht zu verlieren, ihre geplante Prostitution in weiblichen Triumph verwandeln könnte – die Feuer-Idee nämlich, die ihr den Besten und Stärksten garantiert und ihm immerhin den Trost, daß sie, wenn schon nicht mehr ihm, so bald auch keinem anderen gehören würde – dann ist die Szene frei für die letzte und größte Liebesszene zwischen Vater und Tochter. »Leb wohl, du kühnes, / herrliches Kind!« Das Weh des Abschieds, das Einsargen der Tochter in Panzer und Schlaf, in ihre symbolische Vorgeburtlichkeit, das »bräutliche Feuer«, der davonschreitende Vatergott, der sich noch einmal aufreckt und sich gegen eine künftige Machtablösung verwahrt: »Wer meines Speeres / Spitze fürchtet, / durchschreite das Feuer nie!« – diese Szene mobilisiert in ihren inzestuös strömenden Untertönen und in ihrer Emphase gegenüber der leidenden Autorität in der Tat den Gefühlshaushalt des Opernpublikums seit über hundert Jahren.

Der dramaturgische Kniff Wagners im *Ring* besteht darin, über innerfamiliäre Konflikte, die jeder kennt und die eine Menge Identifikationsmaterial bieten, immer zugleich die Macht- und Emanzipationskämpfe der größeren Art erlebbar und erkennbar zu machen. Dem aktuell psychologischen wie einem allgemein historischen Prozeß nach ist es stimmig, wenn Wotan nun, nachdem er mit der Tochter das Sinnbild seiner eigenen Liebesfähigkeit in einer Weise lahmgelegt hat, daß es an Selbstverstümmelung grenzt, künftig nur noch als »Wanderer« durch die Welt streift. Im entmachteten Machthaber stellt sich eine autoritätslose Zeit, eine Übergangszeit, dar; Zeit für den Erben, heranzuwachsen. Dieser wächst auch heran, Siegfried ist es, konzipiert als der freie, natürliche Mensch einer Zukunftsgesellschaft. Siegfried orientiert sich jedoch eher an den ältesten Vorbildern. Zertrümmert ödipusartig das letzte Signum der Macht seines (Groß-)Vaters Wotan, den Speer, holt sich die Tochter vom Felsen und bildet mit ihr ein strahlendes Liebespaar. Immerhin, der Aufbruch ins Neue und Bessere könnte beginnen.

Doch beim Übergang in die reale, in die historisch-politische Welt verderben sie beide: Siegfried betrügt und lügt, und Brünnhilde läßt sich aus gekränkter Liebe auf das Mordkomplott Hagens und Gunthers ein. Es sind merkwürdige Rückfälle in archaische Gewohnheiten, wenn sie, als sie sich angesichts der Hofintrige nicht mehr zu helfen weiß, die Götter anruft und ihren Vater, den alten Vertragsbrecher, als »schwurwissenden Eideshort« beschwört. Es sind Rückfälle in ihre frühere, mythisch-töchterliche Identität. Der Schluß der *Götterdämmerung* knüpft da an: musikalisch-dramatisch zeigt er Brünnhilde zwar im Großformat als die große Liebende und Wissende und vom Fluch Erlösende, die den Ring zurückwirft in den Rhein – aber Brünnhilde als die »neue Frau«, die aus korrupten Herrschaftsverhältnissen einen Weg weisen könnte in eine gerechtere Ordnung, zeigt dieser Schluß nicht. Statt nach vorwärts in die positive Utopie, wendet sich Brünnhilde zurück in die Mythe. Auf Grane, dem mythologischen Roß aus der Zeit ihrer Präexistenz als Tochter, Jungfrau und Walküre, springt sie ins Feuer, um dort im Liebestod zu verbrennen. Der ganze schreckliche Sinn dieser Regression, dieser Rücknahme ihrer individuellen Emanzipation, erschließt sich aber erst, wenn man sieht, was dieses grandiose Autodafé im Kern bedeutet: »So werf ich den Brand / in Walhalls prangende Burg!«

Was sie damals, als sie auf ihrem Felsen, von Siegfried wachgeküßt, so heiß wünschte, aber eben nur wünschte – den Untergang der Vaterwelt –, setzt sie jetzt in die Tat um. Nicht Alberich erstürmt und vernichtet die Väterburg, sondern die Tochter entfacht den Feuersturm. Nachdem sie das Ausmaß der Verbrechen begriffen hat, die der Vatergott an ihr wie an seinen anderen Kindern begangen hat, ist sie reif geworden zum eigenhändigen Vollzug einer ungeheuren Rache. Diese Rache läuft bezeichnenderweise ebenfalls über das Feuer, über jenes Element, das Wotan ihr einst um den Felsen gelegt hatte und das nur Siegfried durchlassen würde, den einzigen Mann auf der Welt, der ihre Emanzipation zu verhindern bestimmt war. Er ist doch eben nicht der Fremde, der Andere, der aus inzestuösen Familienbanden, aus dem »seligen Bund« mit dem Vater wirklich hätte erlösen können. Denn mit Siegfried ist sie nah verwandt, von beiden Eltern her ist er ihr Neffe, sie ist Halbschwester seines Vaters und seiner Mutter. Siegfried zu lieben rührt an die grundlegende Schranke, die mit dem Inzesttabu gesetzt ist. Liebt sie ihn dennoch, so gerät sie in jene unbewußt wirksamen Schuldzusammenhänge, die mit der Überschreitung des Inzestverbots gegeben sind. Die familiären Engführungen, die Blutsbindungen der Personen aneinander, die im *Ring* wie besessen geknüpft werden, haben den Sinn, solche Schuldzusammenhänge zu schaffen. Denn diese erfordern Strafen. Und Strafen haben den geheimen Sinn, dem Komponisten

Strafphantasien und Untergangsszenarios zu erlauben, an denen er seine Klangmaterialien in einer Weise entfesseln kann, daß seine Selbsternennung zum musikalischen »Plenipotentiarius des Untergangs« durchaus gerechtfertigt erscheint.

Der Skandal der Geschichte, die im *Ring* erzählt wird, besteht darin, daß ein Vater sein Ende durch seine Kinder verhindern lassen will, daß ein Alter die Jungen mit in den Tod reißt; daß ein Herrscher für seine Mißwirtschaft die Nachkommen bezahlen läßt. Brünnhilde und ihre Schwestern waren als Aufgebot für den väterlichen Sieg gedacht und gezeugt, ganz zu schweigen von der Instrumentalisierung seines Sohnes Siegmund, fortgesetzt im Enkel Siegfried; auch Sieglindes Elend verdankt sich dem väterlichen Machtegoismus. Die Tetralogie spielt auf der politischen wie auf der psychologischen Ebene das Drama mißbrauchter und verlorener Kinder durch, gibt ein Gleichnis für das Fortzeugen von Katastrophen, wenn eine marode Autorität nicht abdanken will oder nicht willens ist, den Herrschaftswechsel für eine andere und gerechtere Welt vorzubereiten.

Ein pessimistisches Ende. Doch das wirkliche Ende des *Rings* ist nicht mehr Handlung, sondern nur noch Klang. Eine Hoffnung (wenn schon nicht »die Erlösung«) klingt darin auf und erinnert vorsichtig nur an eines: daß diese Melodie schon einmal aufgetaucht war, in der *Walküre*, als Sieglindes Lebenswillen wieder erwachte, um ihr ungeborenes Kind zu retten. Im Kind verkörpert sich in allen Kulturen die Idee des Lebens: Es muß ja nicht immer ein Siegfried werden. Die »Melodie der Lebensrettung« oder vielmehr des »rettenden Lebens« ist der wirkliche Schluß der *Götterdämmerung*.

DER ZWEIMAL EINSAME TOD IM *TRISTAN*

Was interessiert uns, im Zeitalter der Beziehungskisten und der Partnerschaften, der liberalisierten, psychoanalysierten und ökonomisierten Liebe jenes aus keltischen Sagen stammende mittelalterliche Liebes- und Leidensepos, dem Richard Wagner ein romantisches (Nacht-)Gewand übergeworfen hat und so die erotischen Phantasien der wilhelminisch-viktorianischen Kulturbürger angeheizt und gesättigt hat, wie es kein zweites Melodram je vermochte? Müssen wir den *Tristan* noch durchmachen wie eine Pubertätskrankheit? Reißt uns ein metaphysisch verklärter Liebestod – offenbar Sinn und Ziel dieser Oper – noch von den Stühlen oder den Sitzgruppen, die wir weit härtere Proben von Liebe und Tod gewöhnt sind?

Der *Tristan* hätte keine »Botschaft« mehr für uns, hat der Theaterkritiker Siegfried Melchinger 1962 geschrieben. Wagner habe sich darin selbsttherapeutisch »ausgerast«, um dann zur Komposition der gesünderen *Meistersinger* überzugehen. Das hieße, er hätte uns sozusagen sitzengelassen mit den »beaux restes« seiner Lebenskrise (Mathilde!). Tristan und Isolde mußten sterben, damit der Komponist leben konnte.

Auffallend ist, daß die Philosophen, Dichter, Literaten, die uns die Botschaft des *Tristan* hätten erläutern können, das Werk seit den Anfängen fast immer nur paraphrasiert haben.

Das beginnt mit Nietzsches »fünfzig Welten fremder Entzückungen« und jenem schwärmerischen Todes-Esoterik-Tristanismus, der für die europäische Décadence kennzeichnend war. Man denke an Thomas Manns Reflexionen zur »Sehnsuchtskosmologie« des *Tristan*, die er dann ironisch bricht und objektiviert in der gleichnamigen Novelle, oder an Ernst Bloch und seine raunenden Worte vom »ungeheuren Adagio der Nacht«. Sogar die Musikwissenschaft gerät zuweilen – mit Paul Bekker – aufs emphatische Gleis, wenn sie vom »Grundwillen des emporsteigenden Chroma« spricht. Oder ein Arnold Schönberg, dem Essayistisch-Schweifenden sonst abhold, gerät auf die Ebene der Metaphorik, wenn er die Töne des *Tristan*-Akkords betrachtet: »heimatlos zwischen den Gebieten der Tonarten herumstreichende Erscheinungen von unglaublicher Anpassungsfähigkeit und Unselbständigkeit; Spione, die Schwächen auskundschaften, sie benützen, um Verwirrung zu stiften; Überläufer, denen das Aufgeben der eigenen Persönlichkeit Selbstzweck ist ...«

Wenn ein Werk der Musik derart zu verbalem Paraphrasieren reizt, so gibt das zu denken. Paraphrasieren heißt ja umschreiben, heißt, daß etwas nicht wirklich, nicht direkt ausgesprochen werden kann: daß also etwas verschwiegen und verborgen werden muß. Verschwiegen und verborgen, weil es womöglich die Erfahrung eines Schreckens enthält oder etwas sonst nicht Mitteilbares, etwas Unaussprechliches. Ohne uns anzumaßen, dem *Tristan* seine Kassiberbotschaft entreißen zu können, versuchen wir doch, mit König Marke, Zweiter Akt, diesem »tief geheimnisvollen Grund« näher zu kommen.

Strukturell und inhaltlich haben wir im *Tristan* ein Spiel von Gegensätzen. Diese Gegensätze mögen heißen: Mann und Frau, Tag und Nacht, Realität und Wahn, Liebe und Tod, Meer und Land. Oder, in Raum- und Zeit-Begriffen: hier der historische Stoff, Mittelalter, höfische Sitte, Ehre, Lehenspflicht und die äußeren Handlungen eines Ehebruchdramas mit unheilvollem Ende aufgrund vertauschter Tränke; dort die innere Handlung der Liebesverfallenheit, die ahistorische Dimension, jenseits der Zeit und im »weiten Reich der Weltennacht« spielend, überindividuell, das eigenständige pure Gefühl als dramatischer Gegenstand, ein »System des Imaginären« (Roland Barthes).

Wie diese Gegensätze miteinander in Beziehung und Berührung gebracht werden, bestimmt den Gang des Geschehens. Vom kontrapunktischen Konstruktionsprinzip her, von der polaren Spielanordnung wäre ein Zusammenstoß zu erwarten, eine Freund-Feind-Angelegenheit. Nun rühmte Wagner sich aber gerade beim *Tristan* einer Kunst, welche »auf Vermittlung und innige Verbindung aller Momente des Überganges der äußersten Stimmungen ineinander hinweist«, und wie fein er die beiden »Pfeiler« des »überströmenden Lebens« und des »innigsten Todesverlangens« miteinander verbunden habe. Wagner geht es also um eine Vermittlung der Polaritäten, deshalb verwendet er auch keine diatonischen Blöcke, sondern chromatische Halbtonschritte, die wie Leitersprossen wirken. Es geht ihm um die Annäherung und Versöhnung zweier gegensätzlicher Prinzipien und Mentalitäten, um Brückenschläge, Handreichungen.

Das wäre jedoch zu normal und zu demokratisch gedacht. Der *Tristan* enthält nämlich keineswegs eine Gebrauchsanweisung zu »kommunikativem Handeln«. Was er zeigt, ist vielmehr das Trügerische von Kommunikation, Beziehung, Vermittlung. »Trug«, »Betrug«, »Täuschung«, »Wahn«, »Verrat« sind die häufigsten und die wichtigsten Vokabeln im Stück. An jedem Ding, an jeder Handlung, an jeder Person klebt eine Doppelbedeutung; die Verständigung untereinander beruht meist auf Mißverständnissen – analog zur Musik, die wenige »etikettierbare« Leitmotive wie im *Ring* pflegt, sondern Affekte widerspiegelt, doch auch diese Affekte semantisch nicht festlegt. Gleich zu Beginn treten das Sehnsuchts- und Leidensmotiv miteinander verbunden auf, und diese »Unsicherheit der Namensgebung« (Carl Dahlhaus) schafft insgesamt ein Klima der Ambivalenz.

Tantris ist Tristan, der Brautwerber ist der eigentliche Bräutigam, der Todestrank ist ein Liebestrank, die Ärztin Isolde bringt die Krankheit, Freund Melot ist der Feind, und König Marke hat sowieso alles falsch verstanden. Als er den »Frieden« bringen will, »mehrt« er dem Tod die Ernte. Die Sprachebenen, auf denen das treue Dienerpaar Brangäne/Kurwenal mit ihren Herrschaften verkehrt, sind einander völlig inkompatibel. Brangäne meint immer nur zu verstehen. Sie hört den Zorn Isoldes, aber nicht, daß es Liebe ist, ihr falscher Trank ist der richtige, ihr Warngesang klingt wie ein Wiegenlied.

Auch Kurwenal kann die Wirklichkeit Tristans nicht verstehen. Er, der Normale, glaubt an Zauberei, an »Minnetrug«, als der Verrückte, als Tristan in seinem Fieberwahn endlich der Wahrheit nahe kommt: daß er als depressiver Charakter (der »truêge man«) selbst der Urheber seiner Lebensqual ist und der Trank nur Sinnbild für seine Todesdynamik. Der »Verrat« Tristans übrigens ist Dauerthema. Wie er's auch dreht und wendet: Isolde bezichtigt ihn des Verrats, wenn er für Marke und gegen seine Liebe handelt, Marke klagt darüber, wenn er das Gegenteil tut.

Als Primärtäuschung, als Selbsttäuschung über die Liebe war das ganze Trieb-Werk überhaupt in Gang gekommen. Und wenn die Mißverständnisse darüber im Ersten Akt ihr Ende gefunden haben, so beginnt erst recht der große Tausch: die Vertauschung der Perspektiven und ihrer Werte. Gegen die Tageswerte der Realität werden die Nachtgesetze der Liebe gesetzt. Der Schein hat getrogen, das Dunkel bringt Licht. Am Schluß jedoch kommt die grausamste aller Täuschungen zu ihrem Bühnenausdruck. »Betrügt Isolden,/ betrügt sie Tristan / um dieses einz'ge, / ewig-kurze / letzte Weltenglück?« fragt Isolde verzweifelt, als Tristan, der sich vorzeitig den Verband heruntergerissen hat, in ihren Armen sein Leben aushaucht. Sie hatten doch verabredet, gemeinsam zu sterben!

In der von Tristan inszenierten Ungleichzeitigkeit des Sterbens aber, im Betrug um die Todessymbiose, erscheint eine Wahrheit, freilich eine, die erst die »gottlose«, die psychoanalytische literarische Moderne nach Wagner ausgesprochen hat: daß auch in der Liebe jeder allein ist, daß die Liebe ein Deckname für alle möglichen anderen Bedürfnisse ist, ein Projektionsphänomen. Die Wollust besteht in der romantischen Hoffnung, sein Ich an einen anderen verlieren zu dürfen.

Dieser fromme Selbstbetrug fordert zur Katastrophe geradezu heraus. So in der Katastrophe des Dritten Aktes. Das »Aufgeben der eigenen Persönlichkeit« war Tristan in der Tat »Selbstzweck« gewesen – damit zeigt er genau dieselben Krankheiten, die Schönberg am *Tristan*-Akkord beobachtet hat. In der Rückschau auf sein Leben enthüllt er seinen Todesegoismus. Im Unglück geboren, war er immer schon fürs Unglück bestimmt. »Zu welchem Los erkoren, / ich damals wohl geboren? / Zu welchem Los? / Die alte Weise / sagt mir's wieder: / mich sehnen – und sterben, / sterben – und mich sehnen!« Die Liebe war eine Möglichkeit gewesen, sich den unerlaubten Todeswunsch zu verheimlichen. Die Liebe ist aber auch das Medium, sich diesen Wunsch rücksichtslos zu erfüllen.

Für *Tristan* gilt die moderne Subjekterfahrung: daß man sich selbst nicht entrinnen kann. Im Wahn, in der Liebe, in der Verrücktheit erfährt man dieses Subjekt-Werden, schreibt Roland Barthes, dieses »Sich-nicht-enthalten-Können, Subjekt zu sein, ich bin kein anderer: eben das nehme ich mit Entsetzen wahr«. Dieses Entsetzen, dieses Herausfallen aus der Größenphantasie des Zweiten Aktes, des gemeinsamen »Selbst dann bin ich die Welt«-Gesanges skizziert in Umrissen jene Erfahrung des Schreckens, die im *Tristan* so verborgen, verschwiegen – oder eben paraphrasiert – werden muß.

Aber Isolde? Kennt sie diesen existentiellen Schock? Hat

sie nicht die Todesverfallenheit beider in der Liebe schon im Ersten Akt definiert? »Mir erkoren, / mir verloren / [...]: ... Todgeweihtes Haupt! / Todgeweihtes Herz!« Isolde lebt – wieder im Barthesschen Sinne – eine »katastrophische Liebe«, eine Liebe als Extremsituation, wie eine Psychose, wie eine Falle. Für sie gilt: »Ich habe mich mit solcher Gewalt in den andern projiziert, daß ich mir, wenn er verlorengeht, nicht mehr herauszuhelfen weiß [...], ich bin für immer verloren«.

Aber die Dramaturgie Wagners gibt doch Aufschluß über den gewissen Unterschied. Isolde »folgt« Tristan in den Tod, wie sie es im Zweiten Akt versprochen hat, der Tod selbst war aber nicht ihr Lebensziel gewesen. Sie war nicht unbedingt fürs Unglück geboren, sondern nur für die radikale Erfüllung leidenschaftlicher Wünsche. Darin hat die »wilde, minnige Maid« etwas vom Kind. Wahrscheinlich sind einige Züge des zeitgenössischen Frauenbildes auch ins Bild dieser Heroine eingeflossen.

Das Finale gehört ihr, in dem sich wieder die schöne Klang- und Sinnwelt des Liebesgesanges des Zweiten Aktes aufbaut. Dem Zuschauer ist über die schreckliche Wahrheit, die Tristan kennt, hinweggeholfen; betäubt vom musikalischen Schwall wird er sich die utopische Einheit des Liebespaares Tristan und Isolde schon wieder rekonstruieren. Dem alten Beziehungszauberer Wagner gelingt sein letztes Täuschungsmanöver an diesem Abend.

Zwei Welten, zwei Ebenen verhandeln in dieser Oper miteinander. Außer der durch das Mittel ihrer Vermittlung – die Chromatik – trügerisch gemachten Kommunikation gibt es noch eine andere Form, die Beziehungen zu gestalten. Sie betrifft ausschließlich die »Nachtgeweihten«, die kleinste polare Anordnung – Tristan und Isolde, geschieden in Mann und Frau, in Personen mit fester Identität und Körper. Jeder hört und fühlt, daß ihnen das Ersehnte, die Liebeserfüllung im Zweiten Akt gelingt. Also scheint es doch möglich zu sein, daß zwei »Systeme des Imaginären«, wie Barthes den Liebeswahn nennt, zur Deckung kommen können, daß eine Beziehung existiert, die nicht angefressen ist von Trug und Täuschung?

Nach einer Definition Wagners demonstriert der *Tristan* seine »Kunst des tönenden Schweigens«. Nicht zufällig wählt er dabei die rhetorische Figur des Paradoxons. Denn nur das Paradoxon drückt aus, was logisch unmöglich ist: ein Zusammenfallen von Widersprüchen, eine Identität der Gegensätze. Entweder es tönt, oder es schweigt; das Schweigen und Tönen aber scheint gleichzeitig da im Nachtgesang. Das Paradoxon wird als die Form erkannt, in der die Liebe sich verwirklichen kann – als Ekstase und Vision im Kopf. Eine Dauer ist der Berührung der Extreme naturgemäß nicht beschieden, Vernichtung ist in der Erfüllung vorgegeben. »Ganz uns selbst gegeben, / der Liebe nur zu leben« [...] »nicht mehr Tristan,/nicht Isolde!« Die letzte rhetorische Trennung, das letzte Partikelchen Realität, das die Grenzen der Person wahrt, das »süße Wörtlein: und«, wird imaginär eingezogen und lustvoll aufgehoben. Deshalb enthält das totale Liebesversprechen auch das Todesversprechen. Deshalb fallen die tiefsten Gegensätze, die es gibt, ineinander: die glühende Leidenschaft und das Erkalten des Leibes. Das Liebes- und Sterbelied des Zweiten Aktes schildert die »unio mystica«, die paradoxale Einheit. Das Unaussprechliche, das dennoch zu Worte kommen will, muß ganz Ton werden, die immer expressiver verkürzten Worte der Liebenden sind in diesen Ton eingeschmolzen.

Die Sprachform des Paradoxons ist bezeichnenderweise in zwei kulturellen Zusammenhängen bevorzugt worden: bei den mittelalterlichen Mystikern, wenn sie ihre Gottesnähe zu beschreiben suchten, und in der literarischen Moderne, wenn die existentielle Gottferne nach Ausdruck verlangte, insbesondere bei Franz Kafka. Mit dem Unterschied der Verzückung dort, des transzendenten Bezugspunktes, und der Verzweiflung der auf sich selbst verwiesenen Subjektivität hier. Für die mystische Erfahrung fallen schwarz und weiß, hell und dunkel zusammen, die Gegensätze sind eins in Gott. Kafka dagegen erfindet in seinen Parabeln Bilder für die Erfahrung der Ausweglosigkeit, für die Sackgasse der Innerweltlichkeit ohne Hilfe von außen.

Tristan und Isolde sind säkularisierte Mystiker. Unaussprechlich wie die Gotteserfahrung ist ihr mystisches Erlebnis, aber sie haben moderne Seelen. Sie huldigen der Religion des Selbst (den christlichen Erlöser gibt es erst wieder im *Parsifal*), aber der Versuch der gegenseitigen Vergottung führt in die Irre. Am Ende steht die öde Insel, die Subjektivität, der zweimal einsame Tod.

WAHN UND WITZ IN DEN *MEISTERSINGERN*

Unser Verständnis von Wagners *Meistersingern* ist von vielen Bildern überlagert. Diese durch den Aufführungs- und Interpretationsschutt von mehr als hundert Jahren gelenkten Imaginationen resümieren sich auf Altdeutsches, auf Dürer, Holbein, Schongauer in den Gewändern und mit Alt-Nürnberg als Silhouette, auf Martin Luther, Reformationsgeist, Humanismus, Butzenscheiben-Traulichkeit und Flieder-Romantik, auf etwas Derb-Heiteres im Sinne des Schusterpoeten Hans Sachs, der hier die Hauptfigur ist, und auf eine ordentliche Prügelei, bei der ein deutscher Michel mit Nachtmütze über den anderen herfällt. Als »echtes Wahrzeichen der deutschen Seele« hat Nietzsche die *Meistersinger* begrüßt, Hofmannsthal hat in ihrem nationalen Pathos das »fühlbare Werden der deutschen Einigung« erkannt, fürs Dritte Reich waren sie die repräsentative Parteitagsoper, und auch nach dem Kriege blieben sie der »Ausdruck des deutschen Bürgertums« – von wenigen Versuchen abgesehen, die das Stück entweder entpolitisiert haben, wie Neubayreuth 1956, wo die *Meistersinger* als abendländisches Seelendrama inszeniert wurden, oder jener in Frankfurt 1993, in der sie repolitisiert wurden, wo im Unisono des Volksjubels und seiner defensiven Schlußformel: »Ehrt Eure deutschen Meister«, das faschistische Potential der deutschen Gesellschaft gezeigt wurde, das »Nürnberg in uns«.

Scheinbar fern von all dem steht der Zusammenhang von Wahn und Witz, der das geheime Zentrum dieser Oper ist. Der unklar-dunkle Begriff des »Wahns« und der geistvoll-durchtriebene des »Witzes« erklären am Ende vielleicht, warum Nietzsche, nach wie vor einer der scharfsinnigsten Interpreten Wagners, in seinen Gedanken zur *Meistersinger*-

Ouvertüre vom »Glück des Künstlers an sich selber« sprechen konnte. Und, trotz der schwer erträglichen nationaldeutschen Selbstvergötzung (Adorno) am Schluß, mag darauf auch heute noch die gewisse Unwiderstehlichkeit dieses Werkes beruhen.

»Wahn, Wahn überall Wahn« – so beginnt der berühmte Monolog des Hans Sachs. Der Wahn beherrsche sein Leben, gesteht der Komponist seinem Gönner und Retter König Ludwig, als er 1866 am musikalischen Dritten Akt arbeitet. Sosehr er auch versuche, ihm auszuweichen, der Wahn wisse ihn doch immer zu finden, sogar in der Sicherheit der Tribschener Villa, wo er doch sitze wie Hans Sachs in seinem Schusterladen. So lasse er denn den Wahn auch überall in seinen *Meistersingern* durchklingen – »selbst Beckmessers lächerliche Verzweiflung erhält diese Zauberfolie«.

Der Wahn ist ein altmodisches Wort, uns nur noch in Wortverbindungen wie Wahnvorstellung, Verfolgungswahn, Wahnsinn oder Wahnwitz geläufig. Meist schwingt darin die Bedeutung von Irrtum, Täuschung mit, aber auch etwas von Exzeß, etwas Asozialem, Traum- und Spukverwandtem, von etwas Unkontrollierbarem, aber Allmächtigem. Den »Liebeswahn« hatte Wagner in jener Oper komponiert, die den *Meistersingern* unmittelbar vorausging: *Tristan und Isolde.* Ein Schatten davon fällt auch noch auf das Liebespaar in den *Meistersingern.* Wenn er später sein Refugium in Bayreuth »Wahnfried« nennen wird, so heißt das noch lange nicht, daß sein Wähnen darin Frieden gefunden hätte, oder daß er dies wirklich wollte. Der »Wahn« ist bei Wagner in jedem Falle ein ambivalenter Begriff: Dämon, der ihn heimsucht, verantwortlich für viele fixe Ideen in seinen Lebens- und Werkvorstellungen, ohne den er aber auch nicht sein kann. Denn der Wahn ist untrennbar verbunden mit den Bedingungen seines Kunstschaffens, ist sein Herzschlag und seine Atemluft.

Der Witz hingegen scheint das Gegenteil des Wahns zu

sein; er hat helle, soziale, gesellige Eigenschaften, ist ein Element, das das Licht nicht scheut wie der Wahn, sondern es sucht, der Johannistag zur Johannisnacht in den *Meistersingern*. Der Witz hat freien, befreienden Charakter, im Lachen reagiert man sich ab, und der, der den Witz macht, schüttelt sich auch eine Last von der Seele. Nicht daß Wagner nun gerade ob seiner witzigen, heiteren, lustigen Werke berühmt geworden wäre – weiß Gott nicht, da ist ihm der alte Rossini über –, aber einmal hat er es doch immerhin versucht: eben in den *Meistersingern*, und sei es nur deshalb, um endlich einmal problemlos und rasch Geld zu verdienen.

Dieses Stück war als ein »komisches Spiel« geplant, eine Art »Satyrspiel« zur Tragödie *Tannhäuser*. Als Untertitel findet sich das Wort Komödie noch in der zweiten und dritten Prosafassung. Die Ausdrücke, mit denen Wagner die Arbeit während der sechziger Jahre begleitet, kreisen immer wieder um das Wörtchen »heiter«. Ein »originelles, durchaus heiteres, ja lustiges Sujet« bietet er seinem Verleger 1861 an, mit einer »durchsichtig-kernigen Musik heiterster Färbung«. In »fast heiterer Behaglichkeit« läßt er, in äußerlich widriger Lage im Hotel Voltaire in Paris sitzend, sein *Meistersinger*-Gedicht in »massenhaften Reimen« anschwellen, »humoristisch behaglich« ist ihm dabei zumute. 1862 kann er »vor Lachen und Weinen manchmal nicht weiterarbeiten«, und schließlich befiehlt er in einem Brief an seine alte Liebe Mathilde Wesendonck: »Sie Kind, darauf ist's ja mit dem wunderlich pedantischen Kram abgesehen: lachen soll man«.

Daß diese subjektiven Intentionen kein Beweis dafür sind, daß die *Meistersinger* wirklich komisch oder witzig oder humoristisch sind, liegt auf der Hand. »Ihr Bruder ist gerade wie Franz Liszt – der mag meine Witze auch nicht«, beklagte sich Wagner einmal bei der Schwester Nietzsches. Von einem *Meistersinger*-Humor, dem nicht zu trauen sei, sprach Carl Dahlhaus, Adorno nannte Wagners Humor überhaupt gleich »bestialisch«. Andere, wie Dietmar Holland, halten die »Schadenfreude« für den Hauptquell der Lustigkeit in diesem Werk. Fragen nach dem Wozu und Warum der Wagnerschen vis comica, bei der sonstigen deutlichen Bevorzugung des Pathos und der letzten Dinge dieses Komponisten, können über die Zwiespältigkeit des Wagnerschen Witzes aufklären und die unterirdischen Gänge zeigen, die vom Witz zum Wahn führen und umgekehrt.

Wagner erfindet die Regeln der Komödie ja nicht neu. Von der alten Lustspiel-Matrix des achtzehnten und frühen neunzehnten Jahrhunderts übernimmt er bewährte Typen und bewährte Konstellationen: Ein kauziger älterer Mann auf Freiersfüßen; ein verliebtes junges Paar; ein Vater, der diesen Verliebten Schwierigkeiten macht, indem er an die Eheschließung Bedingungen knüpft; ein Happy-End, nach mancherlei Intrigen und Mißverständnissen kriegt sich das junge Paar. Daß Wagner einen zweiten älteren Herrn als möglichen Bewerber einführt, ist ungewöhnlich, kann aber bisweilen eine Variante und Potenzierung der komischen Ausgangssituation ergeben. Während sich beispielsweise die beiden Senioren in die weißen Haare kriegen wie im nächtlichen Zweiten Akt, sitzt der Junge, ein lachender Dritter, mit dem begehrten Mädel gleich daneben hinterm Busch. Lustspielhaft ist auch die Konstellation eines zweiten Liebespaares auf niedriger, auf Dienerebene, wo ein Buffopaar gleichfalls die Hochzeit anstrebt. Damit der Lehrbub zum Ehemann reife, genügt der »Ritterschlag« Davids zum Gesellen, während der Ritter in sozial komischer Verkehrung zum Ehemann reift, indem ihm der Abstieg ins bürgerliche Milieu meisterlich beglaubigt wird.

Daß auf der Buffo-Ebene dieselben Probleme des Zueinanderkommens verhandelt werden wie beim hohen Paar, hier im Küche-und-Keller-Idiom und dort im hochdramatischen Pathos von Leben oder Tod, liegt in der Natur der

Sache und wird erst durch die Zuordnung komisch. Zur Komödienmechanik der einfachen Machart gehört auch, daß die Ereignisse nach dem Schema von Sprichwörtern ablaufen. »Einer muß der Dumme sein« steht wie ein Motto über dem Stück; ein Verlierer, ein Gehörnter, ein Genarrter ist immer dabei. Lustspiele sind eben nicht zimperlich, und Schadenfreude ist, wie der Volksmund weiß, die schönste Freude. Man lacht eben, obwohl es nicht komisch ist, wenn diesem ein Bein gestellt wird und jener auf der Bananenschale ausrutscht, einem dritten die Torte ins Gesicht fliegt oder ein vierter öffentlich Unsinn redet. Wir wissen, daß der Protagonist des Komischen, daß der Stadtschreiber Beckmesser diesen Part übernehmen muß. Er ist geradezu die Inkarnation jenes Sprichworts, daß, wer den Schaden hat, für den Spott nicht zu sorgen braucht. Das ganze Nürnberger Volk lacht ihn am Schluß aus.

Weiteren Konventionen des Lustigmachens gehorchen die *Meistersinger* dort, wo Tausch und Täuschung, Irrtum und Verwechslung als handlungstreibend und als komische Würze eingesetzt werden: Den als Kammerzofe verkleideten Liebhaber kennen wir alle, noch der »Rosenkavalier« – das *Meistersinger*-Remake von Hofmannsthal und Strauss – profitiert davon. Eine Verwechslung im gröbsten Sinn stiften die Mädchen Eva und Magdalene, als die eine sich in der Haube der anderen ans Fenster setzt, um Beckmesser zu täuschen, so daß Evchen sich mit dem Ritter unter der Linde vergnügen kann. Der Symmetrie halber müßte natürlich Walther von Stolzing einmal an die verkleidete Dienstmagd geraten und ein verkleideter David an die Goldschmiedstochter – aber auf diese vordergründigen sozialerotischen Späße à la *Figaro* verzichtet Wagner glücklicherweise.

Damit ein Irrtum lustig wird, muß er natürlich den nächsten erzeugen: David erkennt zwar, daß seine Lene am Fenster sitzt, fällt aber dafür auf den Nebenbuhler herein, der gar nicht ihm zugeordnet ist, sondern Walther, auf Beckmesser. Und wenn es dann im Schatten der Johannisnacht zur Prügelei von Gestalten im Nachthemd kommt, so sieht das den nächtlichen Verwechslungsszenen in den Boulevardkomödien eines Georges Feydeau doch sehr ähnlich – nur daß in Frankreich die erotischen Pointen, in Deutschland die Schlägereien überwiegen.

Verwechslungen gibt es aber auch auf der feineren, der mental-psychologischen Ebene. Als komische Mißverständnisse treiben sie jene Intrige hervor, ohne die es in Komödien nicht geht. Am Tag des Wettsingens, am Vormittag, stolpert Beckmesser, noch wirr und leidend von der Nacht zuvor, »gezwackt und zerhackt« wie er sagt, in Sachsens Stube. Dort findet er ein Manuskript, das Gedicht Walthers, geschrieben von Sachs. Natürlich muß er es für ein »Werbelied« des Schusters halten, und vorsichtshalber stiehlt er es: Es gilt, den Konkurrenten, den er nun in Sachs entlarvt zu haben glaubt, auszuschalten. Aber dieser kommt rechtzeitig genug, um den Diebstahl Beckmessers zu bemerken. Doch statt ihn über den doppelten Irrtum aufzuklären – daß das Lied von ihm und er unter den Freiern sei –, beläßt er ihn darin, ohne lügen zu müssen. Er kalkuliert einfach mit Beckmessers überfordertem Geisteszustand und seiner begrenzten künstlerischen Potenz. Wie sollte er die fremde Handschrift richtig entziffern und zu dem fremden Text Ton und Weise finden? Die Intrige funktioniert, die Falle schnappt zu, Beckmesser blamiert sich öffentlich. Damit ist er aus dem Spiel und die glückliche Wende fürs Liebespaar eingeleitet.

Untergeschobene Dokumente, gefälschte Briefe oder Briefe in falschen Händen gehören zur Standardausrüstung vieler Komödien (und nicht nur Komödien). Daß es sich hier nicht – wie meistens – um einen Liebesbrief handelt, sondern um ein Kunstlied, macht den Unterschied, der die Zusammengehörigkeit der beiden *Meistersinger*-Handlungsstränge –

die Liebes- und die Kunstgeschichte, die Auseinandersetzung zwischen alter Kunst und neuer Kunst – betont. Ein beliebter dramaturgischer Komödienkniff, den sich die *Meistersinger* auch nicht entgehen lassen, sind die Tumulte, die sogenannten Höhepunkte der allgemeinen Verwirrung, die gern an die Aktschlüsse gesetzt werden, pointierte Klimax, bevor es in die Pause geht. Im Ersten Akt gibt es eine fast kakophonische Steigerung in der Singschule, wenn jeder gegen jeden singt: die Gruppe der Meister, von Beckmesser aufgewiegelt, gegen Stolzing, Stolzing, der sein Examenslied wütend zu Ende singt, gegen die Meister, Sachs ist in ein Selbstgespräch vertieft, während die Lehrbuben krakeelend und kreischend auf Tisch und Bänke hüpfen; im Zweiten Akt das Chaos der Prügelszene mit den sich überschlagenden Stimmen der sich prügelnden Gruppen der Zünfte und Lehrbuben, in dem jede Wortverständlichkeit untergeht, bis so trivial-burleske Dinge wie Wassereimer, über die Köpfe gegossen, dem Durcheinander ein Ende machen; im Dritten Akt schließlich die zivilisierte und unter Kontrolle gebrachte Form des Tumultes als großer Chor des Volkes, Luther-Choral zuerst und Hymnus auf Nürnbergs »teuren Sachs«, der naturgemäß keine komisch hochtreibende Funktion mehr hat, sondern, im Gegenteil, eine glättende, ordnende, feierliche.

Die einheitliche Willenskundgebung, die sich auf die Losungsworte von deutscher Kunst, Nürnberg und Hans Sachs einschwört, hat nichts mehr mit buntem, wirrem Taumel zu tun – wir wohnen hier einem Genrewechsel bei, von der Komödie geht es in die opera seria, in den repräsentativen Stil. Ob das so sein mußte, ist eine andere Frage. In Verdis *Falstaff* beispielsweise ist die Schlußerkenntnis kohärent mit dem übrigen Charakter des Stückes: die Welt sei eben »burla« – verrückt, spaßig –, heißt es da im fugierten Chor, womit das Bühnenspiel zum Weltspiel wird und offen bleibt für weitere Komödien. In den *Meistersingern* dagegen schließt sich die Szene inhaltlich und formal derart, daß alle Elemente des Komischen, Witzigen, Heiteren wie weggeblasen erscheinen. Unser Oberkomiker Beckmesser »verliert sich«, wie es in den Szenenanweisungen folgerichtig heißt, »unter dem Volk«. Und Wagner, ebenso folgerichtig, mußte den Untertitel einer »Komödie« weglassen.

Solche Widersprüche deuten schon an, daß wir es nicht mit einer einfach zu definierenden komischen Oper zu tun haben. Die traditionellen Mittel der älteren Komödien, die fertigen Typen, die dramaturgisch vorgekochten Situationen reichen hier sicherlich nicht aus. In den klassisch-romantischen Ästhetiken galt der Witz immer als eine Art Oberbegriff für alle möglichen Elemente des Komischen und seine Unterabteilungen des Possenhaften, Burlesken, der Parodie, Travestie, der Karikatur und des Humoristischen. Eine der schönsten solcher Ästhetiken und jene, die die Phänomene des Witzigen in der europäischen Poesie am ausführlichsten erörtert, ist die »Vorschule der Ästhetik« des anderen Bayreuthers, des Dichters und Humoristen Jean Paul.

Vom Witz heißt es, seine Grundlage sei der Vergleich, der Witz sei eine »vergleichende Kraft«. Er will eine Ähnlichkeit finden in der Ungleichheit. Denn die anthropologisch-historische Wurzel des Lustspiels war, so Jean Paul, die »mimisch körperliche Nachahmung, der später die mimisch-geistige folgte und wiederum später erst die poetische Nachahmung«. Bedenken wir hier schon, daß die sogenannte Urszene, die Richard Wagner 1851 durch den Kopf ging, die Keimzelle der *Meistersinger*, auf einem solchen Vergleich oder einer sowohl körperlichen wie geistigen Mimikry beruhte. »Ohne Näheres von Sachs und den ihm zeitgenössischen Poeten noch zu kennen, kam mir auf einem Spaziergang die Erfindung einer drolligen Szene an, in welcher der Schuster mit dem Hammer auf den Leisten den zum Singen genötigten Merker zur Revanche für die von diesem verübte pedantische Untat als populär-handwerklicher Dichter eine Lektion gibt. Alles konzentrierte sich vor mir in die zwei Pointen des Vorzeigens der mit Kreidestrichen bedeckten Tafel von Seiten des Merkers und des die mit Merkerzeichen gefertigten Schuhe in die Luft haltenden Hans Sachs, womit beide sich anzeigten, daß ›versungen‹ worden sei.«

Wenn es also die unerwartete Ähnlichkeit zweier heterogener Bereiche ist, die in der Imitation herauszustellen den witzigen Effekt macht, so muß man zugeben, daß Wagner dieses Prinzip in den *Meistersingern* grandios durchführt. Sowohl strukturell durch die zwei sozialen Ebenen, wobei die niedere immer die höhere imitiert, also die Lehrbuben die Kinder sind, die die Erwachsenen nachspielen, sich in zu große Schlafröcke wickeln und dann stolpern – man denke an Davids großspurigen Auftritt als Lehrmeister Walthers im Ersten Akt –, dann szenisch in den vielen gleichgeordneten Vorgängen: zweimal das Merken, zweimal ein nächtliches Ständchen, das Beckmessers, aber auch das Hans Sachsens von der paradiesischen Eva, zweimal ein Preissingen.

Vor allem aber verbal. Die höheren Formen des Witzigseins, deren sich die Meister, allen voran Beckmesser und Hans Sachs, bedienen, die Wortwitze, Wortspiele, Ironien, Pointen, Metaphern sind Ausdrucksformen, denen ein Vergleich zugrunde liegt. Entweder im Bild, wie bei der Metapher, oder im Klang, wie bei den Wortspielen. Derselbe oder ein ähnlicher Wortklang kann deshalb komisch wirken, weil er für einen Moment über den anderen Wortsinn hinwegtäuscht. Alle Arten des verbalen Parodierens, Travestierens, Karikierens beruhen auf einem Imitieren, einem Ähnlichmachen, das inhaltliche Diskrepanzen für die lustige Lust einer Sekunde außer acht läßt und außer Kraft setzt.

Das musikalisch Witzige ist schwerer zu bestimmen. Die Zeiten Rossinis, als die Musik in komisch rasender Fahrt der Handlung und dem Text davongaloppierte, sind vorbei. Wir sind bei Wagner im leitmotivisch geprägten, durchkomponierten Musikdrama, und die Wagnersche Musik ist bekannt für ihren einstimmenden, hereinziehenden Charakter. Witz aber zielt nicht auf Identifikation, sondern auf den kleinen Unterschied, die doppelte Bedeutung, die Täuschung, den Kommentar; der Witz ist außerdem an Schnelligkeit, an Kürze gebunden, er ist eine Verstandesleistung. Wie Wagner es dennoch schafft, das witzige mit dem identifikatorischen Moment zu kombinieren, sehen wir später. Vorläufig müssen wir uns damit begnügen, das musikalisch Witzige dort aufzusuchen, wo es mit dem Wort konform geht, wo die Musik die Operndichtung – denn mit dem Wort Libretto wollen wir vorsichtig sein – untermalend begleitet und verstärkt, wo sie einen offensichtlichen semantischen Unsinn kontrapunktisch mit Gewichten versieht, die diesen Unsinn noch verstärken, oder wo ironische Zusammenhänge hergestellt werden, indem eine Phrase, ein Satz, so wiederholt wird, daß in der Wiederholung die Verzerrung durchscheint.

Die Oper handelt vom Dichten und Singen, von Wort und Weise, sie handelt aber auch von denen, die diese Künste ausüben wollen, den Handwerkern, Goldschmieden, Kürschnern, Spenglern, Bäckern, Zinngießern, Schneidern, Seifensiedern, Strumpfwirkern, Kupferschmieden, Würzkrämern, Stadtschreibern und Schustern. Wenn also einer das Liedermachen erlernen will, wird er in ihm, dank seines pragmatisch eingeschränkten Horizontes, hauptsächlich die Ähnlichkeiten mit seinem jeweiligen Handwerk ausmachen können. Müh und Plage sind die gleichen, und das Ergebnis ähnlich unprofitabel: David weiß, wovon er spricht, wenn er dem Ritter von Stolzing seine doppelte Lehrzeit komisch klagend darstellt: »Schuhmacherei und Poeterei, / die lern' ich da all' einerlei: / hab ich das Leder glatt geschlagen, / lern' ich Vokal und Konsonanz sagen;/wichst' ich den Draht erst fein und steif,/was sich dann reimt',ich wohl begreif';/

den Pfriemen schwingend, / im Stich die Ahl', / was stumpf, was klingend, / was Maß, was Zahl, – / den Leisten im Schurz – / was lang, was kurz, / was hart, was lind, / hell oder blind, / was Waisen, was Milben, / was Kleb-Silben, / was Pausen, was Körner, / was Blumen, was Dörner, / das alles lernt' ich mit Sorg' und Acht: / wie weit nun, meint ihr, daß ichs gebracht?« Und Walther antwortet:« Wohl zu 'nem Paar recht guter Schuh.« David: »Ja, dahin hat's noch lange Ruh.« Die Ähnlichkeit von Kunst und Schusterhandwerk – in Ausdrücken wie ›Reime schmieden‹, ›Verse klopfen‹ noch erhalten und wohl nur in der Person Hans Sachsens geschichtlich in positive Verbindung gebracht – erzeugt vielerorts komische Wirkungen. Manchmal auch in der Verbindung mit jenem anderen Thema der *Meistersinger* – der Liebe. Daß »Pech« ein Klebemittel für den Schuster ist, daß man es aber in der Liebe oder beim Singen ebenfalls haben kann, verleitet Sachs im Umgang mit Beckmesser oder mit Evchen immer wieder zu Wortspielen, die den Doppelsinn dieses Wortes ausnützen. Oder: wen der Schuh drückt, der hat Kummer, das kennt man auch in der Schuhmacherwelt. In der psychologisch hintersinnigsten Szene des Stückes – der vierten Szene des Dritten Aktes – kommt Evchen, geschmückt für die Festwiese, aber auch »etwas leidend und blaß« zu Sachs herein, das Herz beschwert, es könne etwas schiefgehen mit ihrem Walther. Sie will nicht sagen, wo der Schuh sie drückt, aber den armen Sachs hält sie zum Narren, indem sie ihm das leibhaftige Objekt Schuh mitsamt ihrem Fuß hinhält. Der drückt natürlich nicht, das Reale ist vielmehr die Metapher. Über Evchens seelischen Zustand wird im Bilde des Schuhs alles ausgesagt. »Hier auf den Schemel streck den Fuß, der üblen Not ich wehren muß. Was ist mit dem?«, fragt Sachs. Eva: »Ihr seht, zu weit!« Sachs: »Das ist pure Eitelkeit; der Schuh ist knapp.« Eva: »Das sagt ich ja: drum drückt er mich an den Zehen da.« Sachs: »Hier links?« Eva: »Nein, hier rechts.« Sachs: »Wohl mehr am Spann?« Eva:

»Hier mehr am Haken.« Sachs: »Kommt der auch dran?« Eva: »Ach, Meister, wüßtet ihr besser als ich, wo der Schuh mich drückt?« Er, der Psychologe, weiß es natürlich besser. Der auf diesen Dialog folgende Eintritt Walthers und der Liebesaufschrei Evas bestätigen es ihm.

Das doppelsinnige Wort als eine Form des Witzes, die das reale Bild als Metapher für ein Geistiges nimmt, nützt auch Beckmesser aus, wenn er im Ersten Akt Walters Vorsingelied abqualifizieren will. Einer der Meister, der Kürschner, heißt Kunz Vogelgesang. Walther von der Vogelweide heißt der Gesangslehrer, den der Ritter angibt. »Im Wald dort auf der Vogelweid, da lernt ich auch das Singen«, erklärt Walther den Meistern auf die Frage nach seiner Ausbildung. Darauf Beckmesser. »Oho! Von Finken und Meisen lerntet ihr Meisterweisen. Das wird denn wohl auch danach sein!« Kunz Vogelgesang wagt einzuwenden: »Zwei art'ge Stollen faßt er da ein.« Um sofort von Beckmesser eins draufzukriegen: »Ihr lobt ihn, Meister Vogelgesang, wohl weil vom Vogel er lernt den Gesang?«. Etwas später wird der nachdenkliche Sachs unterm Flieder die Vogelmetapher aufnehmen und an diesem Urbild des Naturgesanges das Verhältnis von neuer Kunst und alter Kunst reflektieren: »Der Vogel, der heut' sang, / dem war der Schnabel hold gewachsen; / macht er den Meistern bang, / gar wohl gefiel er doch Hans Sachsen.«

Vom doppelsinnigen Wort geht es sehr häufig in die doppelsinnige Rede, die deshalb auf den Zuhörer witzig wirkt, weil er vergleichen kann zwischen Sein und Schein, zwischen dem, was geschieht, und dem, was gemeint ist. Paradeszenen solcher Art finden sich im Zweiten Akt, wenn Eva Hans Sachs eine Bewerberchance vorgaukelt, nur um zu erfahren, wie es dem Ritter in der Singschule gegangen ist, oder wenn Sachs vorgibt, in der Nacht Schuhe klopfen zu müssen, statt zuzugeben, daß sein Lärm ganz andere Zwecke verfolgt: nämlich die Entführung Evas zu verhindern und dem balzenden Beckmesser in die Suppe zu spukken.

Das gehört bereits zum linguistischen Filigranwerk der *Meistersinger*. Das Herrichten von klanglichen Ähnlichkeiten bei inhaltlich konträren Vorstellungen, das witzige Wirkungen bringt, schöpft Wagner voll aus. Zunächst auf einfacherer Stufe, im Reim. Er gehört zu jener Gattung des ästhetischen Witzes, dem Jean Paul nachsagt, er sei der verkleidete Priester, der jedes Paar kopuliere. Was die Debatten der Meister im Ersten Akt auf stille Weise komisch macht, ist, daß sie sachliche Dinge – das Um und Auf des Wettbewerbs, die Eignung des Ritters zum Kandidaten, die Eignung des Volks zum Kunstrichter – in Reimen erörtern oder in Reimen die Meinungen aufeinanderstoßen lassen. Sachs: »Mir genügt der Jungfer Ausschlagstimm'.« Beckmesser: »Der Schuster weckt doch stets mir Grimm.« Kothner: »Wer schreibt sich als Werber ein? Ein Junggesell muß es sein.« Beckmesser: »Vielleicht auch ein Witwer, fragt nur den Sachs.« Sachs: »Nicht doch, Herr Merker, aus jüngrem Wachs, als ich und ihr, muß der Freier sein, soll Evchen ihm den Preis verleihen.« Im Zweiten Akt behauptet Sachs »Zweieinig geht der Mensch am best«, wenn er am offensichtlichsten uneins ist mit Beckmesser, dessen Ständchen er stören wird. Aber Beckmesser schwindelt ja auch, wenn er sein Ständchen als Probelied für den nächsten Tag ausgibt, und so resultieren aus der gegenseitigen Schwindelei und der schiefen Situation ironisch-witzige Repliken: Beckmesser: »Auf Meisterehr.« Sachs: »Und Schustermut.« Beckmesser: »Nicht einen Fehler, glatt und gut.« Sachs: »Dann geht Ihr morgen unbeschuht.« Darauf folgt die Darstellung dieser »besten« Zweieinigkeit, es kommt Beckmessers Ständchen, und wir werden Zeuge, wie Wagner den Reim überdreht und pervertiert, ihn in ein Prokrustesbett zwängt, wo es sich auf Teufel komm raus zwar reimt, dafür aber jede sinngemäße Betonung verloren geht. Beckmesser: »Den Tag seh ich erscheinen – da faßt mein Herz sich e-i-nen« – hier wird musikalisch gedehnt, betont, in die Länge gezogen – »guten und frischen Mut«, eine eher unerhebliche Satzaussage, die ihre Wichtigkeit aber durch ausschweifende Koloraturgirlanden bestätigt. Von dem Geklimper auf der Stahlsaitenlaute einmal abgesehen, die ihre eigene Komik der Dürftigkeit hat, läßt Beckmesser sich vom Reimklang immer wieder verführen, weit auseinanderliegende Gedanken zu »kopulieren«: »Da denk ich nicht ans Sterben, lieber ans Werben.« Und statt schmeichelnder Poesie, wie es sich fürs Ständchen gehören würde, versucht er in hölzerner Genauigkeit, die gänzlich unpoetische Geschichte der Werbungskonditionen nachzuerzählen. Dabei spielt ihm der Reim wieder einen Streich, er verrät nämlich die Wahrheit. Unwiderstehlich zieht die Absichtserklärung »werben« das Wort »beerben« nach sich und gibt damit den eigentlichen Wunsch des armen Stadtschreibers preis. »Will heut das Herz mir hüpfen, / werben um Fräulein jung, / doch tät der Vater knüpfen, / daran ein Bedingung / für den, wer ihn beerben / will und auch werben / um sein Kindelein fein.« Formal stimmt Beckmessers Lied ungefähr mit den Tabulaturregeln überein – zwei Stollen und ein Abgesang –, aber musikalischer und semantischer Sinn sind derart verquer gesetzt und durch den Reim in solche Zwangslagen gebracht, daß das nächtliche Ständchen bereits einen Schatten auf das verunglückte Festwiesenlied des folgenden Tages vorauswirft.

Sucht und findet der Witz im allgemeinen die Ähnlichkeit in der Ungleichheit, so läßt sich dieses Prinzip manchmal auch umdrehen: er deckt die Unähnlichkeit in der Gleichheit auf. Die Technik der komischen Wiederholung bei leicht verschobenem Sinn spielt im Geflecht von Text und Musik der *Meistersinger* eine beziehungsreiche Rolle: Eine Wiederholung ist auf diese Weise keine Wiederholung mehr, sondern sie spielt mit der Originalversion, äfft sie nach, verzerrt sie, kommentiert sie, führt sie anders weiter. Die Urszenen selbst, die Wagner inspiriert haben, enthalten eine solche komische Wiederholung: Hier die vollgeschmierte Kreidetafel, dort das Paar fertiggeklopfte Schuhe. Und der Wortwechsel, den Beckmesser im Ersten Akt mit Walther hat, wird im Wortwechsel des Zweiten Aktes zwischen Sachs und Beckmesser sein Echo finden. Mit der Frage »Seid Ihr nun fertig?« springt Beckmesser aus seinem Merkerhäuschen. »Wie fraget Ihr?« antwortet der Sänger Stolzing. Beckmesser: »Mit der Tafel ward ich fertig hier.« Sachs hat sich diesen Dialog gemerkt und zahlt es Beckmesser nachts mit der gleichen Münze heim – nur stehen jetzt anstelle des Gesanges die »Schuhe«, wird die hohe Kunst des »Merkens« heruntergeholt auf die niedrige Ebene des praktischen Lebens und damit parodistisch abgewertet. »Seid Ihr nun fertig?«, sagt er zum atemlosen Sänger des Ständchens vor Pogners Haus. Beckmesser: »Wie fraget Ihr?«, und Sachs darauf, in Variation zur Merkertafel: »Mit den Schuhen ward ich fertig hier.« Bezeichnenderweise brechen der Tumult der Meister im Ersten Akt wie auch die allgemeine Prügelei des Zweiten Aktes unmittelbar nach diesen pointierten Dialogen aus. Als müßte die höhnische Ironie dieser krummen Reden aufplatzen und sich in die grobe, direkte Aktion entäußern.

Komisch wird also eine Wiederholung, wenn die Worte gleichbleiben, das Umfeld aber oder die Person, die sie spricht, sich ändern. »Fanget an!« ist eine Aufforderung zum Vorsingen, die in der Oper fünfmal durchgespielt wird und dadurch komisch wird – wie manche Witze eben erst in der Wiederholung komisch werden. Statt daß wir die Merkerparole zuerst im Original hören, von Beckmesser persönlich, erklingt sie zuerst als Zitat, gesungen vom Lehrbuben David, der dem Ritter damit einen Vorgeschmack dessen geben will, was ihn beim Singgericht erwarten wird. Die Worte werden sozusagen vorgeäfft, um später dann nachgeäfft zu werden. Selbstsicher und laut hören wir sie dann authentisch, vom Merker in Ausübung seines Amtes. Unerwartet greift der Examenskandidat Walther dieses »Fanget an« auf, als wäre es ein in die Luft geworfener Ball, setzt es an den Anfang seines Liedes und funktioniert seinen angsterregenden Klang um in einen aufbruchsbereiten, in den Appell an den Lenz, der die Liebe bringt. Aus der musikalisch trockenen Terz bei David und Beckmesser wird eine muntere Quarte, und die Tonwerte werden länger, emphatischer. Wenn Sachs, in der Rolle des Merkers, Beckmesser zum vermeintlichen Probepreislied in der Nacht auffordert, erscheint die Parole zweimal, zuerst in der Quart, aber rhythmisch ungeduldig erweitert: »Fanget an, s'pressiert!«, und als der Galan erneut patzt, wird der Schuster, die erhabenere Quint benutzend, deutlich ironisch. In derselben erhabeneren Ausführung als Quint, diesmal aber seriös, fordert dann der Zunftmeister Kothner den unglücklichen Beckmesser auf der Festwiese zum Beginnen auf. Wie zum Beweis, daß dieses »Fanget an!« komische Bezüglichkeiten stiften soll, fehlt es bei gleichem Anlaß, wenn Wagner es feierlich und ernst meint. Wenn Walther in der Schusterstube seinen Traum singt und wenn er dieses Traumlied auf der Festwiese in das Preislied verwandelt, belästigt ihn keiner mit dieser albernen bürokratischen Formel. Andere, einfühlsamere Worte sind es, mit denen Sachs ihn in seiner Stube anregt, und draußen bleibt Kothner stumm, als der Ritter an der Reihe ist. Das Regelwesen und die Pedanterie sind beide Male durch die wahre, die inspirierte Kunst außer Kraft gesetzt.

Die eigentlichen witzigen Höhepunkte in den *Meistersingern* haben wir aber erst gestreift. Sie fallen naturgemäß mit dem Höhepunkt zusammen, auf den die Handlung hineilt: auf den Sängerwettstreit zwischen Beckmesser und Walther. Daß Beckmesser ein vom Konkurrenten geklautes Lied singt, bereitet bereits dramaturgisch jene Nachahmung vor, die auch verbal zur Komik herausfordern wird. Das Muster kennen wir nun: Es gilt, den Gleichklang von Silben so auszunützen, daß für einen verblüffenden Moment lang eine Einheit des Inhalts suggeriert wird, der sich aber fast im gleichen Augenblick als Unsinn herausstellt, weil nur der Klang gleich war, nicht aber das Wort dasselbe geblieben wäre. Sang Walther: »Morgendlich leuchtend im rosigen Schein,/ von Blüt und Duft/geschwellt die Luft,/voll aller Wonnen/ nie ersonnen,/ein Garten lud mich ein,/Gast ihm zu sein«, so wird daraus beim hastig-verwirrten Beckmesser: »Morgen ich leuchte in rosigem Schein,/von Blut und Duft,/geht schnell die Luft;/wohl bald gewonnen,/wie zerronnen,/im Garten lud ich ein/garstig und fein.« Und noch viel wilder geht es weiter, in einem Dadaismus avant la lettre. Nicht die Worte selbst sind entstellt – es gibt jedes einzelne –, sondern ihre Zusammenstellung macht die Absurdität aus; es ist wie auf einer Geisterbahn losgelöster, losgelassener Klangähnlichkeiten.

Aus Walthers »Sei euch vertraut« wird »Heimlich mir graut«; aus »welch hehres Wunder mir geschehn«, wird »weil es hier munter will hergehn«; aus »an meiner Seite stand ein Weib, / so hold und schön ich nie gesehen«, wird: »an meiner Leiter stand ein Weib, / sie schämt' und wollt' mich nicht beseh'n«; aus »gleich einer Braut / umfaßte sie sanft meinen Leib«, wird: »bleich wie ein Kraut / umfasert mir Hanf meinen Leib«; aus »mit Augen winkend, / die Hand wies blinkend« wird »die Augen zwinkend, / der Hund blies winkend«; aus »was ich verlangend begehrt, / die Frucht so hold und wert / vom Lebensbaum« wird zu guter oder schlechter Letzt Beckmessers: »was ich vor langem verzehrt, / wie Frucht so Holz und Pferd / vom Leberbaum.« Der eine Gedanke läßt sich freilich, kennt man den vollen, pathetischen, kitschigen, unanschaulichen Wortlaut des Preisliedes von Walther, nicht ganz von der Hand weisen: was parodiert hier eigentlich was? Sind es nicht vielmehr, wie schon Ernst Bloch gefragt hat, die avantgardistischen Nonsens-Verse Beckmessers, die den Konventionalschwulst des Ritters karikieren und komisch entlarven? Es ist – leider – die weitere Entwicklung der Handlung, die einen solchen interessanten Schluß nicht zuläßt.

In Anlage, Struktur und linguistischen Details haben wir viele Elemente entdeckt, die den komödienhaften und witzigen Charakter der *Meistersinger* bestätigen. Gemeinhin wird aber immer der Humor dieser Oper gepriesen. Weil wir es nicht mit Joseph Goebbels halten wollen, der sich in seiner *Meistersinger*-Hymne von 1933 des Klischees von »jenem deutschen Humor« bedient, »von dem man sagt, daß er mit einem Auge lächle und mit dem andern weine«, lassen wir Jean Paul, der davon sicher mehr verstanden hat, jener Banalität zu einem Gedachten zurückverhelfen. Er definiert den Humor als das »umgekehrte Erhabene« und vergleicht ihn mit einem Vogel, der zwar dem Himmel den Schwanz zukehrt, aber doch in dieser Richtung in den Himmel auffliegt. Es mag spekulativ sein, aber ein assoziativer Zusammenhang zwischen diesen Definitionen und einer anderen Urszene der *Meistersinger* drängt sich auf. Zehn Jahre nach den genannten ersten szenischen Schlüsselideen hat Wagner ein anderes inspiratives Erlebnis. Zermürbt, depressiv, hoffnungsloser denn je steht er 1861 ausgerechnet mit dem Ehepaar Wesendonck – Otto Wesendonck bewaffnet mit einem »ungeheurem Opernglas« – in Venedig vor Tizians Gemälde der Himmelfahrt der Maria. Dieses Bild übte, nach seinen Worten, »eine Wirkung von erhabenster Art« auf ihn aus, er fühlt seine »alte Kraft urplötzlich wieder belebt«. So lakonisch wie überraschend heißt es im Anschluß: »Ich beschloß die Ausführung der *Meistersinger*.« Nehmen wir von den komplexen Zusammenhängen, die ihn dazu treiben – der *Tristan*-Autor steht da neben seiner alten Isolde, und man kann wiederum mit Jean Paul nur sagen: »aus der pathetischen Anspannung gelüstet der Mensch ordentlich nach humoristischer Abspannung« –, nur eine Komponente, die ihn zu dem Entschluß, die *Meistersinger* auszuführen, verleitet haben könnte: die Perspektive dieses Bildes. Maria fährt mit ausgebreiteten Armen nach oben, verzückten Auges, getragen von Engeln, unter ihr aber tummelt sich eine erregte Welt. Den Betrachter reißt es einerseits mit Maria nach oben in den Himmel, zugleich aber behält er auch das Volk drunten im Blick, fühlt es gleichsam aus großer Höhe. Mit der Rückkehr von Wagners »alter Kraft« mag die Erinnerung an die »drollige« Hans-Sachs-Merkerszene mitgeschwommen sein, seine alte Komödienidee. Hier wird sie nun verquickt mit etwas Andersartigem, Konträrem, dem Gefühl des Erhabenen, von dem aus gesehen die Welt in ihrer kleinen Endlichkeit und Begrenztheit erscheint. Blenden wir die Impulse und Eindrücke ineinander – Mathilde nicht zu vergessen – will Wagner das eine tun und das andere nicht lassen, so erfassen wir vielleicht etwas von der Stimmung und Perspektive des Humors in den *Meistersingern*. Im Humor als dem umgekehrt Erhabenen bricht sich die Unendlichkeit der Ideen an der Endlichkeit unserer objektiven Welt und läßt sie – meistens – närrisch erscheinen. Erhaben ist ja das C-Dur-*Meistersinger*-Hauptthema durchaus, aber es gibt auch die hüpfende, kleingehackte, närrische Achtel-Version davon. So hüpfend und närrisch mag die Welt aus Gottes Blickwinkel schon aussehen, obwohl derselbe Gott zugleich ihr Schöpfer ist – wie der Komponist Wagner eben jener der *Meistersinger*.

Humor, meint Jean Paul weiter, müsse die Totalität einer dargestellten Welt (die sich in Teilen aussprechen kann) enthalten, Humor mache allgemein, anders als die Satire, die aufs Partielle ziele. Von der sozusagen astronomischen Ansicht des Welttreibens her erklärt sich auch seine Milde gegenüber einzelnen Torheiten – der Humorist kann seine Verwandtschaft mit der Menschheit nicht leugnen, im Unterschied zum Spötter, der sich vom Verspotteten verschieden weiß. Des weiteren ist der Humor, im Unterschied zur intellektuellen Natur des Witzes, ans Handeln gebunden, an Personen und nicht an Sachen, kurz, an die Sinnlichkeit. Ohne Sinnlichkeit gäbe es überhaupt kein Komisches, heißt es in der »Vorschule der Ästhetik«. Dem Humor kann es nie farbig genug werden, er liebt die überfließenden Darstellungen der Bilder, des Witzes und der Phantasie. Es muß toll hergehen, und nicht ausgenommen davon ist die komische Individuation durch Eigennamen und Kunstwörter, als verbale Form sozusagen der Burlesken und Launen.

Solche prinzipiellen Forderungen des humoristischen Geistes scheinen in den *Meistersingern* durchaus erfüllt: Statt ins Nirgendwo seines geliebten Mythos abzugleiten, lokalisiert Wagner Spielort und Spielzeit genau und grenzt ihn ein: Nürnberg, frühes sechzehntes Jahrhundert, Kirche, Gasse, Stube, Wiese, eine plastisch dargestellte kleine Sozietät und prägnante Individuen. Sogar die Musik wird plastischer denn je: deutliche Diatonik – und statt des rigoros durchkomponierten Musikdramas – die Farbe der Zeit, etwas Altmeisterlich-Archaisierendes im Ton, ein Spielen mit alten Formen, Chorälen, Liedern, dem, wie er sagt, »angewandten Bach« im Fugato der Prügelszene. Sinnlichkeit, Farbigkeit, Fülle der Einzel- und chorischen Szenen wird niemand den *Meistersingern* absprechen. Daß die dargestellte Welt »humoristische Totalität« besitze, liegt gleichfalls auf der Hand: der Teilausschnitt, den wir mit »Nürnberg« haben, bringt wohl alles, was es an Menschheitsthemen gibt: Liebe, Kunst, Bibel, Philosophie, Geschäft, Poesie, Konkurrenz, Macht, Gewalt, Gericht, Versöhnung; Lehrer und Schüler, alte Meister und junge, Volksmassen und Einzelne.

Um die Allgemeinheit des Geschehens und die Durchsichtigkeit der Personen auf Archetypisches hin zu betonen, schafft Wagner einen spielerischen Verweisungszusammenhang. Die Abbilder deuten fast überall auf Urbilder: Eva ist die leibhaftige Pognerin und zugleich die biblische Eva, wie Sachs sie in seinem Gassenhauer besingt, das Weib an sich. Im Eingangschoral ist von Johannes dem Täufer die Rede, und im Dritten Akt stellt sich heraus, daß Sachs, der Walthers Meisterlied aus der Taufe hebt, dessen Abbild ist; Hans heißt er und hat Namenstag am Johannistag. Deshalb scheint durch das kleine Flüßchen Pegnitz der große Jordan. Fräulein Eva spricht ganz am Anfang einmal vom biblischen David mit Schwert und Schleuder in der Hand, mit blonden Locken, wie ihn Meister Dürer gemalt – die gebildete Bürgerin verbildlicht damit die Schönheit und Kühnheit ihres Ritters –, Magdalene aber, ebenfalls ein Name aus der Bibel, die Nachfolgerin des Herrn – hört nur den Namen ihres Lieblings und seufzt, und da erscheint er schon, Parodie des Urbildes, mit einem Stück Kreide an der Schnur und dem Lineal in der Hand, werktätig. König David mit Bart und Harfe andrerseits ist das Emblem der Meistersingergilde, der kleine Lehrbub ist assoziativ doppelt besetzt und belastet. Nimmt man biographische Bezüge ins Spiel hinein, so scheint eine Art doppelter Wagner durch die Bilder der männlichen Hauptpersonen – im Kunstrebell Walther steckt der Wagner in Dresden, im Kunstbändiger Sachs der Wagner in Bayreuth, Wagner der Klassiker. Von Beckmesser weiß man, daß der Wiener Wagnerkritiker Eduard Hanslick damit gemeint war, und bei dem kunstsinnigen Mäzen Pogner ist Otto Wesendonck, der Gönner aus Zürich, beteiligt. In Eva mögen weibliche Gestalten stecken, die Wagner in den sechziger Jahren beunruhigten und die er gerne als »Kind« anredet: Mathilde Wesendonck spukt noch im Hintergrund, und eine junge Mathilde Maier, ein Flirt aus Biebrich am Rhein, besetzt den Vordergrund.

Im Prinzip ist die »kleine Welt«, durch die die große scheint, positiv, liebevoll und mit Milde gezeichnet. Ihre Krähwinkeligkeit, ihre Spießigkeit, die gravitätische Wichtigtuerei der Handwerker mit ihren »leges tabulaturae« und ihren Zunft-Riten wird nicht satirisch heruntergemacht, sondern als in sich selbstverständlich dargestellt. Mit welch innerer Überzeugung spult Kothner bei seiner Verlesung die Kunst- und Vereinsregeln ab! Weder merkt er, daß die endlosen Koloraturen auf unwichtigen Endsilben objektiv komisch wirken, noch daß es mit seinen redundanten Bemerkungen – beispielsweise: »Der Sänger sitzt« – häufig des Guten zuviel ist. Mit welcher behaglichen Selbsttäuschung behauptet Pogner – Inbegriff des Sponsors mit schlechtem Gewissen –, daß »Gott« es gewesen sei, der ihn »zum reichen Manne« geschaffen habe, weshalb er bereit sei, jetzt seinerseits für die Kunst etwas springen zu lassen! Oder es gibt Sätze von fast morgensternisch komischer Einfalt wie die der Meister auf der Festwiese: »Ja wohl, ich merk's, 's ist ein ander Ding, / ob falsch man oder richtig sing'.«

Die Nürnberger Welt, ernsthaft in sich, wird humoristisch-komisch jedoch nur im Verhältnis ihrer Endlichkeit/Begrenztheit zur Unendlichkeit der Idee – in diesem Falle der Idee der Kunst. Daß Wagner hochgradige ästhetische Probleme mit der Hilfe von braven, kunstunwürdigen Figuren wie Bäckern, Schreinern, Schmieden darstellt, parodiert gewissermaßen seine eigenen Götter- und Heldenkonzepte; daß ihr Anliegen, Kunst zu machen, die Meistersinger quasi zu Zunftbrüdern des Komponisten macht, der, dem Meister Pogner hierin nicht unähnlich, den von Schacher und Wucher (oder Schulden) bedrängten Alltag transzendieren möchte, entbehrt nicht eines humorvollen Anstrichs. Wenn sie freilich meinen, der bunte Vogel Phantasie ließe sich durch Regeln und Gesetze und per Vereinswesen und Fehlerankreuzen einfangen und lehrbar und repetierbar machen wie ein Handwerk, dann benehmen sie sich, ohne es zu wollen und zu wissen, gegensinnig zur Idee von Kunst selbst, wie sie das 19. Jahrhundert so gerne hegte mit seinen

Vorstellungen von Inspiration, Naturgenie und höherer Sendung – und werden komisch dabei.

Die überkandidelte Verwirrung, in die der Lehrbub David gerät, wenn er den Meistersinger-Aspiranten Walther von Stolzing aufklären will über das, was ihm als einem solchen Handwerker der Kunst blühen wird, ist komisch, weil in seiner Rede die Ambition der Meistersinger aufscheint, die Unendlichkeit der Kunst wie die Unendlichkeit der Natur auf eine Liste nehmen oder ein Register und einen Katalog aller denkbaren Melodien herstellen zu können. Wagner hat viele der Bezeichnungen in alten Chroniken vorgefunden, hat aber auch nach Herzenslust dazuerfunden. Was David da an schnurrigen Eigennamen und Kunstwörtern aufzählt, hätte dem phantastischen Humoristen Jean Paul und seinen sogenannten »Blumenstücken« Ehre gemacht: Da ist die »›Schreibpapier‹-, ›Schwarztinten‹-Weis', der ›rote‹, ›blau‹ und ›grüne‹ Ton; die ›Hageblüh‹-, ›Strohhalm‹-, ›Fengel‹-Weis', der ›zarte‹, der ›süße‹, der ›Rosen‹-Ton; der ›kurzen Liebe‹, der ›vergeßne‹ Ton; die ›Rosmarin‹-, ›Gelbveiglein‹-Weis', die ›Regenbogen‹-, die ›Nachtigall‹-Weis'; / die ›englische Zinn‹-, die ›Zimtröhren‹-Weis', ›frisch Pomeranzen‹-, ›grün Lindenblüh‹-Weis'; die ›Frösch‹-, die ›Kälber‹-, die ›Stieglitz‹-Weis', die ›abgeschiedene Vielfraß‹-Weis'; der ›Lerchen‹-, der ›Schnecken‹-, der ›Beller‹-Ton; die ›Melissenblümlein‹-, die ›Meiran‹-Weis', ›gelb Löwenhaut‹-, ›treu Pelikan‹-Weis', die ›buttglänzende Draht‹-Weis'...« Je nach Hausgebrauch kommt für David die »›Knieriemschlag‹-Weis'« hinzu, die ihm der Meister singt, und je nach Hausgebrauch erfindet Beckmesser, wenn er den Vorsänger Walther abwerten will, weitere tolle Namen: Walthers Lied wird charakterisiert als »›Abenteuer‹-›Blau-Rittersporn‹-Weis', ›hoch-Tannen‹-›stolz-Jüngling‹-Ton«: Wenn der Ton die Musik macht, so macht hier erst recht das Wort die Person.

Von dieser Tollheit der Sinne und des Verstandes her, meint Jean Paul dann in einer Weiterführung seiner Gedanken, ließe sich »eine scheinbare Angrenzung des Humors an den Wahnsinn denken«, solange er nur den Kontakt mit der Vernunft, der Welt der Ideen behalte. Der Humor sei, wie die Alten den Diogenes nannten, »ein rasender Sokrates«. Natürlich können wir nicht umhin, bei einer solchen Formulierung oder Personifizierung des Humors sofort an den Hans Sachs des Zweiten Aktes zu denken, der so weise unter dem Fliederbusch sitzt und über die Geheimnisse der Kunst philosophiert, und doch derselbe ist, der kurz darauf den Sturm im Zweiten Akt entfesselt, ohne deshalb die Idee, das Ziel und den Sinn seines Handelns aus dem Kopf zu verlieren.

An Sachs müssen wir auch denken bei einer weiteren, hierher gehörigen Charakterisierung des Humors: Er trage, sagt Jean Paul, die »weltverachtende Idee« immer in sich. Der Humor sei immer melancholisch grundiert, das unterscheide ihn vom Witzigen oder bloß Scherzhaften. »Der Humor geht auf niedrigem Sokkus, aber oft mit der tragischen Maske, wenigstens in der Hand.« Das ist der Sachs der Schusterstube, der endlich einmal aus der Rolle des selbstlos gütigen Liebeshelfers fällt und nach einer Szene des erotisch intensiven Herumdrückens an jenem Schuh, der Evchen nicht passen will, in Schmerz, Wut und Traurigkeit ausbricht über sein Verzichtenmüssen, sein Zurückgesetztsein, überhaupt sein ganzes Schusterdasein. Depressiv und melancholisch waren schon seine Anrufungen der paradiesischen Eva in der Nacht, jetzt flucht er, daß er als eine Art Generalpsychiater immer nur für andere da sein müsse und dann auch noch leer ausgehe:

»Hat man mit dem Schuhwerk nicht seine Not! / Wär ich nicht noch Poet dazu, / ich machte länger keine Schuh! / Das ist eine Müh, ein Aufgebot! / Zu weit dem einen, dem andern zu eng; / von allen Seiten Lauf und Gedräng: / da klappt's, / da schlappt's, / hier drückt's, / da zwickt's! / Der Schuster soll auch alles wissen, / flicken, was nur immer zerrissen; / und ist er gar Poet dazu, / da läßt man am End ihm auch da keine Ruh'; / doch ist er erst noch Witwer gar, / zum Narren hält man ihn fürwahr: / die jüngsten Mädchen, ist Not am Mann, / begehren, er hielte um sie an; / versteht er sie, versteht er sie nicht, / all' eins ob ja ob nein er spricht: / am Ende riecht er doch nach Pech, / und gilt für dumm, tückisch und frech!«

Dann geschieht etwas, bei dem man Wagner – wie die Tiziansche Maria – höchstpersönlich und in verzückter Haltung die Himmelfahrt antreten sieht: die Himmelfahrt des Selbstgenusses als Komponist wie als Person, die eine Lebenskrise bewältigt hat, eine Himmelfahrt der Souveränität als Künstler und Mann. Er läßt Hans Sachs, dessen Wutausbruch Evchen zu einer Liebeserklärung veranlaßt hat, wie man sie einem alten Vater macht, dem man sein Werden und Wachsen verdankt, seinen Verzicht auf sie mit Hinweis auf die Katastrophe Tristans und Isoldes artikulieren. Im Orchester ertönt dazu ein chromatisches Selbstzitat: »Mein Kind, / von Tristan und Isolde / kenn ich ein traurig Stück: / Hans Sachs war klug und wollte / nichts von Herrn Markes Glück. / 's war Zeit, daß ich den Rechten fand, / wär' sonst am Ende doch hineingerannt!« Mag der Witz – im Sinne der komischen Nachahmung – seinen musikalisch reinsten Ausdruck in der musikalischen Pantomime gefunden haben, die Beckmessers Auftritt in der Schusterstube begleitet, so hat die Idee des Humors im *Tristan*-Zitat inhaltlich wie formal ihre reinste musikalische Ausprägung gefunden. Das Heraustreten aus dem einen Stück und das spielerisch-selbstreferentielle Verweisen auf das andere, das er schon gemacht hat, der Appell an ein Publikum, das dies versteht und dem Wagner zu sagen scheint: »Seht her, das hab ich schon komponiert, das habe ich hinter mir, ich erspar's mir und euch an dieser Stelle«, ist ein Heraustreten aus dem Kunstwerk und damit ein Darüberstehen und Damitspielen, das dem Humor eignet, den es ohne Souveränität bei gleichzeitiger Teilnahme am Geschehen nicht gibt. Es ist Verweis auf eine andere, harmonischere Möglichkeit des Handlungsverlaufs, die ihm, dem Dramatiker, auch zur Verfügung steht, und es ist das vorgeführte Bezwingen einer mächtigen Gefühlsregung: des Verzichts auf eine Geliebte und auf ein Leben mit ihr. Sachs verzichtet auf Eva wie Wagner, in nachzitternder Erinnerung, auf Mathilde/Isolde Wesendonck.

Witz und Humor. Nach den ästhetischen Vorgaben, die wir hier gemacht haben, erweist sich, daß in den *Meistersingern* eine Fülle von witzig-komischen und humoristisch-komischen Aspekten vorhanden ist. Dabei ist das Feld des Witzigen für Beckmesser reserviert, während im humoristischen Fach Hans Sachs dominiert. Bühnengestalten kann und muß man aber von zwei Seiten anschauen – von der subjektiven, wie sie innerhalb der Handlung sind, aber auch von der objektiven, als Akteure Wagnerscher Intentionen und Tendenzen, als Verkörperungen und Extrapolationen gewisser geistiger und seelischer Prozesse des Komponisten. Für Hans Sachs ist dies einfach, weil offensichtlich: In ihm verdichten sich alle möglichen positiven Projektionen des Wagnerschen Ichs. Von Wagner/Sachs, der die überwundene Lebens-Liebes-Krise der *Tristan*-Periode humoristisch aufhebt bis zu Wagner/Sachs, der vorführt, wie man das Neue in der Kunst mit der Tradition verbindet (»Verachtet mir die Meister nicht und ehrt mir ihre Kunst!«), und Wagner, der sich von der Höhe der gewonnenen künstlerischen Position her noch einmal als Taufpate seiner eigenen revolutionären Kunst darstellt. Aber es gibt noch ein drittes Wagnersches Ich, das in Hans Sachs erscheint, das allerdings definitiv unkomisch ist und die *Meistersinger* aus der Komödie vertreibt. Es ist der Wagner/Sachs des Dritten Aktes, es ist der Sachs, den Wagner als die »poetische Verkörperung des Volksgeistes« apostrophiert. Es ist jener Wagner, der sich als Erfüllung des nationalromantischen Künstlertraumes – oder Künstlertraumas – sieht, als geglückte Verbindung aus Geist und Macht, Wagner/Sachs als »Nürnbergs teurer Sachs«, als öffentliche Figur, öffentlicher Mentor, der Künstler als Fürst, ein Unpolitischer als Führer, ein Thomas Mann als Präsident. Doch was der große Wagnerkenner und Bekenner zum Unpolitischen, was Thomas Mann durch Hitler wurde, ein Politischer nämlich, ist Wagner/Sachs noch nicht. Denn er glaubt daran, daß eine »heil'ge deutsche Kunst« sein könne und sogar als identitätsstiftendes nationales Band genüge, auch wenn rundum alle politischen Halterungen einmal zergangen und zerfallen sein sollten.

Schwieriger ist es in Beckmessers Fall. Als alter ego wird man ihn sicher nicht bezeichnen können. In Beckmesser sammeln sich zwar auch Wagnersche Projektionen, aber eben die negativen der Abwehr und der Feindseligkeit und des Hohnes. Dieser Figur gegenüber versagen die Eigenschaften, die den Humoristen auszeichnen, nämlich Milde und Duldung gegenüber Torheiten. Beckmesser ist zwar selber witzig, ironisch zynisch, wird aber auch durch Witz fertiggemacht. Für diese Art von Witz – seinen Sinn und Zweck – reichen die analytischen Mittel Jean Pauls nicht aus. Den Weg zurück ins Kinderland möchte er lieber mit Jean Paul gehen als mit Sigmund Freud, seufzte zu Anfang unseres Jahrhunderts der Satiriker Karl Kraus in Wien, der Heimat der Tiefenpsychologie. Nimmt man die Kunst als die verwandte Form eines Spielens in Gebieten, die von Tabus und Zensuren fast so wenig tangiert werden wie das Kinderland, so sollte man aber auf die Hinweise, die Sigmund Freud in seiner Abhandlung über den »Witz und seine Beziehung zum Unbewußten« gibt, nicht verzichten.

Der Witz, wie ihn die traditionelle Ästhetik sieht und beschreibt, genügt Freud nicht, er fragt nach seiner Herkunft und seinen Tendenzen. Die Produktion von Witzen gehe nach ganz analogen seelischen Mechanismen vor sich wie die

Produktion von Träumen, obwohl der Traum ein asoziales Produkt sei und der Witz ein soziales, an Mitteilsamkeit und Verständlichkeit gebunden. Witz wie Traum dienen beide der Erschließung von alten Lustquellen. Freilich gilt dies nicht für die harmlosen Witze und Scherze, sondern nur für den sogenannten »tendenziösen Witz«, der etwas zu verbergen und zu verdrängen hat. Sind es im Traum die verbotenen, meist sexuellen Wünsche, die der Bearbeitung des Unbewußten überlassen werden, um dann als chiffriertes, leicht entstelltes Traumbild wieder aufzutauchen, so verbergen sich im »tendenziösen Witz« hauptsächlich Aggressionen, die verdrängt werden müssen oder nur in ihrer entstellten, chiffrierten Form, eben als Witz, zum Vorschein kommen können. »Wo man jetzt sagt: Entschuldigen Sie, da schlug man einem früher ums Ohr.« Wie die gewalttätige Feindseligkeit im Laufe des Kulturprozesses durch die Invektive mit Wörtern abgelöst wurde, so lehrte uns, die wir als Kinder noch zu kräftiger Feindschaft und zu Schimpfwörtern begabt waren, die höhere persönliche Kultur weitere Verzichtleistungen. An der Tat gehindert, haben wir, ganz ähnlich wie bei der sexuellen Aggression, neue, indirekte, erlaubte Techniken der Schmähung ausgebildet. Eine davon ist die, welche auf die Anwerbung eines Dritten gegen unseren Feind abzielt. »Indem wir den Feind klein, niedrig, verächtlich, komisch machen, schaffen wir uns auf einem Umwege den Genuß seiner Überwindung, den uns der Dritte, der keine Mühe aufgewendet hat, durch sein Lachen bezeugt.« Der Autor also, dem es gelingt, seinen Feind komisch zu machen, seine Würde herabzusetzen, wird sich »unzugänglich gewordene Lustquellen eröffnen«, er wird uns durch seinen Lustgewinn bestechen. Wie er auf diese Weise die Zensur des eigenen Überichs unterlaufen hat, so räumt er auch bei uns die kritische Einspruchsmöglichkeit ab. Indem er die Lacher auf seine Seite zieht, unterbindet er auch eine strenge Prüfung durch die Partei des Dritten, ob überhaupt gelacht werden darf. Man freut sich, bevor man den urteilenden Verstand einschalten kann. Das meinte Adorno, wenn er über den Wagnerschen Humor befindet: »Im Rausch, den das Lachen über ihn entfacht, geht das Gedächtnis an das Unrecht unter, das ihm widerfuhr. Die Suspension des Rechts im Lachen wird erniedrigt zur Sanktionierung des Unrechts.«

Während der tendenziöse Witz sonst aufklärend wirken kann, indem er Unterdrückungsmechanismen beleuchtet – durch Institutionen, Religionen, Autoritäten –, so benimmt sich der tendenziös feindselige Witz wie der obszöne, wie die Zote: Mit der Lust, seine Aggressionen sozusagen zivilisiert und öffentlich austoben zu dürfen, verschafft er seinem Urheber ein Machtgefühl, er hat gewonnen. Alle sind gegen seinen Gegner. Damit diese Mobilisierung aber auch wirklich gelingt, müssen die Hörer psychologisch vorbereitet werden. Die subjektive Disposition zur Parteinahme, die Geneigtheit muß da sein, die Hemmschwelle einer Kritikfähigkeit also herabgesetzt. Um sein Publikum einzustimmen – Canetti würde sagen, um es in eine »Hetzmasse« zu verwandeln –, hat gerade Wagner die stärksten Mittel zur Verfügung. Von ihm ist längst schon die Rede, der die Musikkritiker und vor allem die Wagnerkritiker nicht nur dem Gelächter des Volkes auf der Festwiese, sondern dem viel größeren der Wagnerauditorien aller Zeiten ausgeliefert hat.

Er benutzt die stärksten Mittel. Von der »musikalisch unterwühlenden Macht« in den *Meistersingern* hatte nun ausgerechnet der Uraufführungskritiker aus Wien, hatte Eduard Hanslick gesprochen und damit jenen Einstimmungsvorgang gekennzeichnet, der das Publikum auch gegen seine Verspottung »in effigie«, gegen die Verspottung Beckmessers, wehrlos gemacht hatte. Es ist ja fast unmöglich, daß Musik »witzig« oder »komisch« ist, das hängt mit ihrem eindimensional deskriptiven oder evokativen Charakter zusammen. Im buchstäblichen Sinne braucht sie das hier auch nicht zu sein. Die Aufgabe der komischen Denunzierung, des Lächerlichmachens wird von der *Meistersinger*-Musik im Grunde auf dieselbe Weise bewältigt wie die Aufgabe des Tragischmachens in den anderen Werken: durch die »unterwühlende« Wirkung der Wagnerschen Musik, ihre überredende, überschwemmende Art, deren Vereinnahmungsgestus oft genug bemerkt und besprochen worden ist. Sie tut auch in den *Meistersingern* ihre Wirkung. Wir werden gegen Beckmesser eingenommen und bemerken nicht, wie demagogisch Wagner dabei im Musikalischen vorgeht: Warum muß Beckmesser zum Beispiel alleine auf der kümmerlichen Laute klampfen, während der prätentiöse Ritter das ganze Orchester zu seinem Lied bekommt? Was ist eigentlich komisch daran, wenn eine Musik nachzeichnet, daß einer sich vor Schmerzen krümmt?

Dem Witzigen, Komischen, in den *Meistersingern* ist deshalb nicht zu trauen, weil man zum Bundesgenossen und Komplizen von Aggressionen und Aversionen gemacht wird, die – im Gewande des Komischen – eine Privatsache, wenn nicht Privatneurose des Komponisten Wagner sind, wie immer er auch bestrebt ist, sie zu verallgemeinern und sie zur Sache aller Naturgenies und Künstler zu machen. Der Antiintellektualismus, der darin steckt, ist unangenehm und gehört, wie wir wissen, ins Repertoire faschistoider Denkweisen. Beckmesser, der Kritiker, wird sein spätes Double im »Kritikaster« finden, wie ihn der Nazijargon nannte und der immer jüdische Züge trägt. Steckt nicht schon in der Namensgebung ein Vorurteil? Stellen wir die Anfangskonsonanten einmal um: Meckbesser hieße Beckmesser dann und meckerte besser noch als die anderen: das Ziegen-Bild stellt sich ein, mit jener gewissen krummen Nase, der Schneider Meck-meck-meck, der Schneider Kikeriki auf dem Berge Sinai. Häufig hat man deshalb in jüngerer Zeit gefunden, daß Wagner in der Figur des Beckmesser zur Hetze gegen die Juden auffordere. Doch mit nachgetragenen Assoziationen, die auf unserer Kenntnis der antijüdischen Obsessionen Wagners und der deutschen Geschichte seither beruhen, muß man vorsichtig sein. Erst dem Literaturwissenschaftler Hans Rudolf Vaget ist es 1995 gelungen, subtil auseinanderzulegen, daß der Antisemitismus in den *Meistersingern* eigentlich ein Phänomen der Rezeptionsgeschichte sei, das »von rechts« durch die Deutung und Aufführungspraxis der Werke Wagners im völkischen und nationalen Sinn begründet worden war, und »von links« auf Adornos umstrittenes Urteil aus den späten dreißiger Jahren zurückging, daß alle Verlierer in Wagners Werk »Judenkarikaturen« seien. In den Texten lasse sich nirgends eine tragfähige Stütze dafür finden. Der Gestalt des Merkers beispielsweise seien keinerlei jüdische Kennzeichen mitgegeben und auch die »intertextuelle« Anspielung auf das antisemitische Märchen vom »Juden im Dorn« in Walthers Probelied bleibt isoliertes Textelement, ohne daß sich deshalb dem Werk ein größerer antisemitischer Subtext anschlösse. Außerdem bedürfen die spärlichen »antijüdischen Rezeptionsvorgaben« des entsprechenden »Erwartungshorizontes«, um verstanden zu werden; das Publikum heute dürfte mit den antisemitischen Märchen und Klischees – weder mit dem »Juden im Dorn« noch mit dem Schneider Kikeriki – kaum mehr vertraut sein. Richtig aber bleibt, daß mit Beckmesser ein Katz- und Maus-Spiel inszeniert wird, das den bitteren Beigeschmack von Sadismus hat. Und Sadismus, das haben wir von der Sozialpsychologie gelernt, gehört in jenes Triebgeflecht von Hemmungen und kompensatorischen Handlungen, aus denen auch das faschistische Gewaltsyndrom zusammengesetzt ist.

Der Begriff »Angst« beispielsweise ist ja nun kein komischer. Er kommt aber in Wagners Anmerkungen zu Beckmesser, besonders im Zweiten und Dritten Akt häufig vor –

»höchste Angst« beim Ständchen, Angstschweiß auf der Festwiese. Daran wird deutlich, wie dünn der Lustspielfirnis ist, wenn der Stadtschreiber zunächst als ein feststehender komischer Typus eingeführt wird. Daß er der kauzige alte Pedant und falsche Freier ist, verdeckt kaum mehr die Tatsache, daß hier ein Mensch krank gemacht, zum Entgleisen gebracht wird und eigentlich niemand etwas dafür kann. Denn Beckmesser bringt die Disposition dazu doch schon mit, er ist labil-nervös, neigt zu Spitzen, Ironien, witzig formulierten Aggressionen. Die subjektiven Bedingungen, die einen Menschen witzig werden lassen, sagt Freud, lägen den Bedingungen der neurotischen Erkrankungen außerordentlich nahe. Komiker sind nicht selten Sonderlinge, Hypochonder, Verklemmte. Der psychischen Verwirrung, in die die Vorgänge in der Singschul' und auf der Gasse Herrn Beckmesser gestürzt haben, zieht die geistige nach. Hören wir die kühle Diagnose Freuds für Beckmessers Absturz in den Unsinn, in den »Wahn«: »Wir können beobachten, daß krankhafte Zustände der Denktätigkeit, in denen die Möglichkeit, psychischen Aufwand auf eine Stelle zu konzentrieren, wahrscheinlich eingeschränkt ist, tatsächlich die Wortklangvorstellung solcher Art gegen die Wortbedeutung in den Vordergrund rücken lassen und daß solche Kranke in ihren Reden nach den ›äußeren‹ anstatt nach den ›inneren‹ Assoziationen der Wortvorstellung fortschreiten. Auch beim Kinde, welches ja die Worte noch als Dinge zu behandeln gewohnt ist, bemerken wir die Neigung, hinter gleichem oder ähnlichem Wortlaut gleichen Sinn zu suchen, die zur Quelle vieler von den Erwachsenen belachter Irrtümer wird.« Das heißt also, daß Beckmesser unter dem Druck der Verhältnisse auf eine infantilere Geistesstufe regrediert. Dieses Absinken oder dieses Anknüpfen an das Infantile trifft sich wiederum mit dem Wesen des tendenziös Komischen insofern, als dieses ja auch regressive Momente enthält und dadurch imstande ist, uns Erwachsenen deshalb gewisse

Lustmotive des Kindes wiederzugeben, die unerlaubt sind: das Überlegenheitsgefühl und die Schadenfreude. Der geistig Erkrankte und der Komische kommen sich psychologisch ziemlich nahe. »Höchst merkwürd'ger Fall«, murmeln die Meister, wenn sie hören, was ihr Kollege auf der Festwiese da zusammenbraut. Das Wort »Fall« ist in seiner Zweideutigkeit richtig. Wir wohnen einem Fall im Sinne eines sozialen wie geistigen Absturzes bei und zugleich einem Krankheits-Fall. Wenn der arme Kerl sich »im Volk verliert«, so heißt das eben auch, daß der Volkskörper gesund bleiben will und alles andere abstößt. Man kann sich immer nur wieder über die Kraft und die Tricks von unterbewußten Strömungen wundern: Die haßerfüllte Abwehr Wagners gegen die Kritiker arbeitet mit allen Mitteln. Die Figur Beckmesser ist tiefenpsychologisch bereits so konstruiert, daß er selber an seinem Unglück schuld ist und unsere Lachlust nur zu Recht reizt. Daß Beckmesser die musikalisch und literarisch extremste, man könnte sagen die »modernste« Behandlung erfährt, ist ein zwiespältiger Trost. So extrem hat sich auch der Schöpfer der Musik der Zukunft die Zukunft der Musik nicht vorgestellt.

Es nimmt nach all dem nicht wunder, wenn so noble Charaktere wie Franz Liszt und Friedrich Nietzsche die Witze Wagners nicht mochten. Vielleicht spürten sie deren ambivalente Natur, die infantil-aggressiven Strebungen, die ihm anhafteten. Die subjektiven Lustempfindungen, die Erleichterung, die momentane Aufhebung von Verdrängung, die der Komponist dabei erfuhr, teilten sich ihnen ja nicht mit. Wagners lustvoll-komisches Unschädlichmachen seines Gegners allein macht aber längst noch nicht das eingangs erwähnte »Glück des Künstlers an sich selber« aus, wie es in den *Meistersingern* spürbar sein soll. Eine anderer Komplex, dem tendenziösen Witz strukturverwandt, wirkt daran erheblich mit. Es ist der ominöse »Wahn«, der von der Hauptfigur, von Hans Sachs persönlich und ausgiebig thematisiert wird.

Wie beim Witz gibt es beim »Wahn« eine semantisch harmlose Seite. »Mein Freund, Ihr seid im argen Wahn«, oder: »Doch glaubt, ob der Werbung seid ihr im Wahn«, sagt Sachs zu Beckmesser. Hier ist das Wort Wahn einfach gleichbedeutend mit Irrtum, Einbildung. Bedeutungsschwerer schon erscheint der »Wahn« im Zusammenhang mit der Kunsttheorie. Sachs, der rational nicht formulieren kann, warum Walthers Antrittslied ihm so gefiel (»Kann's nicht behalten, doch auch nicht vergessen«), versteht immerhin so viel, daß man diese von Jugend, Liebe und Natur inspirierte Kunst nicht imitieren kann oder sollte. Diese Einsicht unterscheidet ihn von Beckmesser, der genau dieses tut. Über Walther sagt Sachs: »Wer ihn hört, / und wahnbetört / sänge dem Vogel nach, / dem brächt es Spott und Schmach.« Wahnbetört, bezaubert ist er hier vom Wahne des anderen, aber auch im Wahn über sich selber, in der Selbsttäuschung befangen. Wahn hat hier mit Zauber zu tun, aber auch wieder mit Täuschung, Irrtum. Die zentrale Aussage über den »Wahn« als die unentbehrliche, weil mitschaffende Komponente im Entstehen von Kunst ist jene, mit der Sachs den Ritter in der Schusterstube belehrt. Wäre Freud ein wenig Wagnerianer gewesen, hätte er gejubelt, denn es ist, als hätte Wagner in seinen Schriften geblättert und wäre auf jene Stelle gestoßen, in der das Dichten mit dem Tagträumen gleichgesetzt wird, mit dem träumerischen Bewußtmachen des Unbewußten und seiner tiefsten Wünsche und Bilder. »Mein Freund«, sagt Sachs: »Das grad ist des Dichters Werk, / daß er sein Träumen deut und merk'. / Glaubt mir, des Menschen wahrster Wahn / wird ihm im Traume aufgetan: / all Dichtkunst und Poeterei / ist nichts als Wahrtraum-Deuterei.«

Wahn und Wahrheit sind miteinander verschwistert, und

sie hängen ursächlich mit Kunst und Traum zusammen. Der Wahn ist die Wahrheit, also das Gegenteil von Irrtum, doch eine Wahrheit, die nur im Traum gedacht und nur über die Kunst manifest gemacht werden kann. Kunst hat hier eine bändigende, domestizierende, formgebende Funktion. Diese Funktion ist wichtig – als Widerpart und korrigierende Instanz zum Wahn.

Wenn wir beachten, unter welchen Namen diese wahnbändigenden Instanzen sonst noch erscheinen, erhalten wir eine sinnreiche konstruktive Trias zur Bändigung dieses zwischen Irrtum und Wahrheit schillernden Dämons. Mitten im Wahn-Monolog beispielsweise taucht eine solche Instanz auf, gleichsam als Schwerpunkt zwischen den Sachsschen Überlegungen zum Wahn im allgemeinen, in der »Stadt- und Weltchronik«, und dem Wahn im besondern, der Prügelei in der Johannisnacht. Es ist die Stadt Nürnberg. »Wie friedsam treuer Sitten, / getrost in Tat und Werk, / liegt nicht in Deutschlands Mitten / mein liebes Nürenberg!«, sagt, sinnt oder tagträumt der Schuster. Dieser an sich unbedeutende Satz wird musikalisch außerordentlich hochgepuscht, denn er beschreibt das offenbar einzige Heilmittel gegen jenen Wahn, der ein schreckliches Gesicht trägt, obwohl er aus denselben unbewußten Bezirken stammt wie sein guter schöner Bruder, der Wahn als Phantasie, der Künstler-Wahn. Es ist der kollektive Wahn, für den auch Sachs keinen präzisen Namen findet und den er deshalb als »alten Wahn« bezeichnet – kein schlechtes Wort für die archaische Kraft, die er überall am Werke findet, wo die Leute sich sinnlos quälen und schinden »in unnütz toller Wut« und wo in einem undeutlichen Gequirl die widersprüchlichsten Triebregungen an die Oberfläche kommen: Das ist kein Nürnberger Bürger um 1600 mehr, den Sachs da beschreibt: »in die Flucht geschlagen, / wähnt er zu jagen; / hört nicht sein eigen / Schmerzgekreisch', / wenn er sich wühlt ins eigne Fleisch, / wähnt Lust sich zu erzeigen.« Es ist vielmehr ein sehr moderner, ziemlich neurotischer, es ist der sadomasochistische präfaschistische Bürger des späten 19. Jahrhunderts. Gegen diesen beschwört Sachs die heilende, zentristische Utopie Nürnberg als Hort mittelalterlicher Werte, als Inbegriff von Sitte, Vernunft und Ordnung. Eine soziale Parallelaktion zur Kunst gewissermaßen, die auch zwischen Triebwünschen und Zensurnotwendigkeit, zwischen Inspiration und Form die Mitte hält. Dann aber fährt Sachs fort und blickt auf die Nacht der langen Messer zurück, die eben vorbei ist: »Ein Schuster in seinem Laden/zieht an des Wahnes Faden«, heißt es wahrheitsgemäß, »wie bald auf Gassen und Straßen/fängt der da an zu rasen;/Mann, Weib, Gesell' und Kind,/fällt sich da an wie toll und blind [...] Gott weiß wie das geschah?« Vielleicht hat er es so nicht gewollt, aber seine Fädenzieherei, sein Zündeln mit dem Irrationalen ist ihm entglitten und hat zu einem kaum motivierten Ausbruch triebhafter kollektiver Gewalt geführt. Das will Sachs nicht so recht wahrhaben, oder hat er nicht das rechte Begriffsinstrumentarium dafür? Jedenfalls flüchtet er sich in Natur und Poesie und behauptet: »Der Flieder war's«. Der Flieder war's ganz sicher nicht. Der Flieder ist ein Verlegenheitsname, ein Deckname, der ein bißchen an Rausch und Betäubung mahnt, an das Gläschen Alkohol zuviel, das die jederzeit lauernde latente Gewaltbereitschaft einer Masse entfesseln kann.

Es ist ja nicht zu glauben, mit welcher Lust an der Gemeinheit in jener Nacht nicht nur die Hooligans von Lehrbuben aufeinander losschlugen, sondern wie auch die honorigen Meister des Ersten Aktes die Sau rausließen und einander zubrüllten, was sie immer schon voneinander gedacht haben und nicht sagen durften. Dem Spuk – der Aufhebung von Verdrängung – machte damals noch ein Nachtwächter ein Ende. Dieselbe nächtliche Hetzmasse von Bürgern werden wir am hellichten Tage als gute Demokraten wiedersehen. Schaut man denen aber genauer aufs Maul, so stellt sich heraus, daß sie immer nur nachplappern, was ihnen suggeriert wird.

Doch die letzte Instanz, die Sachs beschwört, um die Nürnberger Entgleisungen wieder in rechte Bahnen zu bringen, ist er selbst: »Jetzt schaun wir, wie Hans Sachs es macht, / daß er den Wahn fein lenken kann, / ein edler Werk zu tun; / denn läßt er uns nicht ruhn, / selbst hier in Nürenberg, / so sei's um solche Werk', / die selten vor gemeinen Dingen, / und nie ohn' ein'gen Wahn gelingen«. Wenn also der Wahnsinn integraler Bestandteil sogar der friedlichsten Gemeinschaft ist, so kann man ihn nicht wegleugnen, sondern muß alles daran setzen, diese aggressiven Regungen positiv zu kanalisieren.

Eine heilige Dreifaltigkeit zur Bändigung und Domestizierung des »Wahns« ist damit hergestellt: die Kunst, Nürnberg, Hans Sachs. Im poetisch-melodiösen Stillstand des Quintetts, in dem jeder für sich ist und doch aufgehoben in der Gruppe, in diesem introvertierten schönsten Augenblick vor Ausbruch des Lärms und der Öffentlichkeit, kulminiert diese Beschwörung des Guten, Schönen und Wahren. Und insofern der Humor die Perspektive der Gestaltung dafür gegeben hat, gehört er hierher.

Wie aber verhält es sich mit dem tendenziösen Witz? Wird er auch gezähmt und homogenisiert? Im semantischen Zweigespann des Wortes Wahnwitz deutet sich an, daß er dem Wahne außerordentlich nahe steht, daß er eine der Triebregungen jener Sorte ist, denen es gelingt, unversehrt die moralische Zensur unserer Kultur zu passieren, um sich infantile Lustquellen zu erschließen. Wagner, das muß auch ein hartgesottener Wagnerianer zugeben, gönnt sich in diesen Quellen ein ausgiebiges Bad. Aber so ganz ungehemmt tut er dies auch nicht, die Selbstzensur läßt kaum mehr als ein Fußbad zu. Der lustvollen Aufhebung der Verdrängung durch den bösen, den tendenziösen Witz und durch den bösen, den kollektiven Wahn steht machtvoll jene oben genannte Trias der gelungenen Verdrängung entgegen.

Der Erfolg der *Meistersinger* als Werk hat sicherlich viele Gründe. Einer dieser Gründe mag die raffinierte Balance sein, die zwischen dem lustvollen Freilassen infantil-aggressiver Strebungen des Autors als Wahn und Witz besteht, und dem Vorführen ihrer souveränen Domestizierung und Bändigung im Sinne der Kulturforderungen, die ihrerseits durch das gelungene Kunstwerk transzendiert werden. Insofern hatte Nietzsche sogar mehr Recht, als ihm lieb sein konnte, wenn er bezüglich der *Meistersinger* vom »Glück des Künstlers an sich selber« sprach.

»UNS BLIEBE GLEICH DIE ABENDLÄND'SCHE KUNST«

Entsorgungsanlage Neubayreuth

Der Titel erscheint einigermaßen rätselhaft. Wagner-Kenner werden sofort ein entstelltes Zitat aus den *Meistersingern von Nürnberg* wahrnehmen. Wie hieß es doch in jener Schlußansprache des Hans Sachs, als er dem Ritter von Stolzing, der sich ins Privatleben zurückziehen und kein Meister sein will, eine Lektion über das Verhältnis von Politik und Kunst erteilt? »Zerging in Dunst / das heil'ge röm'-sche Reich, / uns bliebe gleich / die heil'ge deutsche Kunst!« singt der Schuster. Der Poet verwandelt sich in einen politischen Augur, der vor dem Zerfall des deutschen Reiches und seiner Überfremdung durch die »Welschen« warnt und als einzigen Halt dagegen die heilige deutsche Kunst beschwört – nicht die heilige abendländische.

Das Zitat ist also eine Verschiebung, Entstellung oder vielleicht eine Berichtigung, in jedem Fall eine Veränderung des Begriffes »deutsch« zum globaleren »abendländisch«. Diese Veränderung der berühmten Schlußworte von Hans Sachs hatte damals, 1956, anläßlich der spektakulären, der irrsinnig scheinenden Neudeutung der *Meistersinger* durch Wieland Wagner der Musikkritiker Hans Heinz Stuckenschmidt vorgeschlagen. Wir wollen diesem Vorschlag nachgehen und prüfen, inwiefern er berechtigt und nicht nur »amüsant« ist, wie der Musikkritiker Joachim Kaiser einmal meinte.

Aus der Kernforschung stammt der Ausdruck »Entsorgungsanlage«, mit dem wir hier den grünen Hügel einmal bezeichnen wollen. Seit dem »Historikerstreit« über die Bewertung und Einordnung des Nationalsozialismus in unsere Geschichte und in unser Bewußtsein hat der Ausdruck »Entsorgung« jedoch auch metaphorische Bedeutung. Er gilt für die Entsorgung der Vergangenheit im Sinne einer Entwarnung: Genug darüber geredet, Schwamm über die verseuchte braune Zeit, unser radioaktiv strahlendes Geschichtsmaterial lagert endlich im Winkel ab, entsorgt, geborgen, unschädlich gemacht. Entsorgung bedeutet also auch Vergessen.

Der Titel erscheint nun weniger rätselhaft. Es geht um eine Variante des alten Themas Kunst und Politik am Beispiel der historischen Bergung oder Entsorgung oder Entschärfung eines strahlenden Materials. Und dieses strahlende Material sind in unserem Falle Wagners *Meistersinger*. Strahlend sind diese *Meistersinger* ja tatsächlich in des Wortes doppelter Bedeutung: Vom hellen und positiven, vom C-Dur-Strahlen dieses Werkes –, einziges Wagnerwerk, das mit einem Happy-End schließt –, sprechen die Exegeten seit Nietzsche. Andererseits sind die *Meistersinger* geschichtlich verstrahlt wie kaum ein anderes Werk, der *Siegfried* und die *Götterdämmerung* vielleicht ausgenommen. Sie sind negativ verstrahlt durch die Möglichkeit und Tatsache ihrer intensiven Besitznahme durch die Nazis, durch ihre triumphale Einordnung in die deutsche Ideologie. Adolf Hitler hat die *Meistersinger* zur repräsentativen Festoper der Nürnberger Parteitage gemacht, und diese Wirkungsgeschichte ist ein Teil des *Meistersinger*-Schicksals geworden. Wie eine zweite Haut überzieht sie das Werk, und solange unser Ohr nicht umhin kann, historisch zu hören, müssen wir sie wahrnehmen.

An die Unschuld des *Meistersinger*-Schlusses im Sinne einer romantischen Deklaration des Vorrangs der Kunst vor der Politik glaubt man heute längst nicht mehr. Der Schluß hat – das erzählt die Entstehungsgeschichte – im Zusammenhang mit politischen Erregungen Wagners gestanden und darf als kompensatorische Umwertung der zwischen 1849 und 1866 immer wieder scheiternden Hoffnungen auf ein einiges Deutschland verstanden werden. »Nicht viel hat gefehlt«, stöhnt Peter Wapnewski in seinem »Wagner-Handbuch«, »und es wäre diese jovial-nationale Wendung dem Werk und seinem Finale erspart geblieben.« Dieses »nicht viel« bezieht sich auf das Eingreifen Cosimas, die den über seine Schlußdramaturgie unsicheren Wagner auf den hohen Ton der politischen Kundgebung einstimmte; die Formulierung Wapnewskis zeugt aber auch von der Irritation, die das nationaldeutsche Pathos für uns hat.

Als erster nach dem Krieg hat der Literaturwissenschaftler und Ideologiekritiker Hartmut Zelinsky die Bestätigungsfunktion analysiert, die der deutsche Schluß der *Meistersinger* unter den Nazis erhielt: Im »Wach-auf«-Chor, mit dem das Volk auf der Festwiese Sachs mit den Versen seines Luthergedichts begrüßt, klinge das spätere »Deutschland erwache« voraus. In Bayreuth erhob sich jedenfalls schon 1924 nach einer *Meistersinger*-Aufführung das Festspielpublikum und brach ins Deutschlandlied aus. Bei den Festspielen von 1933 mußte Hitler dann ausdrücklich darum bitten, von solchen Kundgebungen abzusehen, die »herrlichen Äußerungen des deutschen Geistes« im unsterblichen Werk des Meisters seien genug.

Der Umgang mit so zweifach strahlendem Material, mit dem als autonomem Kunstwerk positiv strahlenden und mit dem zugleich geschichtlich böse verstrahlten, wird nicht leicht sein. Die konträre semantische Aufladung des Sujets wird einige interpretatorische Fieberkurven erzeugen. Gerade an den Fieberkurven aber, die den Umgang eines Künstlers mit einem Kunstwerk kennzeichnen, läßt sich etwas von den inneren Spannungen ablesen, denen diejenigen ausgesetzt waren, die in ihrer Jugend das Dritte Reich miterlebt und mitgemacht hatten und die nun – nach der Katastrophe – zum kulturellen Wiederaufbau antraten.

Wieland Wagner war einer von ihnen. An seinem szenischen und interpretatorischen Umgang mit den *Meistersingern*, die er nur zweimal neu inszeniert hat, in Bayreuth 1956 und 1963, läßt sich einiges von den tief eingelagerten Konflikten und Schamgefühlen seiner Generation ablesen. Es lassen sich aber auch die Strategien der Bewältigung und Selbstverteidigung erkennen, mit deren Hilfe Rehabilitation und Selbstreinigung vorangetrieben wurden. Das Leben, das aus den Ruinen blühte, wollte schließlich gelebt werden. Doch als die Ruinen verschwanden und die Kultur wieder blühte, kehrte das Verdrängte allmählich zurück und machte sich in den seltsamsten Verrenkungen sichtbar.

Nun ließe sich einwenden, gerade Wieland Wagner sei kein gutes Beispiel, an dem sich die nachhitlerische Seelenlage der Nation demonstrieren ließe. Seine elitäre Geburt als der erste Enkel Richard Wagners der männlichen Linie und die dem entsprechende Erziehung zum Erben eines der repräsentativen deutschen Kulturgüter machen ihn dazu ungeeignet. Daß Hitler ihn wegen dieser Kulturgeburt begünstigte und protegierte und ihn vom Kriegsdienst befreite, schuf eine weitere Auserwähltheit. Diese Auserwähltheit aber ist es, die ihn wiederum doch geeignet macht, jene Arbeit darzustellen, für die später der Terminus »Trauerarbeit« aufkam. Denn wie sollte man nach dem Krieg die Schande und die Wut über die eigene Blindheit ertragen, über die Verstrickung ohne Gegenwehr, über die unterlassene Erkenntnis? Die Verwundung im Krieg, die manchem Zeitgenossen die Verwundung des Gewissens erspart hatte, war hier nicht gegeben.

Man mag es als übertrieben ansehen, die *Meistersinger von Nürnberg* in zeitlicher, örtlicher und geistiger Nachbarschaft zu den Nürnberger Rassegesetzen zu sehen. Was der Schriftsteller und Journalist Richard Wilhelm Stock aber in seinem 1938 herausgegebenen, in stolzes Schweinsleder gebundenen und von der Familie Wagner unterstützten

Prachtband »Richard Wagner und die Stadt der *Meistersinger*« geschrieben hat, dürfte das Gegenteil beweisen: »So haben auch die weltanschaulichen Lebensziele Richard Wagners in der Stadt seiner *Meistersinger*, der Metropole des Weltkampfes gegen das Judentum, wo der Führer auf dem Reichsparteitag der Ehre die Gesetze zum Schutze des deutschen Blutes, die Nürnberger Gesetze verkündete, eine herrliche Erfüllung gefunden.« In diesem Erfüllungsprogramm hat auch, wie Herr Stock sagt, »das junge Geschlecht um Frau Winifred Wagner« seinen Platz. In Wieland Wagner habe es bereits »Zeugnis abgelegt vom Willen des Blutes, das große Erbe zu meistern«. Gemeint sind die Bühnenbilder zum *Parsifal*, die Wieland 1937, als Zwanzigjähriger, für die Bayreuther Festspiele angefertigt hatte.

Als der Führer seiner Mutter nach Kriegsausbruch – nein, nicht befahl, sondern: – zu verstehen gab, er wünsche, daß auch in den Kriegsjahren weiter gespielt würde am grünen Hügel, da war es wieder Winifreds Ältester, der dem Willen des Blutes folgte: Wieland entwarf die Bühnenbilder zu dem einzigen Werk Wagners, das 1943 und 1944 den Spielplan bestritt: zu den *Meistersingern*, die ob ihrer Positivität geeignet erschienen, die Verwundeten und Verkrüppelten, die Soldaten, Schwestern und Sanitäter, die Verhetzten wie die Gläubigen für ein paar Stunden vergnügt zu stimmen, so daß sie die durch Freude erworbene Kraft wieder in den Dienst des Volkes stellen konnten. Ganz zu schweigen von dem zusätzlichen Sinn der Kriegsfestspiele, die Realitätswahrnehmung weiterhin abzublocken und umzulenken. Die Jahre 1943/44 waren jene Jahre, in denen nicht nur Stalingrad eine Wende signalisierte, die kaschiert werden mußte; seit 1943 wurden auch die Deportationen der Juden in verstärktem Maße betrieben.

»Es war nicht erlaubt, es war unmöglich, ›Kultur‹ zu machen in Deutschland, während rings um einen herum das geschah, wovon wir wissen. Es hieß die Verkommenheit beschönigen, das Verbrechen schmücken. Zu den Qualen, die wir litten, gehörte der Anblick, wie deutscher Geist, deutsche Kunst sich beständig zum Schild und Vorspann des absolut Scheusäligen hergaben. Daß eine ehrbarere Beschäftigung denkbar war, als für Hitler-Bayreuth Wagner-Dekorationen zu entwerfen – sonderbar, es scheint dafür an jedem Gefühl zu fehlen«, schrieb Thomas Mann im September 1945 an Walther von Molo, der den Emigranten zur Rückkehr nach Deutschland bewegen wollte. Daß es auch Wieland Wagner an diesem Gefühl fehlte, ist offenkundig. Warum es ihm, in einem besonderen Maße sogar, fehlte, wird aus der Verkettung seines erblichen Auftrags mit seiner damaligen familienpsychologischen Situation erklärbar.

Werfen wir einen schärferen Blick auf den Stand der Dinge 1943/44. Das Familiennähkästchen als Geschichtsquelle hat ja längst einen würdigen Platz in der Forschung erhalten.

Der Sechsundzwanzigjährige war photographisch und malerisch tätig. Hätte es nicht sein können, daß er versucht hätte, seine Bühnenbilder der Kriegs-*Meistersinger* stilistisch zu unterscheiden, abzugrenzen von den deutschtümelnden *Meistersingern* der Nürnberger Szene, die Benno von Arent mit Gassen, Fahnen und sonstigem historisch getreuen Beiwerk ausgestattet hat? Daß er im Anschluß an die Bühnenbildreformen, wie sie im Berlin zu Ende der zwanziger Jahre – in der Kroll-Oper zum Beispiel – schon stattgefunden hatten – man denke an den rechtwinkelig-entkitschten *Holländer* Ewald Dülbergs –, daß er vielleicht versucht hätte, wenn nicht gegen den Strich, so doch vielleicht mit Widerhaken und Fragezeichen zu arbeiten, daß er versucht hätte, eine Grenze zu ziehen zwischen dem Kunstraum drinnen und dem Parteitag draußen? Man muß zugeben, es war nicht der Fall. Aufführungsphotos jener Jahre beweisen die völlige Angepaßtheit und Konventionalität seines Bühnenbildes. Die *Meistersinger* drückten eben »das Wesen des Deutschtums« aus, wie es der Wiener Philosoph und Wagnerianer Otto Weininger um 1900 als einer für viele ausgedrückt hatte und was Goebbels nur paraphrasierte, als er in einer Rundfunkrede vom Sommer 1933 aus Bayreuth von der »deutschesten aller deutschen Opern« sprach. Dieses Wesen hatte seine historische Erfüllung im Nürnberg des Hans Sachs gefunden. Da gab es weiter nichts zu überlegen, das galt es nur noch historiengetreu und mit Rücksicht auf das Auftreten und Abtreten der Darsteller zu bebildern. Außerdem waren ja Wagners Anweisungen da, und Zuwiderhandlungen verboten sich auch aus der Perspektive der Werktreue.

Und dennoch. Obwohl wir es mit vorinterpretatorischen Zeiten zu tun haben, mit Zeiten, in denen es nicht üblich war, einen fixierten Theatertext zu kneten und zu biegen, an ihm seine Historizität herauszustellen oder ihm aktuelle Nuancen abzugewinnen – immerhin war hier ein junger Mann, und von wem, wenn nicht von den Jungen würde man eine kritische Haltung zu etablierten Verhältnissen erwarten? Von Wieland hätte man schon – wenigstens im Gewande stilistischer Neuerungen – eine Art Abweichung von den Normen erwarten können, die als Widerstand gegen die politische Vereinnahmung Wagners und der *Meistersinger* zu deuten gewesen wären.

Statt dessen kamen die reformatorisch-moderneren Impulse aus der älteren Generation, schleuste derjenige, der für die Regie in Wielands Bühnenbildern verantwortlich war, einige »undeutsche« Effekte in diese Kriegs-*Meistersinger*, chorisch-choreographische Revueeffekte für den Dritten Akt beispielsweise, wie man sie eher aus den avancierteren Häusern des vornazistischen Berlins gewohnt war. Und ein Bühnenbildner arbeitete am Festspielhaus, dessen künstlerische Tendenzen auf »durchgehende Vereinfachung« und »symbolische Gültigkeit« abzielten. Wir sprechen von dem Arbeitsteam, das Heinz Tietjen, der Generalintendant der Preußischen Staatstheater, nach Siegfried Wagners Tod künstlerischer Leiter in Bayreuth, mit Emil Preetorius bildete. Natürlich waren diese Theaterprofis nicht nur an Jahren voraus, sondern auch an Weltläufigkeit und Bildung dem in der kulturell und ideologisch luftdicht abgeschlossenen Atmosphäre des deutschnational-nazistischen Bayreuther Kreises aufgewachsenen Wieland überlegen. Nur unter Druck auf seine Mutter, mit viel Krach und unter Berufung auf seinen Anspruch als Erbe hatte Wieland es durchsetzen können, daß *er* und nicht Preetorius diese *Meistersinger* in die Hände bekam.

Vielleicht ist jetzt das Dilemma deutlicher, das bewirkte, daß der junge Wieland Wagner sowohl politisch wie künstlerisch so brave und angepaßte Wege ging. Die psychologisch-familiäre Konstellation war derart vertrackt, daß, hätte er seine natürliche ödipale Revolte gegen den Ersatzvater Tietjen richten wollen – Tietjen war nicht nur Chef am Festspielhaus, sondern auch Chef zu Hause, denn die Mutter hatte ihn zum Vormund der Kinder gemacht –, er sich in einer gemeinsamen Ecke mit der ältesten Garde wiedergefunden hätte. Mit jenen, die, zusammen mit den alten Töchtern Wagners, die Herrschaft von Winifred, Tietjen und Preetorius als zu modern ablehnten und sich des jungen Enkels bedienen wollten, auf daß der gralshütende Geist und die Buchstaben-Werktreue der Cosima-Chamberlain-Ära wiederkehre. Wollte der ehrgeizige junge Wieland sich gegen die bestehenden Machtverhältnisse auflehnen und endlich vom Kronprinzen zum Oberhaupt werden, so konnte er sich um Hilfe nur an Adolf Hitler wenden. Der würde ein Ohr haben für die Aufstiegsnöte seines Protegés, würde den milden Mitläufer, der Tietjen natürlich war, sicher dazu bringen können, seinen Posten wenigstens partiell abzutreten. Es kam Gott sei Dank – aber nur um Haaresbreite – anders. Im Januar 1945, als Wieland in dieser Sache zu Hitler wollte, war es zu spät, er kam nicht mehr durch nach Berlin.

»Damals war Krieg, aber jetzt ist Frieden« – das war die stehende Redensart, die die alliierten Journalisten nach 1945 zu hören bekamen, wenn sie die Deutschen nach ihrem Fühlen und Denken befragten. Das war die Formel, die den Bruch mit der eigenen Geschichte bezeichnete und eine seltsame Ferne des eben Geschehenen. Hans Magnus Enzensberger zitiert solche und andere Sprüche in seinem Buch »Europa in Trümmern«. Darin zitiert er auch Alfred Döblin, der auf seiner ersten Erkundungsfahrt die ameisenhafte Aufbauarbeit und die Wiederbelebung kulturellen Lebens beobachtete: »Es wird viel leichter sein«, schreibt er, »ihre Städte wieder aufzubauen, als sie dazu zu bringen, zu erfahren, was sie erfahren haben, und zu verstehen, wie es kam.« Döblin konstatiert auch, daß die Zerstörung auf die Deutschen nicht deprimierend wirke, sondern im Gegenteil, als intensiver Reiz zur Arbeit.

Die Beschreibung der Bewußtseinslage gegenüber dem Dritten Reich wie die Beschreibung erregter Arbeitswütigkeit treffen auch auf die Brüder Wieland und Wolfgang Wagner zu, die 1951 vor den staunenden Augen der Weltöffentlichkeit die Festspiele wieder eröffnen. Hatte sich der jüngere Wolfgang in den praktischen Wiederaufbau des Theaters gestürzt, so stürzte sich Wieland in den künstlerischen. Es war nicht die Zeit der Reflexion, sondern der Aktion. Während aber die anderen deutschen Theater, die Repertoiretheater, Wagner nur zögernd wieder in den Spielplan nahmen und die harmloseren Frühwerke bevorzugten, den *Holländer*, *Tannhäuser*, *Lohengrin*, und dabei ängstlich in den Grenzen der alten Inszenierungsästhetik, des »genießerischen Illusionismus« blieben, ereigneten sich auf der Bayreuther Bühne, je nach Empfinden, »Skandale« oder »Wunder«. Unter dem Schlagwort der »Entrümpelung«, das ungenau ist wie alle Schlagworte, jedoch den Impuls der Reinigung, des Leerfegens richtig ausdrückt, waren hier eine Bühnenästhetik und ein Darstellungsstil gefunden, die in

Bayreuth neu waren. Wieland Wagner brachte einen neuen *Parsifal* heraus, der wie ein Mysterienspiel in magisches Helldunkel getaucht war, und einen *Ring*, der frei, fast frei war von germanischen Assoziationen. Die Grundzüge des Neubayreuther Stils kündigten sich an in der Reduktion der Spielorte auf entweder geometrisch-abstrahierende oder kubisch anmutende Grundformen, in der choreographischen Durchstilisierung der Chormassen, in der Psychologisierung der Einzelgestalten. »Das Licht spielt mit«, verkündeten die Siemens-Reklame-Anzeigen in den Programmheften, und in der Tat, die eigentliche Stilrevolution war die Lichtregie als ein zusätzlicher dramatischer Faktor des Geschehens. Verschwunden war die flache Beleuchtung des Dekors früherer Zeiten, die sich, auch noch bei Preetorius, als gelbbraune Soße übers Bild ergoß und alles gleichmäßig hell und fade werden ließ. Jetzt wurden, rembrandtartig, Licht- und Schattenwirkungen eingesetzt, es gab Magie und Stimmung, oft erschienen die handelnden Personen wie heraufgeholt aus der Nacht durch den kleinen Lichtkreis, der ihnen folgte. Der Ruf nach einem »Wagner von innen«, wie er in den verlegenen Nachkriegsjahren erscholl, schien hier – so bestätigen es die damaligen Kulturberichterstatter – verwirklicht. Nach dem anfänglichen Widerstand der Altwagnerianer und anderer konservativer Kreise stieg der Ruhm des erneuerten Bayreuth weit über das hinaus, wovon andere Bühnen träumen konnten. Zum Wirtschaftswunder gesellte sich das Wagnerwunder: Daß es leibliche Nachkommen geschafft hatten, den »Karren aus dem Dreck zu ziehen«, befriedigte das kollektive Bedürfnis nach Dynastien – das Bedürfnis nach geschichtlicher Kontinuität nach so vielen Brüchen.

Was aber geschah mit den *Meistersingern*? Nicht Wieland Wagner inszenierte die Wiedereröffnungsvorstellung. Überlastet durch die Neuinszenierung der fünf anderen Stücke, konnte er das nicht, wollte es sicher auch nicht. Und es dürfte einleuchtend sein, warum. Berührungsängste spielten hier ihre tabuisierende Rolle. Als Festspielchef war Wieland aber davon überzeugt, daß das Stück gespielt werden müsse – spielplandramaturgisch – als populäres, heiteres Werk nach den schweren, mythischen Brocken eines *Ring* und eines *Parsifal*. Aber wer sollte sich an der Ex-Parteitagsoper die Finger verbrennen? Am Titel klebten doch unweigerlich noch die Nürnberger Assoziationen. Aber diese Frage ist natürlich falsch gestellt, denn das unmittelbare Nachkriegsbewußtsein war blind für braune Flecken. Die Frage nach der Notwendigkeit einer Entsorgung stellte sich gar nicht. Für den Musikkritiker Walter Panofsky waren die *Meistersinger*, wie er im Programmheft 1951 schreibt, eben »Allgemeingut der musikalischen Menschheit« – was sich ja nicht bestreiten läßt. Über den problematischen Schluß geht Panofsky mit einer erhöhenden und zugleich wegwischenden Gebärde hinweg. Dessen Nationalbewußtsein spiegele nichts weiter als eine durchaus gesunde Selbstbehauptung. Das hätten »jene nationalen Eiferer« – das Wort Nazis benutzte er nicht – einfach überbetont und verfälscht.

In diesem gesunden Sinne engagierte Wieland Wagner denn auch den bewährten, soliden Regisseur Rudolf Otto Hartmann von der Staatsoper München, den er aus seiner Zusammenarbeit mit Clemens Krauss kannte und dessen *Meistersinger* mit Furtwängler aus dem Jahr 1943 er schätzte. Für die Bühnenbilder rekrutierte er aus dem Familienkreise. Der freischaffende Bayreuther Architekt Hans Carl Reissinger war der Onkel seiner Frau und so etwas wie ein kleiner Albert Speer von Bayreuth gewesen. Von Reissinger stammten repräsentative Bauten wie das »Haus der Erziehung«, die »Ludwig-Siebert«-Halle, und er war Mitarbeiter an den gewaltigen Umbauplänen des Führers für die Wagnerstadt. Am Pult stand auch nicht gerade ein Widerständler: Herbert von Karajan. Die ganze Aufführung hätte aus den vierziger Jahren sein können, nichts störte Konvention, Butzenscheiben und Konsens, das Publikum war es zufrieden, und die vielen musikalischen Schmisse wurden danach, wie der Columbia-Plattenchef Walther Legge erzählt, in geduldiger Arbeit am Band zurechtgeklebt.

Die Eröffnungs-*Meistersinger* dokumentieren die geschichtliche Kontinuität in Neubayreuth. Sie lebte fort in den Herren Hartmann, Reissinger und Karajan, und auch der Bildhauer Arno Breker bürgte dafür. Ein Photo seiner Wagnerbüste ist das erste, was in die Augen springt, schlägt man das mit einem goldenen Friedenszweiglein auf dem Deckblatt versehene erste Bayreuther Festspielbuch auf. Die Kontinuitäten offenbarten sich überall. Auch die Person Wielands war in einer undeutlichen Mischung von Neigungen und Obligationen Teil dieser Ungebrochenheit. Er hätte zum Beispiel lieber Clemens Krauss als den *Meistersinger*-Dirigenten engagiert, war dieser doch Freund und Förderer des studierenden Wieland in München und Rivale von Tietjen in Berlin gewesen. Aber Krauss' Vergangenheit als Favorit Hitlers machte es unmöglich, ihn bei dieser für den Erben entscheidenden Gelegenheit zu präsentieren. Mit dem internationalen Kredit für ein neues Bayreuth galt es vorsichtig umzugehen.

Die harmlosen, lortzinghaften *Meistersinger* von 1951 fielen aber ganz offensichtlich aus dem Rahmen der Szenenrevolution, um die Wieland Wagner sich bemühte. Sie bildeten ein Überbleibsel aus »deutscher Zeit«, ein ungelüftetes Eckchen im Augiasstall. Von der historischen Psyche her gesehen, mag es kein schlechter strategischer Schachzug gewesen sein, daß Wieland dem Publikum dieses Eckchen ließ: Der Geschichtsphilosoph Odo Marquard hat sehr anschaulich über die psychische Notwendigkeit gesprochen, die Menschen in Krisenzeiten, bei Umwälzungen oder Modernitätsschüben legitimerweise zum Gewohnten und Vertrauten greifen läßt, zu einem kulturellen Teddybären sozusagen, um sich daran festzuhalten. Hier war die gewohnte deutsche Meistersingerszenerie der geliebte alte Teddybär, an den man sich in der unsicheren Gegenwart klammern konnte.

Diesen Teddybären nahm Wieland dem Bayreuther Publikum 1956 endgültig aus der Hand. Fünf Jahre lang hatte er in seinem entrümpelten Haus noch den altdeutschen Erker dulden müssen, fünf Jahre brauchte er aber wohl auch, damit der innere Ablösungsprozeß so weit gediehen war, daß ihm für die »verstrahlten« *Meistersinger* eine Rettungsmöglichkeit einfiel. 1956 kam der Bruch. Wieland fand eine, wie er sagte, »spirituelle Lösung« für das Problem der *Meistersinger*. Das Spirituelle daran war, daß diese *Meistersinger* nicht mehr in Nürnberg spielten. Damit löste er den größten Skandal in der Bayreuther Festspielgeschichte aus. Die heilige Kuh »Werktreue« war geschlachtet, ein deutscher Identifikationsmechanismus war unterbrochen worden. Wohin nun aber hatte die Flucht vor dem historischen Gedächtnis, die Sehnsucht nach einer Entnazifizierung der *Meistersinger* den Regisseur geführt?

Hinaus aus Ort und Zeit, könnte man sagen, in ein nur noch kulturell definiertes Niemandsland oder auch ins weite Land der Seele. Dorthin, wo schillernde Ambivalenzen herrschen statt wuchtiger Konturen, wo die Nacht als Ort der Triebe tief in den Tag reicht, wo klargemacht wird, daß es gerade noch einmal gutgegangen ist und die Tragödie vermieden werden konnte. Hans Sachs, der sich vom »Kreisleiter« – so Wieland – folgerichtig in einen Psychoanalytiker verwandelte, lenkte dieses Spiel seelischer Kräfte: die erotischen Kräfte Walters und Evas in die Ehe, die zerstörerischen der Bürger in die harmlosen Exzesse, auf daß Schlimmeres vermieden würde.

Dem Raum der Seele entspricht im Visuellen der reine Raum – oder der Stil-Raum. Die Katharinenkirche des Ersten

Aktes präsentiert sich als gotische Stilidee. Nackte Adam- und Evafigürchen à la Riemenschneider hoch oben im Mauergespinst deuten charmant auf den biblischen Hintergrund wie auf den sinnlichen. Im Zweiten Akt sind wir, statt in engen Fachwerkhausgassen, in einem Nirgendwo zerflossener Traum-Formen. Eine abstrahierte Fliederdolde suggeriert zur blaulila Farbe den Duft, die wenigen Umrisse lösen sich in synästhetischen Wirkungen vollends auf. Mädchen tanzen einen somnambulen Reigen, Gestalten huschen über die Bühne, erst das Böse nimmt etwas härtere Konturen an. In geordneten Bataillonen treten die Nürnberger Bürger zur Prügelschlacht an. Die Aggression, die sich hier austobt, wird durch die fliegenden Nachtgewänder jedoch gleichzeitig wieder aufgehoben und ins Gespenstisch-Irrationale gezogen. Der musikalischen Form der Fuge, in der die Szene komponiert ist, entsprechen die choreographisch gestuften Bewegungswellen, die Wieland Wagners Frau Gertrud gestaltet hat. Durch diese Choreographin und Anhängerin des freien künstlerischen Tanzes, der sich, von Mary Wigmans Ausdruckstanz der zwanziger Jahre ausgehend, zu abstrakteren Formen weiterentwickelt hatte, profitierte diese Inszenierung, wie die Neubayreuther Szene insgesamt, in tausend Einzelheiten und den durchgestalteten Massenführungen.

Von einer heimeligen Schusterstube im Dritten Akt, von Nagel, Draht und Faden war 1956 natürlich auch nicht mehr die Rede. In aufgelöster, abstrahierter Gestalt kam sie daher, als luftiger, kaum markierter Durchgang. Vor goldener Tapisserie zart sich abzeichnend, strahlte sie Geistigkeit aus, nicht Bonhommie und Polterei. Und die fatale Volksfestwiese dann mit ihren notorischen Emblemen und Requisiten – es gab sie nicht mehr. Sie ist zu einer mit antiken Akzenten versehenen, durchgestalteten Allegorie geworden, gemäß den Stichworten aus Walthers Preislied »Parnaß und Paradies«. Wo sonst die stolze mittelalterliche Stadtkulisse den Horizont begrenzte und definierte, hängen Poster mit stilisierten goldenen Paradiesbäumchen. In delphisch amphitheatralischer Reihung erscheint ein Volk fest placiert, und die einheitlichen Gewänder und Bewegungen lösen es in ein heiteres geometrisches Muster auf. Keine unbeholfenen Choristen mimen mehr die »Volksmenge«, die volksnahen braunen Farben sind verschwunden zugunsten strahlender Gelb-Weiß-Gold-Töne. So entsteht eine optische Aufwärtsbewegung, die in der Folge auch den Klangsinn mitreißt und verändert. Der »Wach-auf«-Chor ist ein zartes Morgenlied geworden. Und noch der letzte Rest von Volkstümlichkeit ist beseitigt, wenn statt des kompakten Aufmarsches von Berufsgruppenverbänden mit Fahnen ein einzelner Tänzer die Anekdoten aus der Stadtgeschichte pantomimisch nachzeichnet. Skizze, Reduktion auch hier. Die deutsche Rede des Hans Sachs – oder deren Deutschheit – hebt sich in diesem Kontext sozusagen von selbst auf. Sachs bleibt im Halbrund der anderen Darsteller stehen, sein Gestus ist so subtil-ästhetisch-elegant wie sein lichtgraues einfaches Festgewand.

Wer würde ihm nicht glauben, daß es ihm – alias Richard Wagner alias Wieland Wagner – nur um die Kunst ginge, nicht um eine präzise freilich, sondern um einen mythisierten, allgemeinen, überzeitlichen Begriff von Kunst? Es ist auch kein Zufall, daß Wieland unbedingt den Flamen André Cluytens als Dirigenten für seine spirituellen *Meistersinger* haben wollte. In einer in die Tiefe von Geschichte und Schuld reichenden Szene beschwört er ihn eindringlich, doch ja nicht »deutsch« zu dirigieren. »Nur nicht deutsch, verstehen Sie«? Cluytens, der ihn verwundert anschaute, hätte in einem späteren *Meistersinger*-Programmheft nachlesen können, was Wieland meinte: »An ein Deutschtum idealer Abstraktion, an einen Patriotismus, der die politische Realität und politische Demagogie ausdrücklich ausnimmt, wendet sich der Kosmos des Werkes«, schreibt dort der Musikwissenschaftler Harald Kaufmann. Nicht genug damit. Vom ehemalig linientreuen Wagnerkenner Curt von Westernhagen läßt Wieland sich die Affinitäten und Parallelen der *Meistersinger* zum griechischen Drama bestätigen.

Hatte der Berliner Kritiker Hans Heinz Stuckenschmidt nun recht mit seiner Vermutung, daß eine kleine linguistische Mogelei Hans Sachsens am Schluß den abendländischen Sachverhalt dieser *Meistersinger* besser getroffen hätte? Der Emigrant und Weltmann hatte vollkommen recht, und zwar in einem mehr als bloß amüsanten oder psychologischen Sinn – in einem kulturhistorischen Sinn.

Erinnern wir uns, daß man damals, in der Adenauerzeit, große Stücke auf einen Begriff hielt, den wir heute kaum noch benutzen: auf den Begriff des »Abendländischen«. Nicht in dem anrüchig gewordenen Sinn eines Oswald Spengler, sondern in einem konservierenden, oft katholischen, humanistisch-europäischen, schließlich präziser: in einem westlich-europäischen Sinn. Auch Richard Wagner war nicht mehr Deutscher, sondern Abendländer, er gehörte dem abendländischen Kulturerbe an. So jedenfalls äußerten sich die Freunde von Bayreuth bei ihren Gründungsversammlungen. Das alles ist ja auch nicht falsch oder nur falsch, wie es halbe Wahrheiten immer sind. Man muß aber die Wirkungen des Unterbewußten, die Wirkungen der Verdrängung eines Problems auf die Sprache bemerken. Da werden, um ja nicht mit der kaputten nazistischen oder der unklaren, neugespaltenen Deutschheit konfrontiert zu sein, die Dimensionen ins Große verschoben. Von der »Weltkultur«, der wir angehören, ist in den Aufrufen zu den Spenden in dieser zur Nichtnationalität genötigten Sprache die Rede.

Auch darf man nicht vergessen, daß es die Zeit des kalten Krieges ist. Das hatte nicht nur politische Konsequenzen, sondern eben auch Konsequenzen für die Kunst- und Geistesrichtungen, die sich durchsetzten, Konsequenzen auch für Bayreuth. Jost Hermand beschreibt in seinem materialreichen Band »Kultur im Wiederaufbau«, wie es für die kulturkonservative Richtung immer schwieriger wurde, sich gegen den Modernismus – etwa der Abstraktionstendenzen in der Malerei – zu behaupten. Man benötigte sie geradezu zur Selbstabgrenzung gegen den »primitiven Allgemeinverständlichkeitsanspruch des östlichen Realismus«. Deshalb fand man sich auf kulturkonservativer Seite denn auch bald mit Wieland Wagners abstraktem Stil ab. Sogar die vox populi in Gestalt der Frau General Speidel milderte bald ihre ästhetischen Verdammungsurteile gegen Wieland. Dieser machte in den folgenden Jahren ohnehin einige ironische Konzessionen ans Realitätsbedürfnis seines Publikums, fügte ein paar Gitter, Dächer, Büsche und ein Nürnberg auf goldenem Gobelin in sein *Meistersinger*-Niemandsland ein. Den Grund aber für den schließlich riesigen Erfolg dieser ungewöhnlich lange im Spielplan beibehaltenen *Meistersinger* hat man in ihrer Synchronizität mit dem von den damaligen politischen Bedingungen gefärbten Kulturklima der jungen Bundesrepublik zu suchen.

Wieland hätte es bei der gelungenen Entsorgung der *Meistersinger*, ihrer ideologischen Rettung ins Abendländische, ihrer stilistischen ins Abstrakte und ihrer Sublimation ins Psychologisch-Stimmungshafte belassen können. Alle waren schließlich glücklich, und er hatte sich auch durchgesetzt.

Doch da kam 1963 eine ganz andere *Meistersinger*-Inszenierung auf die Bayreuther Bühne. Sie schien Wieland Wagners eigene Ästhetik, seine eigene Reinigungsarbeit plötzlich ironisch zu denunzieren. Zusammen mit einem sehr jungen Amerikaner am Pult, der noch kaum Wagner dirigiert hatte, Thomas Schippers, servierte er jetzt keine subtilen Meta-*Meistersinger* mehr, sondern das Gegenteil: eine derb konkrete, historisch bestimmte, festlokalisierte, eine Hau-

Ruck-Inszenierung. Nur eins blieb: Wieder fand sie nicht in Nürnberg statt, nicht in »Deutschlands Mitten«, sondern im elisabethanischen England. Es waren Shakespeare-*Meistersinger*. Ein fester Raum, dem Globe Theatre abgeschaut, beherrscht einheitlich die drei Akte. Bleiche Bretter bedecken den Boden, Brauntöne erscheinen wieder, und handfeste Requisiten sind da: Altarbild, Laube mit Bank, Folianten und Leder. Plastizität bestimmt das ästhetische Konzept. Dementsprechend sind Psychologie und Subtilitäten abgeschafft: Drastisches und komisches Spiel charakterisiert die Personenführung. Die Meister sind nasebohrende Gesellen, Sachs nur der intelligentere Grobian, fast ein Sadist, von Philosophie und Güte keine Spur. Und Pogner, der Kunstförderer, klopft in einer Art und Weise auf seinen Geldsäckel, daß die Mäzene Bayreuths sich persönlich beleidigt fühlen und den Regisseur darob attackieren. Die Beziehungen zwischen den Figuren sind nicht mehr erotisiert, sondern sexualisiert: Eva ist fast schon eine Lulu und Stolzing ein heruntergekommener Ritter, ein Alwa der Dachkammer sozusagen. In der Prügelszene werden die Prügler zunächst auf ihren Galerien festgehalten, bis sie am Schluß wie ein Ungewitter auf die Spielfläche stürzen. Über den Haufen der Leiber steigt dann der Nachtwächter und leuchtet mit seiner Blendlaterne detektivisch-polizistenhaft auch das Auditorium nach Mittätern ab. Die Angst vor volkshaften Elementen ist 1963 verschwunden, das Volk ist nicht mehr geometrisiert und in stilisierte Formen gebracht, sondern es darf brodeln und einen Samba tanzen. Wenn auf der Festwiese leibhaftig die neun Musen auftauchen und sich um den Thron gruppieren, auf dem die Kunstprämie Evchen sitzt, so bilden sie keinen Identifikationspunkt mit der Idee des Griechentums als Wiege unserer Kunst, sondern zeigen nur an, wie komisch und beschränkt die *Meistersinger* mit humanistischem Bildungsgut umgehen, daß sie nicht kunst-, sondern nur travestiefähig sind. Damit knöpft Wieland den *Meistersingern* eine letzte »deutsche« Komponente ab, die ideelle. Denn ihr Kunstenthusiasmus, ihr Kunstidealismus war es doch, der die Deutschen schließlich immer wieder interessant und sympathisch für andere Völker machte.

Die Aura von Negativität, die sich trotz ihres positiven Dekors über die *Meistersinger* von 1963 legte, hatte wohl mit dieser Demontage zu tun. Das Publikum reagierte frustriert, nicht amüsiert. Denn Wieland ging in der Verletzung des guten Tons noch weiter. Die Schlußansprache des Hans Sachs erhielt einen unerwarteten Effekt: Ein Zwischenvorhang ging am Ende des Dritten Aktes herunter, eine frontal geschlossene Menschenreihe damit nach vorn an die Rampe drückend. Diese schleuderte das »Ehrt Eure deutschen Meister« und die Phrase vom Untergang des Reiches und vom Durchhalten der deutschen Kunst ins Auditorium, so daß das Publikum nicht recht wußte, wie ihm geschah. Es empfand vielleicht nur die Aggression, die darin steckte. In Wirklichkeit aber war dieses Heraustreten aus dem Bühnenbild in die Öffentlichkeit eine erste Herausforderung zum Nachdenken.

Die provokativen *Meistersinger* von 1963 markieren eine zweite Etappe im Umgang mit der Vergangenheit. Die Befreiung dieses Werks vom Deutschtum, also die Stufe eins der Entnazifizierung, war mit der ersten Inszenierung geleistet, die Erinnerung an Katastrophenzusammenhänge und deutsche Schuld getilgt. Ob Wieland Wagner gespürt hat, daß er mit diesem vehementen Beitrag zum Tilgen der Erinnerung auch einen Beitrag zur Exkulpierung und zur Verdrängung geleistet hatte und dadurch gleichsam in den zweiten Kreis der Schuld geraten war, vom schweigenden Mitläufer damals zum beredten Anwalt des Vertuschens heute, das wird sich so genau nicht sagen lassen. Aus dem theoretischen Konzept für die *Meistersinger* und aus anderen Aussagen, wie er sie in dem von ihm sehr bewußt gestalteten Programmheft machte, wird dennoch etwas sichtbar: daß diese zweiten *Meistersinger* eine weitere, zweite Phase der Auseinandersetzung mit dem Hitlerismus bildeten. Sie befaßten sich nicht mehr mit dem Problem der nationalistischen Deutschtümelei selbst, sondern mit den Folgen des Hitlerismus auf die Realität und das Bewußtsein des nunmehr etablierten westdeutschen Staates.

Das Programmheft von 1963 definiert die *Meistersinger* als zweierlei: als Satire und als »Theater auf dem Theater«. Für die Satire beruft Wieland sich auf eine Vision Wagners, daß er die *Meistersinger* als ein »beziehungsvolles Satyrspiel« auf den Sängerkrieg auf der Wartburg sehe. Wenn man genauer hinsieht, betrifft dies jedoch den Werkplan und hat nichts mit jener Satire auf die *Meistersinger* zu tun, die Wieland inszenierte. Ist schon die Satire eine Form der Distanznahme, so war die Idee, das Ganze als »Theater auf dem Theater« zu inszenieren, ein weiterer Schritt in diese Richtung. Die *Meistersinger* spielten, sollte das heißen, auf dem Hans-Sachs-Theater – zeitlich mit dem Shakespeares verbunden –, sind also eigentlich ein Stück, das der Dichter Hans Sachs über sich und seine Nürnberger geschrieben hat und zu welchem, so müßte man logisch weiter folgern, Richard Wagner nur die Musik gemacht hat. Mit dem theatertechnischen Schlüsselbegriff des »Theaters auf dem Theater« stellte Wieland sich in eine Tradition, die es als Mittel der Entlarvung in der Antike und bei Shakespeare zwar auch schon gegeben hatte, die aber in seiner Zeit als typische Verfremdungstechnik à la Bert Brecht galt. Zu Brecht besaß Wieland damals große Affinitäten. Man muß wissen, daß zu seinen eindrucksvollsten Theatererlebnissen vor dem Mauerbau die Arbeit des Berliner Ensembles gehörte. Eines der Stilmittel dieses Theaters, die den Zeige-Gestus bewirken und die Einfühlung abdrosseln sollten, übernahm Wieland für seine Bayreuther Inszenierung: den Zwischenvorhang.

Bisweilen ins Bühnenbild eingefügt, unterbricht er das Geschehen, markiert seinen Schaubudencharakter, und am Schluß dient er eben dazu, das Theaterspiel überhaupt zu verlassen und, ebenfalls wie bei Brecht, in die direkte, die öffentliche Anrede überzugehen.

Die Irritation, die diese Inszenierung auslöste, wird auch von daher plausibel. Ein Bekenntnis zu Brecht in den Jahren des Wirtschaftswunders und der ersten Welle des Konsumismus und des selbstbewußten Abscheus gegenüber linkskritischen Tendenzen, ein Bekenntnis zu Brecht ausgerechnet in Bayreuth, der Stätte des Rausches, des Ertrinkens und Versinkens – das war ein unterschwelliger Angriff: ein Bekenntnis zum politischen Theater, zur kritischen Funktion des Theaters. Verfremdendes Denken auf dem Lieblingsschauplatz für Identifikation – das konnten weder die christlich konservativen Schichten begrüßen, die einen Kunstbegriff kultivierten, wonach Kunst dem Bewahren und dem Zeitlosen dient, noch jene andere Schicht, die Hermand die »demokratisch gesinnten Vertreter eines Fortschritts ins Pluralistische« genannt hat und die einen Kunstbegriff kultivierten, der auf die formal exquisite Kunst zusteuerte, also auf jene Unverbindlichkeit der Kunst, deren weitere Entwicklung zur »ästhetischen Gemischtwarenhandlung« der Kulturhistoriker Hermand mißtrauisch beobachtet und sie als sinnfälliges Analogon zum neoliberalistischen Wirtschaftskonzept der Erhard-Ära begreift.

Doch blättern wir weiter im *Meistersinger*-Programmheft von 1963. Der brechtische Aspekt betraf die Ränder, an denen Kunst und Politik sich berühren, oder auch die Antagonismen zwischen Hüben und Drüben, zwischen West und Ost. Doch die bundesdeutsche Gesellschaft der frühen sechziger Jahre hatte noch viel wundere Stellen, die aller Verkrustung zum Trotz allmählich aufbrachen. Das Blut der Opfer, könnte man sagen, war in Bewegung geraten. Zum einen schäumte es bei den »schuldig Geborenen«, den Söhnen und

Töchtern der Nazis, zum anderen meldete sich das der unschuldig Ermordeten allmählich im öffentlichen Gedächtnis – Prozesse wie der Auschwitz-Prozeß erzwangen die Erinnerung.

Wieland Wagner nahm auf seine Weise an diesen gesellschaftlichen Vorgängen teil. Mit der ihm eigenen Listigkeit mischte er sich nicht selber in diese schwierigen Dinge, sondern ließ entweder andere diskutieren und die Meinungen aufeinanderprallen oder dokumentierte sein Interesse auf dem Umweg des Zitats. Nachdem er das gebildete Publikum mit einer Abbildung der Sachsschen Monologe in Schönschrift befriedigt hat – bemerkenswerterweise unter Auslassung des Schlußmonologs –, und nachdem er den Altphilologen Wolfgang Schadewaldt seinen friedlichen Essay über »Richard Wagner und die Griechen« fortsetzen ließ, montierte er zwei Begebenheiten zusammen, eine von 1835 und eine von 1962. Bei der ersten handelt es sich um die Prügelei, die Richard Wagner damals in Nürnberg erlebte und die dann in den Zweiten Akt eingegangen ist, bei der zweiten um einen Zeitungsbericht von Krawallen in München, wo sich der Widerstand gegen die Staatsgewalt zum ersten Mal zu einem halben Volksaufstand auswuchs.

Scheinbar nur amüsant, als Bogen über die Zeiten und als Dokumentation einer Inspiration, bedeutete doch das Wielandsche Aufgreifen der Schwabinger Krawalle mehr. Etwas in ihm reagierte blitzartig und sensibel auf die ersten Veränderungen im bundesrepublikanischen Klima, die mit den Studentendemonstrationen von 1968 dann ihren Höhepunkt erreichten. Zeitdiagnostiker und Historiker haben rückblickend die wahren Gründe für den kollektiven Wutausbruch der Jungen analysiert und sie als Wut über die unterlassene Auseinandersetzung ihrer Väter mit sich selbst und der jüngsten Vergangenheit gedeutet, als Abrechnung mit der Nazi-Vätergeneration, die sich als Verweigerung gegenüber dem Staat artikulierte, den jene geschaffen und großzügig mit Posten für ihre alten Kameraden versehen hatten. Wieland Wagner starb 1966 und hat die Zeiten der »Gegengewalt« gegen den, wie man damals sagte, »autoritären Staat« nicht miterlebt. Doch wir können sicher sein, daß er die Stellvertretungsfunktion gespürt hat, die die beginnende Studentenrevolte für die an ihrem Mitläufertum Leidenden gehabt hat. Als Wagnerenkel, der sich für die Rehabilitierung des Großvaters stark machte und dem dabei die öffentliche Hand unter den Arm griff, konnte er an den gesellschaftlichen Aggressionen nur symbolisch teilnehmen und sich die Entlastung, die auf dem Wege der ästhetischen Abbuße allein nicht möglich war, nur ersatzweise verschaffen.

In seiner Jugend war Wieland Wagner ein introvertierter apolitischer Kunstmaler gewesen. Der Mittvierziger aber hatte sich zum Homo politicus gemausert, der sich über die Vorgänge des öffentlichen Lebens fast manisch wohlinformiert hielt. 1961 fand der Eichmann-Prozeß statt, nach den Jahren schweigenden Wiederaufbaus begann die Auseinandersetzung mit den Naziverbrechen. Daß »der alte Wagner«, wie Wieland zu sagen pflegte, von den Fragen nach den ideologischen Vorläufern nicht nur berührt, sondern als präfaschistische Figur von Einfluß und Rang definiert wurde, konnte dem Festspielchef nicht entgehen. Als Ludwig Marcuse 1963 sein Buch »Das denkwürdige Leben des Richard Wagner« veröffentlichte und darin von der allgemeinen Linie, daß der unschuldige Wagner in »dunkler Zeit« – so die stehende Redewendung bis heute – mißbraucht worden sei, abging und Wagner als ein »Kraft-Zentrum« beschrieb, über das die deutsche Ideologie »durch tausend Kanäle dem Volk ins Blut drang« – da war die Person Wagners selbst angegriffen. »Das einzige deutsche Genie, auf das man sich im Jahre 1933 mit Recht berief, war Richard Wagner«, schreibt Marcuse in seinem Buchresümee, das im *Meistersinger*-Heft von 1963 abgedruckt wurde.

Wie wollte der Enkel nun auf diese neuerliche Wendung der Dinge, auf die Suggestion eines stringenten Traditionszusammenhanges zwischen dem Ideologen Wagner und dem Nazismus reagieren? Seine Arbeit als sinnloses Herumsäubern niederlegen oder das Ganze ignorieren? Beides konnte er nicht tun. Er rettete sich auf einen dritten Weg, der sowohl seine Anteilnahme an der Debatte zeigte wie die Unmöglichkeit realer Konsequenzen für ihn. Er stellte den Thesen von Ludwig Marcuse die Polemik des Schriftstellers und Kritikers Walter Abendroth von der Hamburger »Zeit« entgegen: »Wie Sonne, Mond und Sterne ruhig ihre Bahn ziehen, unbekümmert darum, ob dieser oder jener Mensch die Fäuste nach ihnen schüttelt oder versucht, zu ihnen hinauf zu speien, so stehen Gestalt und Werk Richard Wagners im Jahre seines 150. Geburts- und 80sten Todesjahrs in altem Glanze am Firmament der Kulturgeschichte und leuchten gelassen hinab auf alle Anstrengungen, ihre Strahlungskraft zu vermindern.« So beginnt Abendroth seinen Anti-Marcuse-Artikel, und der pathetisch-apologetische Stil spiegelt bereits den Inhalt des Ganzen.

Heißt das aber nun, daß Wieland keinem von beiden recht gibt und sich auf die Position des Ironikers oder Satirikers oder Skeptikers zurückzieht? Oder daß zwei Seelen, ach, in seiner Brust wohnen? Die Wahrheit ist wahrscheinlich aus all solchen Körnchen gemischt. Wahr aber ist auch, daß Wieland, so gerne er sonst polemisierte, sich als Mitbetroffener und Chef von Bayreuth nicht direkt äußern konnte und auf Vermittlung angewiesen war. Aus dem intimeren Kontext sind seine Präferenzen jedoch durchaus zu erschließen. Zu der Gegenüberstellung von Abendroth und Marcuse über die Frage des Hitler in Wagner muß man die Stellung Wielands zu beiden Autoren berücksichtigen. Man muß wissen, daß Abendroth ein deutschnationaler, antimoderner Musikkritiker war, der Wielands erste *Meistersinger* mit einem enttäuschten »Nix Nürnberg!« verrissen hatte – das Ressentiment eines Künstlers gegen den Kritiker darf man nicht unterschätzen. Nicht zu unterschätzen sind auf der anderen Seite auch Wielands stille Wiedergutmachungsversuche, etwa möglichst jüdische Künstler nach Bayreuth zu ziehen, ob als Dirigenten am Pult oder als geistige Fürsprecher in seinen Programmheften. Das Jüdischsein von Prowagnerianern wie Willy Haas, Valentin Victor Rosenfeld, Ernst Bloch und später auch Hans Mayer spielte zweifellos eine positive Rolle. Gegenüber einem Ludwig Marcuse wird die geistige Bereitschaft nicht geringer gewesen sein, trotz der bitteren Pille, die er reichte.

Mit Marcuses Wagnerkritik endet das für die Mentalitätsgeschichte Neubayreuths aufschlußreiche Programmheft der *Meistersinger* 1963. Seinen Worten aber schickt Wieland noch ein Bild hinterher, ein Bildkommentar, der nichts von dem Vorangehenden denunziert, ihm aber eine trotzig-ironische Brechung hinzufügt. Phönix, den Vogel sehen wir da, wie er aus der Asche steigt, in der mittelalterlichen Holzschnittdarstellung aus dem »Buch der Chroniken«, Nürnberg 1493. Daß Wagners Bayreuth wie ein Phönix aus der braunen Trümmer- und Menschenasche auffliegen möge, war des Enkels innerstes Anliegen.

Die schwierigsten Flatterversuche des lädierten Kunstvogels waren die *Meistersinger* gewesen, an denen aufgrund des nationaldeutschen Schlusses die Erinnerung an Hitlers Lesart klebte. Die Flucht vor dieser Erinnerung hatte die ästhetisch sublimierten, die abendländischen *Meistersinger* von 1956 angestoßen. Eine satirische Distanznahme von den *Meistersingern* kennzeichnete die zweite Version von 1963. Bei beiden Inszenierungen bezeichneten die Formen der Negation all der positiv einkomponierten deutschen Elemente den historischen Schock im Bewußtsein eines Deutschen der mitschuldigen Generation. Die Auswirkungen dieses Schocks auf das Wagnertheater zeigten sich am Zurückschrecken vor der »Werktreue« und an der Hinwendung zum Experiment. Nur indem sie Experimente waren, konnten die beiden Inszenierungen die Brüche des deutschen Selbstverständnisses reflektieren. Nur so konnte Bayreuth über die innere Gefahr, Entsorgungsanlage zu sein, hinauswachsen. Das macht ihre Ehre aus. Einen dritten Versuch mit den *Meistersingern* hat es von Wieland Wagner nicht gegeben, auch keine Pläne dazu. Wie lange denn auch kann man an der Quadratur des Kreises, an der Entdeutschung eines deutschen Kunstwerks herumprobieren? Solange die Schatten der Geschichte über sie fielen, so lange waren die *Meistersinger* in Bayreuth wahrscheinlich nicht »wirklich« zu machen.

Weil die Zeit vergeht, verblassen die Schatten aber doch. Nach Wieland Wagner erholten sich die *Meistersinger* in Bayreuth von ihren undeutschen Strapazen. Der deutsche Schluß hörte auf, problematisch zu sein, und am Verschwinden des Problems wurde ein Vergehen der Vergangenheit sichtbar. Inzwischen hat Deutschland sich wiedervereinigt (und dabei fast erneut entzweit), doch während die Gegenwart geschwinden Schrittes in die globale Zukunft eilt, hebt diese Vergangenheit mit jedem weiteren entdeckten Dokument und Verbrechen erneut ihr Haupt. Als Beitrag zum »Bewältigungs«-Schub der neunziger Jahre bescherte uns das Regietheater der deutschen Bühnen immer radikalere »Nazi«-*Meistersinger*. David-, nein »Juden«-Sterne wurden auf der Festwiese in Frankfurt geschwenkt, oder, wie in Stuttgart, das Brandenburger Tor ins Schlußbild integriert. Nur in Bayreuth scheint die Zeit stehengeblieben. Dort feiert man in neuer alter Unschuld ganz einfach die bunte, versöhnliche und »abendländisch« allgemeine Humanitas dieses Werkes.

KULTURPHANTASMEN

Parsifal, Weininger, Wien um 1900

Wagner, der größte Mensch seit Christus.« »Auch über seiner Kundry [...] schwebt unverkennbar der Schatten des Ahasverus.« »Der echte Jude hat wie das Weib kein Ich und darum keinen Eigenwert.« »Christus war ein Jude, aber nur, um das Judentum in sich am vollständigsten zu überwinden.« »Dies ist es, was der Arier dem Juden zu danken hat: durch ihn weiß er, wovor er sich hüte: vor dem Judentum als Möglichkeit in ihm selber.«

Solche Sätze wurden zwischen 1902 und 1903 geschrieben, sie stehen nicht in irgendeiner vergessenen und obskuren Broschüre, auch nicht in den »Bayreuther Blättern«, sondern in einem Buch, das ein Schlüssel- und Kultbuch der Fin-de-siècle-Generation war. Mit einer bis dahin unbekannten Radikalität trieb es die intellektuellen und emotionalen Strömungen der Zeit auf die Spitze. Kafka, Kraus, Musil, Trakl, Wittgenstein, Schönberg, Berg, Strindberg, Kubin oder Kokoschka bis hin zu Canetti und Cioran waren beeindruckt und beeinflußt von dieser Schrift. Aber auch auf der populären Ebene war das Buch ein ungeheurer Erfolg, ein Bestseller bis in die dreißiger Jahre, übersetzt in fast alle Sprachen, einschließlich des Hebräischen. 1980 wurde es nachgedruckt. Zwei Jahre später hat Joshua Sobol ein Theaterstück über den Autor geschrieben, das, in Haifa uraufgeführt, von den verschiedensten europäischen Bühnen nachgespielt und in Wien sogar verfilmt wurde. Es handelt sich um Otto Weininger und um sein Buch »Geschlecht und Charakter«, erschienen in Wien im Jahr 1903.

An den wirren Leitfäden der zitierten Sätze läßt sich den Spuren antisemitischen Denkens und Fühlens nachgehen, wie es in Wien gegen Ende des Jahrhunderts um sich griff, läßt sich etwas von den Paradoxien und der Paranoia des jüdischen Antisemitismus begreiflich machen, der sich am Wagnerschen Verständnis von Kunst und Ideologie so gut festzuklammern vermochte. Über den jüdischen Antisemiten Otto Weininger hat Roberto Calasso zu Recht gesagt, er sei ein »treuer und scharfblickender Chronist der Phantasmen seiner Kultur«. An ihm können einige Probleme des sogenannten assimilierten Judentums im Zeitalter fortgeschrittener Integration in die christlich-bürgerliche Gesellschaft verständlich gemacht werden. Ein Vergleich von »Geschlecht und Charakter« mit dem Wagnerschen Bühnenweihfestspiel *Parsifal* wird zeigen, daß die Kulturphantasmen dieses Buches sich mit den Kulturphantasmen decken, die sich in Wagner und dem Wagnerismus verkörperten.

Heute, nach dem Holocaust, wird das assimilierte Judentum wegen seiner bis zur Blindheit getriebenen Selbstentfremdung historisch verurteilt. (Der Terminus der »Assimilation« hat eine Spur jenes negativen Beigeschmacks wiederbekommen, den er schon im frühen Wiener Zionismus Theodor Herzls hatte. Der schonendere Ausdruck »Integration« jedoch soll hier absichtlich nicht verwendet werden, er würde das Historische des Problems nicht spüren lassen.) Betrachtet man jedoch das fatale Zusammenwirken sozialer, psychologischer und geistiger Faktoren in der damaligen Situation, so wird zwar gewiß nicht die Unausweichlichkeit, aber doch die Anziehungskraft von Verheißungen spürbar, die an die Begriffe von deutscher Kunst und Kultur geknüpft waren und sie ins lichte Dunkel religiöser Erfahrung rückten. Die Wunschträume und Phobien Wagners und die des assimilierten Juden stimmten in ihren wesentlichen Linien so überein, daß man im Rückblick von einer Tragödie des Verständnisses sprechen muß. Vom schönen Mendelssohnschen Traum einer deutsch-jüdischen

Symbiose war nicht mehr viel übriggeblieben. Das Zeitalter psychotischer Ängste war angebrochen.

Otto Weininger gehörte zu der ästhetisch und intellektuell, psychologisch und wissenschaftlich interessierten Generation der Nachkommen jener aus Ungarn oder Böhmen zugewanderten Juden, die sich in Wien niedergelassen hatten und so wohlhabend geworden waren, daß sie, nachdem die ökonomische Integration geschafft war, nun die Möglichkeit für einen weiteren Aufstieg, meist eben im Gebiet des Geistes, gegeben sahen. Weiningers Vater war Goldschmied, die Väter von Karl Kraus, Hermann Broch oder Egon Friedell waren Geschäftsleute. Zum äußeren Anpassungs- und Aufstiegsdruck kam der innere hinzu: Die patriarchalisch organisierten Familienstrukturen der Gesellschaft des Fin-de-siècle dürften im jüdischen Milieu durch die traditionsgemäß starke Position des Vaters noch verstärkt worden sein. Weiningers Vater war ein extrem patriarchalischer Mann, dominant und repressiv gegen Frau und Söhne. Eine gesteigerte Rigorosität der gesellschaftlichen und sexuellen Rollenbilder war die Folge: Die Verklärung des Mannes und der männlichen Werte wird tiefe Spuren in das Werk des Sohnes graben.

Wie in vielen, auch milderen Elternhäusern war Vater Weininger feuriger Wagnerianer, sein zweiter Sohn Richard wurde nach dem Komponisten benannt. Daß, wie der Feuilletonist Ludwig Speidel in der »Deutschen Zeitung« schon 1872 schrieb, Richard Wagners Sache von der deutschen nicht zu trennen war, auch dafür wiederum war der Goldschmied Weininger ein Beleg. Zu seinem Wagnerismus gehörte, wie die Tochter berichtet, selbstverständlich eine deutschnationale und antisemitische Haltung. Politisch und ideologisch waren dem Sohn also die Bahnen vorgezeichnet. Da er zu sensibel war, um den starken Vater zu bekämpfen, konnte er nur versuchen, ihn zu übertreffen. Dafür mußte er die vorgefundenen Determinanten noch verstärken. Er wird der noch bessere Deutsche, Mann und Wagnerianer sein wollen, denn in die Gegenrichtung auszuscheren und auf jüdische Werte zurückzugreifen war weder psychologisch noch sozial oder politisch möglich.

Eine Rückkehr zum jüdischen Glauben hätte auch den bisherigen Aufstieg desavouiert. Zur Religion verhielt man sich in diesem Milieu der avantgardistischen Intelligenz aus bürgerlich-jüdischem Haus gemäß den allgemeinen Strategien der Anpassung. Man ließ sich zumeist taufen wie Gustav Mahler, wie Karl Kraus, oder man war, offiziell oder inoffiziell, konfessionslos wie Schnitzler oder Freud. Eine forcierte Variante findet man wieder bei Weininger, der statt zum landesüblichen Katholizismus zum Protestantismus übertrat.

Wie für andere westeuropäische Länder galt auch für die Monarchie, daß die etwa seit den sechziger Jahren zum Teil schon in Wien geborenen Juden nicht mehr im Judentum verwurzelt waren und es auch nicht sein wollten. Die orthodoxen Juden aus dem zweiten Wiener Gemeindebezirk waren ihnen fremd. Daß die Juden aber in der christlichen Umgebung auch keine Heimat fanden, dafür sorgten die eingesessenen Christen. So blieb es bei einem oberflächlichen Attachement der Sitten. Theodor Herzl behielt auch noch als Zionist seinen Weihnachtsbaum bei, und Gustav Mahler sagte von sich, daß es ihm immer schwerfalle, an geöffneten Kirchentüren vorbeizugehen. Ein psychischer Zwischenzustand ergab sich daraus, den Jakob Wassermann und Arthur Schnitzler beschrieben haben, den Karl Kraus als Sprachskepsis einklagte und für den Franz Kafka die schrecklichsten Bilder erfunden hat – ein Zwischenzustand der Ferne von beiden Ufern, der jüdischen Tradition und Geschichte hier und der trotz rechtlicher Gleichstellung niemals ganz erreichten sozialen Integration dort. Es gab nur die »Assimilation«, ein Anähneln an den deutsch-österreichisch-christlichen Pol der Sehnsucht.

Im existentiellen Zustand des Zwischen-den-Stühlen, wie der assimilierte Jude ihn verkörperte, oder auch, in der Sprache der Psychopathologie, in einem Zustand von Zerrissenheit und Ambivalenz blieb nur die Kultur als Glaubensgrund. Sie versprach Identitätssicherung, mit ihr konnte man sich in Schrift und Ton auseinandersetzen, hier konnte man, wenn sie einem verderbt erschien, zu Gegenentwürfen ansetzen, oder man konnte neue Tempel errichten, wenn man einen Gott gefunden hatte. Ein solcher Kulturgott war in Richard Wagner nun zweifellos gefunden. War die Kultur einmal Religionsersatz geworden, Refugium oder sogar möglicher Herrschaftszugang, dann war es in der Tat schwer, dem gewaltigen Anspruch und auch der gewaltigen Erfüllung, die Wagner mit seinem Werk repräsentierte, auszuweichen.

In der späten Mitte des Jahrhunderts, im Zeitalter des blühenden Liberalismus, war eine Abwehr des ansteigenden Wagnerismus freilich noch möglich gewesen. Gestalten wie der Musikkritiker Eduard Hanslick oder Ludwig Speidel hatten den kritischen Durchblick durchaus noch besessen – Wagners Antisemitismus vor allem stieß sie ab. So wurde Speidel gegenüber der offenkundigen Perversion eines jüdischen Wagnerismus denn auch richtig giftig. 1872 schrieb er: »Wagner hat die Hebräer behandelt wie räudige Hunde, und zur Vergeltung laufen sie ihm schweifwedelnd nach und lecken ihm vergnügt die Hände.« Wie immer es sich damit verhält – um die Jahrhundertwende nahmen die Wagneranhänger und die Wagnervereine in Wien zu – in dem Maße, wie die anderen politischen und kulturellen Sicherungen in der von Auflösungstendenzen und Selbstbestimmungsfragen erschütterten k. u. k-Monarchie ins Rutschen gerieten. Die »Hebräer« freilich, das vergaß Speidel, waren ein Teil jenes Kulturbürgertums, das den krisenhaften Erscheinungen der Moderne ganz allgemein ausgesetzt war; nur reagierten sie aufgrund ihrer sozialen und seelischen Lage sensibler auf den Zeitgeist, für den wiederum Wagner das große Kristallisationsphänomen bildete.

Alle möglichen Zeitprobleme nämlich schossen in seiner Figur zusammen, nicht nur das Rassenproblem. Das Dekadenzproblem gehörte dazu, das die verfeinerte Jugend interessieren mußte, die Kritik an Geld und Materialismus, die den Söhnen der Gründerväter nur recht sein konnte, das Frauen- und Sexualproblem, das als Kampf der Geschlechter zum Signum der Jahrhundertwende wurde. Alle möglichen Selbstdefinitionskonflikte und Identitätsängste artikulierten sich in Wagners Musikdramen, sinnlich einprägsamer als in seinen Schriften und Theorien. Zum Wagnerismus gehörte aber auch und vor allem die Konstruktion heilbringender Auswege, die Erlösungsmodelle. Hier begannen denn auch die Kulturphantasmen zu wuchern.

Parsifal, Wagners letztes Werk, ist ein solches Erlösungsmodell par excellence. Und dieses Werk war nur an Ort und Stelle, in Bayreuth selbst, zu sehen gewesen – der *Parsifal* war aufführungsgeschützt bis 1913, was den heiligmäßigen Charakter des Bühnenwerks noch verstärkt haben muß. Das Bild von der »Pilgerschaft« stellte sich denn auch unweigerlich ein, wenn einer nach Bayreuth reiste, wie Otto Weininger es tat. Er hat den *Parsifal* dort im Sommer 1902 gesehen, als er sich auf einer Reise in den Norden befand, in Richtung Ibsen und »Peer Gynt«, und nachdem er seine Promotion in Philosophie mit der Dissertation »Geschlecht und Charakter« absolviert hatte und konvertiert war. Die Weichen waren also gestellt. Die Falle konnte zuschnappen. »Nach dem *Parsifal* sollte man pilgern, lange, bis ans Ende der Erde und dann irgendwie verschallen«, schrieb er an seinen Freund Arthur Gerber nach Wien. »Verschallen« – ein poetischer Neologismus, gebildet aus »verhallen« wie ein Ton und »verschellen«, verlorengehen ins Unbekannte. Die Wirklichkeit dieses Wunsches war weniger poetisch: Im Jahr darauf beging Otto Weininger, erst dreiundzwanzig Jahre alt, Selbstmord. An seinem tragischen Ende ist das *Parsifal*-Erlebnis beteiligt, vielleicht nicht in einem direkt schuldhaften, wohl aber doch in einem tieferen Sinn.

Das *Parsifal*-Erlebnis war kein Umkehr- und Erweckungserlebnis, eine Saulus-Paulus-Verwandlung, wie es beispielsweise Herzls Dreyfus-Erlebnis gewesen war. Aber die Begegnung mit dem *Parsifal* war ein vehementes Bestätigungserlebnis, das vermöge der archaisierenden Wirkung der Musik tief in die emotionalen Schichten einfiel. War Weininger bisher noch ein Zweifler gewesen, ein Zerrissener, an der experimentellen Psychologie und den exakten Wissenschaften interessiert, so wird er mit Hilfe des *Parsifal* zu einem – wie er gesagt hätte – Überwinder der Gespaltenheiten. Jetzt schaffte er den Sprung in die weltanschauliche Überhöhung, vor allem aber in die Festziehung seiner Gedanken zu einem System. Nach der Reise fügte er seiner Dissertation noch jene Kapitel hinzu, die das Buch dann erfolgreich und zu einem Skandal machten: »Das Wesen des Weibes und sein Sinn im Universum«, »Das Judentum« und »Das Weib und die Menschheit«. Im Untertitel heißt das Buch: »Eine prinzipielle Untersuchung«. Seinem ultimativen Anspruch nach hätte es auch heißen können: » Über die letzten Dinge«, unter welchem Titel seine nachgelassenen Aphorismen erschienen. Beide Werke enthalten Anmerkungen und Reflexionen zu Wagner und zum *Parsifal*.

Parsifal ist ein Erlösungsdrama. Alle Erlösungsdramen der Menschheit, schon in den apokalyptisch-gnostischen Systemen, in der manichäischen Literatur – so Jacob Taubes in seiner »Abendländischen Eschatologie« –, haben mit der unreinen, unheiligen Vermischung zweier Sphären zu tun, der guten, lichten, himmlischen und der finstern, bösen, teuflischen. Ihre Annäherung und Verflechtung ist die Voraussetzung dafür, daß das Drama der Erlösung in Gang gesetzt werden, daß die erlösende Entflechtung geschehen kann. Im *Parsifal* spielt sich die Verflechtung auf der sexuellen und auf der religiös-heilsgeschichtlichen Ebene ab. Diese beiden Ebenen sind miteinander in Berührung geraten, und aus dieser Berührung ist eine gegenseitige tödliche Abhängigkeit entstanden. Wir haben einerseits die Welt des Grals, die Welt des Heils, eine Männerwelt mit König – und andererseits die Welt des Bösen, eine weiblich dominierte Welt mit Kundry und den Blumenmädchen. Aber auch sie wird von einem Mann beherrscht, von dem Zauberer Klingsor. Die beiden Welten haben sich berührt, vermischt, und dabei sind Wunden entstanden. Amfortas, der Gralskönig, war dem Keuschheitsgesetz der Gralswelt untreu geworden und hatte sich von Kundry verführen lassen. Das Zeichen der sakralen Macht, sein Speer, ist dabei in die Hand Klingsors geraten, der auf das Gralskönigtum aus ist. Von Klingsor mit dem eigenen Speer verwundet, siecht Amfortas unheilbar krank dahin, und das Gralsreich verfällt. Um sich bei seiner künftigen Machtübernahme nicht selber im Weg zu stehen, hat der Zauberer alles getan, um das ritterliche Keuschheitsgebot erfüllen zu können: Er hat sich selber kastriert. Eine Wunde auch hier, nur nicht mehr an der Seite, unterm Herzen wie bei Amfortas. Klingsors durch Kastration erworbene Befähigung zur Herrschaft erweist sich ihm auch im eigenen Reich als dienlich. Den sexuellen Anfechtungen entzogen, kann ihm die verführerische Frau, Kundry, nichts anhaben. Er aber kann sie um so besser als seine Agentin, als seine sexuelle Zwangsgehilfin einsetzen. Indem sie Sünde und Schuld in die keusche Männergemeinschaft trägt, schwächt sie diese, hilft ihren Zusammenbruch beschleunigen und ebnet Klingsor den Weg. In Kundry kehrt der Topos von der Zweiheit der Welten als Gespaltenheit der Person wieder, sie ist gleichsam personifiziertes Erlösungsdrama. Am Tage büßt sie, was sie nachts treibt, am Tage dient sie beim Gral und ist häßlich, nachts ist sie schön und verführt die Ritter. Zwischen diese Welten von Heil und Unheil nun gerät Parsifal, ein junger Naiver aus dem Wald. Ihm werden die Leiden des Amfortas vorgeführt, er versteht sie nicht, er gerät in die Fänge Klingsors und Kundrys, widersteht aber der sexuellen Versuchung und stößt die Verführerin zurück. Durch deren Kuß aber wird ihm die Existenz von Sexualität, Sünde und Schuld bewußt. Nach langen Irrfahrten auf der Suche nach dem Gral gelangt er schließlich zur Gralsburg zurück, bringt den Speer, und wird selber Gralskönig. Das Gnadenwunder vollzieht sich, die Schale mit dem Blut Christi leuchtet auf, Amfortas' Wunde schließt sich, Kundry, die von Parsifal die Taufe erhalten hat, darf sterben. Die Gralswelt hat über Klingsors Welt gesiegt, sie regeneriert sich. Die Erlösung aus der Vermischung der Welten in die Einheit der einen und reinen Welt ist vollzogen.

»Geschlecht und Charakter« ist eine psychologische Typologie der Geschlechter, die in einer Menschheits-Metaphysik gipfelt. Entsprechend der Polarität der Geschlechter zerfällt für Weininger die Menschheit in zwei Teile – in Judenheit und Christenheit, in Typen und Persönlichkeiten, Unwert und Wert, irdisches und geistiges Sein, das Nichts und das Göttliche. Dieser strikten Zweiteilung entspricht die ebenso strikte moralische Zweiteilung in Gut und Böse. Alle Voraussetzungen, die für das klassische Arrangement des Erlösungsdramas gelten, gelten also auch für diese wissenschaftliche Untersuchung. Jede Näherung, jede Mischung der Polaritäten bedeutete für Weininger eine Verschmutzung, einen unheiligen, schuldigen Zustand. So ist es wenig verwunderlich, daß in der Sexualität die Inkarnation dieses Zustands gefunden wird. Im Koitus perhorresziert Weininger den sowohl realen wie sinnbildlichen Vorgang, der den unreinen Mischzustand immer wieder herstellt.

Konsequent wird verdammt, was das Bedürfnis nach dem

Koitus immer wieder erregt, was die Sexualität – davon ist nicht nur Weininger überzeugt – gleichsam naturgesetzlich verkörpert: das »Weib«. Das Weib bewerkstelligt immer die Übertragung von Sünde und Schuld, es bewirkt die unaufhörliche Verflechtung der positiven und negativen Polaritäten. In philosophischen Begriffen wird es dann mit »Materie«, »Stoff«, »Unbewußtheit«, »Amoralität«, mit dem »Nichts« identifiziert. Das Weib ist das, was vernichtet, was den Mann vernichtet, der für Logik, Ethik, Bewußtsein, Genie, Transzendenz steht. Nur die Keuschheit des Mannes, sein Widerstand gegen die Sexualität vermöchte sein geistiges Sein zu retten – wie bei den Gralsrittern. Nur die Keuschheit des Mannes kann auch das Weib von sich selbst erlösen. Da das Weib aber Sexualität verkörpern muß, nie Mann werden kann, ist Erlösung des Weibes nur als ein Aufhören zu verstehen, als eine Aufhebung ihrer Existenz. Doch den Hegelschen Begriff der »Aufhebung« benutzt Weininger nicht, da in ihm noch die beiden positiven Konnotationen des Bewahrens und Erhebens enthalten sind. Weininger gebraucht eine Vokabel, die an entscheidender Stelle auch bei Wagner auftaucht. Er sagt »Untergang«, ein apokalyptischer Ausdruck, der wenig später im völkisch aufgehetzten Sprachmilieu auffallend beliebt geworden ist.

Das Weib Weiningers, dargestellt als ein hoffnungsloses existentielles Paradoxon, gleicht in allen Zügen Wagners Kundry. Wagners *Parsifal* wirkt tatsächlich wie eine »Veroperung« von »Geschlecht und Charakter« oder auch: »Geschlecht und Charakter« liefert die Theorie zum Bühnenweihfestspiel. Das geht viel weiter als die gelegentlichen (logischen) Korrekturen, die Weininger an Wagners Dramaturgie anbringt – etwa daß Kundry schon im Zweiten Akt sterben müßte, in dem Augenblick, da Parsifal ihren Verführungsversuchen widersteht, nicht erst nach den langwierigen heiligen Handlungen im Dritten Akt.

Was Weiningers Buch aus der Masse der wissenschaftlichen, pseudowissenschaftlichen und psychologischen Sexual-Schinken jener Zeit heraushebt und interessant macht, ist eine Entdeckung, die Weininger mit Freud teilte, die Freud aber nicht weiterentwickelt hat: die Theorie der menschlichen Bisexualität. Und wieder fügt sich alles stimmig ins Bestätigungsmuster des *Parsifal.* »Das Weib als Sklavin des Sexuellen im Manne – (Klingsor)« heißt es in »Über die letzten Dinge«. Jeder Mensch, so will diese Theorie sagen, ist psychisch immer aus beiden Elementen komponiert, dem Männlichen wie dem Weiblichen, freilich in verschiedensten Mischungsverhältnissen, und nur das dominierende Element entscheidet über Männlichkeit oder Weiblichkeit.

Wäre nun nicht Weiningers unerbittlich dualistisches Wertesystem, so könnte man sich von solch apriorischen Mischungsverhältnissen eine Entspannung erwarten. Doch das Gegenteil ist der Fall. Weil die Ideologie von Unterdrückung oder Überwindung es will, daß das Weibliche als das Negative ausgemerzt werde, entwickelt sich das männliche Ich – durch die Wiederkehr der Geschlechter-Außenwelt als bisexuelle Innenwelt – zu einer einzigen Stätte der Selbstzerfleischung. Der weibliche Anteil am Manne muß »untergehen«, damit der vollendete Mann entstehen kann, der entsexualisierte Mann. Das brutale Bild des Mannes Klingsor, der sich mit eigener Hand kastrierte, um die Heilsvoraussetzungen zu erfüllen, ist das in Bühnenhandlung gebrachte Theorem Weiningers. Doch die physische Radikalkur ist, wie Weininger sehr wohl erkennt, ein Mißverständnis, ja geradezu eine Verzerrung des geistig-moralischen Erlösungsgedankens. »Klingsor will das Sittliche nicht im Kampf erobern, sondern durch Entmannung erzwingen [...], der Asket gewordene Verbrecher [...]. Er fühlt nicht, daß er die Idee des Sittlichen damit bereits prostituiert, wenn er sie fertig haben und sich ihres Besitzes erfreuen will.« Parsifal dagegen entspricht Weiningers Forderungen genau. Als die sexuelle Versuchung in Gestalt Kundrys an ihn herantritt, schleudert er die Frau weit von sich. Im Augenblick des Kusses trifft ihn die Todesdrohung wie eine Art Erkenntnisschock. Er verweigert sich dem Bekenntnis zum weiblichen, zum sexuellen Teil seines Ichs, identifiziert es mit Selbstverlust und Heilsverlust. Die Geschichte seiner anschließenden Irrfahrten beschreibt dann nur den schmerzhaften inneren Reinigungsprozeß, der sich an die Erfahrung des Sündenfalls schließt. Als vollendet männlich, vollendet rein, als Selbstüberwinder kann er nun andere erlösen: Amfortas aus seiner gefallenen Männlichkeit, Kundry von sich selber. Kundry war ja in gewissem Sinn nur die dramatische Externalisierung des weiblichen Selbsts des Mannes: sie war nur da, um das Drama der Erlösung, den Prozeß von Schuld und Sühne, anzukurbeln. In Wagners *Parsifal* ist so oft von der »törichten Reinheit« des Helden, von seiner pubertären Unschuld die Rede. Kraft der Verneinung des Weiblichen hat diese sich nun zur echten, erwachsenen Reinheit, zur bewußten Askese entwickelt.

Erinnern wir uns jetzt an das Zitat: »Dies ist es, was der Arier dem Juden zu danken hat, durch ihn weiß er, wovor er sich hüte: vor dem Judentum als Möglichkeit in ihm selber.« Die Analogie der Denkfiguren liegt auf der Hand. Kundry, die die Selbsterlösung des Mannes provoziert, hat ihr Pendant im Juden, den der Arier als Gegenbild braucht, um ganz Arier werden zu können. Die absurde Komik solcher Konstruktionen verschwindet, wenn man sieht, mit welch entsetzlichem Ernst Weininger das Jüdische in Analogie zum Weiblichen sieht. Auch das Jüdische will er als psychische Qualität verstanden wissen, nicht als etwas Religiöses, Historisches oder Rassisches: ein abenteuerliches Unterfangen, das die gleichen Stigmatisierungen und Exorzismusbefehle wie dem Weiblichen gegenüber erwarten läßt. Wieder ist mit der Spiegelung nach innen, der Verinnerlichung, eine Voraussetzung der Objektlosigkeit gegeben, die spekulativen

Ressentiments Tür und Tor öffnet. Daß bei Weininger trotz des hochgezogenen Niveaus auch handfeste Klischees des Antifeminismus wie des Antisemitismus durchschlagen, zeugt nur von den Anstrengungen des Internalisierungs- oder Abstraktionsvorgangs. Weib und Jude erhalten im Prinzip die gleiche Reihe von negativen, auf ihr vieldeutig unbestimmtes, veränderliches und oberflächliches Wesen gemünzten Eigenschaften: putzsüchtig, klatschsüchtig, verlogen, sentimental, undistinguiert und unfähig zu Liebe und Hingabe.

Weininger nimmt also, genau wie bei seiner bisexuellen Veranschlagung des Menschen, Mischverhältnisse an, diesmal jüdisch-nichtjüdische. Und wieder entscheidet das dominierende Element über die Identität des einzelnen. Weininger gibt zu, daß es Arier gibt, die jüdischer sind als mancher Jude, und Juden, die arischer sind als gewisse Arier, ähnlich eben der Erfahrung, daß es betont »männliche« Frauen gibt und sehr »weibliche« Männer. Psychologisch richtig erkennt Weininger, daß es Abwehrreaktionen gegen das im Eigenen vorhandene gegenstrebige Element sind, die den Antisemiten – oder den Frauenfeind – hervorbringen. Man haßt nur, was man selber auch ist und nicht sein will, man haßt nicht das gänzlich Fremde: »Aber auch Wagner – der tiefste Antisemit – ist von einem Beisatz von Judentum, selbst in seiner Kunst, nicht freizusprechen.« Und er mißt diese Behauptung an der positiven Resonanz, die Wagner von seinem Publikum erhält: »Es läßt sich nicht verkennen, daß Wagners Musik sowohl auf den jüdischen Antisemiten, welcher vom Judentum nie ganz loskommen kann, als auch auf den antisemitischen Indogermanen, der ihm zu verfallen fürchtet, den stärksten Eindruck hervorbringt.« Bliebe die *Parsifal*-Musik dem »völlig echten Juden« zwar »in Ewigkeit« unzugänglich, so habe doch andrerseits Wagner, nur weil er kein völliger Deutscher war, das Wesen des Deutschtums so klar zum Bewußtsein bringen können wie in seinen

Meistersingern. Kunstleistungen sind also nicht Triebsublimierungen wie bei Freud, sondern Resultat von Abwehrreaktionen gegen verhaßte Anteile des eigenen Ichs.

Weininger stellt dies dann auch positiv dar. Das jüdische Element in Wagner habe eine fermentierende Wirkung gehabt und ihm zur Erkenntnis und zur Bejahung des anderen Pols verholfen, habe ihm geholfen, sich zum *Siegfried* und zum *Parsifal* durchzuringen und dem Germanentum den höchsten Ausdruck zu geben. Der Sinn der Spekulationen Weiningers erschließt sich aber erst, wenn er von seiner Künstlerpsychologie zu seiner Christologie übergeht. Über dem Künstler, sagt er, stehe immer noch der Religionsstifter. Über Wagner stehe Christus. »Noch ein Größerer als Wagner«, heißt es bei Weininger, »mußte erst das Judentum in sich überwinden, ehe er die eigene Mission fand.« In Christus konzentriere sich die Summe von Schuld, die man als Jude repräsentieren könne. Sie gibt aber auch die Höhe der Bußleistung an: den Tod. Christus ist für Weininger der Größte, weil er am meisten zu überwinden hatte und es »am vollständigsten« überwunden hat: sein Judentum. Er fand den Weg von der negativen, der jüdischen Polarität zur positiven, der christlichen. Als Erlöser vom Judentum ist Christus auch der Erlöser des Judentums. Es ist nicht schwer, zu erraten, wie suggestiv dem Festspielbesucher Weininger die überirdisch gehauchten letzten Worte des *Parsifal*-Schlußchors entgegengeklungen sein mögen: »Erlösung dem Erlöser«.

Der Wiener Musikkritiker Max Kalbeck war 1882 bei der Uraufführung des *Parsifal* anwesend und stellte, durch seine Lektüre der deutschnationalen »Bayreuther Blätter« mißtrauisch geworden, bitter fest, daß man heutzutage zu der Einsicht gekommen sei, das 19. Jahrhundert könne keinen christlich-semitischen Heiland mehr gebrauchen, sondern suche dringlich einen christlich-germanischen Erlöser: »Die

Herren Antisemiten von reichswegen [...] mögen sich bei Wagnern für diesen blonden Christus bedanken.«

Während Parsifal, ein Jung-Siegfried mit edlem Nazarenergesicht, als blonder Heiland allenfalls noch erkennbar ist, wird das jüdische Feindbild im Bühnenwerk nicht unmittelbar deutlich. Es dürfte nur zu erraten sein, wer dafür einsteht: Der Jude ist Kundry. Durch ein ahasverisches Umherirren durch Zeiten und Räume charakterisiert, war sie schon immer da, wie der ewige Jude. »Urteufelin, Höllenrose« nennt ihr Bezwinger Klingsor sie und zählt einige ihrer mythischen Inkarnationen auf: »Herodias warst du [...], Gundryggia dort, Kundry hier.« Ihr Umherirren ist ihr »Fluch«, wie sie sagt, wie sie stöhnt. Ihr Fluch verfolgt sie, seitdem sie Christus begegnete und über seinen Anspruch, der Messias zu sein, lachte. Zum Fluch gehört ihr »Sehnen«, ihre Sehnsucht, diesem »Erlöser« wieder zu begegnen. Wagner spielt da die Ambiguitäten zwischen dem Religiösen und dem Sexuellen rücksichtslos aus – daß sie nämlich in jedem Mann – der sich ihr als Mann verweigert – den Erlöser fände. Amfortas war nur der halbe Mann, der halbe Christus, die Vorstufe. Erst der ganze Mann, der andere Christus, Parsifal, bietet Kundry Sühne und Frieden. Und zwar durch etwas, was die sexuelle Verweigerung weit übertrifft: durch die christliche Taufe. Erst die Taufe, so will es die Bühnenhandlung, dann, angesichts des Heiligen, der Tod: das ist Erlösung. Darin wird die Jüdischkeit von Kundry noch einmal bekräftigt, und darauf steuerte nicht erst der Wagner des *Parsifal* zu, sondern schon jene Schrift, die er zweimal, 1850 und 1869, veröffentlichte: »Das Judentum in der Musik«. In dem oft zitierten Schlußpassus wird den Juden zwar nicht unmittelbar nach der Taufe der Tod gewünscht, das wäre zu kraß, sondern Wagner bedient sich einer zwischen konkreter und spiritualisierter Bedeutung schillernden Ausdrucksweise: »Bedenkt«, ruft er den Juden zu, »daß nur Eins Eure Erlösung von dem auf Euch lastenden Fluche sein kann: die Erlösung Ahasvers, der Untergang!«

Daß der Jude weiblich dargestellt wird und noch dazu als Doppelwesen aus Dienerin und Verderberin, als aktiv-passiver Wechselbalg, war, wenn man das einmal so sagen darf, ein genialer Schachzug des affektgeladenen Ressentiments gegen die Juden. Gewisse antijüdische Vorurteile, wie das der Triebhaftigkeit und der Unterwürfigkeit, ließen sich geradezu ideal mit präsumtiven weiblichen Eigenschaften kurzschließen. Durch seine Gespaltenheit wird dieses jüdisch-weibliche Mischwesen außerdem historisch lokalisierbar: Kundry ist Symbolgestalt des späten Juden, des unglücklichen, in Ambivalenzen und Identitätskrisen getriebenen assimilierten Juden. Kundry dürfte die erste Verkörperung für den jüdischen Selbsthaß in der Kunst sein. Die jüdische Neurose, gekoppelt mit der Sexualneurose, und damit die Selbstentfremdung des Menschen in der Natur und in der Gesellschaft zur Anschauung gebracht zu haben ist darüber hinaus ein Ausdruck der Modernität Wagners. Auch die verhängnisvollen wertenden Tendenzen, die er mitliefert, gehören zum Syndrom der Moderne.

Zur Verstärkung des fragwürdigen, des wagnerdeutschen Triebes unter den Angehörigen des assimilierten Judentums haben jedoch noch andere geistige Strömungen beigetragen. In Budapest klagte der junge, von Weltschmerz erfüllte (Wagnerianer) Georg Lukács um 1910 über die Verwandlung der modernen Welt in eine riesige impressionistische Oberfläche: erzeugt und zustande gekommen durch die rasche Industrialisierung und die immer geschwinderen Kommunikationstechniken. Oberfläche ist für ihn identisch mit Oberflächlichkeit, mit Unverbindlichkeit. In der Austauschbarkeit aller Werte und Beziehungen löst sich die Festigkeit der Welt auf, und dahinter gähnt das Nichts. Verloren im Strudel der Erscheinungen, verlangt es Lukács nach einem »Wesen der Dinge«, nach einem Halt, der nur in einer Tiefendimension zu gewinnen wäre, sucht er nach einem Anker und Gegengewicht zu einer zu leicht gewordenen Welt. Es war die Welt, die für den drastischeren Weininger in allgemeiner »Walzerhaftigkeit« verblödete.

Die bei Lukács philosophisch beschriebene Existenzangst deutet zugleich auf das langsame Hervortreten einer Sehnsucht, die auf ein Absolutum, auf Totalität zielt: in der Terminologie der Zeit auf etwas »Erlösendes«. Da die gesuchte Rückbindung der Kunst und des Lebens nicht in der Phänomenalität der Dinge gesucht wird, sondern in einer numinosen Tiefenschicht, scheinen hier »fundamentalistische« Triebe im Spiel zu sein, deren parareligiöser Charakter nicht zu übersehen ist. Daß dieser parareligiöse Impuls im Falle Lukács seine Erfüllung im Marxismus finden wird, ist nur eine Variante der möglichen Lösungen. Bei Karl Kraus drängt dieser Impuls in die Absolutsetzung der Sprache, des »Sprachgeistes«, bei Freud zu einer Verabsolutierung der Sexualität, bei Herzl zur Endgültigkeit des Exodus, bei Weininger zur Verabsolutierung der Männlichkeit. Bei seinem zwei Jahre älteren Schulkameraden Arthur Trebitsch, dem Autor kulturphilosophischer Schriften, wird derselbe Drang zu einer ganzen und totalen Lösung aller Fragen und Nöte ins Politische kippen, in die arisch-deutschnationale Grandiosität.

Daß fundamentalistische Begriffe wie Wesen, Tiefe, Schwere, Bindung kulturhistorisch gern mit dem Deutschen assoziiert werden, wobei man sich auf ein Vorstellungsamalgam aus Nibelungentreue, rauschenden Ursprungsquellen und Heldentod stützt, ist am Ende des 19. Jahrhunderts selbstverständlich. Dieses wird nun noch einmal mythologisch verklärt und sowohl gegen den zivilisatorisch verflachten Geist der rationaleren westlichen – französischen – Orientierung wie gegen den sogenannten jüdischen Händler- und Wechslergeist polemisch ausgespielt. Thomas Mann ist ein namhafter Zeuge für diese Fixierung, die sich im österreichischen Raum als dem Randgebiet zur »eigentlichen« Heimat der Deutschen besonders obsessiv ausprägte. Daß sich in diese emotional-weltanschaulichen Bedürfnisse die Gestalt des Gesamtkunstwerk-Erfinders und Erbauers des Bayreuther Theaters, des Wiedererweckers germanischer Mythologien ideal einfädeln ließ, liegt auf der Hand.

Nicht so selbstverständlich ist aber, wie sein wechselhafter, vorrangig von einer »Produktionsmoral« (Carl Dahlhaus) gesteuerter Charakter sich in jene anderen Bedürfnisstrukturen der avantgardistischen Intelligenz um 1900 einfügen sollte, die, wie wir an Weininger gesehen haben und von Kraus und Freud wissen, von hochgetriebenen ethischen Prinzipien geleitet war. Doch es gab bei dem Komponisten Wagner durchaus Züge der Integrität, kritisch-revolutionäre Haltungen, die eine Einfühlung, wenn nicht gar Gefolgschaft nahelegen konnten. Als Eiferer gegen den merkantil verkommenen Opernbetrieb seiner Zeit, als Streiter wider die musikalisch »unsauberen« Mischformen rezitativisch-arioser Operntraditionen und effektvoller Nummernopern und als Kämpfer für eine Autonomie der Kunst, die sich weder den Marktgesetzen verschreibt noch Nebenzwecken dient, die nicht auf Täuschung und Effekte abzielt, sondern sich in ihrer Wahrheit und Eigenheit darstellen will, entsprach Wagner durchaus auch den Forderungen der kulturreformatorisch gesinnten »Anti-Wiener«, die heute den Ruhm des Ortes und der Stunde ausmachen.

Auf eine fast protestantisch anmutende Weise nämlich rückten diese dem vermanschten historistischen Zeitgeist zu Leibe, indem sie zunächst auf einer reinlichen Scheidung der echten Werte von den unechten bestanden, um die Wahrheit aus ihren tausend verlogenen und verlarvten Formen wieder herauszuholen. Wie in der »Fackel« griffen sie alle Manöver an, mit denen man in Wirtschaft, Politik und Kunst die eigentlichen Motive, Profitgier und Kommerz, vertuschen wollte; wandten sich mit Freud und seinem Kreis gegen die Verfilzung von Sexualität und Gesellschaftsmoral, bekämpften mit Mahler die verschlampten Aufführungspraktiken in der Oper oder mit Weininger den verschwommenen Impressionismus eines Ernst Mach und entlarvten schließlich, mit Herzl, die Täuschung, ein Jude könne, auch wenn er getauft war, jemals integrierter Christ und eingesessener Deutsch-Österreicher werden. Verallgemeinernd könnte man sagen, daß es darum ging, die ineinander verworrenen Sphären des Profanen und des Sakralen wieder zu trennen und auseinanderzuhalten. Denn erst wenn die Dinge zurechtgerückt wären, würde es wieder Hoffnung auf eine geistige Substanz und Tragfähigkeit der Kultur geben. Die moralisch-kritische Trennungsarbeit war von dem leidenschaftlichen Wunsch nach einer neuen und totalen Fundierung und Perspektivierung der Welt getragen. Ein Blick ins Kunstinnere, in die Vorstellungen von den heilenden Produktionsprozessen, die diese Anwälte einer gereinigten Kultur hegten, kann darüber genauere Auskunft geben.

Forderungen nach Willensstärke und Integrität richten sich auf das Subjekt, auf die einzelne Person in der Gesellschaft. In erhöhtem Maße aber richteten sie sich auf den Künstler, denn die Qualität seiner Kunst steht in direkter Relation zu diesen Eigenschaften. Kunst könne nicht auf dem »Flugsand eines Charakters« erbaut werden, meinte Karl Kraus gegen Heine, dessen Reimerei ihm zu unverbindlich, zu leicht, als nicht »tief« empfunden oder gar erlitten erschien. Gleiches gilt für die Kunstfigur des reinen, echten Juden. Die Polemik Theodor Herzls geht scharf und kompromißlos mit »Mauschel«, mit dem assimilierten Juden, ins Gericht. »Mauschel« müsse aus seinem Selbstbetrug und aus seiner gojischen Mimikry heraus, er müsse wieder Eigenverantwortung übernehmen, echte Landarbeit »drüben« leisten, auf eigener Scholle. Die Schaffung eines »Muskeljudentums«, wie sein Freund Max Nordau vorschlug, deutete in dieselbe kernige Richtung.

Das wahre und echte Selbst eines Subjekts war die Voraussetzung dafür, daß nicht Scheinkunst und Scheinkultur entstanden. Wie das wahre und echte Selbst der Kunst zur Erscheinung komme, wie sie ihr »Wesen« offenbare, darüber machte man sich in einer Theorie Gedanken, die von einer ursprünglichen Verbindung zwischen Stoff und Form ausging. Man könnte sie die Theorie der Materialgerechtigkeit nennen. Für den Künstler hieß dies, die Eigenheit des Materials zu respektieren: der Dichter, so Karl Kraus, müsse auf das lauschen, was die Sprache ihm erzähle, sonst würde aus ihm sein häßlicher Bruder, der Journalist, der die Sprache zu Effekten und Phrasen mißbraucht. Der Materialität des Steins oder des Holzes, das er bearbeitet, müsse sich der Bildhauer unterwerfen, behauptete der Kunstphilosoph Leo Popper aus Budapest. Gehe er mit dem Stein, dessen Natur die Schwere ist, sinnlich-zärtlich-virtuos um wie Auguste Rodin, so verfälsche er den Charakter des Steins. Ein Maillol dagegen sei den Eigengesetzen des Materials mit der edlen Grobheit seiner Figuren gerecht geworden. Bei beiden Kulturkritikern, bei Karl Kraus wie bei Leo Popper (der ein Freund von Lukács war und auch in der »Fackel« veröffentlichte), ist die panikartige Angst vor der Virtuosität in der Kunst spürbar als dem sichersten Indiz für einen Verrat an der echten Kunst, der den Verrat an einem ethisch gerechtfertigten Leben einschließt. Der Virtuose scheut die heroische Anstrengung und kennt nicht den dornenvollen Weg eines Ringens mit dem Dämon. Nimmt man die großen Zeitanalysen Hermann Brochs hinzu oder das Monumentalwerk der »Fackel«, die Ideen Schönbergs – »Kunst kommt von Müssen« –, oder auch, wenig später, die Gedanken Ludwig Wittgensteins – überall erscheint die Angst vor der falschen, der täuschenden, der oberflächlichen, kitschigen, bloß virtuosen Kunst zu existentiellen, ja metaphysischen

Höhen gesteigert. Die virtuose Kunst wird zum Symptom des Bösen schlechthin.

Warum diese heute seltsam überanstrengt wirkenden Zeugnisse einer Panik in der Kultur – Weiningers Werk steht beispielhaft dafür – so häufig von den Juden stammten, dürfte jetzt verständlicher werden. Die Welt der Kunst und Kultur als unsichere und scheinhafte, als selbstentfremdete zu erleben, mußte das nicht bedeuten, auf eine letzte, eine eindeutige Identifikation zu verzichten? Wie sollten jene das ertragen, die der Selbstentfremdung stärker ausgesetzt waren als alle anderen gesellschaftlichen Gruppen, die assimilierten Juden? Nicht zufällig waren fast alle, die die Mischformen der Kultur angriffen und sie wieder rein und authentisch haben wollten, zum impliziten Antisemitismus geradezu verdammt gewesen.

Im Phantasma von der unrein, verschmutzt und verlogen gewordenen Kunst und Kultur sprechen sich Ängste und Projektionen aus, an denen antijüdische Abwehr klebt, wie immer sublim und sublimiert diese Ängste formuliert wurden. Ohne genannt zu werden, wird jenseits der protestantisch-ethischen und zugleich mystifikatorisch-fundamentalistischen Kulturauffassungen schattenhaft das Gegenbild sichtbar, das abgewehrt wird und mit dem man in der mühsam errungenen neuen und anderen Reinheit nicht verwechselt werden will: das Bild vom Juden, wie es der Antisemitismus zeichnet, vom assimilierten Juden als dem exemplarisch Getarnten, nicht mehr Faßbaren, dem Wurzellosen und Parasitären.

Der Verblendungszusammenhang schließt sich, wenn man Wagners schöne, reine Lehre von der Autonomie der Kunst ins Auge faßt. Sie erweist sich als Analogie zu seiner Vorstellung vom Deutschen, wie er sie 1865 definierte. Deutsch sei, »daß das Schöne und Edle nicht um des Vorteils, ja selbst nicht um des Ruhmes und der Anerkennung willen in die Welt tritt«. Der liberale Redakteur der Süddeutschen Zeitung, dem er diesen eigensinnig-puristisch-antimerkantilen Gedanken damals vortrug, ist darüber in ein »Weinen und Schluchzen« ausgebrochen. In der verhunzten Form »Deutsch sein heißt, eine Sache um ihrer selbst willen treiben« ist dieses Ideologem zum geflügelten Wort der Nazis geworden. In absurder Stimmigkeit haben sie die charakterfest-deutschen Werke von Karl Kraus von der Bücherverbrennung ausgenommen, und von Weininger soll Adolf Hitler in einem Gespräch mit Hans Pfitzner gesagt haben, er sei der einzige Jude, den er gelten lasse. Hatten Juden wie diese nicht auch gemeint, daß »die Juden«, wie Wagner sagte, schuld seien am modernen »Kunstwarenwechsel« und daß sie die »deutsche Geistesarbeit in die Hände genommen« hätten, so daß ein »widerwärtiges Zerrbild des deutschen Geistes« entstanden war?

Das Erlösungswerk der Entzerrung, der Entmischung der ineinandergelaufenen deutschen und jüdischen Welt – dieses negative Erlösungswerk einer Wiederherstellung reiner Polaritäten konnte dann, über alle Vorstellungskraft der assimilierten Juden hinaus, langsam, aber zäh und zielstrebig aus der Kunst und Kultur übergehen auf die Ebene von Leben und Tod.

UNBEHAGEN AM *PARSIFAL*

Parsifal-Vorstellung, meistens am Karfreitag. Ringsum schwarzgekleidete Menschen, die ein feierliches Gehabe zur Schau tragen oder versuchen, eine gewisse weihevolle Stimmung lässig zu überspielen. Dann taucht man ein in die Welt der sonoren Gralsklänge und chromatisch getönten Schmerzenslaute, die sich schließlich nach schier unendlicher musikalischer Zeit auflöst in eine Flut rötlichen Lichts und in himmlisch hauchende Chöre von oben, die das Happy-End »Erlösung« nennen. Schüchterner Applaus klingt auf, wenn das Publikum aus dem anderen Zustand erwacht, in den Musik und Fabel es versetzt haben. Darf man klatschen oder darf man nicht? Doch die Sänger verbeugen sich: Da ist die eben noch entseelt zu Boden gesunkene Kundry, der vom Selbstmord gerade noch abgehaltene Amfortas steht blutbefleckt und mit zerrissenem Gewand an der Rampe, Vater Titurel hat sich aus dem Sarg erhoben, und auch der Zauberer Klingsor zeigt sich im Bösewichtskostüm. Man würde sich in einer Vampir-Oper glauben, wäre nicht Parsifal, licht und milde, blond, ein Guter, Parsifal, der uns eine Heiligenvita vorgeführt hat, den Entwicklungs- und Läuterungsweg eines Einfältigen zum barmherzigen Retter der Seelen und König eines spirituellen Imperiums.

Kostüm und Maske – wir sind zweifelsohne im Theater. Aber gerade noch waren wir in der Kirche. In der Parzival-Legende abenteuerlich zusammengeschmolzen, erinnerten die lebenden Bilder doch an alles, was ein ordentlich säkularisiertes und durchliberalisiertes modernes Bewußtsein sonst in die religiöse Kitschecke zu verbannen pflegt: die feierlichen Gebärden der Eucharistie, das Sakrament der Transsubstantiation, Mönchskutten, inbrünstige Gebete auf Knien, Salb- und Taufakte, schwebende Tauben und schließlich die Requisiten der frühchristlichen Legende: die Lanze, mit der Joseph von Arimathia Christus am Kreuz die Seitenwunde schlug, um das aus ihr stürzende Blut in einer Schale aufzufangen. Diese Seitenwunde sehen wir, an den Körper des kranken Gralskönigs Amfortas versetzt, bluten, und die Schale mit dem Christusblut selbst bildet hier das Zentrum einer durch den Glauben geretteten Welt. Zur Festigung des Glaubens werden die wirksamsten musikalischen Mittel eingesetzt: dröhnende Gralsglocken, Glaubensmotive von starker, eher protestantischer Gestalt, Tränen innerer Erleichterung gleich fließt die Karfreitagsmusik, Überirdisches tönt aus der Höhe, Orakelsprüche beenden die Zeremonie.

Es gibt ein altes Unbehagen am *Parsifal*, und dieses Unbehagen kreist nach wie vor um die Doppelbestimmung des Werks: es ist Bühnen- und Weih-Festspiel zugleich, Musikdrama von unbezweifelbarer ästhetischer Autonomie, aber auch religiöses Werk, christliches Passionsspiel. Keiner weiß, ob wir die Religion als Schauspiel erleben oder das Schauspiel einer Religion und ob wir uns an die Musik selber halten dürfen als »metaphysisches Adagio«, wie Ernst Bloch sie aufgefaßt hat. Wagner wollte mit seinem *Parsifal* den »Kern der Religion« aus dem orthodoxen Christentum der Kirchen retten. Müssen wir das ernst nehmen, oder ist die Erlösungsbotschaft des *Parsifal* bloß ein Aussagemodus des Komponisten, um letzte Dinge in Tönen auszudrücken und für das Unaussprechliche mystischer Erfahrung eine verständliche, populäre Form zu gewinnen, einen »guten Schluß« zu finden nach dem schrecklichen und vagen Trümmerhaufen am Ende der *Götterdämmerung*?

Die Debatte, ob *Parsifal* Religion oder Kunst, Kirche oder Theater sei, ist seit der Uraufführung im Jahre 1882 geführt worden. Nach zwei Weltkriegen ist die Frage nach dem Anspruch auf Glaubensechtheit und Christlichkeit in dem Maße abgeflaut, wie die Kirchen immer leerer wurden. Interpreten wie Willy Haas oder Hans Mayer bestreiten überhaupt, daß der *Parsifal* ein christliches Werk sei. Für Haas ist es »nahe der Blasphemie«, Mayer spricht von »Privattheologie«. Während unter Wagnerschriftstellern der alten Schule ein Zdenko von Kraft noch 1951 überzeugt davon ist, daß »das Weihespiel im wohlfeilen Sinn des Wortes« nicht zu begreifen sei: »Es will gar nicht begriffen sein [...], man muß es glauben!«, steht für Carl Dahlhaus und die Musikwissenschaft fest, daß hier ein Dokument der Kunstreligion des 19. Jahrhunderts vorliegt, Frömmigkeit aus zweiter Hand, bloß zitierte Frömmigkeit. *Parsifal* ist ein Kunstwerk des Historismus. Der traditionelle Vorwurf der Pseudoreligiosität des Werks wäre damit sozusagen positiv gewendet und gewertet.

Andere Interpreten aber aus Literatur und Theologie lassen die Kirche eher im Dorf und folgen den Denkspuren Thomas Manns, der es vom übrigen Werk Wagners und von der Kulturgeschichte her logisch fand, daß Wagner sich vom Theatraliker zum »Bruder des Priesters« weiterentwickelte. Denn als Künstler hatte er immer schon mit Symbolen gehandelt und seine Leitmotive monstranzartig vor sich hergetragen. Thomas Mann beschreibt die bizarren und romantischen Züge des Werks, bezeichnet es aber letztlich als ein »Oratorium der Erlösung«. Diese Formulierung wird von Peter Wapnewski teilweise verweltlicht, wenn er vom »Drama der Erlösung« spricht. »Erlösung« aber ist ein theologischer Begriff, auch wenn der *Parsifal* in keinem theologischen Lexikon vorkommt. Und so beschäftigen sich christliche Denker weiterhin mit dem *Parsifal*, mag es Walter Jens sein oder Hans Küng, der die *Parsifal*-Botschaft zur »wahren Religion« erklärte. Auch die neuere Religionspsychologie hat sich wieder um das Bühnenweihfestspiel bemüht und behauptet, daß es zweifellos ein christliches Werk sei und sogar amtlicher Theologie standhalten könne.

Ob Blasphemie, Privattheologie, zitierte Frömmigkeit, Pseudoreligiosität, Erlösungsdrama oder wahre Religion, in jedem Falle dürfte das Verständnis des Werkes durch das christliche Kreuz bestimmt sein mit seiner Thematik von Leiden, Schuld und Sühne, mit seiner Ikonographie und seinen Allusionen, den Requisiten und Riten. Der *Parsifal* ist Passionsspiel, Kulthandlung.

Dagegen wäre nun eigentlich nichts zu sagen, bliebe nicht dennoch das Unbehagen am *Parsifal.* Ein solches Unbehagen tritt weder beim »Ave Maria« der Desdemona im *Otello* auf noch bei den Orgelklängen der Szene im Dom zu Münster in Meyerbeers *Prophet*, nicht beim Anhören der *Heiligen Elisabeth* Franz Liszts oder beim *Martyrium des heiligen Sebastian* von Debussy und schon gar nicht bei den barocken Passionsvertonungen von Johann Sebastian Bach. Das Unbehagen ist offensichtlich nicht an die Verwendung religiöser Motive auf der Bühne oder im Konzertsaal gebunden.

Ist es also vielleicht doch eine eigene Religiosität, die im *Parsifal* zum Ausdruck gebracht wird, eine Religiosität, die den großen Passionsvertonungen und mittelalterlichen Mysterienspielen oder auch Verdis Kirchenszenen fremd ist, eine keineswegs mehr naive Gläubigkeit, sondern eine wagnerisch späte, verkrampfte und neurotisch gewordene? Ist es, mit Sigmund Freud zu sprechen, Religion als Sublimierung verweigerter Bedürfnisse, als Moralisierung irdischer Tabus und Qualen, Religion als Menschheitsneurose? Freuds Vorläufer Friedrich Nietzsche sagte ja bereits, daß zur »religiösen Neurose« die Enthaltsamkeit gehöre, und von sexueller Enthaltsamkeit oder den schrecklichen Folgen ihres Gegenteils ist im *Parsifal* ja genug die (chromatische) Rede.

Von der Sünde der Fleischlichkeit, die Amfortas begangen hat, verführt von der »Urteufelin« Kundry, rührt das ganze Elend und die Rettungsbedürftigkeit der ritterlichen Gralswelt her. Unverhohlen handelt das Musikdrama von dem, was es gleichzeitig tabuisiert: von der Geschlechtlichkeit des Menschen. Es starrt auf diese Menschheitswunde, verlegt sie schamhaft zum Herzen hin – und löst durch diese raffinierte Verschiebung zwei Probleme auf einmal: Das Leiden des einzelnen Menschen wird konkret und ebenso seine Verbindung mit Christus am Kreuz, die Christusassoziation ist da. Das Leiden am Sexus wird ins Religiöse transformiert und fordert Mitleiden, bezeugt Erlösungsbedürftigkeit. Die Erlösung vom Trieb, die Klingsor sich verschafft hat, ist allerdings die falsche, die ungeistige. Wegen dieses Irrtums verhöhnt ihn Kundry, die gleichwohl seine Unterleibseigene ist: In seinen Diensten – und gegen ihren eigenen Willen – muß sie die keuschen Ritter unaufhörlich locken und verführen. Der Sexus wird dämonisiert und zugleich instrumentalisiert zum Herrschaftsgewinn.

An jenem Punkt der Handlung, wo sich die entscheidende Wende vollzieht, wo ein Erkenntnisschub Parsifal hellsichtig werden läßt über die Schuldzusammenhänge in der Welt, steht wieder ein verhüllter sexueller Akt: der Kuß Kundrys. Die erste Erfahrung mit der Lust bewirkt Schrecken und Abwehr, und dies öffnet den Gegenweg, den Weg der Reinheit und Enthaltsamkeit, den Weg zur Mitleidsliebe, den Heilsweg. Mit einer der wohl aufregendsten Figuren der Opernliteratur, mit Kundry, führt uns Wagner, gut zwanzig Jahre bevor Freud sie als »Hysterica« diagnostizierte, die krank gemachte weibliche Sexualität in ihrer doppelten Erscheinungsweise von Nymphomanie und masochistischer Selbstbestrafung im Dienen und Unterwerfen vor.

Um das gerüttelt Maß an Sexualität im *Parsifal* vollzumachen, enthält dieses »heilige Werk« auch noch die »Botschaft der Päderastie«, wie der Herausgeber des Ricordi-Werkkommentars, Dietmar Holland, herausgefunden haben will. Das schöne Wort von der »Geschlechtsoper« *Parsifal* stammt von Thomas Mann, und wir dürfen den *Parsifal* durchaus als Vorläufer anderer Geschlechtsopern lesen, wie der *Salome* von Wilde und Strauss, in der Askese und Begehren ebenfalls tödlich aneinandergeraten, oder Wedekinds *Lulu* von dem glühenden *Parsifal*-Verehrer Alban Berg, wo dann endlich die Vorzeichen umgekehrt werden und eine Sakralisierung des Sexus stattfindet. Jedenfalls gibt sich die Religiosität im *Parsifal* als angsterfüllt und kompensatorisch zu erkennen. Ihre Basis ist der Haß aufs Geschlechtliche, verkörpert im »Weib«, wie das im von Geschlechterkämpfen und Geschlechtsängsten geschüttelten Fin-de-siècle üblich war. Und dies macht die *Parsifal*-Religiosität heute historisch und als »religiöse Neurose« beschreibbar. Von der »furchtbaren Katastrophe zwischen Kundry und Parsifal«, die sie nicht überleben wird, die ihn aber zum König macht, sprach schon Wagner.

Von hier ausgehend, läßt sich unser Unbehagen genauer fassen: Nicht die Mischung aus Sexus und Heiligkeit ist das Anstößige, denn diese Mischung ist psychologisch aufregend, und die strukturellen Zusammenhänge zwischen Erotischem und Sakralem als »transgression« zu einem Absoluten haben mit Georges Bataille ihre philosophischen Denker im französischen Raum gefunden. Auch nicht die Synthese aus Oper und Oratorium läßt den *Parsifal* heute problematisch erscheinen, sondern eher als postmoderne Kunstform der Zukunft. Nicht die Vermischung und Überlappung von profanen und sakralen Funktionen stört im Zeitalter der Kommunikation, die an die Stelle der Kommunion getreten ist. Um ein berühmtes Argument aufzugreifen, mit dem Adorno sich *gegen* den *Parsifal* – freilich *für* seine Musik – ausgesprochen hat: Auch der Aspekt der »Phantasmagorie«, des falschen Scheins, der »Als-ob«-Erlösung wäre kein Einwand mehr, nachdem die Verzauberung der Welt durch weit gefährlichere Phantasmagorien geschieht, die nicht in der Kunst, sondern in der Wirklichkeit angesiedelt sind und über den Bildschirm flimmern. Seitdem nimmt sich die religiöse Phantasmagorie des *Parsifal* mit seinem Schlußtableau nach Matthäus 3,13, Markus 1,10, Lukas 3,22 und Johannes 1,32 fast rührend aus, wie eine Zauberoper in postnazarenischer Öldruck-Manier.

Nein, nicht die Mischformen im *Parsifal*, die noch Igor Strawinsky so geärgert haben, daß er die Bayreuther Vorstellung fluchtartig verließ, sind heutzutage problematisch. Als »Komplexität« apostrophiert, erregen solche Aspekte eher die Aufmerksamkeit der Interpreten. Sowohl musikalisch wie dramatisch sind die Ambivalenzen und Paradoxa in diesem Stück ja sorgfältig geplant und durchkonstruiert. Man erinnere sich nur an die aneinander gebundenen Orte der Handlungen: die Gralsburg wie die Welt Klingsors liegen auf demselben Berg Montsalvat, nach der nördlichen, gotischen Seite hin Titurels Domäne, nach der südlichen, arabischen der Garten Klingsors. Diese innere Einheit der Gegensätze setzt sich fort in der Konzeption Kundrys als Verführerin und Büßerin, Mutter und Geliebter, Hexe und Helferin, in der Doppelbestimmung des Speeres als eines Heils- und Unheilszeichens und der Doppelfunktion des Grals als eines Lebensspenders und Leidensverlängerers. In der musikalischen Konstruktion stehen die Hauptkontrastmittel – Diatonik und Chromatik – nicht einsinnig für Gott und Teufel, Gral und Klingsor, sondern sie werden vieldeutig ineinander verschlungen und können sogar für entgegengesetzte Aspekte einstehen: die Chromatik fürs Trügerische, Zauberische und den Schmerz, und die Diatonik sowohl für die Erhabenheit der Gralswelt wie für die Naivität des unbewußten Handelns. Dieses wunderbar schillernde und durch die Form des Paradoxons philosophisch zur Aussage von Wahrheit befähigte Werk zwingt nun am Ende alles in die Eindeutigkeit des einen christlichen Heils, das alles andere ausschließt.

Eben diese undialektische »Lösung« aller Konflikte in allgemeiner heiliger Harmonie mit dem Segen von oben ist der

den inneren Charakter des Werkes als Kulthandlung zu zerstören. Wenn es wahr ist, wie Jacob Burckhardt sagte, daß der »Geist« ein »Wühler« sei, dann hat er sich reichlich Zeit genommen, den *Parsifal* aufzuwühlen und umzugraben.

Der *Parsifal* erhielt seine Weihe nicht alleine durch sein Sujet, sondern ebensosehr durch die Schutzmaßnahmen und Schutzbewegungen, die das Werk vor Profanierung bewahren sollten. Diese bezogen sich sowohl auf den Ort – auf Bayreuth, für dessen Monopolstellung die Witwe Cosima eine »Lex Parsifal« mobilisieren wollte –, wie auf die Beibehaltung des authentischen Dekors der Uraufführung, auf dem noch »das Auge des Meisters geruht hatte«. Die Debatte um eine Verlängerung der dreißigjährigen urheberrechtlichen Schutzfrist war heftig um die Jahrhundertwende, zumal es 1903 einen Raub des *Parsifal*, eine Raub-Aufführung an der New Yorker Metropolitan Opera gegeben hatte, veranlaßt durch die Unbedachtsamkeit Siegfried Wagners, der auf einem gemeinsamen Spaziergang dem Leiter des Schott-Verlages, Ludwig Strecker, die Erlaubnis zum Druck einer Taschenpartitur gegeben hatte – ein kleiner ödipaler Aufstand sozusagen gegen die sonst ungebrochene Unterwerfung unter des Vaters Gebote. Die »Lex Parsifal« wurde vom Reichstag nicht beschlossen, mit dem Jahr 1914 war der *Parsifal* frei. In die heute absurd anmutende Diskussion um den Urheberrechtsschutz mischte sich 1912 auch der Wagnerverehrer und moderne »Wühlgeist« Arnold Schönberg. Ein Stil, schreibt er, könne nicht entstehen, wenn man das Objekt, an dem er sich entwickeln soll, der Einwirkung des Lebendigen entziehe: »Das Bayreuther Monopol ist wenig geeignet, einen Stil zu erzeugen, denn es hütet die Tradition. Und die Tradition ist das Gegenteil von Stil, obwohl man beide oft miteinander verwechselt.«

Das war an die Bayreuther Adresse gerichtet, wo man am Dekor und den Regieanweisungen von 1882 wie an Reliquien festhielt, um wenigstens ein reines Abbild des Urbildes zu haben. Es war auch ein Angriff auf die stilbildende Funktion, die dieser *Parsifal* nach den Entwürfen des russischen Malers Paul von Joukowsky für die Bayreuther Aufführ-rungspraxis erhielt. Schönberg erkannte, daß man hier, in falscher Ableitung des dem Werk zugehörigen Ritualcharakters, ein Ritual des Äußeren, der Dekorationen und Szenenanweisungen zelebrierte, und daß der »Bayreuther Gedanke« unter dem Decknamen der Tradition die eigene Heiligkeit zelebrierte und darüber die Kunst steril wurde. Schönberg nahm damit Argumente vorweg, die Wieland Wagner benutzen wird, allerdings mit jener geistigen Verspätung, wie sie für Bayreuth typisch war. Was sein Vater Siegfried als Zeitgenosse Schönbergs schon hätte denken und sagen können, sprach erst der Sohn aus. Gedrängt von den Angriffen der Altwagnerianer, machte Wieland sich über »Tradition und Neugestaltung« Gedanken und griff den »Denkmalschutz für Wagner« öffentlich an. Noch wußte er allerdings nichts von der Ironie der Geschichte, daß nämlich sein »Stil« für den *Parsifal* von 1951 ebenfalls in »Tradition« übergehen und damit die Sakralität des *Parsifal* und des »Mysteriums Bayreuth« erneut bestätigen würde.

Die Uraufführungsszenerie wurde in der Tat ein halbes Jahrhundert lang beibehalten, von 1882 bis 1933, – unglaublich im Zeitalter der Premierensensationen und Theatermoden. Kleine Änderungen hatte es seit 1911 gegeben, bezeichnenderweise nur im Zweiten Akt, sie stammten vom Sohn, von Siegfried, und seinem Bühnenbildner. Als aber 1925/26 die, wie Siegfried schrieb, »verantwortungsschwerste Frage für Bayreuth« zur Sprache kam, nämlich auch die »ehrwürdigen Dekorationen der Gralsszenen, des Waldes, der Aue zu ändern«, da ein Großteil der Presse dies mit Nachdruck forderte, wurden solche Versuche »wie im Gefühl eines Sakrilegs wieder aufgegeben, mit einem leisen, sinnenden, abschließenden »Ach nein!« Siegfrieds.

In der Ära nach dem Tode von Siegfried Wagner, nach 1930, wurde – diesmal im Zusammenhang mit Neuerungswünschen des Hausfreundes und Kanzlers Adolf Hitler – die Frage nach einer szenischen Erneuerung wieder laut. Das führte zunächst einmal zu einer Protestnote seitens der ältesten Wagner-Generation, Chamberlains und Wolzogens, aber auch Toscaninis. Die sogenannte *Parsifal*-Eingabe »zur Erhaltung der Urgestalt des ›Parsifal‹« richtete sich 1933 zunächst an die Festspielleitung, der jetzt Winifred Wagner und der Chef der Berliner Staatsoper, Heinz Tietjen, vorstehen, dann wurde sie an die Reichsregierung weitergeleitet. Der Protest wurde zum Politikum: Der Staat solle das Nationalheiligtum schützen. Mögen andere Theater mit dem *Parsifal* experimentieren, Bayreuths Aufgabe sei es, den *Parsifal* als »lebendig widerspiegelndes Denkmal der Wagnerschen Kunst« zu erhalten.

Doch gerade der Staat, verkörpert in Adolf Hitler, war *für* die Abschaffung der Tradition. Er wollte seine eigene schaffen. Hitler machte dem Streit ein Ende, indem er Erneuerung verfügte. Die Inszenierung besorgte der künstlerische Leiter des Hauses, Heinz Tietjen, aber den Bühnenbildner stellte Hitler. Er hatte im Wien Gustav Mahlers die Bühnenbildreformen Alfred Rollers erlebt, und hatte damals, 1911, als Malstudent versucht, zu diesem großen Künstler vorzudringen, war aber dann doch zu scheu gewesen. Diese Schwäche mußte kompensiert werden, und jetzt holte der Mächtige den Künstler für den *Parsifal* in sein Bayreuth. 1934 und 1936 erschien der *Parsifal* in Rollers Bildern, und der überbordende Zierat des Tempelprunks des alten Bayreuth verschwand zugunsten eines durch Licht und Schatten wirkungsvoll aufgelösten, expressiv-wuchtigen Säulenraumes, der nach oben und rückwärts keine geschlossene Architektur zeigte. »Orgie der Hölle« nannte die alte Garde der Wagnerianer dieses Bild – woraus man wohl schließen darf, daß es großartig war. Aber irgend etwas hatte dem

Reichskanzler an den Entwürfen seines alten Idols nicht gefallen, und außerdem drängte der älteste Wagnerenkel, der zwanzigjährige Wieland, nach Aufgaben auf seinem zukünftigen Thron. Seine *Parsifal*-Bühnenbilder durften 1937 die des Wiener Theaterreformers ersetzen.

Doch einen Künstler wie Roller hebt man nicht so leicht aus dem Sattel. Wieland, aufgewachsen in der Bescheidenheit des Bayreuther Horizonts, hatte kein Verständnis für die neueren und moderneren Ausdrucksmodi in der Bühnenkunst, kannte sie nicht – auch Emil Preetorius' Arbeiten in Bayreuth gefielen ihm nicht –, er favorisierte eine konventionelle, nur etwas entkitschte Ästhetik. Es handelte sich bei ihm immer noch um eine Bebilderung der Szenen – ob ein Baum weiter links steht oder weiter rechts – und keineswegs um konzeptionelles Denken. Die Nazipresse freute sich dementsprechend über die allen experimentellen und abstrakten Stillösungen abholde »unverdorbene Sprache« des Enkels. In der Tat präsentierten seine Bilder mehr oder weniger alten Wein in neuen Schläuchen: Die poetisch-naiven Qualitäten des alten Dekors waren prosaischer Nüchternheit geopfert worden, ohne daß diese stilistisch und gedanklich Besseres brachten. Wielands Tempel war poesielos und eng, vor allem deshalb, weil er im Hintergrund mit einer Rückwand abschloß; er ähnelte wirklich, wie die Gralshüter kritisierten, einer Thermalhalle im Stil der dreißiger Jahre. Unbeeinflußt vom Geist der Zeit, von dem negativen Verhältnis des nazistischen Deutschland zu Religion und christlicher Mystik war Wieland 1937 sicher nicht.

Nach 1939 wurden aus den Bayreuther Festspielen »KdF-Festspiele«, wie die Familie halb erleichtert, halb bedauernd bemerkte. Gleichwohl wurden Pläne für »Friedensfestspiele« geschmiedet. Als »große Lösung« für diese »Friedensfestspiele« sollte neben dem *Tannhäuser* auch der *Parsifal* gespielt werden. Jedenfalls beschäftige sich der »Führer« weiterhin mit dem *Parsifal*, wie es in einem Brief

Abb. 25: Der Familiengründer

Abb. 26: Erhält und bewahrt: Cosima

Abb. 27: Wahnfried, Gartenseite 1874-1945

Abb. 28: Wahnfried im April 1945

Abb. 29: Winifreds Salon 1932

Abb 30: Alt-Wahnfried, Wagners »Saal«

Abb. 31: Der »Saal« 1958

Abb. 32: Der »Saal« heute (seit 1976)

Abb. 33 und 34: Les âmes romantiques: Franz Liszt und Marie D'Agoult

Abb. 35: Die Liszt-Kinder

Abb. 36: Eva, Isolde, Siegfried, Daniela, Blandine mit Hans Richter (v. l. n. r.)

Abb. 37: Die Verstoßene: Isolde Wagner

Abb. 38: Winifred und Siegfried 1916

Abb. 39: Siegfrieds Idyll: Wolfgang, Verena, Friedelind, Wieland

Abb. 40 und 41: Friedelind und Wieland mit Gertrud Reissinger

Abb. 42: Winifred frühstückt mit Heinz Tietjen

Abb. 43: Die »Wahnfriedjugend« mit Vormund Tietjen

Abb. 44: Studienzeit. Wieland photographiert Gertrud

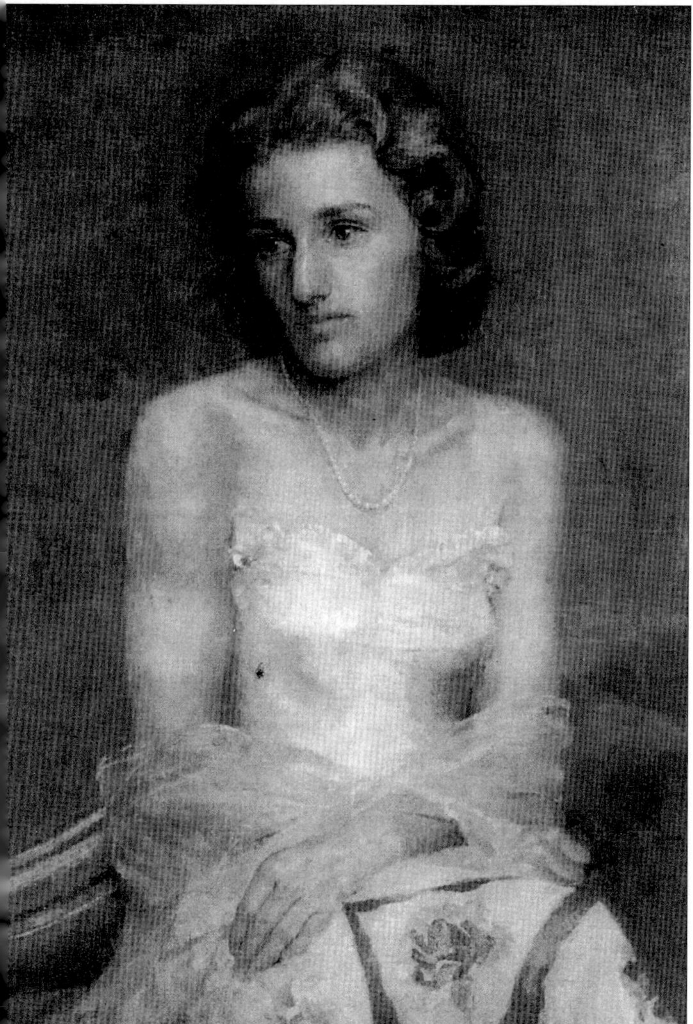

Abb. 45: Verena, gemalt von Wieland

Abb. 46: Wolfgang und Wieland 1938

Abb. 47: Der Hausfreund im Wahnfriedgarten

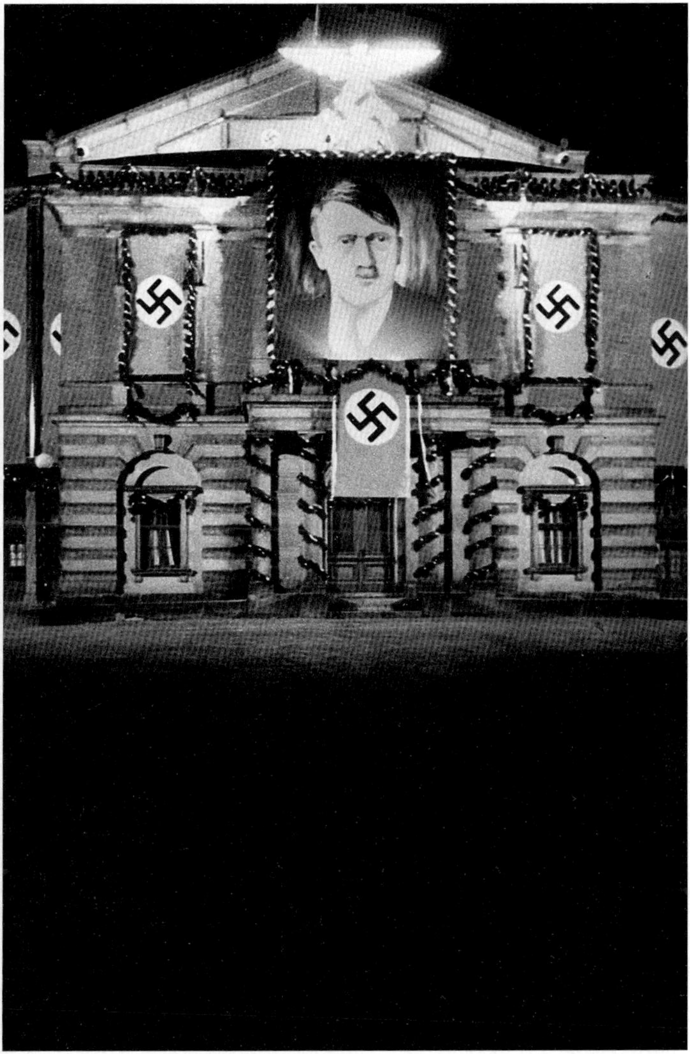

Abb. 48: 20. April 1939: Führers Geburtstag

Abb. 49: Friedelind in der Emigration

Abb. 50: Verbrüdert

Abb. 51: Der Verstoßene: Franz Wilhelm Beidler

Abb. 52 und 53: Neubeginn – Gertrud und Wieland, Ellen und Wolfgang

von Wielands Bruder Wolfgang aus Berlin im September 1941 heißt. Den »Führer« aber, der 1923 bereits versprochen hatte, den geraubten *Parsifal* wieder nach Bayreuth zurückzubringen, schien inzwischen Mißbehagen am Weihefestspiel zu plagen. Er finde, so heißt es sinngemäß in diesem Brief, das störend Kirchliche am *Parsifal* seien die Tempelszenen und die kirchliche Architektonik der Halle – da müßte man eine Lösung finden, die mehr ins Mystische, also Undefinierbare und Unbestimmbare gehe. Eigentlich, meinte der junge Wolfgang Wagner, wäre diese Lösung erst im ausgebauten Festspielhaus möglich: Für 1941 war nämlich, im Auftrag Hitlers und zur Begeisterung der Festspielleiterin und ihrer Söhne, geplant, das Festspielhaus mit einer gigantischen Überbauung zu versehen, den alten Fachwerkbau in eine Speersche Kolossalarchitektur des Dritten Reiches einzubetten und einzuschachteln. *Parsifal* als undefinierbares mystisches Spiel in einem die Wagnersche Theaterkirche riesig überkuppelnden Nazi-Säkularbau – dazu ein im Auftrag von Alfred Rosenberg umgeschriebener Text –, so hätte die konsequente Entkirchlichung des »Bühnenweihfestspiels« beinahe ausgesehen.

»*Parsifal* ist immer ein Dorn im Auge der Machthaber gewesen, nicht nur der kirchlichen, sondern auch der nazistischen. Hitler hat *Parsifal* praktisch verboten«, wird Wieland Wagner später rückblickend feststellen. Bei dem radikalen Bruch, den er mit dem alten Bayreuth wie mit dem Bayreuth Hitlers vollziehen wollte, hätte der *Parsifal* deshalb eigentlich keine Schwierigkeiten bereitet. Außerdem waren keine germanischen Assoziationen wegzuräumen wie im *Ring*, da war keine Deutschtümelei, die in Verlegenheit brachte wie bei den *Meistersingern*. Daß ein antisemitisches Programm in der christlichen Verpackung mitgeliefert sein könnte, auf diese Idee kam man nicht, trotz der Kenntnis des Antisemitismus der Entstehungszeit des *Parsifal*, trotz der Kenntnis jenes verquasten deutschmissionarischen Schrifttums der alten wie der neueren »Bayreuther Blätter«, die das Werk umrahmten.

Der Krieg war vorbei, der Sohn Rollers, ebenfalls Bühnenbildner, war 1941 in Rußland gefallen, statt sich, wie Wieland Wagner, vom Kriegsdienst durch Hitler persönlich befreien zu lassen, wie es ihm angeboten worden war. Wieland, der, wie er selbst bemerkte, unter »Denkmalschutz« gelebt hatte, eröffnete die Bayreuther Festspiele mit dem *Parsifal*. Und was sah man da? Man sah vorderhand kaum etwas, weil kaum etwas da war und dieses auch noch in zumeist tiefe Dunkelheit gehüllt: eine elliptische Scheibe als Grundriß für alle drei Akte; ein Gralsgebiet hinter Schleiern, von schrägen Lichtstrahlen durchschossene schemenhafte Stämme, eine Art Lichtwald à la Appia; der Tempel reduziert auf vier aus dem Dunkel schimmernde Lichtsäulen, in der Mitte ein kreisrunder Aufbau fürs Liebesmahl, der sein Licht aus sich selbst zu holen schien. Der Klingsorturm: Projektion einer Art Spinnennetz, in dessen Zentrum der Zauberer erschien, nur farbliche Veränderungen evozierten den Blumengarten. Und die Aue – wieder nur goldgrün getönter Hintergrund, karge Blöcke für die Taufszenerie, schon gar keine Blumen. Die Gesten der Darsteller sind sparsam, ganz aus der inneren Spannung geholt, die Beziehungen der Personen weit über die Fläche gespannt, geometrische Beziehungen; »oratorienhaft« wird man sie nennen, »statuarisch«. Die schreitenden Chöre sind von der intensiven Wirkung eines Totentanzes, die Blumenmädchen so »phantasmagorisch« bewegt, daß selbst ein Adorno ihnen verfallen wäre. Das Theater schien an die Grenze der Selbstaufhebung gekommen, so wenig Wirklichkeit war da, so wenig Aktion. Statt dessen Lichtbewegungen im Dunkel und langsam gleitende Farbwechsel, Suggestion, Magie, Schleiergespinste, Visionäres. Nur im Orchester war alles wie früher. Hans Knappertsbusch, ein Fossil aus den Tagen großer Wagner-Dirigenten, Schüler Hans Richters, sorgte zum Ausgleich gegen etwaige Religionsstörungen für »himmlische« Längen, den großen Atem und die Weihe.

Doch im Programmheft stand es anders zu lesen, oder nicht zu lesen: Wagners Untertitel »Ein Bühnenweihfestspiel« wurde dort in einem Akt familiärer Souveränität einfach gestrichen. Das mochte denjenigen gelten, die bei der Blut-Christi-Magie im Schlußtableau – die man sich wiederum nicht zu streichen traute – an liebgewordener christlicher Andacht festhalten wollten. Statt dessen erschien im Begleitbuch zur Wiedereröffnung der Festspiele das sogenannte »*Parsifal*-Kreuz« Wieland Wagners, das zur Entkirchlichung des *Parsifal* insofern beitrug, als es das Heilszeichen nur mehr als graphisches Ordnungsschema für die Ideen und Personen des Dramas begriff. Auf die Kreuzbalken wurden die verschiedenen Polaritäten des Dramas und ihre symbolischen Vertreter aufgereiht und in ihrem Verhältnis zueinander gezeigt. »Im Spannungsfeld der Pole ›Mutter‹ – ›Heiland‹ – ›Klingsor‹ – ›Titurel‹ – oder der Urbilder: ›Schwan‹ – ›Taube‹ – ›Speer‹ – ›Kelch‹ vollzieht sich Parsifals seelisch-geistiger Werdeprozeß in einem vollkommenen spiegelnden Bogen, dessen Wendepunkt der Kundrykuß ist, mystische Mitte, Klimax, Tiefpunkt und Krisis des Heilswegs zugleich«, schrieb Wieland Wagner dazu. Während die Polaritäten der »Weißen Magie« Titurels und der »Schwarzen Magie« Klingsors und die Entsprechungen der Sünder Amfortas und Kundry statisch angeordnet sind, links und rechts auf dem Querbalken, vollzieht sich das Schicksal Parsifals in einer Progression nach oben, den Längsbalken hinauf, vom mütterlich-stofflichen Prinzip, symbolisiert im Schwan, zum väterlich-geistigen, symbolisiert in der Taube.

Wieland inszenierte nicht die äußere, die anekdotische Ebene der Handlung, sondern die innere, das »unsichtbare Theater« der Psyche; das Entwicklungsdrama eines jungen

Mannes, das Drama seiner wechselnden Seelenstimmungen, seinen Selbstfindungsprozeß weg von weiblich-naturhaft-sumpfig-sexuellen Bestimmungen hin zum männlich-geistigen-göttlichen Selbst. An die Stelle des christlichen Kreuzes ist ein Kreuzgang der Psyche getreten, anstelle des christlichen Mysteriums das Mysterium der Individuation. Die vier Urbilder Schwan, Taube, Lanze, Speer deutete Wieland Wagner nicht mehr als christliche Requisiten, sondern als Schöpfungen aus dem kollektiven Unbewußten, als archetypische Zeichen. Die Lichtregie, die er erarbeitete, um die Ebene der Tiefenstrukturen des Dramas zu inszenieren, baute auf der Analyse der verschiedenen Leitmotive als Klangsymbolen auf. Sie bedingten das Modulieren der Beleuchtungen. So kam die besondere Einheitlichkeit und Stimmigkeit dieser Inszenierung zustande, zu der eine Bewegungs- und Gestenführung beitrug, die mit dem Pulsieren der Musik koordiniert war, ohne diese illustrativ zu verdoppeln.

Die archetypische Deutung von Zeichen und Seelenvorgängen hatte Wieland Wagner sich aus den Schriften C. G. Jungs erarbeitet, doch lernte er die Jungsche Tiefenpsychologie keineswegs zu Hause in Wahnfried kennen, wo man doch beste geistige Beziehungen zur Mythologie des Dritten Reiches pflegte und die Jungschen Seelen-Mythen mit ihren Ur-Zeichen, ihrer raunenden Urgrund-Terminologie, ihrer Typenlehre und ihren antisemitischen Zügen (»Das arische Unbewußte hat ein höheres Potential als das jüdische«, so Jung 1934) durchaus zum Erziehungsprogramm hätten gehören können. Als Variante der verfemten jüdischen Wissenschaft Sigmund Freuds hatte aber auch das »arische Bein«, wie Freud die Schule C. G. Jungs nannte, keinen Einlaß in die geistige Provinzialität Wahnfrieds gefunden. Hier war die allgemeine Abriegelung vom europäischen Geistesleben durch die Nazis mit der hauseigenen Beschränkung auf affirmative Wagner-Literatur eine besonders undurchlässige Mischung eingegangen. Erst in den Jahren nach dem Zusammenbruch, als er mit seiner Familie an den Bodensee geflüchtet war, lernte der junge Mann die Lehren Jungs kennen, durch einen Zufall. Ein zu Hilfe gerufener Kinderarzt entpuppte sich als Psychoanalytiker, der um die Ecke, in der Schweiz, bei Jung studiert hatte und seine Kenntnisse dem Wagnerenkel nun weitervermittelte. Auch die erste Lektüre der Schriften Freuds war dieser Begegnung mit Sven Schwed zu verdanken – eine Lektüre, die sich auf die regielichen Veränderungen Wielands im *Parsifal* von 1963 im Sinne einer stärkeren Sexualisierung ausgewirkt hat und auf eine zweite Etappe seines Schaffens in den frühen sechziger Jahren.

Ohne den Einfluß eines anderen Mentors, diesmal fürs Musikalische, wäre der *Parsifal*-Theatercoup freilich auch nicht gelungen. Wieland hat ihn später aus seiner Biographie getilgt: seinen ehemaligen Musiklehrer Kurt Overhoff. Durch den vielseitig gebildeten Wiener Dirigenten und Komponisten lernte der junge Wagner die psychologische Komponente der Leitmotive als Klangsymbole für die verschiedenen Gemütszustände der Personen verstehen, lernte er, die Partitur selbst zu befragen, um aus der »Tradition« zum »Stil« zu finden – ganz im Sinne Schönbergs. Overhoffs *Parsifal*-Buch von 1949 ist dem Schüler Wieland Wagner zugeeignet und Spuren des Unterrichts lassen sich bis in die einzelnen Formulierungen, die Wieland für sein »*Parsifal*-Kreuz« benutzte, zurückverfolgen. Daß sich dabei auch unverständliche Formulierungen finden – die doch extrem männerbündlerische Gralsgemeinschaft wird beispielsweise als »mütterlich« bezeichnet – oder philosophisch verblasene Ausdrücke – »der ewig weibliche Urgrund« / »der göttliche Vatergeist der Alliebe« –, läßt das »Kreuz« heute sprachlich antiquiert erscheinen. Overhoff, vom Schlage des etwas weltfremden, idealistischen Künstlers, schrieb eine solche Sprache, und dies macht seine »technisch« auch heute noch verdienstvollen Wagnerbücher schwer lesbar. Wielands Sprache dagegen hat sich vom »wagnerimmanenten«, also philosophisch überfrachteten Ausdrucksballast später schnell befreit, und für seine journalistisch-flotten Übersetzungen Wagnerscher Dunkeltexte in zeitgemäßes Deutsch ist er vor allem bei Sängern beliebt geworden. Die Lösung vom Mentor Overhoff, der sich durch seine Beziehung zum Wagnerenkel ein Engagement ans Bayreuther Dirigentenpult erhoffte, war dann schroff wie jede Lösung aus Abhängigkeiten: Wieland wollte berühmtere Dirigenten-Namen für seinen Bayreuther Neubeginn – einen Knappertsbusch, einen Karajan –, und plötzlich mag ihm auch die Tatsache, daß Overhoff ein früher und überzeugter Nazi gewesen war, sehr brauchbar erschienen sein, um seine Einflüsse zu verleugnen und ihn in einem möglichst »entnazifizierten« Bayreuth untragbar zu finden. Der ehemalige Lehrer schied in Bitterkeit: an privaten Tragödien hat es, wie man weiß, an Königshöfen noch nie gefehlt.

Nicht, daß der entchristlichte *Parsifal* sofort ein Erfolg wurde: Die Taube beispielsweise fehlte schmerzhaft (das heißt: sie war so hoch in den Bühnenraum gehängt worden, daß nur der konservative Knappertsbusch sie vom Pult aus sehen konnte), und es gab Tränen über die fehlende Aue, Protest über die Verdunkelung. Bald aber waren Publikum und Presse gewonnen. »Die stärkste Bayreuth-Legende ist endlich überwunden«, schrieb der Münchner Kritiker H. K. Ruppel. Dank Tiefenpsychologie, archetypischen Ausdrucksmustern und vor allem der Reduktion konkreter liturgischer Elemente auf eine ritualisierende Ästhetik von Licht und Schatten war ein neuer Stil gefunden. Und dieser neue Stil setzte sich durch. Wielands *Parsifal* verblieb 23 Jahre lang, mit nur geringfügigen Änderungen hauptsächlich im Zweiten Akt, im Spielplan, wurde zum Inbegriff von »Neubayreuth«, bekam einen modernen Heiligenschein und stilbildende Funktion. So vollzog sich an Wielands *Parsifal*-Inszenierung auf unerwartete Weise dasselbe Schicksal wie an dem fernen Urbild von 1882: Aus einem Stil wurde Tradition. Ob das mit dem »sakrosankten« Charakter des Werkes zu tun hat, der puren Qualität der Inszenierung selbst oder den hartnäckigen Rezeptionsgewohnheiten des Publikums, läßt sich so leicht nicht entscheiden. Manchmal scheint sich Geschichte eben doch zu wiederholen, zumindest als Rezeptionsgeschichte.

Für den Künstler Wieland Wagner gehörte die traditionsbildende *Parsifal*-Inszenierung des Jahres 1951 schon bald zum alten Eisen und er wollte sie dringend ändern, aber die Präsenz des legendären Knappertsbusch wie der Konservatismus des Publikums hinderte ihn daran; der Künstler mußte hinter dem Theaterleiter zurückstehen. Als er 1966 endlich den Dirigenten gefunden hatte, den er suchte, den modernen Helfershelfer und Partner für eine weitere Stufe der Entsakralisierung und Abstrahierung – *Parsifal* als Drama von Zeit und Raum, nahe an Debussy –, als er Pierre Boulez für Bayreuth gewonnen hatte, starb Wieland Wagner.

Sucht man im weiteren historischen Umkreis nach Erklärungen für die unerhörte Wirkung dieser *Parsifal*-Inszenierung, so dürfte man sie in folgenden Komponenten finden: im Wiederanknüpfen an die noch halbvertrauten Muster aus dem expressionistischen und neusachlichen Theater der zwanziger Jahre, seinen abstrahierenden Tendenzen und Lichtwirkungen, den symbolischen Symmetrien, Blockaufbauten und Schrägen, und in dem beruhigenden Charakter einer mythisch-archetypisch-symbolischen Zeichensprache auf der Bühne, die keine aggressive Sprache ist, sondern die einer Bestätigung ewig gültiger menschlicher Wahrheiten und Werte. Dies konnte das vom Zusammenbruch beschädigte Bewußtsein des Nachkriegspublikums sehr wohl brauchen, als Entlastung, als Erholung bei den großen allgemeinen Wahrheiten, den Abstrakta, Numinosa und Innerlichkeiten. Im Beschwören des »Wesens« der Werke Wagners versuchten die kulturbesorgten Wiederaufbauer und Bayreuth-Mäzene, den eigentlichen und ideologisch sauberen Kern ihres Wagnerheiligtums aus der häßlichen braunen Haut herauszuschälen. In diese verschwommenen Konturen des neuen Wagnerverständnisses und Wagnerbedürfnisses fügte sich die entkonkretisierte, enthistorisierte Neuinszenierung mit jenem leichten Vorsprung einer frühen Formulierung des Zeitgeists, der ihr dann den dauerhaften Erfolg bescherte.

Nach Wieland Wagner experimentierten viele Bühnen mit dem *Parsifal*, mal wurde er als Anti-Atom-Stück gedeutet (Rolf Liebermann), mal als Familiengeschichte aus dem Haus Wahnfried mit Rassismus-Nachweis (Wolf Siegfried Wagner), mal als Erzählung von einer leidenden Gesellschaft, die an ihrer eigenen Geschichte zugrunde zu gehen droht (Ruth Berghaus). Die Säkularisierung machte insgesamt Fortschritte. Doch erst in einer Inszenierung vom März 1991 tauchte der Name Wieland Wagners in der Presse wieder auf, wurde das historische Gedächtnis wieder wach. Hier würden seine Ansätze weitergeführt, hieß es. Freilich nicht in Bayreuth, sondern in Hamburg, es handelte sich um die Inszenierung des Amerikaners Robert Wilson.

Hatte Wieland Wagner die innere Handlung inszeniert, so wurde diese von Wilson zur völligen Verschlossenheit der Innenwelt radikalisiert. Verschlossene Menschen gehen auf einer Bühne herum, die ein imaginärer Raum mit plastischen Elementen ist, in zeitlupenhaften Bewegungen, die der Großräumigkeit der Musik entsprechen. Sie bewegen sich abgezirkelt, stilisiert, irreal, kommunizieren nicht, sondern geben einem unbekannten Inneren Ausdruck, sie monologisieren. Aber äußern sich die *Parsifal*-Figuren anders? Amfortas in seinen einsamen Ausbrüchen, Kundry in ihren Visionen, Gurnemanz in seinen Erzählungen, Parsifal in seinem Erkenntnistaumel? Jeder ist mit sich selbst allein, bei

Wagner wie bei Wilson. Wir sind in einem eschatologischen Ritual, wir wissen aber nicht, in welchem, wir sind in einer Kulthandlung, aber niemand kennt deren Bedeutung. Wielands Reduktion auf wenige Symbole wird weiter verknappt: Es gibt keine Symbole mehr, schon gar keine christlichen, keinen Speer und keine Taube, keine Lanze und keinen Gral, keine religiösen Aha-Arrangements, wie noch bei Wieland die Taufe, das Abendmahl oder die Fußwaschung. Die gesamte theologische Fabel, alles anekdotische Beiwerk, ist verschwunden. Die Entkirchlichung des *Parsifal* hat ein äußerstes Maß erreicht, aber auch die Entpsychologisierung – und mit ihr die Entsexualisierung. Selbst der berüchtigte Kundry-Kuß ist weggefallen, die ganze hysterisch gemachte Sexualität der Jahrhundertwende. Aus der Wielandschen Helldunkelmagie ist eine Magie der Farbvisionen und eine Charakterisierung der Personen und Welten durch Farben geworden, so daß der Sinn der Handlung erhalten bleibt. Dieser konstituiert sich trotz des Wegfalls des religiösen Überbaus sogar in ganz werkgerechter Weise: Wilson zeigt einen ganz allgemeinen Zustand von Pathologie, einen Leidenszustand, der um so krasser modern ist, als er seine Ursache nicht mehr kennt, sich selber unverstanden und anonym bleibt, heillos. Dabei konnte sich diese Darstellung des puren »An sich«-Schmerzes auf Richard Wagners Äußerung selbst berufen, der in den Vorarbeiten zum *Parsifal* von 1868 an Mathilde Wesendonck geschrieben hatte, er wolle in diesem Stück »das große Leid des Lebens zu fühlen geben«.

Das Problematische aller kritischen Auseinandersetzungen mit dem *Parsifal*, nämlich unweigerlich in Widerspruch zum hypnotisierenden Sog der Musik zu geraten, gegen die Musik zu argumentieren, ist bei Wilsons ästhetischen Parallelaktionen vermieden. Die zum Selbstausdruck aufgeforderten Einzelkünste von Licht, Farbe, Bewegung, Raum förderten vielmehr den Selbstausdruck der Musik. In diesem autonomen synästhetischen Raum entwickelte die Musik plötzlich wieder eine Schönheit und Kraft, als gäbe sie ihre eigene Erlösung von allen Bedeutungs-Schwangerschaften der bisherigen Theaterpraxis bekannt. Sie kommt zu sich selbst und gewährt dadurch wieder den ersehnten metaphysischen Effekt, die Finalität des Schlusses scheint aufgehoben.

Geben wir einem der führenden lebenden Komponisten unserer Tage das abschließende Wort. 1982 nach seiner Meinung zum *Parsifal* gefragt, meinte Wolfgang Rihm: »Die Position zwischen Oper und Kulthandlung [...] ist Zukunftspotential für Musiktheater. Absolute Musik und dramatische Musik sind keine Gegensätze mehr. Etwas Neues, Drittes, Utopisches ist zu vernehmen – zeitstromfüllende Klangrede. Die Frage – und damit Suche – nach Zuständen von Musik als die eigentliche Musik riß für mich auf, als ich damals (als 15jähriger) im *Parsifal* herumgeschüttelt wurde ... Es gibt kein Loskommen.« Vom *Parsifal* als einem »Zustand von Musik«, als einer »Klangrede«, die gleichnishaft vom Leiden des Menschen spricht – davon braucht es in der Tat kein Loskommen zu geben.

WIELAND WAGNER: EIN ›NEGATIVES‹ LEBEN

Zur Geschichte seines Bewußtseins

Der Enkel Richard Wagners hat seinen festen Platz in der Theater- und Geistesgeschichte der deutschen Nachkriegsepoche. Dahinter verschwindet seine biographische Person und gewissermaßen ist das auch gut so. Sein Leben läßt sich in Stichworten resümieren. Wieland Wagner ist Bayreuther, 1917 in Bayreuth geboren und hier in die Schule gegangen. Bis auf kurze Studienjahre in München hat er in dieser Stadt gelebt und hier seine Hauptarbeit geleistet, hier brach auch seine Todeskrankheit aus. Man konnte ihn in Wahnfried treffen, auf dem Weg zum Zeitungskiosk am Bahnhof, in und ums Festspielhaus. An der Wagnernase war er zu erkennen, nur Ortsfremde verwechselten ihn gelegentlich mit seinem Bruder. In Bayreuth war er nah, obwohl seine Person Ferne ausstrahlte, als ein Wagner gehörte er in die Wagnerstadt, obwohl nichts ihn mit dem öffentlich-bürgerlichen oder dem intim-geselligen Leben der Frankenstadt – deren Wurstfabrikation er gleichwohl schätzte – verband. Diese Mischung aus Nähe und Distanz, aus Verwurzelung und Isolation umgab ihn schon bei Lebzeiten mit einer gewissen Aura: Die ihm nah waren in Arbeit und Leben fürchteten seine Wutausbrüche, die ihm fern waren schätzten seine ironische Liebenswürdigkeit. Sein unerwartet früher Tod mit 49 Jahren verstärkte diese Aura zu einem mystifikatorischen Knäuel aus Gefühlen, Erinnerungen, Reflexionen:

Er fehlte, der mit seinen neuen Lesarten des Wagnerschen Werkes der Stadt fast alljährlich Glanz und Aufregung verschafft hatte, er fehlte, der das Wagnerimperium mit Kraft, Witz und Geistigkeit zusammenhielt, er fehlte als lebendiger

Garant dafür, daß selten Mittelmäßiges und nie Geschmackloses in dem Bayreuth geschah, das er verantwortete, er fehlte, der uns das gute Gewissen gab, an in- und ausländischen Bühnen »gut dazustehen«, war doch der »geniale Enkel«, der »Schöpfer des modernen Regietheaters« ein fabelhafter Kulturexport-Artikel, Bayreuth konnte leuchten und München blieb matt. Außerdem – hatte er nicht Hitlers Wagner vergessen machen können durch die Überblendung mit Wielands Wagner, durch den experimentellen Charakter, den er dem alten, auf Tradition ausgerichteten Weihebayreuth und dem zwischenkriegszeitlich zur »Arierburg« entarteten Hügel entgegensetzte mit seinem »Neubayreuth«? Ohne Zweifel hat Wieland Wagner die Aufgabe, die ihm seine persönliche und geschichtliche Situation diktierte, erfüllt. Er hat Wagner gereinigt und gerettet. Westdeutschland hat es ihm durch Anerkennung gedankt.

Mit seinen Leistungen auf der Bühne des Festspielhauses ist Wielands Bedeutung für die Kultur und Geschichte seiner Zeit definiert und dokumentiert. Aber selbst wenn man seine letzten und besten Inszenierungen noch ein wenig länger frisch gehalten hätte, das Rad der Geschichte hätte sich darüber hinweggedreht. Zehn Jahre nach Wielands physischem Tod trat sein stilgeschichtlicher ein: Seine vorrangig abendländisch-mythischen Seelenräume wurden durch die historisierende und dechiffrierende Wagnerinterpretation der jungen Generation ersetzt. Weil er sich dem theatralischen Augenblick verschrieben hat, wird ein Regisseur und Bühnenbildner immer Opfer der Geschichte werden.

Aber die zeit- und inszenierungsgeschichtliche Perspektive erlaubt keine »räumliche« Vertiefung. Haßte Wieland Wagner nicht selber die flache Beleuchtung, die einen Bühnenraum auf Kulissen reduzierte, und suchte er nicht selber aus Hell und Dunkel den tiefen, den imaginären, den geistigen Raum zu gestalten? Seiner Person wird man besser gerecht, wenn man ihren Verstrebungen in den abstrakteren, »dunkleren« Dimensionen der Geistesgeschichte nachgeht und aus dem vordergründig erinnerlichen Menschen Wieland jenen symbolischen herauspräpariert, an dem sich gleichnishaft etwas veranschaulichen läßt, wovon eine gewisse deutsche Philosophie ausführlich gesprochen hat: daß die geistige Entwicklung eines »Subjekts« denselben Entwicklungsmechanismen gehorche wie die objektiven historischen Prozesse, daß sich im Mikrokosmos der Bewußtseinsgeschichte eines einzelnen der Gang der großen »Weltzustände« spiegele.

»Der Begriff des Menschen ist seine Geschichte, wie sie von der Philosophie begriffen wird«, sagte einmal Herbert Marcuse, Hegel erläuternd, und dessen Verständnis von Geschichte und Geist, vom einzelnen und seiner komplizierten Selbstentfaltung zwischen den widersprüchlichen Anforderungen des »Geistes der Familie« und denen des »allgemeinen Willens«, des »Gemeinwesens«. So wäre Wieland Wagners geistige Geschichte, sein ›negatives‹ Leben, mit Hilfe von Begriffen zu verstehen, die ihn aus dem Moder von Bühnen/Zeitgeschichte befreien könnten, im Halbdunkel jenes Raumes, der sich hinter der Kulisse seines Körpers und dessen Geschichte auftut und der uns etwas von den Stationen des Bewußtseins auf dem Weg zu sich selbst erzählt, seiner Bewußtseinsgeschichte.

Mit seiner Arbeit an Wagner hat Wieland das Wagnerbild der Nachkriegsepoche geprägt und so verändert, daß seine Optik und sein Geschmack zum objektiven Maßstab der damaligen (Bühnen-)Welt wurden. Jeder, der Wagner inszenierte, wurde an ihm gemessen, mit ihm verglichen. Wieland hat damit dem öffentlichen Bewußtsein seine individuelle geistige Richtung und Form aufgezwungen. Andrerseits aber ist es ebenso richtig, zu sagen, daß er sich keinen Deut um eine etwaige »Selbstverwirklichung des Geistes in der

Geschichte« geschert hat, vielmehr ausschließlich an sich selber interessiert war. Seine Stilperioden waren deutlich erkennbar als Perioden einer Selbstverwirklichung, als Manifestationen subjektiver Bewußtseinsentwicklung. Von der Leere, Dunkelheit und der reinen Linie der frühen Inszenierungen ging es weiter zu differenzierter Plastizität, zum Setzen von Bildsymbolen und ausgestalteten Lichtwirkungen – als ob ein Ich zu seiner Klärung erst einmal Tabula rasa machen und sich dann formen und seiner Autonomie bewußter würde. Dank des Bayreuther Privattheaters war dies natürlich in ungleich freierem Maße möglich als unter den Zwängen von staatlich-städtischen Repertoirebetrieben. Daß die anderen zeitgenössischen Regisseure seinem Bayreuth dann immer nur hinterherhinken konnten, wird daraus verständlich – wie soll man auch den subjektiven Bewußtseinsprozessen eines anderen, wie soll man fremden Selbst-Inszenierungen folgen können?

Dem Hegelschen Deutungsmuster gemäß kann man sagen, daß sich in Wieland Wagner, weil er Geschichte nicht nur erlitten, sondern auch gemacht hat, der Geist der Geschichte selber verkörperte, in ihm einen Agenten seiner – wohlgemerkt wagnerdeutschen – Selbstverwirklichung gesucht und gefunden hat. Die positive geschichtliche Funktion Wielands in diesem Sinne dürfte feststehen. Wer Hegel kennt, weiß aber auch, daß die Prozesse, die der Geist in der Geschichte durchläuft – oder das Individuum in seinem Bewußtsein – immer über Negativscharniere laufen müssen, damit er vorwärtskommt, daß positive Funktionen sich nur über Momente der Negation verwirklichen lassen. Die Kraft der Negativität ist der Motor der geistigen Entwicklung, indem das Subjekt gegebene Bedingungen negiert und zur eigenen bewußten Arbeit macht. Durch seine Negativität treibt das unruhige Bewußtsein auf dem Weg zu sich selber aus zeitweiligen Konsonanzen immer neue Dissonanzen hervor, bis es zur Wahrheit seines Daseins kommt.

Von Wieland Wagner wird ein charakteristischer Zug überliefert, der zu seinem Wesen gehörte und wie ein roter Faden durch seine Handlungen lief: seine Negativität. Im Alltagsverständnis wird das meist psychologisch interpretiert und gilt als Depressivität nach innen oder als Zerstörungslust nach außen. Schon als Kind, heißt es dann, war er mürrisch und später schlecht gelaunt, seiner Mutter ein Kreuz, seinem Bruder ein Tyrann. Man mag auch Gründe finden, warum das im Kontext von Geschwisterhorde und Umwelt so sein mußte. Man wird damit den produktiven und allgemeineren Sinn seiner Negativität aber nie fassen können. Zum vertieften Verständnis des Lebenssinnes von Wieland Wagner möge deshalb die erkenntnistheoretische Interpretation seiner Negativität herangezogen werden.

Hegel spricht von der »Tat« als dem Ausdruck der Negativität, die Tat ist identisch mit der negativen Bewegung. Ohne die Tat, kraft derer das Subjekt die Welt zu einer von ihm hervorgebrachten macht, bliebe das Individuum nur ein »unwirklicher Schatten«, herumgeisternd zwischen seinen Fremdbestimmungen, ohne zu sich zu kommen: gebannt zwischen die archaischen Gesetze, die ihm das »Blut der Familie« auferlegt, und die gegenstrebig organisierten »sittlichen« Forderungen des Gemeinwesens, des Staates und seines »offenbaren und an der Sonne geltenden Gesetzes«. Jenen als einzelne Individualität zu entkommen und diesen zu genügen, obgleich sie den Geist der Einzelheit auf ihre Weise unterdrücken, ist die Aufgabe und der Zwiespalt der Bewußtwerdung des Selbst. Eine Tat impliziert nämlich auch immer eine »Entzweiung«. Die Loyalität des Subjekts zu einer der beiden Gesetzlichkeiten verletzt immer die andere, und diese klassische Situation des Double-bind bedeutet für das Individuum »Schuld« und »Schicksal«. In antiken Tragödien – auf die Hegel bei seinen Betrachtungen über die zweierlei Rechte der Familie und des Staates zurückgreift – findet eine Versöhnung für die mit der Entwicklung des emanzipatorischen Selbstbewußtseins verbundenen Verschuldungen erst im Tode statt. Im Tode gewinnt der einzelne die paradoxe Dimension einerso die philosophische Versöhnungsformel – »allgemeinen Individualität«.

Zwischen dem »Geist der Familie« und dem »Gemeinwesen« lagen auch die Momente der Negativität in Wieland Wagners Leben. Archaische Fesseln binden das Kind seit seiner Geburt: die familiäre Bestimmung will ihn als Thronfolger fürs Wagnersche Erbe. Das väterliche Testament setzt ihm dann aber seine Geschwister als gleichberechtigte Mitregenten vor die Nase. Da verleugnet er die Bestimmung, will Maler und Photograph werden – eine erste Negation der Familiengesetze. Sein Verhältnis zur damaligen politischen Welt besteht dagegen in gedankenloser Anpassung an Hitlerdeutschland. Aber nach dem Krieg, als die ganze Perverhiertheit dieses »Gemeinwesens« sichtbar wurde, erwächst aus dieser fatalen Konsonanz die nächste Dissonanz: Dissonanz mit dem Staatswesen an sich, dem er seither ohne Grundvertrauen gegenübersteht. Aus dieser negativen Einstellung heraus gewinnt das Reich der Familie wieder an neuer Konsonanz: Wieland identifiziert sich mit seinem Erbe und übernimmt das Festspielamt als künstlerischer Leiter; sein Bruder hilft und zieht mit.

Diese »Tat« lag nicht auf der Hand, gab es doch genügend Anlaß zu Selbstzweifeln, und auch der neue Staat war mißtrauisch. Position aus der Negation: Wieland entwickelt Tatkraft, Mut, packt zu, obwohl er im Sinne der üblichen Theaterpraxis keine Ausbildung hat und Dilettant ist. Zum engsten Mitarbeiter macht er deshalb seine Frau – der Rückgriff auf die eigene Familie bedeutet in unserer Sichtweise aber auch Rückversicherung bei der inneren, der familiären Substanz. Der an sich passiv wirkende Familiengeist wird damit in einen Aktivposten verwandelt. Neubayreuth entsteht mit neuartigen Wagnerdarstellungen – für das kulturelle Empfinden der Öffentlichkeit bedeuten sie Tempelschändungen. Das Nachkriegspublikum, noch den alten Bildern verhaftet, empfindet die Negation des Bisherigen, die dieses scheinbar durch künstlerische Willkürakte vorwärtsgerissene Familienunternehmen bietet, und spricht Wieland schuldig, sich an Richard Wagner vergangen zu haben; als hätte er mit der vis negativa seiner Kulissenentrümpelung den Meister selbst kaputtgemacht. Doch die Entwicklung des Zeitgeistes rehabilitiert ihn, man jubelt schließlich, das Adenauersche Gemeinwesen ist zufrieden, und der Bilderstürmer wird Repräsentant. Diese Affirmation ist der negativen Bewegungstendenz des Wielandschen Geistes nicht entgangen, sosehr er den Erfolg als Künstler schätzt. Es treibt ihn in subtilere Verneinungsformen.

Diese richten sich als Selbstwiderspruch gegen die eigene Bühne, deren leere Tiefe er jetzt mit Dingsymbolen besetzt, um den plastisch gegliederten Raum zu gewinnen, bisweilen, wie in den zweiten *Meistersingern*, wartet er sogar mit deftigem Realismus auf. Als sozialer Widerspruch richten sie sich gegen das familiäre Kerngehäuse der Ehe, indem er die anarchistischen Triebkräfte seiner Erotik fremd auslebt. Als beruflicher Widerspruch richten sie sich schließlich gegen das Familientheater Festspielhaus selbst, das er mit dem brüderlichen Koproduzenten nicht mehr teilen will. Wieland will ausbrechen aus dem immer am Blut der Familie hängenden Bayreuth, das ihn ertränkt und erstickt. Er will die Intendanz in Berlin. Er will auch raus aus Wagner, der ihm zum Repetitorium geworden ist, er inszeniert an anderen Häusern Verdi und die Moderne, Strauss, Berg. Das Bedürfnis nach immer freierer Verwirklichung seines Selbsts als Negation eigenster familiärer Substanzen nimmt mit den Jahren fast selbstmörderische Züge an. Andrerseits bedeutet der Übergang aus der Privatwirtschaft Bayreuth ins Gemeinwesen der anderen Bühnen, die Hingabe an den öffentlichen Betrieb überhaupt, eine Verausgabung seiner geistigen Energien. Ihm droht die Vereinnahmung und Drosselung seines imaginativen Wesens. Die Kraft zu neuer negativer Bewegung erlischt. Gerade noch kann er den Neutöner Pierre Boulez als »Anti«-Dirigenten für den *Parsifal* in Bayreuth gewinnen, als Wieland Wagner stirbt. Eine Zersetzung der Lunge nahm ihm die Luft, eine Geschwulst blockierte das Herz: im Bilde der Doppelkrankheit werden die zweifach bestimmten Pole dieses Lebens noch einmal sichtbar.

Der Weg der Selbstbefreiung war auch ein Weg in die Selbstbelastung und Selbstauflösung: daß es in unserer säkularisiertesten Welt den tragischen Tod nicht mehr gebe, ist ein Irrtum. Nicht zufällig fühlte sich Wieland der griechischen Antike wahlverwandt und zu ihr hingezogen. Ihre Dramengesetze sollten ihn einholen.

Der Bayreuther Erde anvertraut, gehört er nun weder der »unterirdischen Macht« der Familie noch dem Gemeinwesen. Von den Opferleistungen an beide ist er gezeichnet, jedoch nicht ihr Opfer geworden. Die Kraft zur Negativität, in dialektischen Wechselbädern durchgehalten, hat ihn davor bewahrt, entweder »unwirklicher Schatten« bleiben zu müssen oder die lebendige Individualität an die Allgemeinheit zu verlieren. Daß es den frühen, abrupten Übergang gab vom »Werden« des unruhigen Bewußtseins in die ruhige Form des »Seins« im Tod, daß sein Leben uns »unvollendet« scheint oder »tragisch«, heißt nicht, daß es ihm im philosophischen Sinne nicht gelungen wäre, die Selbstverwirklichung seines Geistes in einem hohen Maße durchzusetzen und die Geistesgeschichte damit einen historischen Augenblick lang mit seinem Namen zu verbinden.

WAHN/FRIED/HOF

»Den Mangel, daß das Genie
einer Familie entstammt,
kann es nur dadurch wettmachen,
daß es keine hinterläßt.«
(Karl Kraus)

Kein Hof, kein Staat, keine Familie ist ein stabiles Gebilde, vielmehr ein (Trieb-)Gemenge von Machtverhältnissen und Metamorphosen. Auf einem Friedhof dagegen herrschen Ruhe und Ordnung. Ist dort Bewegung, Intrige, Genuß, Veränderung, Lieben und Leiden, so sehen wir hier die Täter und Opfer, die Bösen und die Braven, die Rebellen, Platzhalter und Verlierer still aufgereiht nebeneinander oder in einer Gruft vereint, jeder hat sie gern und würdigt ihre Verdienste. Der Friedhof ist das Museum der Lebenden. Dennoch geht es immer und überall in unserer Kultur darum, diese letzte stille Station zu vermeiden, hinauszuschieben, das biologische Memento mori zu unterlaufen durch Spuren und Zeugnisse, die bleiben: Pinxit, dixit, fecit... Alles, was »vor der Zeit« begraben, verabschiedet, abgeschafft wird, bleibt als Uneingelöstes bestehen und geistert fort in den Schmerzen und Wünschen der Lebenden; was sich selbst »überlebt« dagegen, erregt kaum Bedauern und Trauer. Solche Prozesse haben ihr geschichtliches Moment wie ihr eigentümlich organisches. Von den unvorhersehbaren Reaktionen und Steuerungen des Organischen – von Krankheit, Tod, eiserner Gesundheit, Talent oder Dummheit – wird das geschichtliche Bild geformt, so daß es retrospektiv schließlich aussieht, als sei eine geheime Logik oder zumindest »Naturnotwendigkeit« hier am Werk gewesen: Es ist so gekommen, weil es so kommen mußte. Aus unerfindlichen Regieanweisungen muß immer eine Dramaturgie gezimmert werden.

In der Überzeugung, daß bei einer leichten »organischen« Drehung des Windes alles Geschichtliche eine andere Wendung hätte nehmen können und daß gefallene Würfel nur die Wirklichkeit, nicht aber die Möglichkeit bezeugen, seien hier in großen Zügen die Entwicklungen eines Familien-Hofstaates von seiner kämpferischen Etablierung über die in rhythmischen Wellen daherflutenden Generationen bis zu seiner Versandung und Einsargung nachgezeichnet. In der inneren Geschichte des Hauses Wahnfried und in den mentalen Fassungen seiner Menschen wird sich immer auch die äußere Geschichte spiegeln. Dafür bürgt die intensive Verbundenheit mit deutscher Geschichte und Politik, für die das Wagnersche Œuvre selbst wie die Institution seiner Bayreuther Festspiele einstehen. Wie die antiken Auguren aus den Eingeweiden der Opfertiere die Geschicke des Staates gedeutet und vorhergesagt haben, so werden aus denen der Familie Wagner mit Sicherheit einige Geister der Nation aufsteigen.

»Es ist mir nötig, endlich zu wissen, wohin ich gehöre, wo ich meinen festen Wohnsitz nehme und für meine Familie im bürgerlichen Sinne sorgen kann. Ich habe viele Jahre meines Lebens dem wüsten Walten des Zufalls anheim geben müssen, nenne keinen Besitz mein und lebe wie ein Flüchtling in der Welt [...], ich muß dort leben, wo ich mir zugleich einen angemessenen Wirkungskreis bereitet wissen kann. Dies muß im Herzen Deutschlands sein«, schrieb Richard Wagner 1871 an König Ludwig II. von Bayern.

Nur wenige Jahre später sehen wir die Ernte, die der komponierende Flüchtling eingefahren hat: Der »feste Wohnsitz« ist da, eine eigene Villa auf eigenem Grund und Boden, angrenzend an den markgräflichen Hofgarten von Bayreuth, fast zur Gänze geschenkt von seinem »erhabenen Wohltäter« und »huldreichen Freund« Ludwig. Und thronend über der Stadt Bayreuth, auf grünem Hügel, steht sein eigenes Theater für die eigenen Werke, geschenkt von den Stadtvätern und alimentiert von begeisterten Wagnerianern, geographisch tatsächlich »im Herzen von Deutschland« und mit einem »Wirkungskreis«, der inzwischen über alle erträumten Maße hinaus zu einem Kulturimperium angewachsen ist oder zu einer »Pilgerstätte«, wie man sich seit dem Rollentausch zwischen Kunst und Religion auszudrücken pflegt. Nicht verwunderlich, daß bei diesem ungeheuren Lebens- und Kunsterfolg, bei diesem beispiellosen Aufstieg eines Künstlers zu eigener Hausmacht das Angebot einer Aristokratisierung der Familie herablassend ausgeschlagen werden konnte: nicht, weil man sich auf ehemals revolutionäre Gesinnungen berief, sondern weil man sich durch die Kunstleistung gewissermaßen selbst schon nobilitiert hatte. Auch die höhere Klasse war wohl im Grunde dafür, daß der Schuster bei seinen Leisten bliebe. Besser der »Siegfried« von Wagner als ein Siegfried von Wagner, ließ sich der deutsche Kaiser vernehmen. Die bürgerliche Würdigung, der Ehrendoktor der Universität Berlin an Cosima, verliehen im Jahr 1910, sollte genügen.

Dennoch: als Wagner war man Kunstadel, im Sinne einer sehr deutschen Artistenmetaphysik also »ganz oben« – und blieb das auch materiell, denn mit der Jahrhundertwende hatte der Wagnerismus in Europa geradezu hysterische Formen angenommen und Bayreuth allein war in der Lage, den *Ring des Nibelungen*, der die Kräfte und Kapazitäten der Hoftheater überstieg, als geschlossenen Zyklus aufzuführen, und nur in Bayreuth war das Sanctissimum, der *Parsifal*, zu hören und zu sehen. Mit dem Jahr 1913 aber begann es »ganz unten«, an der Basis zu schwanken, und dort sollte es auch in den nächsten Jahrzehnten nicht aufhören zu schwanken. Dreißig Jahre nach dem Tod Wagners trocknete der Fluß der Tantiemen aus, der das Privatvermögen bisher gespeist hatte. Mit der »Genierente«, die den Nachkommen ein bequemes Lebenspolster sicherte – so die giftige Bemerkung des

Berliner Journalisten Maximilian Harden – war es zu Ende. Die Inflationsjahre von 1921/22 begruben dann endgültig die Hoffnung, die Wagner gehegt hatte, daß sein Sohn nie »für Geld« werde arbeiten müssen. Immerhin war das »wüste Walten des Zufalls« aber, dem der Gründer noch ausgesetzt war wie nur je ein Flüchtling und politisch Verfolgter, gebändigt: Es war Besitz da. Ein Gleichgewicht zwischen den Gütern, die der Geist geschaffen hatte, und den irdischen, die den Mächtigen abgetrotzt waren, schien gefunden, und somit konnte die Geschichte der bürgerlichen Familie, von der Richard Wagner geträumt hatte, ihren Lauf nehmen.

Die bürgerliche Familie brauchte keine sozialistischen Theoretiker, um sich zu definieren: die ökonomischen Zwänge und die ans Privateigentum geknüpfte »Vererbungssorge« gibt dieser kleinsten gesellschaftlichen Einheit ihre Konturen. In diesem Sinne geht es bei der Familie Wagner nicht anders zu als bei allen Familien, die um ein Unternehmen geschart sind, um ein Erbe, das es zu erhalten und zu mehren gilt. Daß es bei Verteilungskämpfen nicht gütig und rücksichtsvoll zugehen kann, ist selbstverständlich; daß die inneren Rückstände des merkantilen und mentalen »Wolfprinzips« Leiden bringen, die an die Nachkommen bewußt oder unbewußt zur Verarbeitung weitergereicht werden, kennzeichnet die Dynamik von Sippengeschichten seit je. Auch die Geschlechterrollen sind weitgehend festgelegt; unsere Kultur richtet sich nach dem Vater und Mann, ist patriarchalisch konstruiert. Der Frühsozialist Wagner hat die bitteren Folgen der Zusammenhänge von Kapitalismus und Männerprinzip nicht vergessen und im *Ring* gestaltet. Daß weibliche Herrscherfiguren in der Genealogie der Wagners auftreten, widerspricht dem Grundmuster nicht, wonach die Machtstrukturen sich nach männlichen Kriterien ausrichten. Im Gegenteil, sie bestätigen diese. Nur sehr »vermännlichte« Frauen haben die Chance, sich innerhalb von maskulinen Formationen und Traditionen durchzusetzen.

Neben ihren soziologischen Bestimmungen besitzt jede Familie aber auch die existentiell-naturhaften. Die Familie ist ein organisches Gebilde, das sich immer weiter ausdifferenziert, immer weiter verzweigt in Stämme und Abkömmlinge, bis sie sich schließlich in der Entfaltung der eigenen Krone verliert. Die Lotterie der Geburten und der Todesfälle bildet ein eigenes Subsystem der Rechte der Stärkeren. Wer länger lebt, behauptet sich auch länger, und an manchen alten Felsen schlagen die Wellen der geschichtsnotwendigen Veränderungen vergeblich. Insofern es aber die männlichen, die Thronfolger-Geburten sind, die den künftigen Hauptstamm definieren, schwenkt das Naturgebilde Familie an dieser Stelle ins soziale System ein. Schwierig wird es dann erst wieder, wenn dieses soziale System seine rigorosen Prinzipien ändert, demokratischere Spielregeln erlaubt und der Vielfalt der Natur Rechnung tragen will. Wenn zwei Thronanwärter da sind oder nur weibliche Prätendenten, was dann? Wenn die Zweitgeborenen nicht mehr zum Militär oder zum Jusstudium ihre Zuflucht nehmen und die Mädchen weder mehr ins Kloster wollen noch an der Haushaltungsschule ihr Genügen finden?

Zwei Faktoren geben der Familie Richard Wagners ihre besondere Farbe und unterscheiden sie von anderen »großen« Familien; beide sind mit dem Charakter von Wagners Werk eng verbunden. Es handelt sich um die kulturpsychologischen Prägungen, die von der Tatsache eines *musikalischen* Erbes ausgehen und um die mentalen Haltungen, die durch den Anspruch des Künstlers auf Unterwerfung unter sein Kulturdiktat entstanden sind und auf das familiäre Unbewußte weitergewirkt haben.

Über den ökonomischen Mehrwert hinaus mußte das Festspielunternehmen immer auch einen ideellen abwerfen, einen künstlerischen. Durch den Zusammenschluß des dynastischen Prinzips mit dem künstlerischen, der Cosima Wagners Werk ist – Wagner selbst hatte kein Testament hinterlassen und keinen Erben bestimmt –, hat dieses irrationale Element seit Wagners Tod eine merkwürdige und menschlich verhängnisvolle Rolle gespielt. Die Psychopathologien, die zu einem gewissen Grad dem »Komplex Familie« immer beigegeben sind und jedes Nest zu einer Schlangengrube gestalten können, erhöhen sich durch diese Koppelung auf besondere Weise. Seit Cosima Wagner buchstabierte man das Wort Genealogie als Genialogie. Jedes Neugeborene hatte nicht nur die richtige physiognomische Ausstattung, die Wagnernase, mitzubringen, sondern vor allem eine deutliche »musische« Begabung, wie immer dieses »Musische« sich im einzelnen definierte. (Wie oft wurde nicht schon ein hoffnungsvoller »kleiner Liszt« geboren!) Die innere Familie atmet im Bannkreis dieser Erwartung nicht minder als die Öffentlichkeit, die sich, geblendet von dem Schauspiel der illustren Verbindung zweier großer Komponisten wie Franz Liszt und Richard Wagner, die einander Schwiegervater und Schwiegersohn wurden, Großvater und Vater ihren Kindern, immer wieder mit dem Wunsch auf eine Fortsetzung der künstlerischen Hochprozentigkeit an die Nachkommen wendete. Wagnersche Kindheitsmuster sind nach diesen Determinationen gestrickt, wirken bei den Erwachsenen unbewußt weiter und konstituieren Hegemonievorstellungen. Sie reichen tief in die Beziehungen zwischen Eltern und Kindern hinein, aber nicht minder in die zwischen den Geschwistern. Sogar Liebe und Ehe sind von der Höherwertigkeit des Künstlerprinzips bestimmt. Von der stereotypen dummen Frage: »Ja bist Du denn auch musikalisch?« ist wohl kein Familienmitglied verschont geblieben. Diesem »Urtraum(a)« sind Aufstieg und Niedergang der Familie Wagner zu verdanken, ihre erstaunlichen Leistungen genauso wie ihre Selbstzerstörungen.

Als mentale Grundierung immer spürbar bleibt der Einfluß des Wagnerschen Werkes auf die Erben und Bewohner Wahnfrieds. Früh eingetaucht in den Fluß der Klanggesten und Klangfarben Wagners, früh gewöhnt an die von seiner »Welt-Erotik« (Thomas Mann) gelockerten bürgerlichen Normen in Haltung und Gesittung, bildete das familiäre Unbewußte andere Formen, Losungen und Prägungen aus, als man sie etwa in preußischen Adelsfamilien, bei nationaldeutschen Industriellen oder in protestantischen Pfarrhäusern finden würde. Auffallend ist, daß die Modi diktatorialer Unterwerfung unter das sektiererische Prinzip des Freund-Feind-Schemas, das Wagners Welteroberung zugrunde lag, dabei zur selbstverständlichen Verhaltensnorm eines Kollektivs wurden. Zu einem »Innenbewußtsein« aufgeblasen, das nur dasjenige akzeptiert und assimiliert, was sich »wagnerisch« verhält, und abstößt, was fremd ist und sich im wagnerschen »Urbrei« nicht auflösen läßt, verschmilzt dieses dicke, blinde Selbst fast nahtlos mit dem größeren »Innenbewußtsein« des Faschismus. Sie gleichen einander strukturell. Aber auch auf individueller Ebene manifestiert sich der wagnerische Habitus. Selbstherrliche Ichs erlauben sich Lizenzen in Wort und Tat, die verblüffen. Ursprüngliche Solidaritäten verkehren sich zu Antagonismen, Konflikte erweitern sich zu »Vendettas«, die Verstoßung und Vertreibung von Schwächeren – meistens sind es Frauen – scheint immer die probatere Lösung als die Eingemeindung, und als Überlebensstrategie bewähren sich der egoistische, nicht der familiäre Gestus, die Parteiung und Polarisierung, nicht die Allianz. Daß die Liebe zwischen Geschlechtern entweder in abgöttisch-sektiererisch-demütigen Formen auftritt oder unbürgerlich-libidinös über die Stränge schlägt, bewahrheitet die Ansicht, daß durch unbewußte Imitation viel folgenreicher tradiert wird als durch Erziehungsregeln.

Für Tabubrüche und Skandale waren in dieser Familie

dank der »amourösen Bravourstücke« des romantischen Zeitalters, in das die Dynastie mit Franz Liszt und Marie D'Agoult reichte, genügend erfolgreiche Modelle vorhanden. Es wimmelte geradezu von illegitimen Kindern und wilden oder gebrochenen Ehen. Daß die Wagnerei aber von der durch Humanität und Universalität gekennzeichneten Kunst- und Lebenslinie, für die die Person Franz Liszts einstand, entscheidend abgewichen ist, läßt sich nicht leugnen. Zwar predigt die Tochter Cosima ihrer Tochter Isolde die Lisztschen Maximen, geholfen aber haben sie wenig. »Ihr seid leidlich hübsch und nicht übel begabt«, sagte der Vater einst zu Cosima und ihrer Schwester Blandine, »bildet euch aber nicht ein, daß euch das den geringsten Anspruch auf irgendeine Beachtung gibt. Was euch einzig und allein zu diesem Anspruch berechtigen wird, das ist, wenn ihr für jeden, dem ihr begegnet, die nötige Rücksicht, den Respekt der Individualität, sei es der Person, sei es des Landes, sei es des Standes und was es sei, ohne Unterschied zollt.« Und als man ihm einmal böswillig berichtet habe, schreibt Cosima weiter, »wir verglichen Berlin mit Paris und machten uns über Berlin lustig, kam er selbst von Weimar herüber und frug uns, ob wir so verwildert wären, daß wir nicht wüßten, was für den Gast in einem fremden Land sich ziemt und woher wir das *alberne Recht* der Beurteilung irgendeines Verhältnisses und irgendeines Menschen uns nähmen. Er fände niemanden dümmer oder schlechter wie wir.«

Die Stimmen von Vernunft und Toleranz sind leise. Das Wahnfried-Drama folgte anderen, spektakuläreren Vorbildern. Nicht unähnlich der *Ring*-Tetralogie des Stammvaters erzählt es die Geschichte einer Sippe, die sich um den »Ring« rauft. Nur ist das lebendige Opus inzwischen schon über die vier Teilstücke seiner theatralischen Entsprechung hinausgewachsen und läßt sich etwa in sechs Abschnitte einteilen. Da ist das »Vorspiel«, die Zeit, die Wagner selbst in Wahnfried verbrachte: Zeit der Festspieleröffnung bis zu seinem Tod (1874-1883). Sie kann als mythisch erinnerte Vorzeit gelten, die in familiären Erzählungen immer wieder auftaucht. Die Weichen der Zukunft werden anschließend in der »Walküren«-Ära der Witwe Cosima gestellt, die bis 1906 die Festspielleitung innehatte, selber aber langlebig wie Erda war und erst 1930 starb. Trotz aller Ungleichheit mit dem gleichnamigen Helden folgt das »Siegfried«-Zeitalter ihres Sohnes, der bis zu seinem Ende, ebenfalls 1930, die Familien- und Festspielgeschicke bestimmte. Danach ging die Herrschaft auf seine Frau Winifred über, eine Brünnhilde mit Fehl und Tadel, die für die politische »Götterdämmerung« des Familiendramas bis 1944 sorgte. Nach dem Krieg fangen ihre Söhne Wieland und Wolfgang neu an, Fafner und Fasolt bauen ein neues Walhall. Und seit 1966, seit dem Tod des Älteren, führt der überlebende Wolfgang die Geschicke in die Gegenwart fort. Mit ihm ist einstweilen Stillstand eingetreten. Alles wartet auf den Jung-Siegfried, der das Drama weiterführen wird.

Da der Schauplatz des Familiendramas aber Haus Wahnfried heißt und immer schon Kulissen auf die Darsteller vorbereiten, die aus ihnen heraustreten werden, sollen die Mauern und Wände dieses Hauses zuerst sprechen. Die baugeschichtlichen Veränderungen der Villa lesen sich wie ein fortlaufender Kommentar zum Geschehen selbst. Im Unterschied zum Festspielhaus, das nie zerstört, sondern stets sukzessive erneuert wurde, Zubauten bekam und daher den ruhenden, den die Geschichte transzendierenden Pol bildet, erduldete das Wohnhaus alle Blessuren der inneren wie der äußeren Geschichte und gibt vom Wandel der Zeiten sichtbares Zeugnis.

Auf der Suche nach einem geeigneten Platz für das Festspielhaus der Zukunft entdeckte Richard Wagner 1871 in einem Vorort von Bayreuth ein »hübsches Wiesengrundstück« mit einer natürlichen Umzäunung aus wilden Rosen und Weißdorn, im Hintergrund begrenzt von den hohen Eschenalleen des markgräflichen Hofgartens. Nach ersten Eindrücken hätte das Festspielhaus noch ganz in der Nähe dieses Wiesengrundstücks liegen sollen, auf dem heutigen »Schützenplatz«. Aber dieser stellte sich als ein zu feuchter Baugrund heraus, und der Theaterbau wurde auf einen Hügel über der Stadt verlegt. Das Areal für das Wohnhaus blieb attraktiv, und dort wurde weitgehend nach den Plänen Wagners gebaut: Wichtig war ihm eine lange Kastanienallee, die feierlich auf das Haus und seine Nebengebäude zur Rechten und zur Linken zuführen und es von der Straße abschirmen würde. Zu beiden Seiten der Allee sollten Obst- und Gemüsegärten angelegt werden, statt Mauern schlossen Hecken gegen die Straße ab. Schloßparkähnlichen Charakter bekam auch die hinter dem Wohnhaus sich öffnende intimere Gartenseite mit ihrem Springbrunnen in der Mitte und ihren Rundwegen, mit der künftigen Gruft, die in der Mittel- und Hauptachse der ganzen Anlage halb versteckt lag. Da diese private Gartenlandschaft von dort aus in die öffentliche überging, entstand der Eindruck grenzenlosen Grüns, grenzenloser Einheit, uferlosen Besitzes.

Wegen der allen Bauherrn bekannten Umstände, Verzögerungen, Baufehler und sonstigen Verdrießlichkeiten wollte Wagner sein Haus »Ärgersheim« nennen. Dabei konnte es nicht bleiben. »Mondschein, auf den Balkon mit R. tretend, erblicken wir das Grab, und er benennt das Haus ›Zum letzten Glück‹«, schreibt Cosima im Tagebuch. Ein paar Tage später heißt es dann »Wahnfriedheim«, bald verkürzt zu »Wahnfried«. Zuversichtlich steht der Name über dem Portal, die Inschrift auf dem linken Seitenflügel erklärt den Sinn des Wortes: »Hier wo mein Wähnen Frieden fand«, und die auf dem rechten schließt in der Manier von Goldschnittpoesie: »Sei dieses Haus von mir benannt.« Das Mittelfeld über dem Eingangsportal schmückte schließlich, statt der geplanten Sonnenuhr, ein hauseigenes mythologisches Sgraffito. Die Ornamentleisten, die im Sinne des italienisch-klassizistischen Baustiles auf den Seitenteilen vorgesehen waren, wurden gestrichen – ähnlich radikal wie die dekorativen Elemente, die noch auf den ersten Entwürfen für sein Festspielhaus zu sehen waren. »Wir haben etwas, was alle Welt seiner Neuheit und Originalität wegen sehr überrascht«, behauptete der Bauherr in gewohnt grandioser Manier, »indem wir jede äußere Verzierung ausließen.« Wirklich enthielten sich die beiden Bauten Wagners, Wohnhaus wie Theater, in einem erstaunlichen Maße jenes gründerzeitlichen Überschwangs, den er bei seiner privaten Ausstattung bevorzugte. Während die Schmucklosigkeit des Festspielhauses jedoch ganz der Konzentration auf seine Kunst diente, läßt sich dem rigide fensterlosen Mittelbau, der den Eindruck von Wahnfried prägt, ein Beigeschmack von Mausoleumsarchitektur nicht absprechen.

Am 28. April 1874 war Einzug, der Komponist konnte zumindest »wähnen«, daß jetzt Friede gefunden sei. Zeitgenossen beschreiben den Augenblick, als er im Mai, zu seinem 61. Geburtstag, auf den Balkon hinaustritt und dem Ständchen zuhört, das ihm die im Hofgarten konzertierende Infanteriekapelle mit Kaisermarsch und Pilgerchor bringt. Trotz der Blechbläser ist dies ein Augenblick der Stille, des Stillstands, wie ein Innehalten der Geschichte. Denn Traum und Wirklichkeit, das Theater und das Leben haben nach den Anstrengungen und der Misere von Jahrzehnten endlich zusammengefunden. »Aufführungen, Konzerte, Reisen, alles eine Qual, nur hier in dem bergenden Haus ihm helfen, ihn ertragen lassen, und mit ihm dann von dieser Welt scheiden«, verspricht sich seine Frau. Noch ist es aber nicht soweit: In Wahnfried wird die *Götterdämmerung* vollendet und der *Parsifal* komponiert werden, Wahnfried ist Familienwohnsitz, Stätte von Kindergeschrei, Einladungen und Konzerten, Schauplatz von Hochzeiten und von Sargaufbahrungen. Wagner selbst hat von seinem »bergenden Haus« nicht mehr sehr viel, immer flieht er gerne in den Süden, fern von Wahnfried stirbt er in einem anderen, in einem venezianischen Palazzo.

Nach 1883, nach dem Tod Wagners, wird die Zeit angehalten bis in die frühen dreißiger Jahre des nächsten Jahrhunderts. Nichts darf, weder außen noch innen in den Räumen, in denen der »Meister« umhergegangen ist, verändert werden. Nichts, so bestimmt die Witwe, darf verrückt werden, kein Bild, kein Möbelstück, kein Buch, keine Büste. Das Sterbesofa kommt in ihr Schlafzimmer. Wahnfried wird »lebendes« Museum. Besucher aus aller Welt strömen durch die »Halle« mit dem Steinway und den Büsten des Bildhauers Gustav Kietz von Richard und Cosima und durch den »Saal« mit seiner europäischen Bibliothek und den Lenbachs an den Wänden. Viele werden von Cosima in ihrem »lila Salon«, wo die vielen Familienporträts an den Wänden hängen, zu kurzer Audienz empfangen. Aber eines Tages wird diese Hofhaltung mit den vielen Klavieren und dem späthistoristischen Gips-Gold-und-Seide-Interieur im Stile Makarts ein wenig eingedämmt. Denn im Jahr des Unglücks, 1913, sind von Wagners Schreibtisch seine immer noch dort liegenden Brillen in den Taschen eines Diebes verschwunden.

Im Kindersaal des ersten Stockwerks, der sich zur Gartenseite öffnet, geht es weiträumig und großzügig zu. Hier wachsen die Kinder aus den beiden Ehen Cosimas, der mit Hans von Bülow und der mit Richard Wagner, zusammen auf. Später schlafen, toben und arbeiten an ihren Holzpulten die Kinder Siegfried Wagners mit der Engländerin Winifred in den gleichen Räumen. Nichts rührt sich für Jahrzehnte auf dem Wahnfried-Areal. Das 1892 hinzugefügte Komponierhäuschen Siegfried Wagners, linker Hand vom Haupthaus, und ein Gärtnerhäuschen zur Rechten fügen sich dem Bild harmonisch ein. Nur die Wiesen nach vorne, zur Straße hin, werden, der Not gehorchend, in den Kriegsjahren durch Kartoffelanbau verfremdet.

Zu baulichen Veränderungen kommt es erst im Jahr 1932 und in direktem Zusammenhang mit den politischen Veränderungen Deutschlands. Angeblich für den Dirigenten Toscanini, eher aber für die Bedürfnisse ihres Festspielgastes Adolf Hitler und seines Stabes, mußte Siegfrieds »Häuschen« aus dem Jahr 1892 durch An- und Umbauten erweitert werden. Ein Seitenflügel aus grauem Muschelkalk entsteht in Richtung Garten mit Dachterrasse und einem Wasserbecken davor, das auf die kleinbürgerliche Brunnenskulptur des Fischleins nicht verzichtet. In mehrfachen Bauphasen streckt sich der Bau auch nach der Straßenseite aus, bekommt das Flachdach und die Rillenverkleidung der Außenwände, die für den Übergang des Bauhausstiles in den groben Klassizismus der späteren Jahre typisch sind. Architekt war der Bayreuther Hans Carl Reissinger, Onkel der zukünftigen Schwiegertochter Winifred, den diese damit aus seiner Stellung als Stadtbaurat in Düsseldorf lockte. Der Geist der Zeit wehte vor allem in der Inneneinrichtung des umgebauten »Häuschens«, in den steinernen Kaminverkleidungen und Ecksäulen, die halbstilisiert die Sternbildzeichen der Bewohner wiedergaben und für die jener Freund Reissingers verantwortlich war, der auch das »Haus der deutschen Erziehung« mit einer überdimensionalen »Mutter« verziert hatte, der Düsseldorfer Bildhauer Wilhelm Hoselmann. Braune Holzvertäfelungen an den Wänden und indirekte Deckenbeleuchtung suggerierten Sachlichkeit, die Möblierung mit Chippendale- und Sheraton-Imitationen verbreitete die spießig-repräsentative Gemütlichkeit von Botschaftsräumen. Schmiedeeiserne Lampen, Nibelungen-Motive auf Pergamentpapier und Stühle im Thing-Geschmack schlossen sich der von den Nazis kultivierten nordisch-germanischen Stilrichtung an, die bei der jungen

»Herrin von Bayreuth« beliebt war. Der eintretende »Führer« wird den Unterschied zu seinen Privaträumen in der Alten Reichskanzlei oder zu den Gestaltungsprinzipien auf seinem »Berghof« kaum bemerkt haben. Winifreds neue, kühle Innenräume bildeten zunächst einen modernen Gegensatz zum überquellend-plüschigen alten Wahnfried-Historismus und seiner Selbstherrlichkeit. In Wirklichkeit aber setzte die entgleiste Avantgarde des »Nazi«-Modernismus in ihrem parvenühaften »Design der Macht« das Design der Pracht des späten 19. Jahrhunderts mit veränderten Mitteln fort. In Winifreds Ära fällt auch jener reglementierende Eingriff, der das vordere Gartengrundstück mit einer Sandsteinmauer einfaßte und gegen die Straßen abschloß: Man hatte sich der wachsenden Neugier der Öffentlichkeit vor allem bei den Staatsbesuchen zu erwehren.

Anfang April 1945 wird Bayreuth bombardiert. Während das Festspielhaus intakt bleibt – angeblich von kulturbewußten Alliierten ausgespart –, wird Wahnfried von einer Bombe getroffen, die ins Zentrum, in den Saal fällt. Wagners Flügel wird vom Luftdruck hinausgeschleudert, die in Öl gemalten Wappen der ersten Wagnervereins-Städte flattern zerfetzt von den Wandresten, die kostbaren japanischen Négligés von Frau Cosima sind verbrannt, in den einstigen Kindersaal hängt das zerstörte Dach herab wie sonst nur der Wotansschlapphut über das tote Gottesauge. Während die Gartenseite in Trümmern liegt, bleibt die Fassade unverletzt: Wahnfried war in eine hohle Kulisse verwandelt. Nur der Neubau, dessen Namen sich inzwischen nach dem Urheber des Unheils in »Führerbau« verwandelt hatte, blieb verschont. Sein Luftschutzkeller rettete jenen Teil der Familie, der nicht schon ins hölzerne Ferienhaus an den Bodensee geflüchtet war, rettete Winifred, ihre Schwiegertochter Ellen und die Kinderfrau. Wieland und sein Schwager hatten den Angriff unter einer Brücke in Bayreuth überlebt. Von der

Straße kommend, konnten sie sich für einen Augenblick der frommen Täuschung hingeben, daß Wahnfried verschont geblieben sei.

In den ersten Jahren nach der »Stunde Null« wird die Wahnfriedruine provisorisch zusammengeflickt. Debatten um die Dachpappe und die Schwierigkeiten ihrer Beschaffung beherrschen den Briefwechsel der Brüder Wieland und Wolfgang damals in jener Zeit, die für ihre Tatkraft und Gedankenarmut notorisch geworden ist. Während Wolfgang als Schuttarbeiter den Wiederaufbau und die weiteren Bergungen des vor den anrückenden Amerikanern bereits ausgelagerten Archivs in die Hand nimmt, macht Wieland, der mit seiner Familie in der französischen Zone am Bodensee festsitzt, den Versuch, sich neben der Existenzsicherung durch Klauen und Bestechen auf einen denkbaren Wiederbeginn der Festspiele geistig vorzubereiten. 1949 kehrt er mit seiner Frau zurück, um sich, wie Deutsche überall, in einem halbwegs erhaltenen Raum – hier ist es das ehemalige Büro der Mutter, genannt »Kommandozentrale« – einzunisten und zu arbeiten. Gewohnt wird in einem winzigen Atelier im Wahnfriedgarten, das es seit jeher gab. Familiär sind es idyllische Zeiten, denn gleich daneben im Gartenhäuschen wohnt Bruder Wolfgang. Der Kohlenofen führt zusammen, aus den Ruinen wieder aufzuerstehen ist das gemeinsame Ziel.

Bis die Brüder und ihre Familien sich trennen: Das Angebot des Älteren, gemeinsam ins zusammengeflickte Wahnfried zu ziehen, lehnt der jüngere Bruder ab. Also zieht Wieland allein mit seiner Familie in die Villa, während Wolfgang sich wenige Jahre später eine Villa direkt neben dem Festspielhaus sichert, in der klugen Voraussicht, daß der eigene Besitz unabhängiger und unangreifbarer macht als jede Teilhaberschaft am Haupthaus, und sei dieses noch so repräsentativ.

Die Nachkriegsarmut hatte auch dieses Gute: sie führte zu baulicher Ehrlichkeit. Wo das Halbrund des Hauses sich einst in den Garten schob, unten der Bibliothekssaal, oben der Kindersaal, blieb die ausgebombte Innenkurve bestehen; erst in den Jahren des wachsenden privaten und allgemeinen Wohlstands wurde dieses Bombenloch mit einer hohen, dichten Pflanzenwildnis ausgefüllt, als trompe-l'œil einer fernen südlichen Insel. Dieser Zug zur Leugnung der Geschichte griff auch auf die Gartengestaltung über. Ausgelöscht wurden Springbrunnenrund und die rührenden Wanderwege, eine große, leere Wiesenfläche entstand, die nur am Rande, dort wo das Wagnergrab beginnt, die Bäume beließ. Ähnliche Entwicklungen machten die Innenräume durch. Zunächst nur oberflächlich restauriert, hingen hier für eine Weile noch Lenbachs Porträt des verdrossenen Schopenhauer und einer fischig-silbern schimmernden Cosima, standen verfleckte Ledersessel unter einer Stehlampe mit plissiertem Papierschirm und dahinter die dunkel furnierte Musiktruhe, wurden mit dem alten Wahnfried-Aufzug die Speisen noch aus der Küche im Untergeschoß am Seil hochgezogen, und für die neue Kindergeneration gab es im Obergeschoß ein einfaches neues Kinderzimmer mit vier Gitterbetten in dem stehengebliebenen Trakt. Doch wie dem Garten, so machte auch diesem Provisorium gegen Ende der fünfziger Jahre der Wille zur Umgestaltung nach eigenem Geschmack den Garaus. Nicht restaurierende Nostalgie waltete dabei, sondern Konzepte, wie sie die europäische Vorkriegsmoderne mit ihrem Ruf nach gläserner Transparenz, Licht und Leere entwickelt hatte. Analog zum historisch verspäteten »Neubayreuther Stil« auf der Festspielbühne, der an die Abstraktionstendenzen der zwanziger Jahre anknüpfte, wurden im erneuerten Wahnfried jetzt die letzten Reste von Pietät hinweggefegt. Auf die unbekümmerte Geste der Hausherrin Gertrud hin wurden die drei hohen Repräsentationsräume, die man zunächst in die Ruinenreste eingesetzt hatte, in einen loftartig gestreckten Einheitsraum von etwa dreißig Meter Länge verwandelt, der zu vielfacher Verwendung taugte, Kamin-, Musik-, Arbeitszimmer und Salon in einem war. Die verbliebenen Familienbilder, auch das Museumsstück einer Ingres-Silberstiftzeichnung von Franz Liszt, verschwanden in der Besenkammer, vor den Tapeten und Teppichen hatte man sich ohnehin nicht mehr zu fürchten, sie waren gnädig verbrannt. Wohltaten des Krieges: Ohne die Zerstörung Wahnfrieds wären die Emanzipationswünsche vom Wagnerplunder unweigerlich im Zwang zur Bewahrung erstickt worden. Erst dank der Bombe war eine Ahnen-Entrümpelung hier denkbar geworden.

Weil aber das Individuelle dem Typischen einer Zeit immer erstaunlich nahe kommt, kann nicht übersehen werden, daß es in diesem äußerst progressiven Raum Relikte von Bürgerlichkeit gab, die damals zwar den Sprung aus dem Nazigeschmack der Mutter bezeugen mochten, heute aber als Zeichen jener neudeutschen Spießigkeit gelten müssen, die den Anschluß Westdeutschlands an die Vereinigten Staaten spiegeln: Während sich draußen unter den alten Wahnfried-Bäumen plötzlich ein Swimmingpool befand und auf der Gartenterrasse eine Hollywoodschaukel, gab es drinnen doch tatsächlich den Gummibaum, den Paravent mit Stichen der spanischen Hofreitschule, die Barocksäule als Stütze eines Durchgangsbogens und das mit blumigem Chintzstoff bezogene Sofa. Und der neue Schallplattenapparat wurde diskret in eine holzgeschnitzte antike Truhe versenkt. Als letzter, nur mehr zitathafter Tribut an Altwahnfried lagen auf dem Arbeitstisch des Wahnfriedchefs Wieland Wagner noch zweierlei Erinnerungsstücke an Richard Wagner herum: seine zarten Brillengläser in ihren alten lila Etuis und die Holzleisten für seine Schuhe. Weil die Geschichte sich eben doch wiederholt, wurden auch sie Opfer von bedenkenloser Aneignung. Diesmal griffen die Jugendlichen des Hauses zu. Großzügig genommen und großzügig weiterverschenkt, verschwanden die Objekte für immer in fremden Taschen.

Zur allgemeinen Auslüftung des 19. Jahrhunderts aber kam noch eine gezielte und konkrete Ausgrenzung des jüngsten zwanzigsten hinzu. Den Umbau Wahnfrieds zu einem modernen, südlich anmutenden Privathaus nutzte Wieland Wagner im Jahr 1957, um sich in einem radikalen architektonischen Akt von seiner im »Führerbau« nebenan residierenden Mutter Winifred zu distanzieren. Nach dem Krieg hatte diese sich in koketter Selbstverbannung in ein Chalet im Fichtelgebirge, genannt »Exil«, zurückgezogen, um dann, heimgekehrt, im naturgemäß gemeinsamen Garten alsbald ihre »alten Nazis« wieder zum Tee zu empfangen, darunter Edda Göring und Ilse Heß. Um die Gäste dieser Unverdrossenen nicht länger sehen und hören zu müssen und sicher auch um alte ödipale Rechnungen zu begleichen, ließ ihr Sohn quer durch den Garten eine Mauer ziehen, die seine Familie in konkaver Rundung gegen die ältere Generation abschirmte. Von Winifreds Gartenteil aus gesehen, wirkte diese trennende Mauer – eine Art persönlicher Präfiguration der Berliner Mauer – brutal, wie ein steinerner Boykott.

Doch auch dieses symbolische Abwehrarrangement mußte dem Szenenwechsel der Geschichte weichen. Nach dem Modernisierungsschub, den die Bombe, die erwachende Opposition zur Wagnertradition und ihrem Verhältnis zum Dritten Reich und Wünsche nach eigenem Leben bewirkt hatten, lag das Haus zunächst einmal zehn Jahre lang brach und moderte dahin. Wieland war 1966 gestorben, und seine Familie hatte damit das Wohnrecht auf die »Dienstwohnung« des Festspielleiters verloren. Das hundertjährige Jubiläum der Bayreuther Festspiele im Jahr 1976 erst brachte eine Rückwendung zu den Ursprüngen. Der Denkmalschutz schaltete sich ein und die Stadt Bayreuth. Wahnfried wurde restauriert und in seine ursprüngliche Gestalt zurückversetzt, der Bibliothekssaal wölbte sich wieder in den Garten hinaus, Wagners Bücher wurden hinter Glas gebracht, und der Kindersaal bekam den geschwungenen Balkon wieder. Winifred gedachte ihrer Jugend, ging umher und ließ ihre Erinnerung an Altwahnfried spielen. Die Eingangshalle bekam ihr pompejanisches Rot wieder, die Büsten der Gründer nahmen wieder ihre Plätze ein, und die früheren Privaträume wurden mit Wagneriana angefüllt: Wahnfried wurde Museum. Auch der »Führerbau«, nach dem Krieg in »Siegfried-Wagner-Haus« umgetauft, fiel diesem Schicksal anheim; hier hat inzwischen das Wagnerarchiv seinen Platz, und im historisch höchst kuriosen Nazi-Kaminzimmer stehen Bürostühle vor einem Videogerät, abrufbar für Wagnerkino.

Im Zuge der Umwandlung der Wagnerfestspiele und ihrer Güter in eine Stiftung gehört das Haus jetzt der Stadt Bayreuth. Behördengeist bestimmte aber nicht nur über die ästhetische Rekonstruktion Wahnfrieds selbst, sondern auch über das Gesicht des Umfelds. Der Sinn der aufs Haus zuführenden Kastanienallee wurde unter dem dümmlichen Diktat des Praktischen zerstört. Um Platz zu schaffen für Reisebusse und Hinweisschilder, wurde sie um einige Meter verkürzt und damit ihrer von Wagner genau berechneten einstimmenden Wirkung beraubt.

So steht Wagners Wahnfried heute wieder da, sozialdemokratisch lädiert, im Scheine einer halben Echtheit. Wo Samt war, ist jetzt Polyester, wo Seide schimmerte, herrscht Diolen, wo musiziert und empfangen wurde, stehen Lautsprecher. Wieder strömen Besucher hindurch, aber keiner der vielen Wagnernachkommen empfängt sie und sorgt für ein bißchen Geschichte in vivo. Die Wagnerwelt ist eine präparierte, ausgestopfte, museale. Wagner ist Vergangenheit, und man zahlt Eintritt, bevor man in den Kunststoffen des restaurierten 19. Jahrhunderts versinken darf. Auch die Enkel übrigens müssen diesen Eintritt in ihr Vaterhaus zahlen, auch die Urenkel, die von den Kassiererinnen nur gelegentlich noch erkannt werden. Doch es waltet Frieden, tiefer Wahnfrieden. Vermutlich aber meinten die goldenen Buchstaben der Hausinschrift einen anderen Frieden als den eines Wahn-Friedhofs.

Kehren wir von den Kulissen der Geschichte, vom Drama der Mauern, Wände und Räume zurück zur Geschichte der Akteure. Wohl wissend, daß man nie erfahren kann, wie es »wirklich« gewesen ist im Verlauf dieser großen vier Generationen-Saga von Altwahnfried über Hitlerbayreuth zu Neubayreuth bis zur Museumsära, so bilden doch die Elemente bewußter und unbewußter Wiederholung ein Gerüst, das Zusammenhänge stiftet. Die physiognomischen Topoi gehören dazu, die Wagnernasen und die Cosimafrisuren, die »Wurzel«-Hände und die Hammerzehen, die blauen Augen und der eine gekrümmte kleine Finger, das weiche Fleisch, die Depressionen und die schwachen Herzen. Daneben gibt es Typen und Konstellationen, die wie musikalische Motive in Modulationen wiederkehren und das Gewebe verdichten. Hier die »eiserne Mutter«, die »verstoßene Schwester«, die »Vatertochter«, der »Muttersohn« und die »kinderlose Tante«, dort der früh sterbende Vater und die zählebige Mutter, der alte Mann, der eine junge Frau heiratet und das Glück der zweiten Ehe, schließlich die Rotation von Geschwistergruppen und deren Auflösung.

Variiert in den Individuen, erscheinen die Merkmale der Reihe und verstricken jene mit ihrer eigenen Natur, aus Willkür wird Zusammenhang und physische Geschichte. Eine Tradition entsteht, die sich im Psychischen als das abgründige Miteinander-Identischsein über die Zeiten niederschlägt, das Hofmannsthal beschrieben hat: »... daß ich auch vor hundert Jahren war / Und meine Ahnen, die im Totenhemd, / Mit mir verwandt sind wie mein eignes Haar, / So eins mit mir als wie mein eignes Haar.« Die Familie bildet ihre eigene, die Wahnfried-Geschichte. Immer an die Festspielgeschichte gekettet, gleichsam mit ihr vernäht als ihr Innenfutter, muß sie alle Bewegungen der Außenseite mitmachen: mitschwingen in deren mehrmaligen Konjunkturen, abfallen auf ihre Tiefpunkte und durchhalten in den Perioden, in denen scheinbar nichts geschieht. Die Fatalitäten der Festspielgeschichte wiederum werden von den größeren Fatalitäten der Weltgeschichte bestimmt. Indem die beiden Weltkriege zum Abbruch und Stillstand der Spiele führen, diktieren sie dem Familientheater seine Zwischenpausen.

Auf »wolkigen Höhen« lebt es sich fröhlich. Eine Jugend in Wahnfried ist das Paradies: Villa und Garten, das Festspielhaus als Spielplatz; dazu der exquisite Zustand, in der Kleinstadt König zu sein, angestaunt zu werden und in den Geschäften »Künstlerrabatt« zu kriegen. Tiere gehören zu dieser Jugend, nicht gerade »Bär, Wolf und Lindwurm«, sondern in erster Linie Hunde. Die Neufundländerhunde aus Richards Nachlaß – sie bekommen persönliche Grabsteine im Garten – bilden eine eigne Tradition, und als zottige schwarze Meute kehren sie bei seinem Enkel Wieland wieder; zu Winifreds Zeiten tobten Schnauzer herum, und hatte Siegfried ein Pferd und viele Hühner, so bevölkerte später auch mal ein einsames Schaf die Wahnfriedwiese. Im angrenzenden Hofgarten sorgen Schwäne für etwas »Lohengrin«-Aura. Dieser paradiesische Zustand wiederholt sich für die Jugend dreier Generationen in ähnlichen Mustern und Schemen, nur der Anteil an Freiheit und Ungebundenheit (oder Verwahrlosung?) wächst, aus den früheren Hauslehrern und Mädchenpensionaten werden Bayreuther Gymnasien und bayerische Internate, und die Bildungsinhalte verschieben, zerstreuen, entwagnerisieren sich.

Die Jugend der ersten nachwagnerischen Generation in

Wahnfried läßt sich nur mehr als tableau vivant in vielen Variationen nachempfinden. Wie aus Papier geschnitten, treten die Kinder und Jugendlichen aus dem Dunkel, Figuren aus dem Aufklapp-Bilderbuch. Sie haben eminent theatralischen Charakter – was die Tagebücher überliefern und die Zeitgenossen erzählen, macht glauben, sie hätten überhaupt nur mit Bärenfellen und Rüstungen, Trinkhörnern und Speeren Verkleiden gespielt, Feste und Charaden gefeiert, Umzüge veranstaltet, wären im Kindertheater aufgetreten, hätten Kindertafeln arrangiert bekommen, unter dem Beifall des Elternpaares Verse aufgesagt und musiziert, im Garten mit ihren Hunden gespielt, wären schöngekleidet zu Geselligkeiten und Konzerten eingeladen worden oder nach Italien gefahren. Noch als Erwachsene jedenfalls treffen wir die erste Generation der Wahnfriedkinder beim Einüben von Theaterstücken – vor allem zu Weihnachten geht es hoch her, da kommen sie alle zusammen und bilden eine Laienspielgruppe, führen Stücke aus der europäischen Literatur vor sich selber auf, oder sie geben selbstverfertigte heitere Schwänke und begeistern sich am Puppentheater, das Judith Gauthier dem geliebten Meister einst geschenkt hatte. Immer umgibt diese Jugend das Geschwader der Dienstboten, Gärtner und Erzieher, die den aristokratisch-großbürgerlichen Lebenszuschnitt gewährleisten.

War Wagner selbst jedoch ein liebevoller, zu Späßen aufgelegter, unkonventioneller und anarchistisch angehauchter Vater, der auch mal zu Beethovens Musik »in der geschicktesten und anmutigsten Weise« zu tanzen wußte, so nahm Cosima nach seinem Tod das Erziehungs- und Bildungsprogramm der Kinder rigoros in die Hand. Bis sie größer waren, unterrichtete sie die Kinder selber – nicht zuletzt in der Verinnerlichung moralreligiöser Dogmen – und folgte dabei den klassischen humanistisch ausgerichteten Lehrplänen. Während die Mädchenerziehung später konventionelle Bahnen einschlug und die jungen Damen auf ihre karitativen Rollen als »Helferinnen« vorbereitete, sei es für die künftigen Gatten, die alternde Mutter oder, allgemeiner, den »Dienst am Werk«, richtete sich das ganze Augenmerk und der pädagogische Furor auf den »Erben«, auf Siegfried, wobei nun wohl wahrscheinlich alles falsch gemacht wurde, was falsch zu machen war. Abgesondert von der übrigen Kinderwelt, wurde sein Gedeihen wie in einem Glashaus überwacht und beobachtet. Cosima bestimmte seine Spielkameraden und ließ altdeutsche Anzüge für ihn anfertigen. Von Anfang an wurde jede kleinste Talentäußerung Siegfrieds beobachtet, registriert, aufgeschrieben, kommentiert und mit Hoffnungen ausgestattet – egal ob er am Klavier ein paar Töne anschlug oder mit dem Zeichenstift Kringel malte. Endlos erwägt das Elternpaar die angemessene Erziehung – eigentlich wollte Wagner für seinen Sohn in Bayreuth eine Extraschule mit nur weiteren sechs Knaben gründen; schließlich tat es ein Hauslehrer auch, bis er endlich mit vierzehn Jahren in ein Bayreuther Gymnasium gehen durfte.

Bisweilen konnten die Bayreuther den kleinen Siegfried bei Spaziergängen mit seinem Großvater im Hofgarten beobachten. Die Wahnfried-Besetzung wurde zu entsprechenden Gelegenheiten nämlich von einem bereichert, der eher wie ein Gespenst herumging, Cognac trank und abends am liebsten Whist spielte: der alte Franz Liszt. Er wohnte bei den ersten Festspielen 1876 – für deren Defizit der Noble seine Habe zu geben bereit war – im Hause, dann sieht man ihn an der Familientafel anläßlich der Uraufführung des *Parsifal* 1882, schließlich im ersten Festspieljahr nach Wagners Tod und dann erst wieder 1886 – wobei er nach häuslichen Verstimmungen wieder in ein Privathaus nebenan gezogen war. Ungetrübt war der Familienfriede hier nicht. War Wagner trotz aller öffentlichen Dankesreden auf den Freund und Förderer durch Liszts Katholizismus immer leicht gereizt, so traten Cosimas tieferliegende Ressentiments gegen den Vater vor allem nach Wagners Tod deutlich zutage. Sie läßt keinen persönlichen Kontakt zu, als er 1884 der Wagnerschen Sache in Bayreuth zu Hilfe kommt, oder sie benutzt ihn, instrumentalisiert ihn, wenn sie seiner Person zu repräsentativen Zwecken bedarf. Eigentlich hat der in Weimar Ansässige längst keine Lust mehr, für Wagner in Bayreuth »den Pudel zu machen«, wie er sagt – nach den Aktschlüssen trotz Alter und Krankheit dem Publikum von der Familienloge aus zuzuwinken –, doch diese berechtigte Verdrossenheit hilft ihm nichts, wenn familiäre Anlässe ins Feld geführt werden. Wenn in Wahnfried Hochzeit ist zum Beispiel, wie im Juli 1886, als seine Enkelin Daniela den »Kunstgelehrten« Henry Thode heiratet. Da muß der Großvater herüberkommen. Der »Sclavissimo«, wie er sich seiner Lebensgefährtin, der Prinzessin Carolyne zu Sayn-Wittgenstein gegenüber nennt, gehorcht der Tochter, um nicht wieder Jahre des gegenseitigen Schweigens einreißen zu lassen, wie es seit 1868, seit ihrem offenen Bekenntnis zu Wagner und dem Umzug nach Tribschen, der Fall war.

Wie immer bei familiärem Kräftemessen lehrt ein Blick in die Kindheitsgeschichte befremdliche Reaktionen verstehen. Während Sohn Siegfried durch die übersorgliche Liebe seiner Eltern uns das Drama des angepaßten Kindes liefern wird, so ist nicht zu übersehen, daß seine Mutter Opfer einer ganz gegenteiligen Behandlung geworden war, von seelischer Vernachlässigung einerseits und formalistischer Strenge andrerseits. Unehelich geboren wie ihre eigenen Kinder von Wagner, im siebten Lebensjahre erst vom Vater legitimiert, also verunsichert in Namen und Identität, markierten Trennungserlebnisse ihren schwierigen Weg. Als »seltsam enterbt in die Welt gekommen« bezeichnete sie sich später. Die gräfliche französische Mutter Marie D'Agoult hatte sich nach ihrem »faux pas« mit dem Virtuosen mit Mühe wieder in die Pariser Salon- und Intellektuellenwelt eingefügt, hatte ihren Weg als Schriftstellerin und Historikerin begonnen, und es mochte ihrem Egoismus recht bequem sein, daß Liszt dafür sorgte, daß die Kinder ihr fernblieben. Andrerseits hat jeder kurze Besuch der Halbwüchsigen im Salon und in der Bibliothek der »grande dame« tiefe Eindrücke hinterlassen. Im Unterschied zu Franz Liszt, dessen Weg ihn vom romantischen Revolutionär zurückführte zu »Thron und Altar«, hatte die Comtesse, vielleicht auch unter dem Einfluß Georg Herweghs, sich zu den politischen Idealen von Demokratie und Republik bekannt und mit dem »Essai sur la liberté« von 1847 als Pionierin der Frauenbewegung in die Geschichte eingeschrieben, ohne daß sich an ihrer Faubourg-Allüre und ihrer Eleganz etwas geändert hätte.

Solange Cosima und ihre zwei Geschwister bei der wunderbar warmherzigen Mutter Franz Liszts in Paris aufwachsen konnten, war jedoch ein Nest und eine Kontinuität gesichert. Bald aber nimmt Liszt, beeinflußt von seiner ebenso eifer- und herrschsüchtigen wie erzkatholisch konservativen russischen Fürstin, die Kinder der »niedriggeborenen« Großmutter weg und zwingt sie in die Observanz zweier uralter Petersburger Gouvernanten, bei der sie auf ihr Auftreten in der guten Gesellschaft dressiert werden. Neben der selbstverständlichen Pflege von Fremdsprachen hieß dies vor allem eine Konversation der Phrasen und Aperçus erlernen; Kult um den Vater ist sowieso Pflicht. Franz Liszt schätzte diese Ausbildung zum allgemeinen Dilettantismus und zu oberflächlicher Salonkultur freilich wenig, kennt er sie doch von der Mutter der Kinder. Die emotionelle Kälte dieser Erziehung im »Geist der Restauration« aber formte Cosima zwischen ihrem dreizehnten und achtzehnten Lebensjahr. Im Haß gegen die Erzieherinnen schließen die Lisztkinder sich eng zusammen. Sie üben die Selbstverteidigung durch Heuchelei – auch gegenüber dem Vater, dessen Kontaktversuche sich in Moralpredigten erschöpfen. Fragen nach der Zukunft der Mädchen werden von Liszt konventionell beantwortet: Heirat, was sonst. Den Wunsch der Mutter, daß Cosima Pianistin werden sollte, quittierte der Klaviervirtuose mit höhnischer Ironie. Als nächster Schritt seiner aus Weimar ferngelenkten Erziehung, die darauf abzielte, die Herangewachsenen der Mutter definitiv zu entziehen, gehörte die Versendung der »Demoiselles« Cosima und ihrer schönen älteren Schwester Blandine ins preußische Milieu nach Berlin: ins Milieu der Lisztanhänger, ins Haus der wenig sensiblen Franziska von Bülow, Mutter seines ehemaligen Schülers und Sekretärs Hans von Bülow. »Aber liebes Kind«, schrieb Mutter Liszt, verzweifelt über diesen Gewaltakt, an ihren Sohn, »in die vierte Hand diese Kinder zu geben, in ein fremdes Land, wo sie keinen Menschen kennen, dies ist gewiß nicht gleichgültig für sie [...] und ich befürchte, daß die eine oder andere krank fällt.« Die Töchter überleben, werden von Hans musikalisch unterrichtet und, wie Liszt es wünscht, zu »guten Propagandistinnen der Zukunftsmusik« ausgebildet. Während Blandine jedoch bald in die Welt der Mutter nach Paris zurückfindet und die aristokratischen Hoffnungen erfüllt, indem sie mit dem zukünftigen Außenminister von Napoléon III., Emile Ollivier, in die ersten Pariser Kreise einheiratet, bindet sich die eckige, aber intelligentere und innerlich brennende Cosima mit rätselhafter Starrsinnigkeit an die Vaterwelt – vermittelt über die Person ihres Klavierlehrers. Gegen den Willen der Mütter D'Agoult und von Bülow, aber mit Zustimmung Liszts, wird nach zweijähriger Wartezeit geheiratet.

Hans von Bülow, ein hinreißender Pianist und vielleicht der beste Dirigent seiner Zeit, war freilich schwierig, unausgeglichen, ein depressiver und cholerischer Charakter, dessen beißenden Sarkasmus seiner Umwelt das Leben nicht leicht machte. Was die noch nicht achtzehnjährige und durchaus hochfliegende »Cosimette« an dem »pauvre Hans«, wie Blandine ihn zu nennen pflegte, faszinierte, ist nicht leicht zu sagen. Wollte sie sich der ewigen Bevormundung restaurativer Damen entziehen, appellierte gerade das zerrissene Wesen des Musikers an jenen Fanatismus im (Mit-) Leiden, der sich später so charakteristisch bei ihr entwickelte? Heiratete sie in dem designierten Nachfolger Franz Liszts nicht eigentlich ihren Vater? Jedenfalls ist es nicht von der Hand zu weisen, daß Schüler Hans von Bülow in Cosima die Tochter des Vaters heiratete. »Bülows Heirat mit Cosima war ein Freundesopfer, das er seinem Meister Liszt brachte; dem natürlichen Kind einen glänzenden ehrenhaften Namen zu geben und damit dem Vater eine tiefe Befriedigung und Lebensberuhigung, darauf ging er aus – es war ein Akt der Dankbarkeit«, schrieb damals der zum engsten Lisztkreis auf der Weimarer Altenburg gehörige Komponist Peter Cornelius. Von Cosima wiederum gibt es eine Schilderung der Vorgänge von damals, deren Beziehungslosigkeit erschreckt: »Und wie es kam, daß wir heirateten, weiß ich jetzt noch nicht«, heißt es in einem Brief an die erwachsene Tochter Daniela. Obwohl Frau von Bülow sich nach Kräften bemühte, im »kalten« Berlin einen schöngeistigen Salon aufzuziehen und ihrem Mann in allen Dingen zur Seite zu stehen, wurde die Ehe nicht glücklich. Daß sie sich beim überlasteten Hans für die »Störungen«, die ihre Schwangerschaften verursachten, jeweils entschuldigen mußte, gehört zu den in diesem Kontext nicht ganz unwahrscheinlichen Familiengerüchten. Nach dem frühen Tod ihrer beiden Geschwister, der sie noch tiefer »entwurzelte«, besserte sich zwar die Beziehung zum Vater, den sie vermehrt auf der Altenburg betreute und dem ihre »Haltung« immer größerere Achtung abnötigte, aber wirklich nahe sind die beiden sich nicht gekommen – woran auch die innere Distanz, die Liszt immer wahrte, seine »Weltmaske«, seine »Etikette«, die Schuld getragen haben mochte.

Unverständlich mußte Cosima auch erscheinen, daß sie, die Hans von Bülow dann für Richard Wagner verließ, um damit dem gleichen Handlungsschema wie ihre Eltern zu folgen – Ehebruch, Durchbrennen mit einem Künstler, uneheliche Kinder – gerade darin von ihrem Vater abgelehnt wurde: ausgerechnet von ihm, dem einstigen Libertin, dem Frauenbezauberer. Indem sie den Übergang zu Wagner vollzog, der nur zwei Jahre jünger war als ihr Vater, reparierte sie im Grunde genommen nur die Schäden der Eltern –, insbesondere Vaterlosigkeit, die Traumata der Trennung und des Nirgends-zu-Hause-Sein. »Lese alte Briefe vom Vater«, schreibt sie 1871, dreißig Jahre später, in ihr Tagebuch, »die mir wiederum klar zeigen, daß ich weder Vater noch Mutter gehabt. Alles ist mir R. gewesen, er einzig hat mich geliebt.« Nach dem Umweg über den Typus des »Bruders«, den Bülow als Schüler Franz Liszts darstellte (er liebe Bülow »wie einen Sohn«, bekannte Franz Liszt), einen Typus, der für ihre psychischen Bedürfnisse aber falsch war, hatte die Vatertochter Cosima in Wagner endlich den »guten Vater« gefunden, eigentlich einen Übervater, denn war er nicht zweifellos der »größere Komponist« als ihr Papa, hatten nicht Liszt (und Bülow!) sich als seine treuen Gefolgsleute erwiesen und damit seine musikalische Übermacht anerkannt? Zum seelischen Schadensausgleich gesellte sich ein kompensatorischer Triumph. Wagners Genie verdrängte die Figur des leiblichen Vaters, tötete ihn gleichsam auf der künstlerischen Ebene. Damit gab es nur noch Wagner. Und dennoch bewegte Cosima sich, ihrer Erziehung gemäß, immer nur in den Bahnen töchterlichen Gehorsams: Denn wie ihr Vater den jungen Wagner durch seine Herolddienste einst gerettet hatte, so rettet die Tochter den älteren, rastlosen und erschöpften Komponisten auf der intimeren Ebene der ehelichen Solidarität und des vollen ordnenden Einsatzes in Lebensdingen. Wagner hat ihr immer wieder dafür gedankt. Andrerseits ist die Absolutheit ihrer Bindung an Wagner aus der Unordnung und dem frühen Leid ihres Lebens besser zu verstehen. Und Wagner war gar nicht »Etikette« und »Distanz«: er sprudelte!

War Cosima in ihrem Eifer für Wagner fast zu seinen Lebzeiten schon seine Witwe, so wurde die um vierundzwanzig Jahre Jüngere ganz Witwe erst recht nach seinem Tod. Daß die Bayreuther Festspiele sich weiter festigen und gedeihen konnten, ist – neben dem Finanzverwaltungsgenie Adolf von Groß – ihrem Einsatz, ihrem Talent und ihrer Widerstandskraft gegen jene zu verdanken, die das fehlende Testament Wagners als Votum gegen seine Frau auslegen konnten. Die ungestörte Fortführung der Festspiele sind ihr denn auch wichtiger, als es mit ihrem Vater am 31. Juli 1886 in Bayreuth zu Ende geht: Keinerlei Ehrungen unterbrechen den Betrieb, keine musikalische Trauerfeier für den, der im Wahnfriedsaal aufgebahrt liegt, nur ein kurzes Requiem nach dem Begräbnis, wobei nicht *seine* Musik gespielt wird, sondern Anton Bruckner auf Cosimas Geheiß über das Glaubensthema aus dem *Parsifal* improvisieren muß. Kein Zweifel, Liszt war für seine Tochter längst schon ein Toter, und auch des eben Verblichenen darf nicht gedacht werden, es gibt und gilt nur Wagner. Der Rest ist Konvention: Obwohl Liszts musikalisches Œuvre durchaus zu Cosimas Erziehungsprogramm gehörte und Siegfried immer wieder Werke des Großvaters instrumentiert und dirigiert, wird die Bedeutung Liszts für die Musikgeschichte in der Familie fürderhin niedrig eingestuft. Er wird, wie Cosima es vorgemacht hat, einfach beiseite gelassen, wenn nicht als »der Abbé« bespöttelt werden. Bei den Gängen auf den Bayreuther Stadtfriedhof führen, als auch die Wagnersche Gruft sich zu füllen beginnt, die Wege acht- und gedenkenlos an seiner romanisch anmutenden Kapelle vorbei. Mit dem »französischen Zweig« der Familie, der in Paris ansässig ist, den Nachkommen Blandines, wird ähnlich verfahren. Gelegentlich kamen und kommen die Liszt-Nachkommen zu den Festspielen, integriert in die Wahnfriedfamilien werden sie nie. Der psychologisch begründete Haß der Halbfranzösin Cosima auf Frankreich hatte sich längst in politische Formen ergossen und gab ihrem rasanten Deutschnationalismus Nahrung; in der nächsten, nun nationalsozialistischen Generation, pflanzt sich diese Frankreichfeindschaft im Bild des »Erbfeindes« fort, das nach dem Krieg abgemildert wird in Fremdheit gegenüber dem Nachbarn; erst in der vierten Generation werden die französischen Fäden wieder aufgenommen, wird sich französisch liiert und französisch geheiratet, werden halbfranzösische Kinder in die Welt gesetzt.

Doch zurück zur ersten Wahnfried-Jugend. Auf die »wolkigen Höhen« fallen, sind die kleinen Götter einmal erwachsen, die Schatten Nibelheims, körperlose Schatten, die des Neides, der Eifersucht, der Frustration, der Herrschsucht. Aus den Lebenslinien der Kinder – offen sichtbar bei den Töchtern, unsichtbarer und subtiler beim einzigen Sohn – läßt sich ein Mißbrauch ablesen, der schwerer faßbar ist als in der Generation zuvor, der aber gleichwohl die Schemata repressiver, autoritärer und doktrinärer Pädagogik auf andere Weise wiederholt. War das Elternpaar Cosima/Richard von den eigenen Erfahrungen schwer gezeichnet – den jeweils falschen ersten Ehen, den Turbulenzen des Zusammenkommens, das den Tod von Wagners erster Frau Minna voraussetzte und auf Cosimas Seite den qualvollen Scheidungsprozeß –, so bedeutete »Wahnfried« nun Festigung, Ordnung, Etablierung und Verteidigung eines gemeinsamen Künstlerlebens, für das auf dem Festspielhaus noch eine ganze Weile und mit allen Waffen gekämpft werden mußte. Es gab für die Familie »nur Wahnfried«, so Cosima, oder die durch Heiraten nach auswärts gebildeten »Filialen von Wahnfried«. Hatte sich in Cosimas Geschwistergruppe durch die gemeinsame Verlassenheit eine starke Beziehungsklammer gebildet, so bildet sich hier, durchs gemeinsame Zentrum, ein starkes familiäres Innenbewußtsein aus. Vereint in der Mission Wagner, nahm dieses Bewußtsein nach außen clanmäßige Formen an, wurde zu einer Wir-Mentalität um »unsere Sache«, die mit der Hilfe der »Bayreuther Blätter« zur deutschen Sache schlechthin ausgeweitet und religiös verbrämt wurde. Wer nicht mit ihnen war, war gegen die Wagners; und wer gegen sie war, war ein Abtrünniger, ein Kunstfeind, ein Verräter am deutschen Geist. Was sich in der Welt als Forderung nach Unterwerfung im Dienste des »Meisters« artikulierte – die Musiker und Künstler hatten dem Werk zu »dienen«, möglichst ohne Honorar –, äußerte sich nach innen als Unterwerfung unter Cosimas Ausbau von Wahnfried zu einer Hausmacht durch Familien- und Heiratspolitik. Freiheit zu eigenen Lebensentwürfen gab es kaum, sie waren nicht denkbar. Die Aristokratin gestaltete sich Wahnfried nach höfischen Regeln, gestaltete einen Wahnfried-Hof. (Wobei ironischerweise das Muster jener Hofhaltung wieder zum Vorschein kam, mit der die verhaßte Fürstin Wittgenstein ihren Vater auf der Altenburg umgeben hatte: auch dort wurden Besucher und Freunde umstandslos zu Jüngern und Propagandisten umgeschmolzen, zu Fanatikern der »Neudeutschen Schule« Liszts und seines Weimarer Kunstprogramms.)

Während das höfische Muster für den männlichen Erben »alles« bedeutete, bedeutete es jedoch für die Mädchen: »nichts«. Siegfrieds Werdegang vollzieht sich auch nach dem Abitur brav im Dunstkreis Wahnfrieds – seine musikalische Erziehung nimmt der Wagnerianer Engelbert Humperdinck in die Hand, und ob in Frankfurt, Berlin oder London, immer trifft man ihn in der Gesellschaft treuer Wagnerianer oder in den hochgestellten Kreisen, die seine Mutter bevorzugt, und so wird der Protegé weitergereicht, bis er sich endlich »frei« entscheidet, sein Amfortas-Amt in Bayreuth zu übernehmen. Dagegen wird die Weiblichkeit seinen Schwestern insofern Schicksal, als sie nur die Wahl haben, standesgemäß zu heiraten und stillzuhalten oder sich dankbar der Pflege der Alten zu widmen. In jedem Falle sollten sie sich einem direkt tätigen Engagement in Bayreuth fernhalten. Die Mutter, die es verstanden hatte, aus ihrer eigenen Unterdrückung als Frau über die absolute Identifizierung mit Wagner in die männliche Rolle der »Herrin von Bayreuth« zu schlüpfen, ihre weibliche Magdrolle beim Manne gegen den wahrhaft maskulin zu nennenden Omnipotenzrausch der Witwe einzutauschen, verwehrte es den Töchtern, durch eigene Ausbildung und Arbeit, durch einen ähnlichen »männlichen Protest« ihr Selbst auszuformen und für ihre Ansprüche auf Mitwirkung in Bayreuth die Voraussetzungen zu schaffen. Am Ende ihres Frauenlebens sehen wir die alten Schwestern, vom Folgeregime ihrer munteren Schwägerin Winifred zum alten Eisen degradiert und als »die Tanten« aufs familiäre Nebengleis abgeschoben, von »jeder, auch noch so passiven Anteilnahme an den Festspielangelegenheiten völlig ausgeschlossen« (Daniela, 1934). Wir sehen sie den Jugendfreund Richard Strauss, der inzwischen zum Präsidenten der Reichmusikkammer avanciert und »Vorstandsmitglied der Genossenschaft deutscher Tonsetzer« geworden ist, auf demütigende Weise um Hilfe anbetteln, er möge sich für sie verwenden, daß ihnen die Ehrentantiemen, die der Mutter in den Inflationsjahren von den ehemaligen Hoftheatern gewährt worden waren, übertragen würden.

Daniela, die älteste Tochter aus der Ehe mit Bülow, wird geradezu penetrant darauf abgerichtet, Stütze für ihren Vater zu werden. Sie muß die Schuldgefühle, von denen Cosima noch Jahrzehnte nach ihrer Scheidung vom »pauvre Hans« geplagt wird, austragen. Immer wieder lesen wir in Cosimas Tagebüchern, wie sie das Kind ernst vornimmt, ihm ins Gewissen redet und ihm Briefe an ihren Vater zu schreiben abverlangt. Prompt erfüllt sich diese Rollenvorschreibung. Daniela übernimmt die alte Schuld und kümmert sich um deren Wiedergutmachung, betreut den »heißgeliebten« Vater, bis sie den Sterbenden im Februar 1894, er ist todkrank und soll im ägyptischen Klima genesen, in

Triest unter Tränen aufs Schiff trägt. Immerhin verhilft ihr die Ausrichtung auf Bülow zu einer pianistischen Ausbildung, noch in späteren Jahren wird sie in Bayreuth konzertieren. Doch hat sie noch einen zweiten Vater, und die Mutter versteht es auch hier, ihr Bindung und Fessel anzulegen. Obwohl als kritisch, intelligent und temperamentvoll bekannt, ist Daniela auch ganz auf die Wagnerwelt abgestellt. Nicht nur sammelte sie Aussprüche Richard Wagners fürs Kalenderjahr und wird die Wahrung des (Cosima)-Wagnerschen Traditionsbegriffs ihr künftiges Credo sein; an ethischer Rigorosität scheint sie oft noch die Mutter zu übertreffen. Auch an ihrer Männerwahl lassen sich die Determinierungen ablesen. Diese ist ganz aufs Wagnerimperium und seine Verpflichtungen zum Ausbau bezogen, Daniela handelt – wie ihre Schwester Eva – systemkonform, mutterkonform. Die Vierundzwanzigjährige verlobt sich mit dem Theatermaschinisten und Regisseur Franz Brandt, Sohn des Mannes, der die technischen Einrichtungen für die ersten Festspiele geschaffen hatte, und der selber die technische Einrichtung der *Parsifal*-Uraufführung übernahm. Geheiratet wird freilich, zwei Jahre später, nicht dieser Theaterpraktiker, sondern eine Art Wagnerintellektueller, der aus Dresden gebürtige Henry Thode. Thode, der sich besonders mit Siegfried anfreundet, ist eigentlich Kunsthistoriker – Direktor am Städel in Frankfurt, dann Ordinarius in Heidelberg, vor allem aber engagierter Vortrags-Wagnerianer, Mitarbeiter der »Bayreuther Blätter« und Biograph des Malers Hans Thoma, der Cosima porträtiert. Er ist ein Mann »mit unserer Weltanschauung«, wie Cosima dem König berichtet. Und man hat das Gefühl, daß Thode die Tochter eigentlich nur aus Begeisterung für die Mutter nimmt: »Einer Familie wie der fortan anzugehören, ist das größte Glück, was einem Menschen widerfahren kann – es ist eben das Haus eines der größten Genies, das je auf Erden existiert und es steht mit der unbegreiflichen Größe und Weite der Anschauungen hoch, hoch über allem Tagestreiben des Lebens, das man im Umgang mit dieser großartigsten aller Frauen (Cosima!) vergißt wie etwas, was nicht die Mühe eines Blickes lohnt.« Daniela führt mit Thode ein Haus in Frankfurt, in dem der junge Strauss immer wieder anläßlich von Konzertaufführungen vorbeikommt und das Siegfried während seiner Studienzeit dort bewohnt und als »verkleinertes Wahnfried« bezeichnet – die Konterfeis der Mutter hängen auch hier an der Wand. Die geistigen Konturen jedenfalls sind dieselben wie in Wahnfried: Seit 1919 etwa beginnen dort die Annäherungen an den extrem nationalistischen Rechtsblock, und auch in Frankfurt ist man dünkelhaft, deutschkulturell, gegen die »französischen-semitischen Produkte« in der Kunst und antisemitisch.

Die Ehe Danielas mit Henry Thode ist unglücklich (angeblich eine »Josefsehe«) und zerbricht dann endgültig, als Thode sich in die sicherlich erotischeren Arme von Isadora Duncan sehnt, die das *Tannhäuser*-Bacchanal des Jahres 1904 leitet. Cosimas sinnenfeindliche Erziehung forderte auch hier ihren Tribut. Ohnehin hatte Daniela, die zu Depressionen neigte, sich schneckenartig wieder in die Wahnfriedwelt zurückgezogen. Mit ihrer Schwester Eva hilft sie der Mutter bei den Korrespondenzen, und sie teilen sich die tägliche Pflege der alten Dame; immerhin zeigte ihr Bruder tätigen Familiengeist, als er ihr, die sich durch ihre Ehe mit einem Kunsthistoriker dazu berufen fühlte, ab 1912 das Kostümwesen im Festspielhaus überträgt, das sie bis 1933 betreut. In diesem Jahr, dem ersten Festspieljahr nach ihres Bruders Tod, führt sie zusammen mit Heinz Tietjen die *Parsifal*-Regie, während Richard Strauss am Pult steht. Kinderlos geblieben, rutscht sie jedoch unweigerlich in die Rolle der Frauen, die sich Ersatzfreuden schaffen müssen. Sie tut es mit viel Talent. Als »Tante Lulu« mit den zwei verschiedenfarbigen Augen, einem blauen und einem braunen, genießt sie große Beliebtheit bei der nächsten Wahnfriedjugend ob ihrer pädagogischen Nonchalance. Wenn sie den vier Siegfried-Kindern anläßlich der Wiedereröffnung der Spiele 1924 kleine Kopien der *Ring*-Kostüme anfertigen läßt, mit Helmen, Speeren, Brünnen, ist in dieser symbolischen Handlung zweierlei beschlossen: ihr Engagement für die Jugend, aber auch ihre Verhaftung an den Wahnfried-Traditionalismus. Sie protegiert auch die Kinder ihrer Schwester Blandine, ihre italienischen Neffen und Nichten, den jungen Wieland aber liebt sie besonders und nimmt den Schüler mit seiner Freundin Gertrud zu Kutschausflügen in die Bayreuther Umgebung mit. Erst 1937, als er für den *Parsifal* neue Bühnenbilder anfertigt, entgeht er ihrer detaillierten Kritik nicht. Wie immer konventionell uns diese Bühnenbilder heute anmuten, gemessen an den Bildern von 1882 sah ein Baum nicht mehr aus wie ein Baum, und auch die Hütte des Gurnemanz stand nicht mehr da, wo sie einst stand. Ihr ganzes Leben lang habe sie gegenüber »dem Werk des Meisters, dem Schaffen der Mutter und meines Bruders Treue« geübt, doch da, mit den Entwürfen des jungen Wieland, war für Daniela der Bruch mit der Tradition vollzogen.

Die Nibelungen-Vokabel der »Treue« wird ein Leitwort im Leben jener werden, die von Daniela gehaßt wurde: der jungen Schwägerin Winifred, die 1915 ins Haus kommt und ihr den Bruder wegnimmt. Siegfried nämlich war nach dem Scheitern eigener Projekte von Daniela zum Liebesobjekt erkoren worden, und als starker Charakter wußte sie ihn auch zu beherrschen. Mit dieser Winifred, die unbedarft und berlinerisch-burschikos in die seltsame Atmosphäre des »vor sich hinalternden Privatbetriebs« (Michael Karbaum) hineinplatzte und dem für die Frauenwelt verloren scheinenden überreifen Lebemann Siegfried Jahr um Jahr ein Kind schenkte und auf diese Weise ihre familiäre Stellung unwiderruflich zementierte, gab es nur Streit. Aus Wut und Ohnmacht gegenüber dieser Rivalin geht Daniela noch im

Krieg als Rote-Kreuz-Schwester nach Jena und kehrt erst nach Jahren zurück.

Von den vier Cosima-Mädchen blieb nur eine, die ihr in dem weiterschwelenden Generationenkonflikt sekundieren konnte: Eva. Sprach Daniela von Cosima, die doch überlebensgroß ihre Selbstwerdung verhindert hatte, bis zuletzt als ihrer »herrlichen Mutter«, so hätte dieser Ausspruch auch von dieser Halbschwester sein können, die ihre verhinderte Mündigkeit wahrscheinlich noch stärker verinnerlicht hatte. Töchter-Tragödien gingen damals in den Fluten der gesellschaftlichen Konvention unter. Vielleicht war Evas Naturell, das als biestig, stichelig und intrigant beschrieben wird (»das Nadelkissen« nennen ihre Neffen und Nichten sie), nicht von der Natur gegeben. Sie durfte nie etwas anderes sein als der »secrétaire« Cosimas, ihre Dienerin und Helferin. Nachdem Cosimas Plan, den feurigen und hochbegabten Musiker Richard Strauss für Eva zu gewinnen und damit für immer an Wahnfried/Wagner zu binden, fehlgeschlagen war – Strauss roch den Braten und machte sich mit der temperamentvollen Sängerin Pauline de Ahna schleunigst aus dem Staube –, trieb dafür das Krankenschwester- und Samariterinnen-Syndrom, das Eva unter dieser Matronanz entwickeln mußte, seine blassen Blüten und erstreckte sich geradewegs auf den langjährigen Vertrauten und Brieffreund Cosimas, jenen glühenden Wagnerianer und Denker der arischen Rasse, der wohl wie keiner das Bindeglied zwischen Wahnfried und Adolf Hitler bilden sollte, den Historiker Houston Stewart Chamberlain. 1908 wird geheiratet, Cosima schenkt dem Schwiegersohn neben Wahnfried ein Haus, Eva ist dreiundvierzig, der Schriftsteller um etwa zehn Jahre älter und wird bald wegen fortschreitender Paralyse ein jahrelanger Pflegefall für sie sein. In Chamberlains Person wiederholt sich übrigens die gewisse Kuriosität, daß die engste Wagnerfamilie immer aus Ausländern besteht, die päpstlicher werden als der Papst, deutscher als man deutsch sein darf – die französische Cosima, die englische Winifred. Die Freiheit Richard Wagners, auf die Deutschen mehr als einmal zu schimpfen, nimmt sich längst keiner mehr. Verlängerte die gegängelte Wagnertochter mit der Heirat des Intimus der Mutter einfach die Cosima in sich und stand damit immerhin nicht mehr als alte Jungfer da, so war es für den Philosophen deutlich eine Renommierverbindung, sich die »Tochter des Meisters aller Meister« zu holen. »Die hohe Mutter hat in ihrer Herzensgüte diesen Bund gesegnet. Ich habe das Gefühl, als brächte mich diese Ehe Eurer Majestät wie räumlich so auch geistig näher«, teilte er Kaiser Wilhelm II. nach Berlin mit. Räumlich wie auch geistig noch näher wird ihm aber bald jener Wagnerianer sein, der ihn 1923 anläßlich des »Deutschen Tages« in Bayreuth in diesem Haus besucht und am nächsten Morgen bei Siegfried, Winifred und den vier Kindern den Antrittsbesuch macht. Über die geistige und persönliche Vermittlung der Frauen Cosima/Eva hält mit Adolf Hitler die Politik leibhaftig Einzug in Wahnfried.

Wir halten jedoch erst im Jahr 1914. Nach dem Vorjahr und seinen Jubelfeiern für Wagners hundertsten Geburtstag, die Bayreuth und die Wagnersache sowohl finanziell wie organisatorisch auf der Höhe zeigen, offenbarten die krisenhaften Vorgänge dieses Jahres die gefährdete innere Situation Wahnfrieds. Zum Verlust des *Parsifal*, der für andere Bühnen frei wurde, und zum Versiegen der Einnahmen aus Tantiemen kamen jetzt erb- und dynastiegeschichtliche Faktoren. Es scheint keine Thronfolger mehr geben zu sollen, Siegfried ist Mitte Vierzig und unverheiratet. Erste Risse in »Walhall« werden sichtbar. Cosima, die erlebt hatte, was es bedeutet, wenn der »Letzte Wille« ausbleibt, reagiert nun darauf, indem sie ihr Testament entwirft. Wenig überraschend wird Siegfried – nach vielen juristischen Schwierigkeiten, denn er war ja noch unehelich geboren – zum alleinigen Erben aller Güter eingesetzt, während die Töchter auf Pflichtteil gesetzt werden und vom Barvermögen der Mutter nur je ein Fünftel erhalten.

Eine derartige Bevorzugung des einen Familienmitglieds mußte auch aus der besten Geschwistergemeinschaft ungute Macht- und Ohnmachtskonstellationen hervortreiben. Blickt man jedoch voraus in die Zeit und betrachtet das gemeinschaftliche Testament Siegfried Wagners mit seiner Frau aus dem Jahr 1929, das die Abkömmlinge – als Nacherben der Mutter – zu gleichen Teilen bedenkt, so wird sich erweisen, daß das demokratische Prinzip auch Unruhe schafft und keine Gleichberechtigung bei der Festspielmitarbeit einschließt. Immerhin aber ist die Verteilung zu gleichen Teilen, die Siegfried befürwortet hatte, als Versuch zu werten, die Ungerechtigkeit in seiner eigenen Generation wiedergutzumachen. Daß beim Tod des nächsten Familienoberhauptes, Wieland Wagners, im Jahr 1966, wo nach der Art Richards kein Testament vorlag, familiärer Willkür und Rankūne erst recht Tür und Tor geöffnet waren, zeigt zumindest die Richtigkeit des Spruchs, der in der Familie immer wieder die Runde macht: »Wie man's macht, ist's falsch!«

Cosimas streng dynastisches Testament jedenfalls stellte eine Enterbung der Töchter dar, auf die diese irgendwie reagieren würden. Sie konnten das durch ein Hinnehmen und Durchhalten oder durch den Rückzug aus Wahnfried tun, im Affront oder mit List und Tücke. Gleichmäßig verteilt, erscheinen nun alle diese Reaktionsformen tatächlich: Hinnehmen und durchhalten ist Danielas Sache. Als erstes Kind den Dressurübungen Cosimas wohl am intensivsten ausgesetzt, arrangierte sie sich mit den Verhältnissen und unterwarf sich der Mutter; sie liebte ihren Bruder wohl auch zu sehr, um seine Prioritäten anzufechten. Den Rückzug zieht Blandine vor, die zweite Bülow-Tochter, die sowieso nie Probleme machte. Nach ihrer Tante in Frankreich genannt, galt sie als die schönste und eleganteste der Schwestern. Noch zu Wagners Lebzeiten war sie in die von der Mutter bevorzugten und ihr zubereiteten (»ersten«) aristokratischen Kreise übergegangen und hatte 1882 den italienischen Grafen Biagio Gravina geheiratet, war mit ihm nach Florenz gezogen und hatte ihm vier Kinder geboren. Sehr bald kultivierte Blandine einen ironischen Abstand zur Familienwirtschaft in Wahnfried; die einzige der Schwestern, die dem *Flüchlein, das Jeder mitbekam* – so ein Operntitel ihres Bruders – einigermaßen entkommen zu sein scheint. Als der junge Strauss 1893 einmal bei ihr in Ramacca zu Gast ist, beschreibt er ihr Heim an die Mutter freilich als »Kleinwahnfried unter italienischem Himmel«. Und ihr Sohn Gilberto, Musiker und Dirigent, aussehend wie eine Mischung aus Franz Liszt und Pinocchio, macht die Abkoppelungserfolge seiner Mutter gewissermaßen wieder rückgängig, indem er die Nähe des Gralsgebietes von Bayreuth aufsucht und dort sein Leben in den verschiedensten Tätigkeiten fristet, vom Korrepetitor bis zum Vorhang-Signalgeber. Die Gepflogenheiten des »italienischen Zweiges« beibehaltend, hat freilich auch er Wahnfried weitgehend gemieden. Man konnte ihn überall in Bayreuth, die Werke des Großvaters und des Onkels dirigierend, querflötespielend und stets mit schickem Halsbinder treffen, nur nicht dort. Traurig stimmte es den alten Gil nur, wenn er die ungebildete vierte Generation der Wagnerkinder hinter der Bühne über dieses und jenes pietätlos maulen hörte. Eine italienische Dependance wird erst Jahrzehnte später wieder einer aus dieser Schar begründen. Es ist Wolfgangs Sohn Gottfried, der nach einem gescheiterten ersten Eheversuch in das der familiären Wärme günstigere Klima nach Italien ausweichen wird.

Im Unterschied zu den Bülowkindern aber entwickeln die Wagnertöchter Isolde und Eva durchaus Hausmachtinteressen. Isolde wird Front machen gegen Cosima, Eva List und Tücke bevorzugen. Die Jüngste, Eva, immer an Ort und

Stelle in Bayreuth, ohne Nachkommen und als Sekretärin der Mutter auch ohne Außenposition, hatte zweifellos Schwierigkeiten, sich zu artikulieren. Ihre Maßnahmen sind demgemäß indirekt und nicht leicht zu verifizieren. Im Prinzip hatte sie keine andere Möglichkeit, als intern die Fäden zu ziehen, als zu versuchen, sich durch Intrigen und Parteinahmen den verweigerten Lustgewinn zu verschaffen. Gestützt auf ihren cosimatreuen und daher prestigeträchtigen Houston, gelingt ihr das auch so halbwegs. Zu ihrem Heimspiel aber lieferte der Bruder Siegfried das Material.

Von den Eltern bei der Geburt schon emphatisch als der »Wundarzt« ihrer Schmerzen gefeiert und deshalb mit dem Beinamen »Helferich« versehen, zugleich aber ein omen mit dem nomen »Siegfried« als »freier Mensch« erfüllen zu müssen, brachte den Sohn in eine widersprüchliche und blockierende Lage: Ganz den Eltern dienend, sollte er ganz er selbst sein. Siegfried hatte keine Chance – die aber nutzte er vorzüglich. Unter der exzessiven Liebe der Mutter und dem nicht minder exzessiven Druck, »Meistersohn« zu sein, von weichem, konziliantem Naturell, hatte er nach seinem kurzen Ausflug in die Architektur und der obligaten Besinnungsweltreise, die einem jungen Mann aus noblem Hause damals angemessen war, seine vorgeschriebene Rolle akzeptiert und seit 1892 mit der musikalischen Arbeit im Festspielhaus begonnen. Er würde also, wie Richard es bestimmt hatte, die Werke seines Vaters der Welt erhalten. »Nur, so einfach wie einen Strumpfladen zu übernehmen ist das nicht«, lautete der boshafte Kommentar von weitem, vom genialen Wagner-Skeptiker Claude Debussy. Vielleicht aber kam Siegfried dies nie so recht zu Bewußtsein.

Physiognomisch ein zartes Abbild der kantigen Konturen seines Vaters, erfüllte er mit Heiterkeit alle Anforderungen, die die Welt – und die Welt ist die Mutter – an ihn stellte. Er dirigiert und instrumentiert das Werk seines Großvaters und fügt sich dem Zeitpunkt – es ist 1906 –, an dem Cosima ihm die alleinige Leitung der Festspiele übergibt. Siegfried ist gegen jedermann leutselig und jovial. Nie ist er von den »wolkigen Höhen« seiner Kindheit abgestürzt, und noch als Fünfzigjähriger läuft er seiner Mama freudig entgegen und gehorcht ihr aufs Wort. Sein äußerer Habitus, immer cremefarben-elegant und mit einem Schuß preußischen Herrenreitertums, kennzeichnet ihn als décadent der Generation um 1900, aber als einen mit Haltung, Siegfried ist kein Müßiggänger. Sein Leben ist immer von Arbeit erfüllt, vor allem bei den Bemühungen um die Wiedereröffnung der Festspiele nach dem Krieg; außerdem schreibt er todesmutig eigene Opern, dreizehn an der Zahl, unbekümmert darum, daß der Rivale Richard Strauss ihn einen »Klassizitätssimpel« schimpft oder Karl Kraus sich mokiert: »Nie erbt doch so ein Kerl das Talent, und immer die Nase!« Wie sein Profil ein träumerisches Echo der scharfen Nase seines Vaters ist, so geben seine Märchenopern einen goldig verspielten Abglanz der gepanzerten Mythen Richards. Was bei diesem Ambivalenz und Zerrissenheit, löst sich hier in Sonnigkeit und Humor. In der widerstandslosen Verinnerlichung und Erfüllung seiner Geburtspflichten gibt es nur einen Ausweg, eine Freiheit – die »nach unten« gewissermaßen. Erscheint schon sein Unterleib durch seinen obstinat getragenen schmalen Gürtel wie quergeteilt, so hat sich dieser auch wirklich vom Bayreuther Über-Ich losgesagt; Siegfried führt ein höchst privates Sexualleben, er ist homosexuell und lebt das souverän aus. Nur über die Erpressungsversuche durch Geldforderungen, die immer wieder von Adolf von Groß, dem Finanzverwalter der Familie, beglichen werden müssen, weiß man – auch Cosima – davon. Doch irgendwann ist ihm die Presse auf den Fersen, darunter vor allem der Aufdecker der Homosexuellenskandale am Hof Wilhelms II., der Herausgeber der »Zukunft«, Maximilian Harden; er könnte Wahnfried zugrunde richten, wie er den Grafen Philipp von Eulenburg zugrunde gerichtet hat. Wahnfried, das damit rechnet, ohne Erben zu bleiben – Siegfried ist 1914 immerhin fünfundvierzig Jahre alt –, muß reagieren und tut dies mit dem Angebot einer Umwandlung seines gesamten Besitzes – Wahnfrieds, des Archivs, des Festspielhauses – in eine »Wahnfried-Stiftung für das deutsche Volk«. Durch dieses anscheinend großherzige Unternehmen sollte den Erpressern und Kritikern das Wasser abgegraben werden, genug Barvermögen war noch vorhanden. In diese verdeckt desparate Situation schaltete sich das Haus Chamberlain nur zu gern ein. Eva und ihr Mann unterstützen die Selbstenteignungspläne der Wahnfriedler, um die eigene, vom Erbe ausgeschlossene Position zu verbessern oder zumindest auf eine allgemeine und gleiche Besitzlosigkeit hinzuarbeiten. Und sie schüren den Konflikt, der sich um die einstige Lieblingsschwester Siegfrieds, um Isolde anbahnt. Denn warum einer anderen gönnen, was einem selbst verwehrt ist, warum sollen die Schwester und deren Familie die repräsentative und zukunftsträchtige »Wahnfried-Filiale« darstellen?

Von eher rebellischem, beweglichem und angeblich verschwendungssüchtigem Temperament, hatte Isolde, nachdem Cosima ihr eine nicht standesgemäße Jugendliebe verboten hatte, Ende 1900 milieugerecht geheiratet – den als musikalischen Assistenten bereits seit vier Jahren im Festspielhaus tätigen Schweizer Dirigenten Franz Beidler. Die Hochzeit in Wahnfried wird zwar ordentlich ausgerichtet, heimisch im engeren Kreise wird Beidler, der sich außerhalb von Bayreuth einen Namen als Wagnerdirigent zu machen beginnt, aber nie. Im Unterschied zu Henry Thode beispielsweise figuriert er auf keinem Großfamilienphoto. Das junge Paar läßt sich im hübschen, bayreuthnahen Schlößchen Colmdorf nieder, doch mit dem Familienfrieden ist es seither aus. Beidler paßt Cosima nicht, sie schiebt die Unstimmigkeiten zwar seinem »Wesen« zu, doch der Konflikt ist anders und schärfer programmiert: es ist ein Konflikt zwischen den dirigierenden Herren, zwischen Siegfried und seinem Schwager. Beidler, wahrscheinlich ein aufrechter Schweizer, hält die kritiklose Anbetung Siegfrieds – und seiner Werke – von seiten der Presse und der Familie nicht aus, und sein Ehrgeiz ist gekränkt; er will mindestens die künstlerische Gleichsetzung mit dem Schwager im berühmten Orchestergraben. Öffentlich steht er sowieso im Schatten des Meistersohnes, obwohl auch seine Karriere gute Fortschritte macht. 1904 teilt er sich mit Hans Richter das *Ring*-Dirigat, 1906 mit Karl Muck den *Parsifal*. Als er dann ungeschickt wird und mit Nachdruck versucht, von Cosima weitere Dirigate konzediert zu bekommen, empfindet die »hohe Frau« dies als Erpressung und benützt die Gelegenheit, um ihn überhaupt hinauszuwerfen. Damit ist Beidlers Karriere am Ende. Der alte Hausfreund Hans Richter verschafft ihm zwar noch eine Kapellmeisterstelle in Manchester – wofür Siegfried ihm als »Wohltäter Mamas« überschwenglich dankt –, doch bald danach gibt Beidler auf und wird Kaufmann. Neben Siegfried durfte kein andres Familienmitglied künstlerische Mitarbeit beanspruchen, jede mögliche, durch den Familienverband legitimierte Konkurrenz mußte ausgeschaltet werden. Cosimas dynastische Angstpolitik hat sich vielleicht nirgends grausamer gezeigt als im Falle Isoldes und ihrer Familie. Außerdem hatte Isolde 1901 einen Sohn in die Welt gesetzt, und Cosima fürchtete (mit Recht, wie sich in der nächsten Generation zeigen wird) das Auftreten jedes weiteren männlichen Wagnernachkommen.

In den Jahren 1913/14 nahmen die Unstimmigkeiten zwischen der Beidler-Partei und Cosima dann einen skandalösen Verlauf und spitzten sich für Isolde zur Tragöde zu, zum völligen Bruch mit Wahnfried. Während der verletzte Gatte Beidler im Hintergrund hetzt, treibt Isolde in einer Art von Harakiri ihre Mutter in einen Prozeß hinein, in dem es am Ende nur Verlierer gibt. Die Geschichte der elterlichen

Schuld nibelungenartig aufrollend und fortschreibend, klagte die Tochter ihre verweigerte Identität ein, doch diese Klage wird als das, was sie ist, nicht verstanden, weil sie sich in die Formeln der Finanz- und Gerichtssprache kleiden muß. Die Weltpresse nimmt gerne Anteil an dem Zwist, weil er tief in den sexualjuristischen Wirrwarr der Jahre Cosimas zwischen Wagner und Bülow hineinreicht. »Wagner darf ich nicht heißen; Bülow möcht ich nicht sein: doch Beidler muß ich mich nennen« witzelte der »Simplizissimus« unter einer Karikatur, die Isolde als weinendes Wälsungenmädel zeigt, mit der knochigen Cosima und einem drohenden Bruder Siegfried über ihr, Blitze im Hintergrund. Obwohl als Wagnertochter öffentlich bekannt, trug Isolde wie alle Cosima-Töchter den Nachnamen von Bülow und hatte den ihr von diesem zukommenden Erbteil angenommen. Von Cosima seit ihrer Ehe mit nur mäßigen Zuschüssen bedacht, die sich aus ihrer Rente und dem Gehalt Beidlers zusammensetzten, war Isolde abhängig von der Gunst der Mutter, und es ist nicht zu verwundern, daß sie nach dem Ende der Schutzfrist für Wagner und der Bekanntgabe von Cosimas Testament nun auch ihr Bayreuther Erbteil einforderte. Dazu aber war es nötig, daß Cosima sie als Wagnertochter juristisch anerkannte, was sie aber, in Sorge um eine Gefährdung der Alleinherrschaft ihres einzigen und männlichen Wagnerkindes verweigerte. Lieber beharrte sie auf der Unwahrheit und bezeichnete Isolde vor der Zivilkammer des Königlichen Landesgerichts Bayreuth als eine Bülowtochter – sich selber damit als unsittlich darstellend, denn das mußte heißen, daß sie mit Wagner und Bülow zugleich verkehrt hatte –, als ihre Vorstellungen von Ordnung und Thronfolge preiszugeben. Nur die simplistische, zur Zeit von Isoldes Geburt geltende Rechtsvermutung des Bayerischen Landrechts, wonach »der Geschlechtsverkehr der Ehefrau« während einer noch gültigen Ehe »ein ausschließlicher« sei, bewahrte Cosima vor einem offenen Meineid vor Gericht. In geradezu alttestamentarischer Weise durfte Isoldes Namen in Wahnfried seither nicht mehr genannt werden: Lohn der Rebellion. Einst hatte Cosima die Zweiundzwanzigjährige vor die Alternative gestellt, ihr in ihrem »Werke beizustehen« wie Eva – oder das eigene Leben zu wollen. Isolde hatte letzteres vorgezogen. Isoldes Chancen standen aber auch darum schlecht, weil nicht nur, naturgemäß, Siegfried zur Gegenpartei gehörte, sondern auch das Haus Chamberlain, das in seinem Ehrgeiz, Eva alle Ehre einer einzigen Wagnertochter zukommen zu lassen, Isoldes wirkliche Abstammung ebenfalls verleugnete. Doch dann kam die Katastrophe draußen der inneren Situation der Wagners zu Hilfe, der Krieg brach aus, die Welt hatte andere Sorgen als die Erbstreitigkeiten der Komponistensippe. Der Prozeß, den Isolde – für ihren Mann, für ihren Sohn – angestrengt und verloren hatte, war 1915 zu Ende; die verstoßene Wagnertochter – zu deren Ungemach noch hinzukam, daß ihr Mann wenig später mit anderen Frauen illegitime Kinder zeugte – starb 1919 an Tuberkulose in Davos, einem anderen »Zauberberg«. Zunächst in München begraben, wurden ihre sterblichen Reste dann ausgerechnet in jenes Grab überführt, wo der unheilbringende einstige Ehemann mit seiner zweiten Frau ruhte. Vom Tod ihrer einstigen Lieblingstochter durfte Cosima zehn Jahre lang nichts erfahren. Ab 1925 sprach Eva für den Sohn ihrer Schwester sowieso ein Wahnfried-Hausverbot aus. Ob die Deutschnationale wußte, daß Beidler junior in Berlin inzwischen sozialdemokratisch engagiert war oder einfach ihrem kompensatorischen Verfügungsrausch folgte, ist schwer zu entscheiden. Derselbe Verfügungsrausch muß es aber gewesen sein, der Eva dazu trieb, nach dem Tod ihrer Mutter den gesamten Briefwechsel zwischen Richard und Cosima Wagner zu verbrennen.

Das Festspielhaus schloß seine Holztüren für die nächsten zehn Jahre und der Stiftungsgedanken wurde fallengelassen, denn Wahnfried bereitete sich mit der Geburt der vier Siegfried-Kinder auf die nächste Wagner-Konjunktur vor. Doch es war unübersehbar, welche ersten Opfer der familiäre Ring-Kampf um Beteiligung und Macht gekostet hatte. Der Schweizer Wagnerzweig war unterlegen und würde sich nie wieder davon erholen. Wie der Sohn Isoldes, Franz Wilhelm Beidler, später scherzhaft nachtrug, hatte ihn die Geburt des zweiten männlichen Wagnerenkels im Jahr 1917, des Siegfried-Sohnes Wieland, seine »Einzigartigkeit nebst Bayreuther Thronfolge« gekostet. Mit dem Vater Beidler entzweit, dem er die Verantwortung am Unglück der Mutter vorwarf, studierte der junge Beidler Rechts- und Staatswissenschaften in Berlin und trat nach der Promotion als Mitarbeiter von Leo Kestenberg in den Dienst des Preußischen Kultusministeriums. Als »linker Sozialist« lehnte er den Nationalsozialismus offen ab, was ihm, zusammen mit der Tatsache, daß er mit Ellen A. Gottschalk, der Tochter eines jüdischen Arztes verheiratet war, nach 1933 die Entlassung eintrug. In ein Schweizer Exil zu gehen, lag für den Halbschweizer nahe: »National unzuverlässig, marxistisch verseucht und jüdisch versippt, wie ich nun einmal bin und selbstverständlich bleibe, habe ich in der lieben Heimat nichts mehr zu suchen«, schrieb er 1933 in einem Brief. Daß ihm der lange Arm Wahnfrieds in der neuen Heimat ebenfalls Unbill zufügte, ist nur ein kleiner dunkler Punkt mehr auf der langen Liste von Schuld ohne Sühne: als Beidler 1942 die freistehende Etage im Tribschener Wagner-Museum mieten will, lehnt der Präsident des von den Leihgaben der Wagners profitierenden Museums dies ab: »Durch die Tatsache Ihrer Distanzierung von Wahnfried und dem ›neuen Regime‹, unter dem Bayreuth jetzt segelt, müßte [...] unfehlbar eine Verstimmung entstehen, wenn Luzern Ihnen die Etage überließe.« In Zürich traf er aber wenigstens mit einem guten Freund zusammen, dem ebenfalls exilierten Thomas Mann, mit dem nun erneut reger Austausch gepflogen wurde – beispielsweise las er ihm aus einem Buch vor, an dem er gerade schrieb, einer Biographie über seine Großmutter Cosima Wagner. Daß Beidler, der 1943 dann Sekretär des Schweizer Schriftstellerverbandes wurde, mit diesem Versuch einer Geschichtsaufarbeitung aus demokratischem Geist – er beschuldigte Cosima der restaurativen Verfälschung des revolutionären Wagnerschen Werkes – einer inneren Verpflichtung nachging, ist evident. Das Wahnfried-Schicksal seiner Mutter hatte auch ihn, der sich als den »verlorenen Enkel« Richard Wagners bezeichnete, in gewisser Weise eingeholt.

Als sich endlich, bedingt durch die Ratlosigkeit, was mit den kompromittierten Wagners und ihren Festspielen nach dem Zusammenbruch von 1945 geschehen sollte, eine Chance auf Wiedergutmachung dieses Lebensdefizits einer verlorenen – vielmehr geraubten – Identität bot, zerschellte auch diese an der Macht etablierter Legitimität. Vom neuen sozialdemokratischen Oberbürgermeister von Bayreuth aufgefordert, sich über die Zukunft Bayreuths Gedanken zu machen, entwirft der tief bewegte Beidler sogleich »Richtlinien für eine Neugestaltung der Bayreuther Festspiele«. Kernpunkt dieses international orientierten Planes ist die Entlassung Winifreds und ihrer Kinder aus den testamentarischen Bestimmungen Siegfrieds. Daß seine jüngeren deutschen Cousins Wieland und Wolfgang die Vorschläge des Schweizers, die für sie die glatte Enteignung bedeuteten, kaum einmal ernst nahmen und es ihnen nicht schwerfiel, diese zu vereiteln – den Namensbonus Wagner hatten die Erben nach Siegfried, wenn auch nicht die politische Unschuld –, liegt auf der Hand, wenn man die Art und Weise opportunistischer Postenverteilung in der Nachkriegsära in Betracht zieht. Von »Willi« ist in den Briefen, die zwischen Wieland und Wolfgang in der Besatzungszeit gewechselt werden, in recht hämischem Ton die Rede. Von »Willi« würde man sich nicht ausbooten lassen. Mit »Willi«, der nie zu den Nachkriegsfestspielen der Wagnerbrüder kam, weil er sich entschlossen hatte, »nicht zu vergessen«, waren in der Folge auch seine Nachkommen vom Genuß an der Partizipation in Bayreuth ausgeschlossen.

Entgegen aller organischen Wahrscheinlichkeit geschieht zwischen 1915 und 1920 in Wahnfried ein regelrechtes Wunder. Ambosse hat Siegfried Wagner sicherlich nicht zerhauen noch Flammenmeere durchschritten, wie er selbst witzelte, um die muskulären Differenzen zu seinem sagenhaften Vornamensvetter abzustecken. Doch er hat Schwieriges geleistet und andere »Drachen getötet«. Zwar wollte es ein Mißgeschick, daß er mit einer Bayreuther Pfarrersgattin 1901 ein Kind zeugte, einen Sohn mit Namen Walter Aign, der später, überraschenderweise konfliktlos und ohne daß die Öffentlichkeit von der Blutsverwandtschaft erfuhr, als musikalischer Assistent in die Festspiele von 1924 bis 1931 und dann wieder von 1951 bis 1957 integriert wurde. Trotz dieses biologischen Hoffnungszeichens aber widerstand Siegfried dem Wahnfriedschen Reproduktionsdruck, ausgeübt von einer Übermacht von Frauen, lange, und obwohl er, begehrtester Junggeselle Deutschlands und bei Frauen, vor allem älteren, ob seiner Scherze und guten Manieren sehr beliebt, innerfamiliär schon fast aufgegeben war, erweist er sich plötzlich als instinktsicher und greift zu – à coup sûr.

Es ist nachgerade unglaublich, wie genau der psychische und physische Typus der Frau, die er sich aussuchte, seinen Liebesbedingungen entsprach. Und wie sie seinen Wahlspruch, daß er nur eine heiraten könne, die »ganz arm« und »ohne Familie« sei, in Fleisch und Blut darstellte. In die Sprache der Psyche übersetzt, konnte diese seltsame und heiratspolitisch völlig widersinnige Maxime nur heißen: es mußte eine sein, die sozial ganz unter ihm stand, keine eigenen Ansprüche stellte, die der geliebten Mutter nicht in die

Quere käme, der er alles wäre, die ihn in Ruhe ließe und ihm nur diente: die ihn (hetero-)sexuell werden ließe. Daß in diesem Traum von der armen Frau auch das Bedürfnis steckte, das Prinzenmärchen, das er in Wahnfried lebte, weiterzuspinnen und aus der Märchenwelt – die er als Märchenopernkomponist auf die Bühne brachte – nie zu erwachen, scheint offensichtlich. Statt einer Musikerin oder einer Sängerin, einer Aristokratin, einer gebildeten Muse oder einer energischen Archivarin holte er sich eine, die exemplarisch das Aschenbrödel verkörperte. Ihr, die noch ein Schulmädel von siebzehn Jahren war, von großer, etwas herber Schönheit, hochgewachsen, maskulin anmutend, unwissend in weltlichen Dingen und tief imprägniert von Wagners Erlösungsklängen, die sich leicht auf die reale Gestalt des Sohnes projizieren ließen, paßten die Glaspantoffeln aus dem Wahnfriedschrank wie angegossen. Winifred war in der Tat ohne Familie und völlig mittellos, ein englisches Waisenkind, das wegen seiner Erkrankung und dank verwandtschaftlicher Beziehungen mit neun Jahren aus einem Waisenhaus à la Dickens gerettet und nach Berlin gebracht wurde. Nicht in irgendein Berlin, sondern in einschlägiges Milieu: ins Haus von Karl Klindworth, einem Pianisten, Dirigenten, Lisztschüler, Wagner-Klavierauszügler und überzeugten Antisemiten, der damals 78 Jahre alt war und das Mädchen, zusammen mit seiner fast gleichaltrigen Frau, adoptierte und aufzog. Mit Frau Cosima pflegte Klindworth, Winifreds »Großväterchen«, eine freundschaftliche Korrespondenz und kam jedes Jahr zu den Generalproben. Damit war das Umfeld geschaffen. 1914 nimmt Klindworth sein Adoptivkind mit Beinamen »Senta« zum ersten Mal nach Bayreuth mit, sie begrüßen Cosima, man unterhält sich mit ihren Töchtern, und Siegfried führt sie in den Aktpausen zum Teetisch. Als ihn Wohltätigkeitskonzerte nach Kriegsausbruch öfter nach Berlin führen, schaut er sich Wini noch einmal an, um im Juli 1915 um ihre Hand anzuhalten. Im

September des gleichen Jahres wird geheiratet. Vorher muß die Engländerin noch naturalisiert werden, keine leichte bürokratische Aufgabe während des Krieges. Dann erst kann Siegfried sich rechtens als »Kriegsgewinnler« bezeichnen.

Vater freit Tochter – das psychische Schema der Eltern wird unbewußt nachvollzogen, und es funktioniert ebenso gut. In Winifred hat Siegfried – und auch die alte Cosima – die völlig ergebene, unmündige Helferin, Schülerin, Vorleserin, er kann sein Arbeitsleben in seinem Junggesellenhäuschen fortführen wie gewohnt und muß auch seine alten erotischen Gepflogenheit nicht aufgeben. Wini ist unerfahren in jeder Beziehung, aber gerade das erfrischt den angejahrten Roué, der sich bei ihr sicher fühlen kann. Buchstäblich Schlag auf Schlag, jedes Jahr, gebiert sie ihm ein Kind und sichert sich selbst damit ihre familiäre Position auf die einzige Weise, die hier möglich und erfolgreich war. Damit waren auch die Schwestern Siegfrieds beiseite geschoben, mundtot gemacht und entmachtet. Die junge Mutter führte das große Wort in Wahnfried, und nur die immer transparenter werdende Person Cosimas im obersten Stock und die schlichtende Art Siegfrieds verhinderten noch für zehn Jahre den Ausbruch offenen Krieges zwischen den neidischen »Tanten« und der beinhart sich etablierenden, modernen »Retterin der Dynastie«.

Als ob die Natur ihr auch noch in Präzisionsfragen gehorchte, war Winifreds erstes Kind ein Sohn – Wieland. Im Januar 1917 kam er nach einer dramatischen Geburt fast tot zur Welt, als »blaues Baby«, das nicht schreien wollte: Ausdruck der Angst seiner Mutter, die ihn übertragen hatte, daß ihr »Erstschlag« kein Junge werden könnte. Dann aber herrschte Erbfolge-Sonnenschein in Wahnfried; nicht unähnlich jenes fernen Tages im Juni 1869, als das *Siegfried*-Idyll zum ersten Mal erklang, weil Cosima ihrem Richard einen Sohn geschenkt hatte. Jetzt kam die Achtzigjährige zum ersten Mal seit Jahren wieder herunter aus ihren Gemächern, öffnete den seit Wagners Tod verschlossenen Flügel und spielte ein paar Takte darauf. Nach einem Jahr werden dem Stammhalter Schnürschuhchen angezogen und ein weißgesticktes Festhemdchen, Wieland muß sich für die Nachwelt auf den Schoß seiner Großmutter setzen, die in einen kostbaren Kimono gehüllt ist, den Blick der trüben Augen in die Zukunft gerichtet, die sie nicht erleben wird. Auf geradezu unheimliche Weise zeigt Wielands Kleinkindgesicht bereits die Physiognomie des Erwachsenen und jenen eigentümlichen Ausdruck aus sarkastischer Ironie und depressiver Verzogenheit, den Familie und Mitarbeiter später fürchten werden. Er wird in der Tat kein glückliches Kind sein. Hübsch, blondlockig, aber ewig mürrisch und unzufrieden – ohne Zweifel schwer gestört durch die explosionsartig sich vergrößernde Geschwisterschar und die ihm damit entzogene Mutter. Die Welt der Wagners aber jedenfalls hält beim Anblick Cosima/Wieland für einen Augenblick der Selbstvergewisserung inne: die Idee der Generationenkette ist lebendiges Bild geworden. *Wahnfried-Idyll* heißt die Kinderkomposition für Singstimme und Klavier, die Siegfried im selben Jahr fürs Weihnachtsfest schreibt.

Aus eins mach zwei, dann drei, dann vier: Friedelind heißt das nächste Kind, Wolfgang das dritte und Verena das jüngste: Das Wort Cosimas von Wahnfried als unserem »Kloster« gilt definitiv nur mehr von der gewissen geistigen (Selbst-)Beschränkung der Familie auf Wagnerkult und Wagnerkultur. Die vierköpfige Dynastie weiß davon wenig, sie genießt das Dasein, eine zweite Welle einer »magischen Kindheit«, wie Friedelind später sagen wird, geht über Wahnfried hinweg. Das nachkriegs- und heizungsbedingte Zusammenziehen von neun Familienmitgliedern in Siegfrieds kleinem Nebenhaus – der italienische Zweig ist auch dabei – tut dem keinen Abbruch, währt nicht lange. Winifred selber gebärdet sich als fortschrittliche Mutter, die nicht nur selber stillt – Einflüsse des Lette-Hauses, das sie in Berlin besucht hatte –, sondern den Kindern auch die maximale Freiheit läßt. Vater Siegfried, sowieso selten sichtbar für die Kinder, war den Problemen der Pädagogik gegenüber ebenfalls locker, wollte durch Liebe, nicht durch Strenge erziehen. Die Unterschiede zu seiner noch vom familiären Durchsetzungshabitus geprägten Mutter mögen in dieser nichtautoritären Haltung des Sohnes spürbar sein; sicher aber spielte auch sein Alter und sein Wesen eine Rolle, das es nie nötig gehabt hat, etwas durch Kampf zu erreichen. Außerdem stand ja das Kinderfräulein Emma Baer zur Verfügung, eine Perle aus dem Frankenland, die ihr ganzes Leben den Wagners widmen und noch die Kinder Wielands betreuen wird, es gab Köchinnen, Erzieherinnen, Nachhilfelehrer, Personal. Bei vielen Wahnfried- und Wagnergrab-Besuchern galt die undressierte Geschwisterriege schlicht als unerzogen und frech – vor allem Friedelind, deren vorlautes Mundwerk und lustvolle Widersätzlichkeit eine besondere Mischung eingingen. Jedenfalls tritt diese mit ihren Schnauzern herumjagende, fußballkickende, barfüßige, respektlose Wahnfried-Schar schon sehr viel lebendiger aus den Kulissen der Geschichte als die vorige Generation. Sie müssen weder unter schwankenden Identitätsbestimmungen leiden wie diese, da die Vaterschaft klar an den sich herausbildenden Wagnernasen zu erkennen ist, noch herrschten besondere Kultur- und Bildungszwänge, die Provinz ließ dies ohnehin nicht zu. Der Zauber des Saales, der Wahnfriedbibliothek, der im Komponierhaus des Vaters angehäuften Reiseandenken und Kunstschätze, Cosimas »lila Salon« dürften als primäre Bildungseindrücke prägend genug gewesen sein; bald kamen humanistisches Gymnasium und Klavierunterricht, vor allem für Wieland, hinzu.

Nur daß die Mutter ihren Ältesten vergöttert und daß Wieland als »Erstgeburt« auch von der Kinderfrau zeit seines Lebens verwöhnt und verehrt wird, daß Friedelind – ihr Name ist eine Eigenschöpfung des Dichterkomponisten aus seiner Oper *Der Schmied von Marienburg* – sehr bald die Lieblingstochter ihres Vaters ist und von ihm deutlich bevorzugt wird, während Wolfgang und Verena von diesen elterlichen Designierungen unbelastet bleiben, teilt das Kindheitsparadies bereits heimlich auf, stellt schon einige Weichen für die weitere Entwicklung. Der Schritt von der fröhlichen Geschwisterbande zur gesetzlosen Geschwisterhorde läßt nicht sehr lange auf sich warten, der Brutneid wartet schon. Friedelind kreischte dem Bruder das Schimpfwort »du Erzgeburt!« hinterher.

Mit Hilfe von kulturpathetischen Aufrufen und Spendenaktionen und vielen Mühen für den konzertierenden Siegfried gelingt es, die Festspiele für 1924 wieder in Gang zu setzen. »Befestigungsspiele für den deutschen Geist« werden sie in der Presse genannt oder auch die » deutschen Erlösungsspiele«. Obwohl durch das Bayreuther Vokabular gut vorbereitet, konnte Siegfried den Übergang von Kunst in Politik, von Ästhetik in Ideologie nicht so recht begreifen, den seine Häuser nun offen darlegten. Dezidiert politisches Gesicht zeigte das Festspielhaus, das zu deutschnationalen Kundgebungen und als illegaler Treffpunkt der verbotenen neuen nationalsozialistischen Partei benutzt wurde, aber auch Wahnfried, dessen Bewohner sich einträchtig zum Ehrenpräsidium des neugegründeten »Bayreuther Bundes der deutschen Jugend« hergaben, der sich die »innige Gemeinsamkeit [...] zwischen Bayreuth und dem Nationalsozialismus« aufs Panier schrieb. Vor allem aber in Gestalt seiner jungen Frau politisierte sich Wahnfried. Hatte der gewaltlose Siegfried schon die gewisse Metamorphose durchgemacht, wie sie für die Ästheten seiner Generation nicht untypisch war, die die Faszination der Macht entdeckten – man denke an Gabriele D'Annunzio, jenen Dichter und profaschistischen Politiker, der Richard Wagner zu einer

Romangestalt verarbeitet hat und für den nun, in den frühen zwanziger Jahren, Schwester Daniela schwärmt, die auf seinem Gesamtkunstwerks-Landgut »Vittoriale« Ferien zu machen pflegt –, so betreibt Winifred, aktivistisch und immer selbständiger, politisches Engagement auf eigene Faust. Von der Weimarer Republik nahmen die Wahnfriedler nur die »Zersetzungs«-Erscheinungen und die Unruhe wahr – einen »Schweinestall« nannte Siegfried diesen ersten demokratischen Versuch Deutschlands, mit der Erbschaft der Monarchie fertig zu werden. Im Ruf nach dem »starken Mann« war man sich einig. Dem guten Freund Winifreds, dem Schriftsteller Erich Ebermayer, ist durchaus zu trauen, wenn er sich erinnert: »Wer in jenen Jahren mit dem Geist des Hauses Wahnfried in irgendeine Berührung kam, mußte erschrecken vor der Enge des politischen Horizonts, der einem hinterpommerschen Gutshof eher gemäß gewesen wäre als den Nachfahren Richard Wagners.«

In diese Enge nun fällt Adolf Hitler im Oktober 1923 wie ein Komet ein, angeblich ist er abgerissen, mager und verhetzt, ein Fliegender Holländer eher, der ehrfürchtig in Wahnfrieds heiligen Hallen umhergeht. Aber gerade dieser Habitus ist es offenbar, der wie ein Signal auf Frau Winifred wirkt: sie springt innerlich zurück in ihre schon einmal erfolgreiche Umlaufbahn als »Senta«. Die Erlösungsaufgabe der Frau, die man ihr auf wagnerdeutsch eingetrichtert hatte, hier wartete sie wiederum auf ihre Erfüllung. Wie er Deutschland erlösen wird, so wird sie ihn erlösen. Mütterlichkeit, wie oft behauptet, wird es nicht gewesen sein, was die junge Frau sofort mit warmen Gefühlen an dieses Oberhaupt einer illegalen Partei fesselte – ihr Muttersoll hatte sie ja erfüllt und würde später das Mutterverdienstkreuz dafür empfangen, zu ihrem Schmerz nicht das goldene – da ist schon eher in den Tagebüchern Joseph Goebbels, der 1926 im Haus Wahnfried zum Essen eingeladen ist, der Hinweis zu finden. »Sie klagt mir ihr Leid«, schreibt er, »Siegfried ist so schlapp.«

Vom Ausmaß der Frauenphantasien, die sich ausgerechnet an jenem Mann erhitzten, der einem Friseurgehilfen oder Vertreter eher ähnelte als einem Tarzan, einem Hans Albers – oder eben einem Jung-Siegfried –, sprechen die Profile weiblicher Sehnsucht im Dritten Reich zu Hunderttausenden. Hier erfüllte sich nur eine Variante aller möglichen Konstellationen. Da die erotisch-sexuelle Kristallisation der Wünsche in diesem sozialen Kontext versperrt war, bildeten sich aus dem Knäuel der Unerfülltheiten die heroischen Ziele von »Treue« und »unverbrüchlicher Freundschaft« heraus. Wenn Winifred über fünfzig Jahre später, nach dem Ruin in jeder Hinsicht, immer noch von Hitlers blauen Augen schwärmt und ihn als lieben Freund willkommen heißen möchte, träte er doch nur wieder zur Tür herein, so wird ihre Fixierung an die Person Hitler, jenseits von kritischer Vernunft und politischem Denken und diesseits von archaischer Unterwerfungslust, deutlich. Sie weiß nichts von ihrem Begehren, doch mit siebenundzwanzig Jahren, vor Energie dampfend – die sich meist bei Tisch entlädt: »Wini, friß nicht so viel«, ermahnt Siegfried die Korpulente immer wieder –, ist sie alt genug, um die peitschenschwingende Inkarnation des beherrschenden Mannes zu wollen, nicht mehr den gütigen Papa, sondern den starken »Führer«. Vielleicht aber appellierten noch andere Komponenten an ihr überschwengliches kameradschaftliches Solidaritätsgefühl: War er, der einsame »Wolf«, nicht ebenso »familienlos« wie sie, kam er nicht auch aus dem armseligen sozialen Nichts wie sie, rettungsbedürftig auch er? Daß er den »schier unüberbrückbaren Klassenhaß in Deutschland zu beseitigen« gewußt habe, behauptet das in den Wahnfried-Hof sicher nicht ohne kleine Demütigungen aufgenommene Aschenputtel öffentlich. Da sollte sie jetzt, fest im Wagnerluxus sitzend, ihm nicht die Hand reichen? Sieglinde wittert Siegmund.

An diesen »Bruder Hitler« und seine deutsche Sendung glaubte auch der naive, unpolitische und darum prompt in die Rechtsopposition zu Weimar einschwenkende Siegfried. Das Paar erlebte den scheiternden Münchner Novemberputsch von 1923 zufällig hautnah mit, das steigerte Winifreds revolutionäre Ekstase, sie gibt der kleinen Ortsgruppe der NSDAP in Bayreuth Augenzeugenberichte und bekennt sich in einem emphatischen Brief zur »moralischen Kraft und Reinheit dieses Menschen, dem das Haus Wahnfried nicht nur in den Tagen des Glücks, sondern auch in den Tagen der Not« Treue halten werde. Im nächsten Jahr, kaum sind ihre erste Festspielzeit und ihre Repräsentationspflichten als neue Frau Wagner vorbei, packt sie Geschenkpakete für den armen Landsberger Häftling, darunter genug Papier, damit er »Mein Kampf« schreiben kann. Erst als er, freigekommen, 1925 seinen Freunden in Bayreuth einen Besuch abstatten möchte, die Polizei aber droht, für diesen Fall Wahnfried zu besetzen, wacht Siegfried kurzfristig auf und warnt seine Frau; sie muß absagen. Ihr Enthusiasmus ist aber längst nicht mehr zu bremsen, sie fährt nach München bei der Neugründung der Partei, zeigt öffentlich ihre Sympathien, bald darauf übernachtet Hitler zum ersten Mal in Wahnfried. Im Sommer desselben Jahres ist er zum ersten Mal Festspielgast. Und wenn er vor zwei Jahren schon versprochen hatte, dem geschändeten Bayreuth den *Parsifal* zurückzubringen, so verspricht er nun, dankbar bewegt, den Wagners keine Schwierigkeiten mehr zu machen und erst als Führer der Nation wieder zu erscheinen. Das geschieht im Jahr 1933, aus dem Fliegenden Holländer ist ein glanzvoll erscheinender Lohengrin geworden und aus Senta Winifred demgemäß eine jubelnde Elsa, deren Traumbilder wahr geworden sind.

In den acht Jahren dazwischen erscheint Hitler doch immer wieder zu Besuch in Wahnfried. Bayreuth liegt in jedem Sinn günstig, »auf der Marschlinie« von München nach Berlin, und Winifred lebt im Rausch, während ihrem Mann das alles über den Kopf wächst und er sich über die ständig auf Parteiversammlungen rennende Wini ärgert. »Sie zerstört alles, was ich aufgebaut habe«, sagt er und besinnt sich auf den Politikhaß seines (gleichwohl ständig politisierenden) Vaters und versucht, sein Bayreuth apolitisch zu halten – hilflos späte Gesten eines im goldenen Kunstkäfig Aufgewachsenen. Für Winifred dagegen bedeutete das Politisieren und Agitieren eine Möglichkeit, sich von der Bevormundung des ältlichen Wahnfried-Hofes freizuschwimmen, in dem sie doch immer Kindchen und Küken geblieben war. Im Weltanschauungs-Jargon der Nazis findet sie, die eine pragmatisch-organisatorisch begabte Natur ist, die lebendige Anwendung jener heroisch-idealistischen Begriffe, von denen ihre Erziehung bei Klindworths geprägt war und die bisher nur auf Wagnerdramen anwendbar schienen. Im fanatischen Engagement für ein neues Deutschland lassen sich ihre auf Haus- und Sekretärswesen künstlich zurückgestauten Energien am besten kompensieren. Sie integriert Hitler, soweit es dessen Termine zulassen, in Wahnfried, bietet dem Gehetzten Heim und Herd, bringt dem Braunauer Gefreiten, humorig natürlich, Tischsitten bei und öffnet ihm die Türen zum Kinderschlafzimmer. Den Kindern wird er ein Freund, der in immer größeren Autos geheimnisvoll an- und abrauscht und der aus der Welt zu erzählen weiß. Schließlich legitimiert die Mutter den fremden »Wolf« – so sein Deck- und Kosename – durch ihre Begeisterung, präsentiert ihn so, daß man ihn lieben und gegen den eigenen, meist abwesenden Vater positiv besetzen muß. Ob die einzelnen Anekdoten, die den zwei Ältesten in den Mund gelegt werden, wahr sind oder nur gut erfunden, spielt eigentlich keine Rolle mehr: Der sechsjährige Wieland soll bekundet haben, daß es ihm lieber wäre, der »Onkel Wolf« wäre sein Vater und der Vater sein Onkel, und die naseweise Friedelind soll die Heiratsgerüchte, die schon seit Mitte der zwanziger Jahre kursierten, auf den Punkt gebracht haben: »Mei Mudder mecht scho, aber der Onkel Wolf mecht halt net.« Der Wunschmann der Mutter jedenfalls geht schimmernd in die Figur eines Wunschvaters für die Kinder über. Außerdem spricht man in Wahnfried immer nur über Kunst mit dem gebildeten Österreicher. Schließlich war er in seinen Anfängen selber Künstler und soll sich hier, unter seinesgleichen, erholen von der Politik. All das rückt Hitler menschlich näher und macht die späteren Schwierigkeiten dieser Generation, im Künstlerpelz den Wolf zu erkennen, zumindest nachvollziehbar.

Im Jahr 1930 erhält der ruhige ödipale Dauerzustand in Wahnfried seine katastrophische Enthüllung: Anfang April stirbt Cosima, Anfang August ihr Sohn. Hatte die Wagnerwitwe sich, gewarnt durch einen Herzanfall, zu Beginn des Jahrhunderts zurückgezogen und ihrem Sohn die Bayreuther Herrschaft programmgemäß übergeben, und war sie, von der Welt abgeschirmt, jahrzehntelang dann Ahnfrau, Schatten und abgeschiedener Geist im Haus, so hatte Siegfried seine Herzschwäche durch kontinuierliches starkes Rauchen immer schon gefördert; die aktuelle Arbeitsüberlastung bei seiner *Tannhäuser*-Neuinszenierung in der Juli-Probenzeit mochte hinzugekommen sein. Es bedurfte kaum der neuen Wissenschaft Sigmund Freuds – die Mutter und Sohn ebenso ignorierten wie andere neue Tendenzen in der Kunst –, um in diesem kaum phasenverschobenen Doppelbegräbnis die symbiotische Einheit der beiden zu erkennen. Ihr Liebestod entspricht den Theorien der Tiefenpsychologie auf fast überkorrekte Weise. Für den, der lesen konnte (und durfte), war all dies schon in Cosimas Tagebüchern lesbar. Sie beschreiben, wie Wagner damals, bei Siegfrieds Geburt, gerade an den Liebesszenen des dritten *Siegfried*-Aktes saß und der Wöchnerin Cosima erzählte, wie wunderbar es sich füge, daß sein Jubel-Thema (»sie ist mir alles«) sich zu dem Motiv »Heil der Mutter, die mich gebar« als Begleitung vortrefflich anschmiege, »so daß dieser Jubel im Orchester ununterbrochen bis dahin, wo Siegfried selbst einstimmt, erklingt«. Siegfried hat eingestimmt, war immer einverstanden, er hat die Wagnersche Treue bis zum Tod – auf der Bühne den weiblichen Gestalten vorbehalten – im Leben erfüllt. Während die schwarze Karosse mit der »hohen Frau« am Festspielhaus vorbeizieht und Pilgerchor und *Parsifal*-Klänge den Abschied zelebrieren, erklingt zu Siegfrieds Gedenken ein Konzert mit Werken von Vater und Sohn im Festspielhaus. Als ob sich die Zeitalter die Hand reichten, dirigieren hier im August 1930 zwei rivalisierende Festspieldirigenten: Der in Bayreuth neue Arturo Toscanini übernimmt das *Siegfried-Idyll* und Cosimas alter Karl Muck, der nach einem Augenzeugenbericht »wie eine Mumie« am Pult stand, den »Trauermarsch« aus der *Götterdämmerung*, jene Huldigung an den sagenhaften Siegfried, der (auch) kein »freier Mensch« sein durfte. Dazwischen brachte der brave Karl Elmendorff Ausschnitte aus Werken Siegfrieds, deren Titel so arglos-gütig sind wie es das Naturell ihres Schöpfers war: »Friedensengel« und »Glaube«. Während seine Eltern im Wahnfriedgarten ruhen durften, eröffnet der Sohn die Reihe der künftigen Familien-Toten im Stadtfriedhof, den Namenszug auf einer einfachen, nur von einem Kreuz strukturierten Stein-Stele im lakonischen Stil der dreißiger Jahre. Daß im selben Jahr 1930 auch Cosimas verjagter Schwiegersohn Franz Beidler stirbt, bleibt von der Familie ziemlich unbemerkt. Nur Sohn Franz Wilhelm, der die Linien Beidler und Wagner in sich vereinigt, kommt, wie er sarkastisch sagte, in jenem Jahr 1930 »aus den Trauerkleidern nicht heraus«.

Die Kinder, zwischen neun und dreizehn Jahren, haben sein Sterben nicht miterlebt, weil sie noch in den Ferien waren, und am Begräbnis durften sie nicht teilnehmen. Außer für Friedelind, die aus England zurückgerufen, aber nicht mehr an sein Krankenbett gelassen wurde und die im Vater ihre einzige Stütze verlor, dürfte der Tod Siegfrieds kein größeres Unglück gewesen sein. Eher ist die Vaterlosigkeit selbst das Problem, vor allem für den heranwachsenden Wieland. Einerseits verstärkt sie die von allen Seiten genährte Selbstherrlichkeit des Erstgeborenen, der nirgends eine Schranke gesetzt bekommt, andrerseits treibt sie ihn in eine tiefe und belastende Bindung an die Mutter hinein. Eine Neuauflage der gefährlichen Mutter-Sohn-Bindung ist zu erwarten, überdies ist die Mutter hier jung und modern, fährt Auto, raucht unaufhörlich, lacht laut und rauh, wirkt verläßlich und gewinnt zusehends an Souveränität. Was sagt der dickliche Knabe denn auch prompt zu seiner Schulfreundin Gertrud mit dem runden sommersprossigen Gesicht? »Dich heirate ich nie, ich heirate nur eine Frau, die so schön ist wie meine Mutter!« Und was tut Wieland, der mit Photographien von Künstlern, Schnappschüssen vom Hügel und – mit Sondererlaubnis – als Porträtist des »Führers« sein erstes Geld verdient? Er räumt sein Konto leer und schenkt seiner Mutter ein neues und schnelleres Auto, einen amerikanischen Ford V8, weil er ihren deutschen Mercedes zu langsam findet.

Der Teenager Friedelind, immer schon in unglücklicher Rivalität zur Mutter begriffen, wählt den anderen Ausweg – sie hängt ihr Herz an einen Ersatzvater, an den vom Vater geholten und geheiligten Toscanini; im übrigen hatte die Wahnfriedwelt »Mausi« als für den Familienfrieden unverträglich fast schon ausgestoßen und ihr jene Fremdorientierung vorgezeichnet, die sich später zur politischen Emigration auswachsen wird. Ab 1930, ab ihrem zwölften Lebensjahr, wird sie in englische und deutsche Erziehungsinstitute (»Besserungsanstalten«) gesteckt, weil Winifred mit einer, die die permanente Revolution zu ihrem Prinzip erkoren hatte, nicht fertig wurde; nur zu Weihnachten und zu den Festspielen taucht Friedelind noch zu Hause auf. Die frühen Entfremdungserlebnisse von Wahnfried und der vertrauten »Urhorde Familie« sind Erlebnisse, die schmerzhaft waren und sie zur Außenseiterin machten, andrerseits entstand dadurch der distanzierte Blick, der ihr wiederum auf der politischen Ebene klarer zu sehen half.

Im Schatten der beiden Großen – die sich zusehends mit einer Fettleibigkeit gegen die Erwachsenenwelt wappnen, an der nicht nur die Knackwurstmengen auf Wahnfrieds Tischen schuld sind –, gedeihen die jüngeren Geschwister, heilsam verschont vor den mütterlichen Zugriffen. Sie scheinen unkomplizierter, bleiben schlank. »Wolfi« lebt sein Bubendasein als Bastler und technische Begabung – von der seine schmiedeeiserne Tätigkeit im Keller zeugen soll; er ist unbeschwert und lustig, unterhält durch seinen drastischen Mutterwitz am Familientisch. Während er ein Bayreuther Schulkameraden-Imperium aufbaut (dessen Mitglieder man später als Beschäftigte im Festspielhaus wiedertreffen wird), ist abzusehen, daß für den älteren Bruder die Mädchen interessanter sind. Noch verhöhnt er sie, schmeißt mit Fußbällen nach ihnen, doch was schöne Beine sind, weiß er, und die hat Gertrud, die zunächst als Friedelinds Freundin ins Haus kommt. Die zwei Vierzehnjährigen sind bald unzertrennlich, sie wird geduldiges Objekt seiner photographischen und malerischen Studien und hängt mit der Wahnfriedbande in der Schule, im Garten und auf den Eislaufplätzen herum. Für die Jüngste, für Verena, bleibt im Geschwisterverband nur eine Rolle: das von allen verhätschelte Nesthäkchen mit Schleife im Haar. Sie mausert sich zum kapriziösen, hübschen jungen Mädchen, das mit seiner zarten Wagnernase und seiner undeutschen Eleganz den »Führer« genauso bezaubert wie seine Adjutanten. Die netten Frechheiten von »Nickerl« nimmt Hitler gerne hin, und bei den langen Nächten am Wahnfriedkamin darf sie sich durchaus auch über seinen »blöden Stürmer« mokieren.

1883/1930: Weniger die äußeren Bilder als die Konstellationen gleichen sich. Ein totes väterliches Oberhaupt, eine noch junge Witwe, eine unmündige Kinderschar und offene Fragen, was die weitere Leitung der Festspiele anbetrifft. Und sofort sind wieder die Altparteien und Orthodoxen auf dem Plan, die für Wagner und gegen Frau Wagner sind und entweder das Ausländerargument ins Feld führen oder die mangelnden weiblichen Führungsqualitäten, und die bei kleinsten Abweichungen von der Tradition Verrat am »Werk« wittern und das publizistisch ausschlachten. Die »Tanten« beispielsweise trommeln jetzt erst recht gegen die verhaßte Usurpatorin, und die Stadt Bayreuth bietet Winifred im Austausch gegen ein Wahnfried als Museum bereits Ersatzquartier an. Vorzugsweise nach Beerdigungen pflegt das patriarchalische System mit voller Kraft dreinzuschlagen, das wird nach Wieland Wagners Tod auch seine Witwe erleben dürfen. Im Unterschied zu Cosimas Zeiten aber fanden sich Winifred und die Kinder jetzt durch das Testament Siegfrieds geschützt und die Zukunft war geregelt. Freilich hätte Winifred lieber die Erbhofgesetze des Dritten Reiches auf ihren ältesten Sohn angewendet gesehen, statt sich die Aufteilung des Erbes auf alle vier Nachkömmlinge vorschreiben zu lassen. Und obwohl sie damals gegengezeichnet hatte, beklagte sie sich jetzt bitter über die Sperrklausel, die darin enthalten war und von der sie sich bevormundet und unter Kuratel gestellt sah. Gewarnt durch ihren »Schwarm« für Hitler, hatte Siegfried eine eventuelle Wiederverheiratung Winifreds an die Bedingung geknüpft, daß sie dann auf ihre Vorerbschaft verzichten müsse. Das wollte die Witwe in begreiflich ehrgeiziger imitatio Cosimae sicherlich nicht.

Während Cosima aber das Bayreuther Unternehmen und den Bayreuther Stil erst festigen mußte und daher zum Konservieren, zum Konservatismus, wahrscheinlich sogar verurteilt war, hatte Winifred die Chance, Siegfrieds Bayreuth, das trotz kleiner szenischer Neuerungen in Geist und Form eine Verlängerung der alten Ära gewesen war, zu erneuern.

Diese Chance nahm sie wahr. Nicht, indem sie sich selber überschätzte und alles an sich riß, sondern indem sie für die künstlerische Oberleitung jenen Mann holte, den Siegfried ihr noch empfohlen hatte: Heinz Tietjen, seit 1925 Generalintendant der Preußischen Staatstheater, zu denen die Kroll-Oper und die Staatsoper in Berlin gehörten. Seine Erfahrung als Intendant und auch die Personalunion von Regisseur und Kapellmeister, die er darstellte, machten ihn zum Idealtypus dessen, was in Bayreuth gefragt war. Der Überlieferung getreu, definierte sich der Leiter des Festspielhauses nämlich immer als Doppelwesen, als »Dichterkomponist« oder als Dirigent/Regisseur. (Wieland zum Beispiel, dessen visuelle Talente doch früh erkennbar waren, wurde noch dirigentisch ausgebildet und hat sich in Heidelberg am *Holländer* auch tatsächlich versucht.) Außerdem schien Tietjen für das zeitgenössische Kunstschaffen aufgeschlossen, und wenn er auch nur »liberal« gewesen war, so galt er doch für Altwagnerianer schon als »Bollwerk deutschen Ungeistes«. Wo er politisch stand, war angesichts seiner Geschicklichkeit schwer zu sagen; er war nicht in der Partei, und es hieß von ihm, er möge Hitler nicht, andrerseits stand er unter dem Schutz Hermann Görings; seine Bayreuther Gegner denunzierten ihn kurzerhand als »früheren Edelkommunisten«. Jedenfalls aber war Tietjen der künstlerisch kompetente Theaterfachmann – als solcher eine wohltuende Ausnahme im inzestuösen familiären Karussell –, dem die Ära Winifred sowohl stilistisch (Preetorius) wie interpretatorisch einen moderaten Erneuerungsschub verdankte. Und dank der Privatbeziehungen Winifreds zum Reichskanzler festigte sich dieser Aufschwung sehr bald durch die finanziellen Hilfestellungen des Reiches. Daß die »moderne« Wini die Herausgabe des Briefwechsels zwischen Wagner und König Ludwig initiierte und Bayreuth für die Presse und die Werbung öffnete, ist ihr Verdienst; dieser neue Führungsstil ist freilich auch ordentlich konform mit den Gepflogenheiten der neuen Politik, die die Entfaltung von »Propaganda« als Mittel der Demagogie entdeckt hatte.

Während Hitler aber an den Sternenhimmel der Macht entrückte und fast nur noch zu Festspielbesuchen herniederstieß oder in der Reichskanzlei zu besuchen war, wohnte Heinz Tietjen in Wahnfried. »In kürzester Zeit hatte Tietjen Mutter in der Tasche«, erinnert sich Friedelind. Wieder ist es aufschlußreich, den »autoritären Charakter«, den Winifred repräsentierte, in der masochistischen Gehorsamkeitspose zu sehen. Alle Wahnfriedkinder erinnern ihre an Hörigkeit grenzende Liebesbeziehung zu Tietjen und schildern, wie sie immer wieder in Tränen aufgelöst am Frühstückstisch saß, wenn es mit »Duckymännchen«, so sein Kosename, Differenzen gab. Von halbenglischer Herkunft und international erzogen, ein kleiner, eher unscheinbar aussehender Intellektueller, der meist eine Miene gravitätischen Ernstes zur Schau trug und den salbungsvollen Ton pflegte, war Tietjen als Frauencharmeur bekannt und an diplomatischem Geschick – oder besser: exquisiter Intriganz – dem eher plumpen Wahnfried turmhoch überlegen. Winifreds gläubige Einfalt hatte keine Waffen gegen den Tartuffe Tietjen, der sie mit Eheversprechen hinhielt und mit anderen »Verhältnissen« quälte, sie hing sich an ihn, machte ihn zum Vormund der Kinder. Nach dem Krieg, als es für ihn um das politische Überleben ging, stellte die Treue ihm den »Persilschein« aus, unfähig zur Rache, obwohl er sie im Stich gelassen und schnell eine andere geheiratet hatte, als ihre Aktien gesunken waren.

Ab 1933 führte Tietjen die Bayreuther Geschäfte, wobei ihm sein Posten in der Reichshauptstadt für die künstlerischen Dispositionen glänzend zustatten kam. Und ab 1933 hatte Wahnfried, in schöner Analogie zum politischen Geschehen, mit Tietjen auch einen neuen Herrn im Hause.

Wieder wurde den Kindern ein Vater angeboten, doch die Jugendlichen waren jetzt nicht mehr so leicht lenkbar. Das moderne Erziehungskonzept, sie »wie Wilde« aufwachsen zu lassen, zeigte eine Kehrseite, die es unter dem Ancien régime Cosimas nie gegeben hätte. Je älter sie wurde, desto kampflustiger reagierte die »Wahnfriedjugend«, wie Tietjen sie nannte, auf Winifreds Versuche, jetzt mit »eiserner Strenge« (Friedelind) zu regieren. Friedelind, entweder schon im Ausland oder wegen ihrer ungesunden Körperfülle in Krankenhäusern und Sanatorien, besuchte auf Befehl der Mutter 1935/36 eine Hausfrauenschule und absolvierte dann ein Opernvolontariat in Berlin, und Verena hatte inzwischen das »Luisenstift« bei Dresden hinter sich und beschlossen, Medizin zu studieren – ein seltenes Zeichen innerer Unabhängigkeit von »Wahnfried«. Das Hauptaugenmerk aber galt der Ausbildung der beiden »Jungens«, schließlich waren sie männliche Wagnerenkel und sollten auf ihre Aufgaben vorbereitet werden.

Der bisherige Bildungshorizont in Wahnfried war, im Vergleich zum weitgespannten europäischen Rahmen der Familiengründer, auf die deutschhistorischen Mittelstandserlebnisse reduziert, wie sie in Nazideutschland üblich waren: Besuche in Jena, Weimar, Eisenach, Reisen zu Opernaufführungen des Vaters in Kleinstädten und Schiller und Kleist am Abend, vorgelesen von Winifred persönlich. Musikalisch gab es nur die Hausgötter Wagners – etwas Beethoven, etwas *Freischütz*-Weber, sonst Hausgemachtes. Ganze Genres wie beispielsweise die Kammermusik waren verpönt, dafür hatte das »Gesamtkunstwerk« gesorgt. Für die Kunst war der Freund Siegfried Wagners da, der Jugendstilmaler Franz Stassen, der Fidus-ähnliche Sonnengestalten variierte. Im übrigen herrschten die Ausläufer des realistischen 19. Jahrhunderts, vermischt mit dem offiziellen Nazigeschmack. Ferdinand Staeger, ein heute vergessener, im Dritten Reich beliebter akademischer Traditionalist und »Kriegsmaler« mit symbolistischen Tendenzen, wird den Ältesten in Malerei unterrichten. Staegers Riesengemälde aufblickender Arbeiterkolonnen hatte Wieland in der Bayreuther »Siebert«-Halle (der nach Nazirichtlinien umgebauten markgräflichen Reithalle) gesehen und war beeindruckt. Wohin sie sich auch wendete, war die »Wahnfriedjugend« vom Geist der Nazis umgeben und eingebettet. Bayreuth – die Perversion einer »pädagogischen Provinz«. Schon das Kindermädchen Emma war eine begeisterte Parteigenossin, als eine Art »coach« für Schulschwierigkeiten fungierte ein von Winifred engagiertes Nazimädel namens Liselotte Schmidt aus Stuttgart, die dem späteren Generalgouverneur für Polen, dem »Polenschlächter« Hans Frank, hinterherrannte, von den Bayreuther Schullehrern ist eher zu schweigen. Auch der Leiter des Wagnerarchivs, Otto Strobel, der den jungen Wieland zu lenken sich anschickte, war ein überzeugter Wagner-Nazi und selbst sein späterer Musiklehrer Kurt Overhoff aus Wien ein früher und idealistischer Anhänger der Bewegung. Was sich dem Raster der einheimischen Prägungen und nationalsozialistischen Wahrnehmungsmustern entzog, war fast schon unbegreiflich.

Als Wieland und Gertrud vom Kunstmentor Franz Stassen durch die Ausstellung »Entartete Kunst« in München geführt wurden, blieben sie schweigsam und ratlos. Auch Gertrud konnte es nicht besser wissen. In ihrer »normalen« bürgerlichen Familie gab es nur die Mutter Luise, die »trotzdem« bei Juden einkaufte und jüdische Freundschaften pflegte; der Vater Adolf Reissinger dagegen, ein mit der Leibnizmedaille dekorierter Naturwissenschaftler und Mathematiker aus christlichem Pfarrhaus, trug das Parteiabzeichen durchgehend – und präsentierte sich selbstmörderisch noch den einmarschierenden Siegern damit. Als die Tochter zum Tanz wollte, meldete sie sich 1937 in der besten Schule an, die es für die moderne Richtung in München gab: bei der

Günther-Schule, an der auch Carl Orff unterrichtete. Doch auch hier täuschte die Politikferne, wie sie sicherlich individuell erlebt wurde. Die Schülerinnen von Dorothee Günther tanzten vor Goebbels im Propagandaministerium, Günther-Schülerinnen tanzten den »Olympischen Reigen« in Berlin 1936, und später wurden sie bis in die besetzten Gebiete geschickt. Gertrud, ahnungslos und glücklich beim Tanzen, beendete mit einem Diplom der Reichstheaterkammer 1940 ihre Ausbildung und war dabei, ihren frischen Kunstverstand in die ersten Theaterarbeiten Wielands einzubringen.

In der geschlossenen und gleichgeschalteten dumpfen Wahnfried/Bayreuth-Welt muß der kleine Weltmann Tietjen wie ein Luftzug aus intelligenteren Sphären gewirkt haben, und anfangs mochten sich die Jugendlichen auch positiv an ihm orientieren. Doch die psychischen Dinge der Halbwaisen liefen anders. Sie hingen an der Mutter. Der Intrigant Tietjen verlor schnell seinen Kredit, vor allem bei Wieland, der das Gefühl hatte, daß der Theatermann seine Mutter »schlecht behandelte« (während er wahrscheinlich nur ihrer Possessivität widerstand). Schlimmer aber war wohl, daß der Vormund den Geschwisterverband zum Platzen brachte, indem er die einzelnen Kinder gegeneinander ausspielte. Einmal baute er Friedelind, die ihm hinter der Bühne helfen durfte, als zukünftige Bayreuth-Erwählte aus, einmal hofierte er ihre Schwester, einmal schien ihm Wolfgang der geeignete Zukunftsmann – dem er andrerseits, scherzend mit Winifred, am liebsten »einen Lehrstuhl für Oberfränkisch« eingerichtet oder einen Bauernhof in Hinterpommern gekauft hätte –; dann wieder stahl er sich ins Vertrauen Wielands, mit dem es beim *Parsifal* von 1937 bereits eine Zusammenarbeit gab. Wielands Bühnenbilder und Tietjens Regie – diese Konstellation wird sich auch für die *Meistersinger* der Kriegsfestspiele wiederholen. Während die Mädchen wieder einmal nicht so wichtig waren und

Wolfgang sich eher anpassungsbereit zeigte, konzentrierten sich die Wahnfriedkonflikte dann immer heftiger auf die Kontrahenten Wieland und das Paar Winifred und Tietjen. Während sein Traumvater Hitler draußen allmählich den Weltkrieg vorbereitete, erklärte Wieland seinem Ersatzvater drinnen den Hauskrieg. Wenn sein Vater ein glücklicher Ödipus gewesen war, so war Wieland ein zweifach unglücklicher.

Mit einer in fließendem Altgriechisch gehaltenen Abitursrede verabschiedete Wieland sich 1936 vom Bayreuther Humanistischen Gymnasium – ein Mercedes als Geschenk von »Onkel Wolf« stand schon vor der Haustür. Nach dem Arbeitsdienst und den ersten, wenig aufregenden Talentproben als Bühnenbildner für *Parsifal* und die Opern seines Vaters *(Schwarzschwanenreich/Sonnenflammen/Der Bärenhäuter)* baute er die Gegnerschaft gegen Tietjen bis zur Palastrevolution auf. Er mäkelte nicht nur an seiner künstlerischen Arbeit herum, sondern beschuldigte ihn vor allem, ihm, dem Erben, die musikalische Ausbildung zu verweigern und ihn absichtlich in geistiger Unmündigkeit zu halten, um sich selber die Alleinherrschaft in Bayreuth zu sichern. Tietjen entwarf daraufhin einen etwa acht bis zehn Jahre dauernden Ausbildungsplan, in dem Wieland bei ihm an der Staatsoper alles lernen sollte, was ein Bayreuth-Chef bräuchte, beginnend beim Hilfsinspizienten und Hilfsregisseur bis hin zum Verwaltungsfachmann. Darin witterte die »Erstgeburt«, sicher nicht zu Unrecht, seine kalkulierte Fernhaltung von Bayreuth. Von seinem Haß auf Tietjen abgesehen, war ihm der Plan sowieso viel zu kleinkariert, er warf das Handtuch, wollte mit Bayreuth nichts zu tun haben und setzte sich 1938 ab nach München, um dort Malerei zu studieren, in einem von Winifred angemieteten (arisierten) Hinterhaus-Atelier in der Kaulbachstraße.

In München konnte Wieland freier atmen – obwohl auch nur familienpsychologisch. Tag und Nacht arbeitete er vor der Staffelei, um abends nur widerwillig einmal um den Block zu gehen, wenn Malermodell Gertrud, deren Güntherschule um die Ecke lag, ihm keine Ruhe ließ. »Vom Spazierengehen ist noch keiner berühmt geworden«, lautete sein Argument gegen die Frischluft, das von seiner inneren Belastung mehr verriet, als der Witz es sollte. Doch dann schafft der Kriegsausbruch eine neue Situation und zwingt ihn aus dieser Opposition zu Wahnfried zurück auf seine vorgezeichneten Bahnen. Wieland ist in der vertrackten Lage, die Vorteile, die Hitler ihm als Wagnerältestem und Bayreutherbe gewährt, nützen zu müssen. Nach nur einem Jahr Militärdienst und freigestellt vom Kriegsdienst, kann er sich nicht der Malerei allein widmen, er muß die Verpflichtung, die mit der Vergünstigung einhergeht, wahrnehmen und das studieren, was zur künftigen Festspielleitung befähigt: Musik. Hitler selber ist es also, der den Ausscherenden wieder kurzschließt mit seinem Erbauftrag; dagegen kann er sich nicht wehren. Aber er kann immerhin mit einem Ausbildungsplan einverstanden sein, der den Gegenentwurf zu Tietjen bildete. Dieser stammte eben von jenem Kurt Overhoff, einem musikalisch und philosophisch gebildeten Wiener, der damals Generalmusikdirektor in Heidelberg war und diese Stellung im Stich ließ, um – auf Führerbefehl, wie Tietjen ihm bedeutete – Wielands Privatlehrer zu werden. Von Overhoff nun lernte Wieland im Verlauf von zehn Jahren die klangsymbolischen und klangpsychologischen Bedeutungen der Partituren bis in die klitzekleinsten Phrasierungsbögen kennen; wie immer ihm das bisweilen auf die Nerven gehen mochte, gaben ihm diese Kenntnisse doch gute Fundamente bei jener Umsetzung ins Optische, die seine Inszenierungen später berühmt machten. Außerdem gelang es Overhoff auch, den jungen Mann von seinem »falschen Traditionsfimmel« abzubringen, der ihn Tietjens und Preetorius' expressionistische Ansätze aus »werktreuer« Perspektive – fast war es noch Tante Danielas Perspektive – kritisieren ließ. Daß der Wiener Prinzenerzieher sich über seinen Einfluß auf den zukünftigen »Erben« auch selber eine Position im Bayreuth der Zukunft zu sichern gedachte, spiegelt im Grunde nur, was auf der Gegenseite auch vorbereitet wurde, wo Heinz Tietjen die Segnungen seines Ausbildungsplanes, freilich in zeitlich verkürzter Weise, nun dem Bruder zukommen ließ und diesen als »seinen« Mann aufbaute: Shakespeare hat nicht umsonst gelebt.

Der »unheilvolle Bruderzwist«, von dem Tietjen gern mit raunender Stimme sprach und der das Bild von Bayreuth in der nächsten Ära prägen wird, bahnte sich in jenen Jahren an, als die Wagnerbrüder begannen, getrennt auf das gleiche Ziel loszugehen. Eben noch »Kastor und Pollux«, friedlich auf gemeinsamer Bildungsreise in Italien (zeitgleich in Rom Adolf Hitler, der, wie die Mutter schrieb, es »außerordentlich bedauerte daß Ihr Euch nicht gemeldet habt [...]. Ihr hättet ihn im Quirinal besuchen können!!!«), kündigen sich »Kain und Abel« an.

Seit Kriegsbeginn also rollte auch die Roulettekugel im Wahnfried-Staat. Der Hitlerprotegé Wieland scheint alle Vorteile für sich zu haben, er baut seine Karriere auf: Bühnenbilder und Inszenierung 1943/44 für den *Ring* simultan an den Bühnen in Nürnberg und Altenburg, wohin er Overhoff für die musikalische Leitung mitnahm; dazu die Regie für einen *Freischütz*. Wolfgang dagegen wird 1939 eingezogen und macht den Feldzug gegen Polen mit. Noch Jahrzehnte danach klingt in seinen Memoiren die Bitterkeit über diese Bevorzugung auf Leben und Tod nach, die ihm seine »Zweitrangigkeit« brutal vor Augen führte. Er hat aber Glück im Unglück und wird mit verletzter Hand zurückgeschafft in die Berliner Charité, zu Sauerbruch. Durch wiederholte Besuche an seinem Krankenbett macht der Oberste Kriegsherr seine Verschuldung an dem jüngeren Wagnerenkel wieder gut; ohnehin wird dieser nun aus der Wehrmacht entlassen. Nun kann Wolfgang den Vorsprung Wielands aufholen, er ist frei zur Lernarbeit im Olymp selber, denn der »Führer« hat angeordnet, daß ab 1940 Kriegsfestspiele in Bayreuth stattzufinden hätten. Die Organisation »Kraft durch Freude« würde Winifred die finanziellen Sorgen abnehmen und ein (weniger elegantes) Publikum beistellen. Bayreuth wird also in den kommenden vier Jahren für die künstlerische Truppenbetreuung im Hinterland sorgen; noch für 1945 ist der schillernde Tietjen, der es längst besser weiß, bereit, dort singen und spielen zu lassen, wenn es der »Führer« befiehlt. Wolfgangs Kugeln rollen den Umständen nach günstig weiter. Gemäß dem Ausbildungsplan, den Wieland abgelehnt hat, wird er bei Tietjen an der Staatsoper angestellt (wieder mietet Muttern eine ordentliche Unterkunft) und gilt bei Wini und dem Vormund als der »vernünftige Kleine«. Es wird ihm in Aussicht gestellt, daß das Ende seiner Ausbildung mit dem Ende des Umbaus des Festspielhauses koordiniert würde, wie es im Zusammenhang mit der gigantischen Umgestaltung Bayreuths zum »Gauforum« geplant war. Dann könnten er und Wieland die Festspiele übernehmen – und mit dem *Tannhäuser* die »Friedensfestspiele« eröffnen. Eigentlich aber meint Wolfgang zu wissen, daß der malende Wieland sich von allen Führungswünschen zurückgezogen hätte, und so begeht er den psychologischen Fehler, dem Älteren generös anzubieten, er könne dann ja mal Bühnenbilder machen, wenn er, Wolfgang, erst Chef in Bayreuth wäre. »Mama und Heinz sehen mich als den Begabteren an als Dich«, schreibt er dem Bruder nach München. Seither kocht es in Wieland. Nicht viel später, 1949, gibt Wieland den Ball zurück und bittet Wolfgang, *ihm* die künstlerische Leitung in Bayreuth zu überlassen. Das wird dieser entrüstet ablehnen. Wie wollen die Brüder sich diesem sorgfältig in die Wege geleiteten Krisenszenario entziehen? Schwer, nicht an die Szene zwischen

Alberich und Mime vor der Neidhöhle mit dem Hort zu denken.

An der Berliner Staatsoper versieht Wolfgang seinen Dienst unprätentiös, anstellig und gelehrig. Dort lernt er Theater »von der Pike« auf und verdient sich damit, seiner Meinung nach, das Entreebillet in diese Kunstgattung fürs ganze Leben. Auch das Privatleben bekommt Schwung. Über Gertrud, die zu dieser Zeit in Tietjens Ballettgruppe engagiert ist, lernt er eine hübsche Tänzerin kennen. Im Rückblick beschreibt er ihre Vorteile mit Worten, denen man unschwer sein abwehrendes Verhältnis zum dominierenden Frauentypus à la Winifred und Friedelind ablesen kann: »Ellen Drexel war zum Unterschied zu allen im Umkreis meiner Familie vorhandenen berührungs- und geltungsbedürftigen Damen sehr zurückhaltend und unaufdringlich.« In Wirklichkeit war er erotisch in Zugzwang, denn es war offensichtlich, daß die Frauen seinem weicheren und sensibleren Bruder zuflogen. Auf ihre ziemlich durchsichtige Art nämlich hatte Winifred immer wieder versucht, Heiratspolitik zu treiben und zu diesem Zweck rassisch »richtig« aussehende blonde junge Damen aus der guten Gesellschaft nach Wahnfried eingeladen, wahrscheinlich auch, um Wieland von seinem Schatten aus pubertären Tagen, der braunhaarigen Gertrud, zu befreien. Bei solchen Gelegenheiten zur Kleinstpromiskuität zog Wolfgang dann meist den kürzeren, was sich in seiner berühmt gewordenen lakonischen Erkenntnis niederschlug: »Der aane hat zwaa – und der andre hat kaana.« Nun hatte er »aana« und heiratete sie 1943 bei Schweinsbraten und Klößen in Bayreuth. Schließlich war der Bruder 1941 schon in den Stand der Ehe getreten – oder vielmehr getreten worden, denn Wieland haßte die Idee der Institution Ehe, und nur, weil die Mutter, die biologische und soziale Gründe dazu hatte, ihn ultimativ drängte, ging er mit Gertrud mißmutig aufs Standesamt im Ferienort Nußdorf am Bodensee. Ein Hochzeitsessen anschließend kam nicht in Frage, der Frischgebackene ging zurück an seine Staffelei, die Braut, über diese Form antitraditionellen Verhaltens und des Verdrängens eines zentralen Lebensereignisses nicht weniger enttäuscht als die festbereite Schwiegermutter, reiste bald zu Sprachstudien ins fröhlichere Italien ab.

Im selben Jahr wie die Wolfgangs, 1943, hatte in Wahnfried übrigens noch eine Hochzeit stattgefunden, die der merkwürdigen, familienneurotischen Züge nicht entbehrte. Schluchzend saß Winifred bei der Trauungszeremonie im Lehnstuhl, hatte ihre flotte Verena doch einen Mann gewählt, der genauso alt war wie sie selber, einen »alten Mann« also, einen, der schon eine Ehe hinter sich hatte. Da half es auch wenig, daß ihr baumlanger Kieler namens Bodo Lafferentz Reiseleiter der Organisation »Kraft durch Freude« war, über die er auch nach Bayreuth zu den Festspielen gekommen war. Verena aber, die »alle« hätte haben können, legte mit dieser Wahl eine innere Situation dar: Das alte Wagnersche Familienmotiv der Vaterlosigkeit erscheint wieder und wird auf die bewährt inzestuöse »Tochter-heiratet-Vater«-Weise bewältigt; hier verbindet sich mit dieser Wahl noch ein weiterer Bonus, der auch ihr, der Jüngsten, einen innerfamiliären Machtzuwachs sicherte. Durch den auch äußerlich und stimmlich imposanten Bodo, der bei der Projektierung des Volkswagenwerks eine wichtige Rolle spielte, hatte sie die starke Mutter symbolisch entmachtet, denn von dessen Kauf von Festspielkarten durch für den KdF war die Festspielleiterin Winifred abhängig. Ein halbes Jahr später wird die Tochter Amélie geboren, als dynastischer Auftakt zu weiteren vier Kindern, zwei Buben und zwei Mädchen. Daß Verena in die »Frauenfalle« getappt war, wurde erst im Verlauf der Zeit klar. Der auf ihre Vergangenheit extrem eifersüchtige Ehemann stellte Verena rigoros auf die Aufgaben der Aufzucht ab, und damit waren jegliche Gedanken an eine aktive Wahrnehmung ihres Erbteils in Bayreuth oder gar an eine eigene berufliche Laufbahn in der Medizin vernichtet. Hinzu kam der Wohnsitz im Abseits, in Nußdorf am Bodensee. Nur an scheinbar geringfügigen psychosomatischen Indizien – am Verlöschen der energischen tiefen Stimmfrequenzen, das bei Verena seit der Ehe auftrat – lassen sich ihre Verletzungen rekonstruieren. »Nickel« piepste nur noch, wenn sie sprach, stellten die Wahnfriedler fest: Sie hat die Ehe nicht gebrochen, aber die Ehe brach sie.

Während die schöne und charmante Jüngste also das Chrysothemis-Schicksal ereilte (»Ich bin ein Weib und will ein Weiberschicksal«), bleibt die stärkere und eigensinnigere Friedelind in der Elektra-Rolle, rebellisch und kinderlos. Sie kann nicht vergessen. Der Tod des Vaters bleibt die Zäsur in ihrem Leben, der Rest ist Kampf gegen die eiserne Mutter. Immer schon eine politisch Interessierte – dem »Jungmädel« baumelte ein silbernes Hakenkreuzchen um den Hals, und auch sie ging gern in der Reichskanzlei ein und aus –, kam Friedelind dann aber über die Opposition zu Winifred in »bessere Gesellschaft«; das lehrte sie andere als die Wahnfried-Perspektiven. Ihre liebste Freundin und Beschützerin waren die Sängerin Frida Leider und andere »jüdisch Versippte«, ihre immer wache Anteilnahme an Unterprivilegierten, Leidenden und Verfolgten kam hinzu und bildete ein seltsames Komplement zu ihrem »angeborenen«, unreflektierten Wagnerstolz. Zu den Festspielen 1938 noch einmal erschienen, emigrierte sie 1939 mit Hilfe von »Papa« Toscanini über die Schweiz nach Amerika. Die vatergebundene »Tochter-Adjutantin« wird ihre tief neurotisierende Familiengeschichte anders lösen als Verena, ohne Mittels-»Mann«, sondern durch eine Verschiebung der Konfliktlage ins Politische.

Weit weg von Mutterboden und Vaterland, in New York ziemlich armselig mit publizistischer Arbeit, Vorträgen oder aussichtslosen Wagnerprojekten sich durchschlagend, griff sie, wenn sie Nazideutschland angriff – und das tat die »Landesverräterin«, wie die Familie sie nannte, über Rundfunk und Presse – immer zugleich Winifred an. Im Bild der bösen Politik konnte sie die böse Mutter treffen, böse Mutter und böse Politik waren eins geworden. Die ganze Tragödie einer vergeblichen Muttersuche, einer mit Aggression vergoltenen verschmähten Liebe wird deutlich, wenn Friedelind in ihren Erinnerungen von den winzigen und wenigen Momenten berichtet, in denen die Mutter sie einmal »brauchte«, sich ihr für Sekunden zuwandte. Wie Isolde an Cosimas dynastischer Härte gescheitert war, scheitert Friedelind lebenslang an Winifreds persönlicher und politischer Härte. Daß die Mutter, die im Auftrag Himmlers als Gestapo-Agentin 1940 nach Zürich reiste, um die regimefeindliche Enkelin des repräsentativen NS-Komponisten zurückzuholen, daß die eigene Mutter bei diesem letzten Zusammentreffen wirklich gedroht habe, die Tochter werde »vertilgt und ausgerottet«, wenn sie nicht nach Nazideutschland zurückkehre und den Mund halte, ist nicht unwahrscheinlich. Möglich war diese Wortwahl zu dieser Zeit und von dieser Frau durchaus. Die Söhne und Brüder der Sippe dachten nicht anders, Friedelind war der Schandfleck dieser deutschen Familie. Über die Unbill des Emigrierens tröstete sich Friedelind mit dem Gedanken an den ebenfalls nach Zürich emigrierten Großvater, dem sie sich als »Rebell gegen Ungerechtigkeit« symbiotisch verbunden fühlte. Über den »Fall Friedelind« mußte sich die herzliche Beziehung von Hitler zu Winifred etwas abkühlen. Dennoch tröstete der SS-Oberführer im Reichsministerium für Volksaufklärung und Propaganda 1942 die arme Mutter über diese ihre gemeinsame »Wunde« hinweg: Friedelind müsse deshalb »im Kern nicht schlecht« sein, und sie würde sicher nach diesem Krieg heimfinden, »wenn sie wieder unter deutschen Einfluß gebracht« würde.

Nach dreizehn Jahren erst kam die Amerikanerin Friedelind zu den Festspielen nach Bayreuth zurück. In strahlendem Hollywood-Blond und mit knallroten Lippen stellte sie sich mit der diskreditierten Mutter vor die Presse und »demonstrierte Einigkeit«: Was für eine wahnwitzige Bitte um Wiederaufnahme in den Clan!

Im Frühjahr 1943 war der totale Krieg erklärt worden, und die Vernichtungsmaschinen im Osten arbeiteten auf Hochtouren: im Sommer aber spielten die *Meistersinger* in den Dekorationen von Wieland, Tietjen führte Regie, Wolfgang war Assistent, und am Pult standen Wilhelm Furtwängler und Hermann Abendroth; scheinbar herrschte »Burgfrieden« in Wahnfried. Im nächsten Frühsommer kamen die konkurrierenden Ausbildungswege der Brüder – und beider Verhaftung an den Familiengeist – zu sinnfälligem Ausdruck durch die jubiläumsbedingten Siegfried-Wagner-Inszenierungen, die beide an ihren verschiedenen Bühnen ablieferten. Wolfgang debütierte als Regisseur mit *Bruder Lustig* in Berlin, doch weil der Titel in der Tat nicht ganz den Nerv der Zeit traf, änderte man ihn in *Andreasnacht*. (Die eigentliche Nacht, die »Nacht über Bayreuth«, schildern Friedelinds Erinnerungen an ihre Nazi-Jugend, die im selben Jahr in Amerika erscheinen.) In Altenburg nahm Wieland sich *An allem ist Hütchen schuld* vor. In anderen Worten: ein altfränkisches Ritterspiel hier, Grimms Koboldmärchen dort, im Appell ans Friedlich- und Gutsein der Menschen enden sie im Wohlklang, während die Welt draußen allmählich ganz zusammenkracht. Das faschistisch imprägnierte Wagnersche »Innenbewußtsein« aber wehrte sich erfolgreich gegen die Wahrnehmung dieser Außenwelt und feierte seine letzten Kriegsfestspiele 1944, wieder mit den *Meistersingern*. Es mußte etwas Heiteres sein, denn, wie Winifred dem Festspiel-»Führer« schon 1942 zu bedenken gab, wären die Schmerzensschreie eines Tristan im Dritten Akt einfach eine zu große Belastung für manchen schwerverwundeten Zuschauer. Daß die Kunst über das Leben aufklären könnte, mußte vermieden werden. Um das Leben der Kunstwerke geht es auch bei Wielands letztem Besuch bei Hitler. Er fürchtet um die dem »Führer« zu seinem 50. Geburtstag vom Hauptverband der deutschen Industriellen geschenkten Original-Partituren verschiedener Opern *(Die Feen, Das Liebesverbot, Rienzi, Das Rheingold, Die Walküre)* und will sie aus dem gefährdeten Berlin nach Bayreuth in Sicherheit bringen. Eingeladen zu einem »Mittagessen«, das kurz vor Mitternacht stattfindet, treffen Wieland und Gertrud auf Wahnfrieds Protektor – Hitler trägt den Arm vom Attentat am 20. Juli in der Schlinge – und tragen ihre Bitte vor. Der aber versichert ihnen beruhigend, daß bei ihm im Bunker alles am besten aufgehoben sei. Die Partituren sind bis auf den heutigen Tag verschollen. Im August 1944 schließen dann die Theater in Deutschland. Die Männer der Familie, Wolfgang, Wieland und Schwager Bodo Lafferentz werden in Bayreuth zu Diensten in »kriegswichtigen Betrieben« herangezogen. Wolfgang, technische Hilfskraft beim Städtischen Bauamt, baut Behelfsheime und zieht Laufgräben, Wieland wird in einem Betrieb für geheime militärische Forschungsprojekte eingestellt, den sein Schwager leitet, der als Organisationstalent einen guten Namen hat und bereits Manager vieler anderer Betriebe war. Dort endlich rückt dem Winifredsohn die Realität näher: Er freundet sich mit einem neben ihm arbeitenden Zwangsarbeiter an, der ihm über das wirkliche Gesicht des Dritten Reiches einiges erzählen kann. Wielands »Schweigen« beginnt in dieser Zeit, ein Schweigen, das zu seinem Wesen zu gehören scheint und über das in der Familie immer wieder Klage geführt wird, weil es sich nicht selten in heftigen Ausbrüchen entlädt. »Du weißt ja, ich mag mich nicht«, sagte er damals zu seiner Frau: beim Rasieren, wobei er sich tief in die Haut zu schneiden pflegte. Mag sein, daß dieses negative Verhältnis zu sich selbst mit der Desillusionierung zu tun hat, die damals einsetzte, mit der Erkenntnis seiner furchtbaren Fehlorientierung und der Introjizierung von Schuldgefühlen.

Doch jetzt war Volkssturm angesagt, und wenig später, im April, überziehen amerikanische Flugzeuge Bayreuth mit Bomben. Das Rennet-Rettet-Flüchtet beginnt nun auch für die Wagners – freilich nicht ganz ohne materielles Unterpfand. Dem Familienhort, dem Archiv, entnehmen Wieland und Bodo die *Tristan*-Partitur und schlagen sich in einem Holzvergaser-Mobil nach Nußdorf zu ihren Familien durch, während Wolfgang in Bayreuth bleibt und seine praktischen Talente sich zu wahren Triumphzügen gestalten. Es gelingt ihm in vielen geschickten Einzelaktionen, die gesamten Wertbestände, Bilder, Büsten und das Archiv an den letzten Wehrmacht-SS-Streifen und den ersten Amerikanern vorbei von einer ersten Auslagerungsstation nach Oberwarmensteinach zu verfrachten. Am Tag der Besetzung Bayreuths, dem 14. April, kam dort sein erstes Kind, die Tochter Eva, bei Kerzenlicht zur Welt, und Großmutter Winifred ist nur mit Mühe daran zu hindern, mit dem Baby nach dem Vorbild Sieglindes in den »wilden Wald« zu stürmen, um Schutz vor der herannahenden Wut – nicht Wotans, sondern der amerikanischen Besatzer zu suchen. Bald darauf nimmt der »Trümmermann« Wolfgang die Arbeit in Bayreuth auf. Die Steinbrocken der schwer lädierten Villa Wahnfried sondierend, findet er die Brillen Wagners im Geröll. Ob er sie probehalber aufgesetzt hat? Um zu begreifen, daß der enge Blick durch Wagners Brille vielleicht in einem Zusammenhang mit der Zerstörung ringsum steht? War er nicht mitten in der kaputten Gibichungenhalle? Aber nein, für Gedanken dieser Art war nicht der Moment. »Wir hatten keine Veranlassung, in Sack und Asche zu gehen und uns reuevoll an die Brust zu schlagen [...], wir mußten nach keiner Rechtfertigung für Getanes oder Unterlassenes suchen«, findet der betriebsame, betriebsblinde Wolfgang noch als alter Mann.

In dem Holzhäuschen in Nußdorf, dicht am Bodenseeufer, drängen sich mit Kriegsende zwei »Stämme« zusammen,

Verenas Familie und Wielands. Kind Amélie Lafferentz gab es schon, und Verena war wieder schwanger; Gertrud hatte zweimal geboren, 1942, noch in Bayreuth, die Tochter Iris und Ende 1943 den Sohn Wolf Siegfried. Auch sie erwartete wieder ein Kind. Um diesen Haushalt zu bewältigen, wurden die Schwestern Gertruds aus München zu Hilfe gerufen, zuerst die muntere, lebenstüchtige Elfriede, später dann die handwerklich begabte Schwester Lilo, die für die Kinder unentwegt Puppenköpfe schnitzen mußte. Mit Tee, Haferflocken, Speck und Strümpfen wurden die Familien aus New York versorgt, weniger von Friedelind als von Maria »Mitzi« Dernburg, einer schönen, kultivierten Frau aus Wien, die ein unentbehrliches Erbstück aus Siegfried Wagners Zeiten war und eine der wenigen Personen, die Wieland als seine ästhetische Ziehmutter ansah, weil sie ihm die, wie er sagte, »vollkommene Öde« von Wahnfried stets mit interessanten Kunstbüchern erleuchtet hatte.

Kurz vor der gefürchteten Besatzung durch die Franzosen gibt es noch ein Intermezzo, von dem man nicht weiß, ob es eher drollig oder peinlich zu nennen ist, in jedem Fall ein Schildbürgerstreich. Organisator Bodo hatte für ein Schiff gesorgt, mit dem die Familien über den See in die Schweiz flüchten konnten; in der Schweiz, hieß es, würde die Familie Wille – Schweizer Wagnerianer – sicher die Aufnahmegarantien geben. In Leiterwagen verließen sie nachts das Haus, Küche und Kammern offenlassend, nie würde man zurückkommen. Mitten auf dem See jedoch wurden sie prompt von Patrouillenbooten mit Gewehr im Anschlag aufgehalten. In den erhobenen Händen die *Tristan*-Partitur schwenkend, beschworen Wieland und Bodo ihre guten Absichten, doch kein Großvater half, sie wurden gnadenlos zur Umkehr gezwungen. Zu Hause waren inzwischen die lieben Nachbarn nicht faul gewesen, hatten gestohlen, was es zu stehlen gab und dafür etwas dazugetan: einen Kleiderständer voller Nazi-Uniformen. In letzter Minute, bevor die französischen Truppen das Haus betraten, konnten diese lebensgefährlichen Objekte entdeckt und entsorgt werden.

Als im Mai über Funk vom apokalyptischen Ende des verehrten Freundes und seines Reiches berichtet wird, sagt keiner ein Wort; man ging zur Tagesordnung über, pflanzte Kartoffeln, strickte Babyhöschen. Als Worte wieder notwendig werden, weil die Dritte Walpurgisnacht auf einmal wie ein unverständliches Naturereignis dasteht, das keiner gewollt und gemacht hatte, als die Deutschen von den Alliierten gefragt, gerichtet, entnazifiert, umerzogen und bestraft werden sollen, da fällt nur der Pfadfinderin Winifred jene Patentlösung ein, die alles Unheil hätte verhindern können. Und man kann nicht umhin, ihre Aussage als eine in ihrer Banalität entwaffnende Volksmundversion der sexualpathologischen Analysen eines Wilhelm Reich zu bezeichnen: In einem Interview mit der Associated Press, kurz vor ihrem Spruchkammer-Verfahren 1947, äußerte die allzeit Pragmatische: »Ich erklärte ihm [Hitler] oft in vorwurfsvollem Ton, sein Junggesellenleben sei nicht das richtige für ihn. Wenn er ein Heim und eine vernünftige Frau gehabt hätte, dann hätte es keinen Krieg gegeben.« Daß diese »vernünftige Frau« keine andere gewesen wäre als Winifred, liegt auf der Hand: ihrer Hand, die immer Treu und Redlichkeit geübt hat.

Die Zeit nach dem Zusammenbruch bis zur Wiedereröffnung der Bayreuther Festspiele 1951 ist familiär wahrscheinlich die glücklichste Zeit überhaupt. Das hat seine perverse Logik: Der Zankapfel Festspielhaus war beschlagnahmt und Wahnfried zerstört, die Familie insgesamt von außen zusammengeleimt durch ihre politische Verschuldung, und insbesondere die »eiserne« Mutter war entmachtet und gedemütigt. Da stehen denn die vier Kinder wie ein Mann hinter ihr, auch Friedelind im fernen New York will nicht, daß ihr Erinnerungsbuch als Belastungsmaterial herangezogen wird, und Wieland versteht gar nicht, was man seiner armen Mama am Zeug flicken will. »Du hast doch niemandem etwas Böses getan«, schrieb er ihr damals. Und mit Wolfgang, der ihn vom »Kriegsschauplatz Bayreuth« mit Nachrichten versorgt, verträgt Wieland sich, wie er an »Mitzi« berichtet, »wie in alten Zeiten, bevor der Berliner Stänkerer sogar uns Brüder auseinanderbrachte«. Nur von Friedelind hört man wenig. Anfänglich schickt sie Care-Pakete im Austausch gegen die *Tristan*- Bühnenbilder, die der Bruder ihr für ihre mit diesem Werk geplante Tournee schickt; von den vielen schönen Ölbildern Wielands, zumeist Porträts, die sie für ihn drüben gegen Lebensmittel verkaufen soll, hat man nichts mehr erfahren; sie muß sich wohl selber damit über Wasser gehalten haben, nicht anders als mit dem Verkauf jenes fatalen Schmucks, den die Mutter ihres Ex-Verlobten, des österreichischen Komponisten Gottfried von Einem, ihr damals bei ihrer Emigration zum Schutz vor den Nazis in die Staaten mitgegeben hatte.

Jedenfalls aber blüht das Innenbewußtsein der Wagners in diesen Zeiten der Nibelungen Not wie nur je. Vorübergehend mittellos wie alle Deutschen und ohne eigentliche Behausung, denn im »Führerbau« saß das amerikanische Counter Intelligence Corps, arrangierte man sich in aufbrechender Gemeinsamkeit in den kleinsten Hütten und zog in schier unglaublicher Wahnfried-Solidarität am gleichen Strick. 1948 gibt Gertrud an »Mitzi« ein Genrebild aus armer, aber froher Zeit. Wegen der komplizierten Verhandlungen mit Besatzern und Behörden um das Bayreuther Eigentum sind Wieland und seine Frau in Wahnfried: »Recht gemütlich. Ein Flügel, darüber Papas Bild, eine Sofaecke, ein Arbeitstisch und ein Kanonenofen sind alles. Alles darum herum ist zwar Ruine und Staub, aber das macht uns nichts. Ich koche jeden Mittag auf dem Kanonenofen Wielands Kaffee und da vergißt man den Alltag sowieso ein bißchen. Wenn man dazu noch Festspiele planen kann und auf dem Flügel der *Parsifal* erklingt, dann kann man direkt glücklich sein.«

Noch sind aber die sogenannten »Entnazifizierungsverfahren« nicht beendet, wie immer hilflos und klamottenhaft sie sich im einzelnen ausnahmen. Schwager Bodo sitzt im Internierungslager in Freiburg und wird von Mitarbeitern seiner ehemaligen Betriebe entlastet, mit Wolfgang gab es ohnehin keine Probleme. Sympathie und Interesse Hitlers waren immer auf seinen Bruder gefallen, jetzt profitierte der Jüngere davon, im Schatten gestanden zu haben. Über die strategischen Vorteile der unbeachteten, geschwisterlich determinierten »dritten Rangordnung«, die ihn »Normalbürger« sein ließ, wie er sich ausdrückte, ist sich dieser fränkische Schweijk schon früh im klaren. Seine geistigen und physischen Kontakte zu den Männern des NS-Reiches – wie zu dem als Generalgouverneur von Polen eingesetzten Hans Frank – konnten dem einstigen »Jungmann« schwerlich angekreidet werden, die einschlägige Gesinnung wohl auch nicht. Daß er seine Schwägerin Gertrud für den spontanen und bedauernden Seufzer: »Die armen Polen!«, der ihr anläßlich des Überfalls Hitlers aufs Nachbarland ausgekommen war, nur brutal und höhnisch verspottete – welches weltliche Gericht würde ihn dafür belangen? Oder für seine oft wiederholte, vielleicht aus dem Feld heimgebrachte Devise für Lebenswillen und Lebenskraft: »Emotionen gibt's nicht!«? Auch wenn Jahre später seine Familie über dieser Devise zum Schlachtfeld wird? Wolfgang hatte gelernt, sich abzupanzern, und war für die Friedenszeit gerüstet. Mit Wieland war es schwieriger. Auf Hitlers persönlichen Wunsch soll er in die Partei »eingetreten worden« sein, aktenkundig allerdings ist das nie geworden, er hatte sich aber des »Führers« Geschenke gefallen lassen und stand jetzt als sein »Günstling« da, die Hitler-Porträtphotos, die er angefertigt und vertrieben hatte, sprachen auch nicht gerade für Widerstand. Seine introvertierte, »nichtfaschistische« Wesensart – die Wesensart so vieler apolitischer Künstler im Dritten Reich – half ihm wenig. Mochte ihm die halbwüchsige Gertrud ob seines Desinteresses noch impulsiv vorgeworfen haben: »Du bist ein schlechter Nazi!«, so war er später angewiesen auf die entlastenden Aussagen anderer wie die des Dirigenten Franz von Hoeßlin (der seinerseits »angebräunt« war) und eben »seines« Zwangsarbeiters aus dem Rüstungsbetrieb. Von seinem alten Lehrer Kurt Overhoff – selber ein Nazi der ersten Stunde – Jahrzehnte später als »Nutznießer Adolf Hitlers« gebrandmarkt, wurde Wieland als »Mitläufer« eingestuft. Im Unterschied zu seinem Bruder, der Soldat und brav war, der alles mit- und durchgemacht hatte und nun die Ärmel hochkrempeln und anpacken konnte, wird Wieland sich mit den inneren Belastungen seiner an den Nazismus verratenen und verkauften Generation herumschlagen. Ein Bild der beiden Brüder vor dem zerstörten Vaterhaus zeigt die völlig unterschiedlichen Sensibilitäten in charakteristischer Weise: hier der Macher, die Pfeife gutgelaunt im Mund, dort, mit grüblerischem Ausdruck, der andere. »Der Handelnde ist immer gewissenlos; es hat niemand Gewissen als der Betrachtende«, heißt es zu diesem Dilemma bei Goethe.

Weit prominenter als die Söhne war für die Öffentlichkeit natürlich die Mutter. Die nun fünfzigjährige Winifred hatte sich ob ihrer politischen Ehe mit Hitler vor Gericht zu verantworten. Unerschrocken und in härener Kleidung, ganz Mutter Courage, stellte sie sich 1947 den Spruchkammern in Bayreuth, verteidigt von dem prominenten Kommunalpolitiker und Rechtsanwalt Fritz Meyer (seinerseits ein »Mitläufer«), dessen Plädoyer unter der Hand zu einem derart glühend-einfühlsamen Bild des »Revolutionärs« Hitler geriet, daß man ihn zur Ordnung rufen mußte. Nach einem Berufungsverfahren wird Winifred schließlich nicht mehr als Aktivistin eingereiht, was Zwangsarbeit, Berufsverbot, erheblichen Vermögensverlust bedeutet hätte – ihr wurde auch vorgeworfen, sie hätte zu den Ermordungen der Geschwister Scholl, des Pianisten Karlrobert Kreiten und eines Münchner Musikkritikers geschwiegen –, sondern als Minderbelastete der dritten Kategorie. Es wird ihr zuerkannt, in vielen Fällen Menschen geholfen zu haben. In einer eidesstattlichen Erklärung beispielsweise gab die jüdische Pianistin Alice Ripper 1946 bekannt, daß Winifred durch ihre »tatkräftige Hilfe« und »menschlich-edle Art und Gesinnung« nicht nur ihr Leben gerettet, sondern eine »große Anzahl Menschen vor dem sicheren Untergang« bewahrt habe.

Ihrer offensichtlichen Schizophrenie, in Hitler nur den privaten Freund zu sehen und nicht auch den Diktator und Verbrecher, auf seine Partei herunterzuschauen und zu ihrem Führer hinauf, war nach landläufigen Kriterien schwer beizukommen – obwohl gerade diese Schizophrenie für die mentale Verfassung der Nazi-Deutschen exemplarisch gewesen sein dürfte. »Sühnefälligkeit« sahen die Gerichte schließlich nur darin, »daß sie das Gewicht eines der berühmtesten Namen der Kulturgeschichte für Hitler in die Waagschale warf«.

Als eigentliche »Sühne«-Leistung aber empfand Winifred wohl nur eines: die Abgabe der Festspielleitung an ihre politisch als »unbelastet« geltenden beiden Söhne, die zur Bedingung der Möglichkeit einer Wiedereröffnung in familiärer Hand gemacht wurde. Mit dieser Abdankung vom Januar 1949 war Winifreds offizielle »Entnazifizierung« vollzogen. Vor allem bekam sie Redeverbot, »einen Maulkorb umgehängt«, wie sie sagte. In der Tat wird Winifred – zumindest öffentlich – dreißig Jahre lang schweigen. Erst zum hundertsten Jubiläum der Bayreuther Festspiele im Jahr 1976 öffnet diese Pandora ihre Büchse wieder. Als Zeitzeugin vor die Filmkamera geholt, darf sie ihr Herz ausschütten und ein Treuebekenntnis zu Adolf Hitler hinausposaunen. Wieder ist sie die unbeugsam-sympathische Mutter Courage, und siehe da, die fast Achtzigjährige heimst ein letztes Mal Erfolge ein und trickst ihre seit dem

Kriegsende um ein demokratisches und sauberes Bayreuthbild bemühte Familie aus. Ihre »Persönlichkeit« imponierte der Nation. Als Wieland zwanzig Jahre früher, mitten im etablierten Westdeutschland, der Presse gegenüber behauptete, seine Mutter glaube immer noch an den Endsieg, galt das als Satire.

Bis es aber zur Übergabe der Festspielleitung an die nächste Generation kam, zwischen 1945 und 1949, ging es in der Familie wirklich ums Ganze, ging es »ans Eingemachte«. Nie war Erbe und Auftrag, Identität und Besitz so gefährdet wie in dieser Zwischenzeit, die ja für Deutschland insgesamt Neuorientierung und Neuordnung bedeutete. Eine Art Morgenthau-Plan drohte auch den Wagners; jedenfalls war Oskar Meyer, der neue Oberbürgermeister von Bayreuth, der Überzeugung, daß die »letzten zwanzig Jahre der Bayreuther Geschichte ausgestrichen und ausgelöscht« gehörten, da die Familie Wagner ihre Aufgabe mißbraucht hätte. Das Festspielhaus war beschlagnahmt und unter die Treuhänderschaft erst der Amerikaner, dann der Stadt Bayreuth gestellt. Die bayerische Regierung optierte bis Anfang 1949 noch für eine Trennung des Werkes Richard Wagners von der Familie. Im Grunde aber waren alle Parteien ratlos. Den verschiedenen Plänen, die durch die politisierte Landschaft schwirrten, war nur anzusehen, daß man sich nicht mehr allzu monopolistisch wagnerdeutsch gebärden durfte: deshalb die Ideen einer Verwendung des Festspielhauses als Uraufführungsort für moderne Opern oder als Wiedergutmachungsstätte für NS-verfolgte Komponisten oder als »deutsches Salzburg« mit vielfältigem Musikprogramm. Dazu freilich hätte man den Wagnerbesitz verstaatlichen müssen, denn das Testament Siegfrieds untersagte musikalische Vielfalt. Gegen die Pläne zur Verstaatlichung, die aus München immer lauter wurden, setzte sich nun aber wiederum die Stadt Bayreuth, eingedenk ihres Wagner-Kulturvorsprungs gegenüber München ein, und man suchte nach dem Kompromiß – in Gestalt von politisch nicht diskreditierten Wagners.

Das war die Stunde der Ausgestoßenen Franz Wilhelm Beidler in Zürich und Friedelind Wagner in New York. An beide richtete der Oberbürgermeister 1946 Appelle, sich für eine Übernahme der Festspiele bereit zu halten. Warum Friedelind in diesem historischen Moment nicht vorpreschte und die Chance ihres von Wagnerbewußtsein durchtränkten Lebens wahrnahm, wird immer rätselhaft bleiben. »Mein ganzes Leben wußte ich, daß ich eines Tages die Last der Weiterführung der Festspiele auf mich zu nehmen hätte«, schrieb sie noch 1947 nach Bayreuth. Wahrscheinlich aber arbeitete Bruderherz Wolfgang, der mit den amtlichen Stellen in steter Verbindung war, gegen diese Schwesterkonkurrenz. Anders ist sein 1947 plötzlich ausbrechender Defaitismus nicht zu verstehen, der das Kind mit dem Bade ausschütten will und gleich »unsere Familie« für »unfähig« erklärt, die Festspielaufgaben zu übernehmen. Vielleicht aber kam hinzu, daß Friedelind sich verkalkulierte. Beschäftigt mit der Gründung ihrer Opera Company hielt sie einen Wiederbeginn in Bayreuth aus ökonomischen Gründen erst in etwa zehn Jahren für möglich und irrte sich da im Aktivismus der Brüder und Behörden, die eigentlich schon 1950 alles bereit hatten. Später meinte Friedelind, mit Moral camouflierend, was auch Führungsscheu, ein »Kalte-Füße-Bekommen« gewesen sein kann: sie wolle diejenigen, die jetzt zu Boden gegangen sind – ihre Nazifamilie –, nicht auch noch treten. Wahrscheinlich war es aber nicht nur aufblitzende Familiensolidarität, sondern vielmehr die Gefühlsgewißheit, daß, wenn sie sich in den Vordergrund schöbe, für immer offene Feindschaft zwischen ihr und den vereinten Brüdern, von der Mutter ganz zu schweigen, herrschen würde, daß ein Ausgestoßensein mitten in Bayreuth noch härter wäre als das Ausland.

Wagnerenkel Beidler dagegen ging auf den Appell ein und legte der Stadt einen Stiftungsentwurf von höchst demokratischem Charakter vor. Die Wagners kommen darin nicht mehr vor, sie sind enteignet. An der Spitze seiner gesäuberten Richard-Wagner-Stiftung stünde ein Verwaltungsrat, mit dem Ehrenpräsidenten Thomas Mann – der »positiven Wagnertradition« –, dem Bayreuther Bürgermeister als Präsidenten und ihm selber als Generalsekretär; als offizielle Vertreter fungierten Abgesandte der UNESCO, der Militärregierung von Bayern, der bayerischen Landesregierung, des künftigen deutschen Bundesstaats und der Schweiz. Prominente Köpfe aus den Künsten – den musikalisch-theatralischen wie den bildnerischen, auch der zeitgenössischen Musik (Schönberg, Hindemith, Karl Amadeus Hartmann, Arthur Honegger) und Verwaltungsexperten würden ein Komitee erstellen, das über den Umfang und das Programm der Spiele beriete.

Für Wolfgang ist dieser im Licht der weiteren Erfahrungen wie ein Heilsplan anmutende Beidler-Entwurf noch fast fünfzig Jahre später nichts als ein »Silvesterknaller«. Und für die Zurückhaltung seiner Schwester, die der bayerische Kultusminister noch 1949 maßgeblich an den Festspielen beteiligt wissen will, hat er, damals wie heute, nur Hohngeschrei übrig. Die Wahnfriedbrüder versuchten natürlich ihrerseits, ihr Schäfchen ins trockene zu bringen und sich wieder als vertrauenswürdig in den Vordergrund zu schieben, wissend, daß nicht die »Fremden«, die alliierten Sieger und die nach Bayreuth zurückkehrenden jüdischen Kulturstadträte, ihr Problem sein würden, sondern nur die »Eigenen«. Unter diese zählte schließlich auch Heinz Tietjen, der sich wieder zu Wort meldete und aus dessen Briefwechsel mit seinem alten Gefährten Preetorius nicht nur unverminderte Wut über das »Arschloch Wieland« klingt, sondern der alles dransetzte, um das Ante-portas der Brüder Wagner zu verhindern und seine alte Mannschaft wieder zu installieren. In der Tat war der Festspielgedanke trotz aller Widrigkeiten auch bei Wieland nie erloschen, obwohl er in der französischen Besatzungszone festsaß und sich für den Gang der Dinge auf seinen Bruder verlassen mußte. Er kultivierte die Idee eines »Auslands«-Bayreuth – Monte Carlo – und manifestierte dabei Familiensinn: mit einer Beteiligung zu gleichen Teilen für die Familienmitglieder. Außerdem erkundigt er sich überall nach neuen Sängern und alten Dirigenten und ist froh, wie er an »Mitzi« schreibt, »mit Gertrud über künstlerischen Problemen brüten zu können«. Er nutzt die Bodenseer Interimsjahre zu Wagnerstudien und jener psychoanalytischen und kunstgeschichtlichen Lektüre, die ihm die Nazizeit vorenthalten hatte.

Schließlich kommen politische Interessen und dynastisches Denken zusammen: Die Amtszeit des oppositionell eingestellten Bayreuther Stadtoberhauptes geht zu Ende, mit seinem Nachfolger Hans Rollwagen tritt 1948 ein familienpolitisch freundlicher Mann das Amt an, die Sozialdemokratische Partei geht mit der Parole, daß das Haus Wagner und die Festspiele zusammengehören, in die Stadtratswahl, mit der Währungsreform ist eine neue Zeit angebrochen, und schließlich gibt auch Bayern nach. So wendet sich endlich das zeitweilig schwankende Blatt zugunsten der Familie. Mit dem Verzicht der Mutter ist auch das Festspielhaus aus der Treuhänderschaft entlassen, und der Weg frei für die männliche »Wahnfriedjugend«. Inzwischen Anfang Dreißig, schienen die »jungen Leute« oder die »Wagner-Buben« für ihre zahlreichen Gegner, vor allem aus dem Kultusministerium in München, unreif und ungeeignet für das hohe Amt. Während sich bei Wieland Trotz rührt und er der Welt zeigen möchte, daß Richard Wagner kein Nazi war – daß nicht, um Thomas Mann zu zitieren, »viel Hitler in Wagner«, sondern nur viel Wagner in Hitler war –, bewerkstelligt Wolfgang schwungvoll die organisatorischen Vorbereitungen.

Nicht immer können die Mittel ganz sauber sein: Ein Mann aus alter Zeit taucht auf, der Freikorps-Anhänger und jetzige »Iduna«-Versicherungsmann Gerhard Rossbach muß erst die Liquiditätsprobleme aus dem Weg räumen. Doch 1949 schließen sich, angeworben von Wolfgang und der während des Krieges als »Doppelagentin« verschrieenen Gerta von Einem, der Mutter des Komponisten, Mäzene aus Industrie und Wirtschaft zusammen, um als »Gesellschaft der Freunde von Bayreuth« erhebliche Finanzhilfe zu leisten. Als schließlich der bayerische Staat und die Rundfunkanstalten noch Zuschüsse garantieren, sind die finanziellen Probleme gelöst. Bei den politischen hilft das symptomatische Ausbleiben von Selbstbezichtigung und Schuldgefühl, das für das Werden Adenauer-Deutschlands ringsum charakteristisch ist. Mit Wilhelm Furtwängler, der mit Beethovens »Neunter« eröffnet, werden auch andere Künstler und Mitarbeiter aus den Glanzzeiten des Dritten Reiches geholt. Wo sollte man schließlich die Fachkräfte für den Neubeginn hernehmen? »Der Körper des deutschen Volkes blutet aus schweren und tiefen Wunden [...]. Das Einzige, was uns unverletzt erhalten blieb, ist die deutsche Seele«, hatte der Industrielle Moritz Klönne von den »Freunden« im Jahr zuvor bei der Pfingsttagung im Festspielhaus – bei der der andere »neue« Festspielmitarbeiter, Herbert von Karajan, ein Konzert mit den Wiener Philharmonikern gab – geklagt. Und zur »deutschen Seele« gehöre die deutsche Kultur, gehöre »unser« Wagner, den uns »keiner nehmen« kann. Nicht nur avancierte der kleine PG und Buchhalter seit 1938 im Festspielhaus, Heinrich Sesselmann, zum Personal- und Finanzverwalter oder kehrte mit dem seit 1931 tätigen Beleuchtungsfachmann Paul Eberhardt ein glühender Ex-Nazi selbstverständlich an seinen Platz zurück. Auch die »größeren Tiere«, darunter der wendige Heinz Tietjen, waren bald wieder im Amt, 1956 wird er Intendant an der Hamburger Staatsoper. Nur »unsere verehrte Frau Winifred«, so Klönne bedauernd und ihre Nibelungentreue zu Spartanertugend umfärbend, dürfe sich, »so wie das Gesetz es befahl«, nicht mehr mit den Bayreuther Dingen befassen. Weiterhin verehre man sie trotzdem als »Repräsentantin dieses Hauses, in dem sie so oft als Herrin aufgetreten ist«. Noch 1953 wehrte der damalige Vorsitzende der Mäzene, der Düsseldorfer Konsul Franz Hilger, eine geplante Einladung Thomas Manns zu einem Vortrag während der Festspielzeit erschrocken ab. Diese »höchst umstrittene Persönlichkeit« bedeute »Zündstoff«, man habe es nicht nötig, sich damit zu belasten. Wahrscheinlich dachte er an Manns Münchner Vortrag von 1933, gegen dessen »herabsetzendes« Wagnerbild schließlich auch der jetzt und hier in Bayreuth dirigierende Hans Knappertsbusch unterzeichnet hatte; vielleicht auch an Manns kritische Hitlersendungen aus den USA.

Sichtbares Zeichen jener unverdrossen mit Heroenideologie durchtränkten Geistigkeit, die sich in Bayreuth wahrscheinlich nie ganz ausblenden läßt, ist die wuchtig gekerbte Wagnerbüste Arno Brekers, die die »Freunde von Bayreuth« den neuen Chefs zum Geschenk machen und die im Festspielhauspark aufgestellt wird. Bis in die späten 70er Jahre ist die Huldigungstätigkeit dieses ehemaligen Hofbildhauers des Dritten Reiches für die Festspiele zu beobachten: Auch Franz Liszt und seine Tochter Cosima werden zu furchterregenden Breker-Köpfen verarbeitet. Nur eine ist freudig bewegt und dankbar, in diesen Nachschlag faschistischer Ästhetik einbezogen zu werden: die Stehaufmutter Winifred, die dem von den deutschen Museen abgelehnten Künstler im Jahr 1977 Modell sitzt. Dezenterweise aber wird ihr Kopf »nur« im Foyer der Bayreuther Stadthalle aufgestellt.

Die Wiedereröffnung des Wagnertheaters im Sommer 1951 aber ist ein international beachtetes Großereignis. Die

»Weltdiskussion um Bayreuth« – so der Titel einer von der Leitung herausgegebenen Broschüre – kann wieder anfangen, und sie fängt dank des überraschenden szenischen und darstellerischen Stilwillens Wieland Wagners tatsächlich an. Während man – teils aus Arbeitsüberlastung, teils aus bewußter Doppelstrategie – das Publikum mit einer konventionellen *Meistersinger*-Produktion beruhigte, die von zwei Veteranen, Winifrieds Architekt und Gertruds Onkel Hans Carl Reissinger und dem von der Münchner Staatsoper kommenden Rudolf Otto Hartmann betreut wurde, und man mit Dirigentenstars wie Herbert von Karajan, Hans Knappertsbusch und Joseph Keilberth durchaus ans hohe musikalische Niveau der Vorkriegszeit anknüpfen konnte, so verletzte Wieland mit seinem *Parsifal* und seinem *Ring* in einem heute nicht mehr vorstellbaren Maß die Eigenliebe der Wagnerianer. Alles, woran sie sich optisch erinnern konnten, war ihnen genommen, sie starrten in Leere und Dunkelheit und bekamen nur einige abstrahierte topographische Hinweise zum Bühnengeschehen. Das in Umlauf gebrachte Wort von der »Entrümpelung« verhinderte die Wahrnehmung, daß es ein durchaus wagnergerechtes kultisches Theater war, das unter veränderten Vorzeichen hier stattfand. Die Wogen der Erregung gingen hoch, Altwagnerianer gründeten bald einen »Verein zur werkgetreuen Wiedergabe der Werke Richard Wagners«, kurzfristig drohten auch finanzielle Defizite durch rückläufigen Kartenverkauf, doch ab dem dritten Jahr schon ging es aufwärts, die etwas dreist im voraus veranschlagte »Weltdiskussion« fand wirklich statt unter den Weltbürgern aus Europa und Amerika, und Bayreuth gab sich offen für Presse und Prominenz, für Gewerkschaften und Studenten. Auch die neuen Demokraten aus Politik und Wirtschaft erschienen, zumindest die bayerischen. Daß Bundespräsident Heuss die kalte Schulter zeigte, hatte nicht so sehr politische Gründe als persönliche: Schon in seiner Jugend hatte er nicht von Wagner erlöst werden wollen, schrieb er den beleidigten Festbayreuthern.

Nichts schien in jener Nachkriegs-Gründungszeit so »vorbei« wie das Dritte Reich. Die Proteste gegen die schleichende »Entwagnerung« Wagners, denen ihre politische und ästhetische Provenienz leicht anzusehen war, waren Rückzugsgefechte, und die vereinzelten politischen »Bedenken« des Auslands verstummten schnell. Mit einem geschickten und geschichtsträchtigen Schachzug hatten die neuen Herren außerdem gleich im Eröffnungsjahr ein Plakat angebracht, dessen Text den Nerv einer politikgeschädigten Zeit traf und über sein (ironisches) Politikverbot zugleich erkennen ließ, daß man um die »Janusköpfigkeit« Wagners sehr wohl Bescheid wußte. »Im Interesse einer reibungslosen Durchführung der Festspiele bitten wir von Gesprächen und Diskussionen politischer Art auf dem Festspielhügel freundlichst absehen zu wollen.« Und sie fügten demonstrativ das bekannte Zitat aus den *Meistersingern* hinzu: »Hier gilt's der Kunst«, welches schon von Vater Siegfried in prekärer politischer Lage zitiert worden war, 1925, um zu verhindern, daß sich das Publikum noch einmal, wie im Vorjahr, vom deutschnationalen Schluß der Oper zum Absingen des Deutschlandlieds inspirieren ließe. Damals hatte die arglose Bitte um eine Trennung von Kunst und Politik den Lauf der Dinge nicht aufhalten können, so wenig wie, perverserweise, jene ähnlich lautende Bitte Adolf Hitlers selbst bei den Festspielen von 1933. Nun aber, im veränderten »postpolitischen« Kontext, entwickelte diese anspielungsreiche Aufforderung fast die Kraft einer Gegnerschaft gegen Politik durch Kunst.

In der Tat würde Wagner dem Bewußtsein wohl nie wieder derart ideologiefrei erscheinen wie damals in der kurzen Periode des neuen Anfangs. Wagner war so befreit, wie es das Subjekt von sich selber annahm; von »Schuld« war nirgends die Rede. Das außerordentliche, an Euphorie grenzende Klima der Zusammenarbeit und des Zusammenhalts hatte seinen Grund auch in dieser Befindlichkeit. Hinzu kam die materielle Knappheit der Nachkriegszeit, die den gemeinschaftsstiftenden Kitt bildete. Die »arte povera« auf der Bühne verdankte sich zwar ausschließlich einem subjektiven ästhetischen Willen, dennoch harmonierte sie mit den Bildern der Städte, durch deren Brachflächen der Wind pfiff, und mit der gesellschaftlichen Armut insgesamt.

Nach dem Abfluten von Katastrophenwellen, manchmal auch im Aufwind einer Utopie wie der russischen Avantgarde in den zwanziger Jahren, scheint es Epochen zu geben, in denen ein »Kunstparadies« auf Erden möglich ist. Für kurze Zeit freilich immer nur. Auch das Nachkriegsbayreuth, als »Neubayreuth« einen Stilbegriff darstellend, sollte in seiner eigentlichen Form nur etwa neun Jahre dauern – neun Jahre brauchte es, bis Wieland Wagner das Repertoire am grünen Hügel einmal durchinszeniert hatte – ab da änderten sich Stil, Bewußtsein, Seinsweise.

Vom inneren Pathos des neuen Anfangs aber zeugt eine Szene, in der die Familiengeschichte wieder einmal gleichsam stillsteht und Atem holt. Kurz bevor der Zuschauerraum für die erste Vorstellung nach dem Krieg, für den *Parsifal* in Wielands Bühnenbildern und Regie verdunkelt wurde, trat, für alle Beteiligten unerwartet, der älteste Wagnerenkel vor den Vorhang und gab seinem Empfinden dieser Stunde Ausdruck. Niemand hat diese improvisierte kurze Ansprache aufgezeichnet, doch wer dabei war, erinnert sich an diese Rede wie an eine Traumrede, die neben »Dank« und »Anfang« und »Geschichte« die tiefen, qualvollen Verwurzelungen dieses Menschen mit seinem Auftrag für Momente erkennen ließ. Seit seiner Geburt lief er gleichsam auf diesen Augenblick zu, das Übermaß von Glück und Angst, Triumph und Hoffnung sprengte jetzt die inneren Korsette des Verschwiegenen. Daß nur der transzendierte Augenblick die Geschichte zur Anschauung ihrer selbst bringt, diese Erkenntnis teilte sich dem Auditorium mit; dann hatte die Musik das Wort.

Aber auch Wolfgang konnte zufrieden sein. Mit dem Jahr 1953 waren die finanziellen Engpässe weitgehend überwunden, der Kartenverkauf lief, und auch die Subventionsgeber in München fanden, nicht anders als die internationale Presse, daß die »due fratelli« den Wagnerzirkus fest in den Griff bekommen hatten. Die Etablierung des Festspiels konnte ihren Lauf nehmen, als »Neubayreuth« erlebte Wagner nicht nur eine ästhetische und ideologische Wiedergeburt aus dem Geist des Experiments – das »Regietheater« nahm hier einen neuen Anfang –, sondern nahm auch wirtschaftlich an der Prosperität der sich durchs Bündnis mit dem Westen stabilisierenden Deutschlandhälfte teil. Und die Familie hatte sich als stärker erwiesen als alle Versuche, sie in der »Flüssigkeit des Staates« aufzulösen. Nach der Hausmacht Wahnfried, die Cosima geschaffen und mit Siegfried dynastisch gefestigt hatte, nach der Überformung des Wagnerstaates durch den Hitlerstaat, war nun die Zeit einer demokratisch geführten Kunstinstitution mit Wohnsitz Wahnfried gekommen.

Doch wie heißt es bei dem Verfasser der Streitschrift gegen Wagner aus musiksoziologischer Perspektive, geschrieben in der Emigration 1939/40, Theodor W. Adorno? Die Institution als vergegenständlichte Beziehung zwischen den Menschen verlängere sich in den Menschen hinein und konstituiere dort eine »innere Fremde«. Trieb das Festspielhaus nun schon seit zwei Generationen die Beziehungen in Wahnfried in die »innere Fremde«, so verschärfen sich die Verhältnisse in der Nachkriegsära durch die Doppelherrschaft zweier Brüder noch einmal in besonders tückischer Weise.

Jahrelang dringt davon wenig an die Öffentlichkeit: man

weiß, was man den Subventionsgebern und der sogenannten reibungslosen Durchführung der Spiele schuldig ist. Doch kaum war familiäre Solidarität durch die Krise von außen hergestellt, beginnt im Innern der Familie ein Prozeß langsamer Spaltung und Dissoziierung. Und zwar nicht nur durch den strukturell verhängnisvollen Dualismus an der Spitze, sondern auch zwischen den Geschlechtern, entlang der weiblich-männlichen Front. Es ist, als ob Fortuna es einfach nicht fertigbrächte, die Waagschale mit den Glücksgütern dieser Welt in die Höhe zu stemmen, ohne daß die andere, in der die Seele und das Selbst der Menschen liegen, in die Tiefe sauste.

Zunächst ging alles gut. Die Familie hatte ihre disjecta membra wieder eingesammelt und sich verteilt. Wielands Familie, inzwischen um zwei weitere Kinder angewachsen, Nike und Daphne, geboren 1945 und 1946 – erstere wurde vom Vater als »überflüssig« eingestuft, und letztere hätte ein Bub sein sollen –, war 1949 ins zusammengeflickte Wahnfried eingezogen. Wolfgang, dem anheimgestellt worden war, ein gleiches zu tun, wehrte sich mit drastischen Worten: »In des Haus bringt mich kaana mehr nei!« Er bevorzugte das kleine Gärtnerhäuschen neben dem Haupthaus für die Seinen, zu denen nach Evchen seit 1947 ein Sohn, Gottfried, hinzugekommen war. Zur allgemeinen Überraschung konnte er aber bereits 1955 mit einer eigenen Villa in schönster Parklage neben dem Festspielhaus aufwarten; sie hatte dem ehemaligen Verwaltungsdirektor der Festspiele, Wilhelm Schuler, gehört. Die Familie Verenas, seit Amélies Geburt im Jahr 1944 bis 1952 vergrößert um Manfred (1945), Winifred (1947), Wieland (1949) und eine kleine Verena (1952), war am Bodensee verblieben, weil sich ihr Mann dort in der Nähe am Aufbau neuer Firmen beteiligte – »Lafferentzens« bildeten seither eine Art »schwäbischer Filiale« Wahnfrieds, und man sah einander vor allem zu den Festspielzeiten in Bayreuth. Was aus der beiseite geschobenen »Schweizer Filiale« der Beidlers geworden war, schien man gar nicht zu wissen. Doch ja, Winifred wußte es sicher: seit 1942 gab es da auch eine Wagner-Urenkelin, Dagny Ricarda mit Namen. Nach dem frühen Tod ihrer Berliner Mutter wuchs sie bei ihrem Vater, der bald darauf ein zweites Mal geheiratet hatte, in Zürich auf. Sehr fern von Bayreuth, das sie erst als 22jährige kennenlernen wird, und gänzlich fremd den Verwandten.

Wieder begann es unbeschwert. Mit Beginn unserer Jahrhundertmitte bescherte Wagners Villa zum dritten (und letzten) Mal einer Riege von Sprößlingen die »magische« Kindheit und Jugend, und wieder ist, wie bei den Bülow/Richard-Kindern ein einziger Sohn da, eingebettet in einen Schwesternschwarm; wieder werden die Weihnachts- und Geburtstagsfeste ausgiebig gefeiert, toben große Hunde durch die Hallen und gibt das Festspielhaus mit seinen Beleuchtungsbrücken und Versenkungen, dem modrigen Kostümfundus und dem nach Terpentin riechenden Malersaal den abenteuerlichsten und aufregendsten Privatspielplatz der Welt ab. Zur Viererbande von Wahnfried, zu Iris, Wolf Siegfried, Nike und Daphne, gesellt sich des Onkels blondes Kinderpärchen, und man teilt Garten, Schaukel und Sandkasten unter den hohen Bäumen des Wahnfriedgartens miteinander. Nur manchmal stößt der kleine Gottfried voller Wut seinen Fuß in die Fensterscheiben der Wahnfriedküche, die im Keller liegt. Der Jahrgang 1945, Eva und Nike, tippeln zusammen die Richard-Wagner-Straße hinauf und sind in der Volksschule in derselben Klasse, während die beiden Jüngsten der respektiven Stämme, Daphne und Gottfried, im Dunkel der hohen Zwischentüren in Wahnfried frühkindliche Geschlechterforschung betreiben. Dann müssen die Wolfgangkinder umziehen in die prächtige »Schuler-Villa«, die Türen schließen sich hinter ihnen. Noch fast vierzig Jahre später freut Wolfgang sich über diesen gelungenen

Coup einer Trennung der Familien. »Wie Friedrich der Große einst sein ›Sans-Souci‹, besaß ich dann mein ›Sans-Famille‹«, erinnert er sich stolz.

Ein Berührungsverbot hatte sich jedoch schon auf dem Wahnfriedterrain bemerkbar gemacht. Den Wolfgangkindern war dort schon verboten worden, mit den Wielandkindern zu spielen – von denen lerne man nur »schlechte Wörter«. Fürs Zuwiderhandeln wurde der ungebärdige Gottfried streng bestraft – noch heute erinnert er sich an die Schmerzen, die die durch die Verwundung gefühllos gewordene verkrüppelte Hand seines Vaters beim Zuschlagen hervorrief. Doch war den interfamiliären Annäherungsversuchen durch den Umzug Wolfgangs in die »Villa Drexel«, wie Wieland sie höhnisch-süffisant nach dem Familiennamen seiner Schwägerin nannte, sowieso ein Ende gesetzt. Durch Schulwechsel und durch ihre verschiedenen Internate später werden die Cousins und Cousinen noch weiter auseinandergetrieben. Wolfgangs antifamiliärer Affekt ließ auch auf dem Festspielhügel keine Gemeinsamkeiten enstehen: Während die Kinder Wielands bei den Proben und den Vorstellungen im Festspielhaus aus- und eingingen, alles sehen und hören konnten, die Einzel- und Stellproben, die Beleuchtungs-, Haupt- und Generalproben und alle »Kräche« miterlebten, waren die Wolfgangkinder nie zu sehen. Gottfried erzählt rückblickend, daß es besonders untersagt war, die Arbeit von Onkel Wieland zu beobachten. Schlich er sich dennoch heimlich zu dessen Proben in den Zuschauerraum, setzte es wieder Strafen. In Wahnfried wußte man nichts davon, keiner konnte ein gutes Wort für den Jungen einlegen.

Mit der Bodenseeschar sind die Wahnfriedkinder noch aus der Zeit vor dem Umzug ins restaurierte Wahnfried vertraut, danach sind auch hier die Berührungen spärlich. Dennoch verband auch diese Gruppe eine diffuse, schwer zu definierende Gemeinsamkeit. Weil Amélie, auf dem Topf sitzend, ersten Sprachunterricht von »Wummi« – das ist

Wolf Siegfried – bekam? Oder Iris im Bodensee schwimmen lernte? Oder die von Omi gestrickten Höschen ständig die Besitzer wechselten? Oder Nike auf den Knien des riesigen Bodo Lafferentz herumkletterte und Wummis erstes rotes Schiebeauto in Nußdorf über die Steine ratterte? Weil der meistens neblig verhangene Bodensee gemeinsame Erinnerungen stiftete? In den unmittelbaren Nachkriegsjahren jedenfalls verbreitete sich eine von Haferbrei und Bratkartoffeln grundierte Nestwärme. Für die Erwachsenen eine »nachpolitische«, für die Kinder eine vorpolitische Zeit – für beide also gleichsam eine aus aller Verantwortung ausgeklammerte Idylle.

Jetzt aber sitzen die Amerikaner im ehemaligen »Führerbau« neben Wahnfried, das ist aufregend, von dort kommt die erste Schokolade; manchmal geht's auch zu der Omi nach Oberwarmensteinach ins Chalet »Exil« – wo, wie ein Schatten aus den Nebeln der Vorzeit, ein Herr Tietjen zu gemeinsamen Spaziergängen auftaucht. (Der von seinem ehemaligen ödipalen Widersacher Wieland doch tatsächlich 1955 für ein *Lohengrin*-Dirigat ins Festspielhaus zurückgeholt werden wird.) Bald folgt das erste Huhn im Topf, bald der Mercedes und der Borgward vor der Tür, das Wirtschaftswunder ereilt, in Zusammenhang mit dem Wiederbeginn der Festspiele, auch Bayreuth, und die Wahnfriedkinder wachsen in die bescheidene Bayreuther Jazzkellerwelt hinein, in die Welt der Pferdeschwänze, Petticoats, Eisdielen und jener Bayreuther Gymnasien, in denen auch der soziale Neid hauste: »Ihr meint wohl, ihr seid was Besseres, weil ihr Wagner heißt!?«

Was »Besseres« im Kleinstadtverstand waren die Wagnerurenkel ja wirklich. Dafür sorgte vor allem die Festspielzeit selber. Mit den Bodensee-Verwandten trafen sie sich im Dunkel der Familienloge, die Mädchen in ihren Piquékleidchen, die Buben in ihren adretten dunklen Anzügen, umgeben von den Eltern im Festhabit, die Damen zumeist schulterfrei, mit obligater Tüllstola oder im Runddekolleté mit Moiréschärpe, und die Herren im immergleichen Smoking. In die Helligkeit der Pausen entlassen, mischten, zerstreuten, teilten sich die Generationen: Winifred hielt Hof im sogenannten »Kabuff«, einem Zimmerchen im Königsbau, Wieland und Gertrud rauschten zu Lob und Tadel in die Sängergarderoben oder trafen Gäste in den primitiven Büros, die Kinder rannten ums Haus und trafen sich entweder bei fränkischen Bratwürsten in der Kantine oder bei Eis und Coca-Cola im Festspielrestaurant, dessen Bretterbudenhaftigkeit von den faltenwerfenden Stoffbahnen an den Wänden auf eine Weise gnädig verhüllt wurde, daß es erst recht ein Graus war. Nur die Frau Wolfgangs, die gazellenhafte Ellen und ihre beiden Kinder sah man nie im Premierentrubel. Später beklagte Gottfried sich, daß sie immer diktatorisch in die Ferien verschickt wurden, wenn der Rummel begann, und Ellen war einfach als »scheu« bekannt. Man wußte nie genau, was los war – wollte Wolfgang sich vielleicht schutzherrlich vor seine Familie stellen, um Klatsch und Tratsch, wie seine Mutter ihn liebte und in detaillierten brieflichen Schilderungen an ihre Kreise breittrat, zu verhindern?

In der Vorbereitungsphase ihrer Arbeit waren die Brüder sich einig, daß der eine, Wieland, mit Regie, Bühnenbildern und Kostümen die künstlerische Verantwortung übernehmen und Wolfgang sich um die umfangreichen praktischen Dinge kümmern würde. Das hatte die evidenten Vorteile der Arbeitsteilung, war aber auch in psychologischer Hinsicht ein kluges Arrangement. Wieland konnte ungehindert seine Ideen realisieren und der Jüngere seine bewährte Schutzhaltung im Schatten des Älteren einnehmen und sehen, wie und wohin die Dinge laufen würden. Er hätte sicherlich nicht die Theaterskandale riskiert, mit denen sein Bruder die Öffentlichkeit sofort polarisierte und das Unternehmen (vorübergehend) gefährdete. So sah es denn nach außen durchaus nach Harmonie aus. Über die Komplementarität ihrer Talente war die Öffentlichkeit entzückt, und es war unverkennbar, daß sie einander gern hatten in ihrer Verschiedenheit. Vor allem Wolfgang orientierte sich an Wieland und ordnete sich dem Schwierigeren – wie auf ihrer legendär gewordenen Italienreise vor dem Krieg – gern und flexibel zu. Es wurde zwischen ihnen sogar eine Art Spiel, sich, wie in einer guten Ehe, lästiger Dinge in der Öffentlichkeit mit dem geflügelten Wort zu entziehen: »Besprechen Sie das mit meinem Bruder ...!« Außerdem glichen sie einander in ihren wagnerischen Gesichtszügen. Obwohl Wielands Figur weich und etwas pinguinhaft wirkte und er die Füße beim Gehen linkisch nach innen drehte und Wolfgang smart, schlank und sportlich daherkam, verwechselten die Pressephotographen die beiden häufig, und unter Wielands Bild stand Wolfgangs Namenszug und umgekehrt. Dem kollektiven Wunschbild nach waren sie eins: Die geheime und von Mythen und Sagen geheiligte Identität von Brüderpaaren kam in diesen Fehlleistungen des Alltags zum Vorschein, sie waren ein Herz und eine Seele, Aufspaltungen der einen Natur in zwei, irdische Verwandte des Zwillingspaares am Sternenhimmel. Und dann noch »echte« Wagner-Enkel! Bayreuth hatte durchaus seinen neuen Familienmythos. Keine »hohe Frau« mehr, aber Romulus und Remus.

Daß einem Familienmythos familiäre Opfer gebracht werden, gehört zu den archaischen Herrschafts- und Hordengesetzen. Gut wagnerisch beginnt das hier mit Verträgen. Mit der Entmachtung Winifreds – Abdankung wäre ein zu nobles Wort für diese erzwungene Handlung – war erst die politische Anstößigkeit beseitigt, die inneren Strukturen mußten noch fixiert werden. Wovon denn sollte die Siegfried-Witwe zum Beispiel in Zukunft ihren Unterhalt bestreiten? Zusammen mit dem Rechtsanwalt Gottfried Breit – in der Folge stets Wolfgangs Gewährsmann – einigte man sich auf ein Mietverhältnis zwischen den Generationen. Die Mutter, immer noch Vorerbin des gesamten Wagnerbesitzes, würde ihr Festspielhaus gegen Unterhaltszahlungen an ihre Kinder vermieten. Das sicherte ihr die finanzielle Unabhängigkeit, und zugleich blieb ihr auch eine interne Oberhoheit erhalten. So weit, so gut. Nur: wer sind die Kinder? Nach dem Testament ihres Mannes hätte sie alle vier Abkömmlinge berücksichtigen müssen, und auch in der Gründungsversammlung der Geldgeber von 1949 wurde festgehalten, daß die Geschwister Wagner gleichberechtigt seien. Der Mietvertrag aber wurde nur mit den beiden Söhnen abgeschlossen – was einen glatten Rechtsbruch im Verhältnis zu den beiden Töchtern darstellte. Winifred, auf »männliches Denken« dressiert, hielt es nicht einmal für nötig, Verena oder Friedelind davon in Kenntnis zu setzen. Schwere Kränkung und Enttäuschung über den Verrat der Mutter kennzeichnen die Klage Verenas, »daß man von uns keinerlei Notiz nimmt und nicht im entferntesten daran denkt, daß wir neben der Liebe zu der Bayreuther Sache auch noch Rechte haben, die Du zu verteidigen die Pflicht hast«.

Solche Töne kennen wir schon von den Töchtern Cosimas. Doch Verena mochte sich damals im Frühsommer 1950 aufregen, wie sie wollte, und ihre Schwester Friedelind aus Amerika zu Hilfe rufen – es nutzte nichts. Sie hatten verloren, da die Brüder das Komplott offensichtlich mitmachten und der Vertrag, hinter ihrem Rücken abgeschlossen, bereits perfekt war. Siegfrieds Testament war einfach beiseite geschoben worden. Bruder Wolfgang rechtfertigte diesen einfach gestrickten männlichen Hegemonialegoismus mit dem Hinweis auf die Rechte der Stärkeren. Nur weil sie, die Brüder, die »besten Voraussetzungen« und »großen Fleiß und Emsigkeit« aufwiesen, könne man die Fortführung der Festspiele durch die Familie überhaupt gewährleisten. Wieder dasselbe Spiel: erst schickt man die Töchter auf Haushaltungsschulen, dann haben sie leider nicht »die besten Voraussetzungen« fürs Theater, während jene davon profitieren, deren Begabung auch nicht erwiesen ist, denen der Darwinismus in Natur und Gesellschaft aber den Vorrang einräumt. Tat denn keiner den Blick zurück in die weiblich geprägte Familiengeschichte? Stand Cosimas hohe musikalische Bildung noch außer Frage, so hatte Winifred außer allgemeiner Tüchtigkeit keinerlei »Voraussetzungen« für eine Leitung der Festspiele gehabt. Ihre Erzieher hatten ihr »klaren Verstand und kaufmännische Anlagen« attestiert, ihr zugunsten einer Haushaltungsschule aber baldigst die Qualen einer musikalischen Ausbildung erspart, und trotzdem »schmiß« auch sie auf ihre Weise über Jahre hinweg »den Laden«. Doch wie Cosima, deren klassizistische Haarfrisur sie imitierte, schaltete Winifred ihre erwachsenen Töchter mit einem Fingerschnippen von Zugängen zu analoger »maskuliner« Selbstverwirklichung aus, schnitt ihnen, eine eifersüchtige alte Parze, den Lebensfaden, der sie mit Bayreuth verband, kurzerhand durch.

Es liefen aber noch andere unheilvolle Fäden durchs Geschehen. Die Schwestern waren nur die unmittelbaren Opfer des Vertrages zwischen der Mutter und den Söhnen, andere folgten. Man muß ja nicht immer einen Dolch blitzen sehen, um zu wissen, daß ein Mord geschieht, heißt es bei Arthur Schnitzler. Erneut waren mit dem Anfang der Festspiele Weichen für eine Wiederkehr des nur durch den Krieg beiseite geschobenen »unseligen Bruderzwistes« gestellt worden. Auch ohne Tietjen beging Mutter Winifred entscheidende Fehler. Die Konzepte der Stärke hatte sie verinnerlicht, aber ihre weiblichen Ich-Anteile spielten ihr immer wieder gern den einen Streich – auch mal schwach sein dürfen gegenüber männlichem Auftreten und männlichem Begehren. Jetzt waren die potentiellen Ehemänner weg, aber es waren starke Söhne da, ein eigenwilliger, eindrucksvoller, mit dem sie nicht zurechtkam, und ein geschickter, tüchtiger, der ihre spezifischen kaufmännischen Talente geerbt hatte, ihr jedoch an »Bauernschlauheit« – so Verena über Wolfgang – himmelhoch überlegen war. Der Ältere verlangte die alleinige künstlerische Leitung, der andere verlangte die Teilung. Statt nun, wie sie es begonnen, die testamentarischen Bestimmungen Siegfrieds bis zum bitteren oder besseren Ende zu vernachlässigen, wich sie dem Druck der Situation, zog sich auf eine Scheingerechtigkeit zurück und setzte zwei Menschen, nein: zwei Männer in dieselben Rechte und in dieselbe Position ein. Nach dem Motto der Unverbesserlichen – sie wissen es, aber sie tun es trotzdem – handelte sie damit wider alle Evidenz und Erfahrung, die dem Älteren längst die künstlerische Linie zuerkannt hatten. Dümmliche Muttergefühle waren es, die sie für diese konfliktträchtige Entscheidung mobilisierte: Wolfgang, der arme Kleine, würde seinem Bruder helfen, sein Bruder bräuchte ihn, man könne doch nicht so ungerecht sein. Dringlich hatte Wieland in vorausgehenden Gesprächen Wolfgang klarzumachen versucht, daß die Doppelkonstruktion Unsinn sei, und ihn gebeten, ihm die Kunst zu überlassen; doch das endete nur in Ärger und Streit. Andrerseits kann man es Wolfgang schwerlich übelnehmen, daß er jetzt nicht souverän zurücktrat. Denn es ging für ihn doch darum, endlich aus den Kinderschuhen herauszukommen und nicht mehr als die Nummer zwei dazustehen. Hatte er schließlich nicht auch »Voraussetzungen«? Konnte er, in seinem blinden Ehrgeiz nach Gleichrangigkeit, voraussehen, daß er sich erst recht eine Grube grub? Daß die Geschichte Neubayreuths ihn auf die Dauer erbarmungslos dorthin verweisen würde, wo er immer schon war, auf die Stelle eines hochgelobten Organisators und talentlosen Regisseurs? Daß Mitarbeiter wie Paul Eberhardt sich Wieland nähern würden mit der formelhaften Beschwerde: »Herr Wagner, Ihr kleiner Bruder ...!«

Blind wie ein Huhn fürs Einmaleins der Psychologie, blind für die verheerenden Folgen für beide Söhne, setzte

Winifred ihre Unterschrift unter einen Vertrag, der Wieland und Wolfgang dazu verurteilte, Fafner und Fasolt zu werden oder, was nicht vorteilhafter ist, Mime und Alberich.

In den ersten zwei Festspieljahren wird der künstlerische und ideologische Paradigmenwechsel vom »Tempel« zur »Werkstatt« in Bayreuth vollzogen, sie sind stürmisch nach außen, aber solidarisch und intensiv nach innen. Wieland gewinnt an künstlerischer Sicherheit, er ist überzeugt davon, daß sein Weg richtig ist. Das Jahr 1953 aber bedeutete bereits das Ende seiner künstlerischen Alleinherrschaft, 1953 ist Bruder Wolfgang an der Reihe, sich einem Werk des gemeinsamen Großvaters zu stellen, und er wird mit dem *Lohengrin* debütieren. Ein letztes Mal versucht Wieland, seinen bedrohlichen Bruderschatten loszuwerden. Es kommt zu einer dramatischen häuslichen Szene, in der Wieland, obwohl seine Schwägerin Elfriede dabei ist, seiner Erbitterung und Wut freien Lauf läßt und den Bruder mit jener zielsicheren Gemeinheit fertigmacht, die auch zu seinen Talenten gehörte.

»Zur Sau machen« ist ein beliebter Ausdruck in Wahnfried, der vor allem in den ersten Festspieljahren genugsam in die Tat umgesetzt wurde. Arbeitsüberlastung allein konnte die Wielandsche Gewalttätigkeit in der Tat nicht immer entschuldigen. Unglücklich über die theaternotorische Diskrepanz von Idealität und Realität, über eine Farbschattierung, die sich mit dem noch relativ primitiven Beleuchtungsapparat nicht erzielen ließ, tobt er häufig seine Wut an den Mitarbeitern aus und entläßt bereits wegen Geringfügigkeiten. Einmal kippt er wütend seinen vollgepackten Schreibtisch um, nur weil das Durchschlagpapier fehlte. Das Wort von den »Festspielleichen« geht um. (Zu Hause in Wahnfried könnte man von »Küchenleichen« sprechen. Wehe, es wird der Basisgenuß verweigert, wehe, es geht ein Essen schief. Dann fliegen die Teller und krachen die Türen.

Kopfschüttelnd sah dem Chef einmal, als er nach einem solchen Ausbruch durch die Kastanienallee zum Festspielhaus brauste, die schlesische Köchin nach und tat, die Fäuste in die Hüften gestemmt, den frühfeministischen Ausspruch: »Nee, lieber gar keen Mann als so eenen!«)

Wolfgang aber läßt sich nicht zu einer »Festspielleiche« machen, er verfolgt seinen Kurs und wird nach seinem *Lohengrin* unbeirrt weitere Wagnerinszenierungen abliefern. Aber auch seine Verbitterung wächst, er sucht nach dem Grund für die ausbleibende Anerkennung und für ein Verhältnis zum Bruder, das er sich anders vorgestellt hatte. Er findet ihn in der Person der Schwägerin, in Gertrud. Sie ist das Element in der familiären Konstellation, das ihn zutiefst stört und verstört. Gegen das junge Mädchen, das immer schon der »Wahnfriedjugend« beigesellt war und das schüchtern zu Frau Winifred aufblickte, war nichts zu sagen, und in der gemeinsamen Zeit an der Berliner Staatsoper und immer wieder in den Nußdorfer Ferien hatte sich eine nette Kameraderie ergeben. Gertrud, aus ihrer eigenen Familie früh in die Wagnerfamilie übergewechselt, war eine ebenso vitale und kreative wie von plötzlichen Euphorien und Empfindlichkeiten gezeichnete, eine ebenso spontane, lachlustige wie permanent ästhetisch kompromißlos fühlende Person. Insgesamt schien man mit ihr auszukommen, und Winifred war am Ende gar froh, daß durch die feste Beziehung schon des Schülers an ein »Mädel« die Gefahr einer Homosexualität unterbunden war. Im Unterschied zu den Wagnermädchen aber verfolgte das Reissingermädchen konsequent eine künstlerische Ausbildung. Tanz und Choreographie waren ihre Leidenschaft, sie war Modell und Gefährtin des Malers Wieland, »brütete« mit ihm schon über den ersten Gestaltungen für Altenburg und Nürnberg und dann um so intensiver über den Vorarbeiten für die Bayreuther Eröffnung. In der Tat bildete sich hier der Glücksfall einer Arbeitsgemeinschaft heraus, die nach komplementären

Talenten geordnet war. »Bei mir hat sich die musikalische Begabung aufs Auge verlagert«, meinte er zu Gertrud während seines Partiturstudiums bei Overhoff, und für seine Ausdeutung der Bühnenszene nach Farben und Formen, Licht und Dunkelheit war die Theaterwelt ihm dankbar, während Gertrud von der Körperbewegung im Raum ausging, von dem durch Körperausdruck geformten und gestalteten Raum, wie der moderne Ausdruckstanz der zwanziger Jahre ihn tradiert und wie er in den dreißiger und vierziger Jahren in München weitergedacht worden war. »Sie hat ihn aktiviert«, erkannte Wolfgang ganz richtig. Gertrud »aktivierte« den schwerblütigen und schwermütigen Wieland, und von ihr lernte er die Grundlagen der Bewegungsführung für die Regie. Die Kinder in Wahnfried kannten das: zum Arbeiten zogen die Eltern sich zurück, Wagnermusik ertönte, er saß mit dem Klavierauszug im Sessel, sie lag, schritt, sprang und drehte sich durch den Raum, bis die richtige Lösung für ein Darstellungsproblem gefunden war. Außerdem war Gertrud die Unbekümmerte, die familiengeschichtlich Unbelastete. Wie ein Heim- und Innenbordmotor trieb sie ihn an, in den Affront, in den Traditionsbruch, ins Offene, Neue. »Wir machen das schon«, war ihre Einstellung, worauf er meinte: »Und ich halte den Kopf dafür hin« – für etwas, das dem Polemiker in ihm, der Kämpfernatur, die er auch war, Spaß machte: sein »neues« Bayreuth.

Wolfgang beobachtete diese Künstler- und Arbeitsehe schon in den vierziger Jahren mit Mißtrauen. Sie stand der von ihm erträumten Brüderunion prinzipiell im Wege. Eigentlich war doch er zum Vertrauten ausersehen, nur mit ihm würde der große Bruder das alles schaffen. Solche Dinge ließen sich auf der persönlichen und emotionellen Ebene freilich niemals artikulieren. Vielleicht aber konnte man bei der Strukturierung des Festspielbetriebs eine Sperre einbauen? Es kam nämlich zu einer Absprache der Brüder untereinander, die in dem Gelöbnis gipfelte: »Die Weiber kommen uns nicht rein!« Daß tiefere Ressentiments und Ängste Frauen gegenüber hier laut werden, ist unverkennbar – die markige Selbstversicherung dieses Augenblicks aber galt in erster Linie den »Weibern« in der Familie, diesen tendenziellen »Dominas« vom Schlage Winifreds oder Friedelinds. Ob Wieland begriffen hatte, daß auch Gertrud für Wolfgang zu dem teilhabegierigen Weiberhaufen gehörte? Offenbar nicht. Jedenfalls wurde Gertrud ganz selbstverständlich, wie ein Teil seiner selbst, von Wieland zur Arbeit ins Festspielhaus genommen; ab der vierten Spielzeit war sie als Choreographin im Programmheft genannt. Was sie an regielicher Mitarbeit indirekt leistete, wird zwar für immer – auch finanziell – unter der gemeinsamen Firmendecke verborgen bleiben (auch Wieland hatte ein Ego zu wahren), ihre einzelnen »Shows« aber hatten sensationelle Erfolge: im *Tannhäuser* 1954 schockierte die rhythmisierte Sexualität ihres Bacchanals, asynchron schleppten sich ihre büßenden Pilger über die Bühne, und in frei über die Musik gleitenden Bewegungen zogen die von ihr dirigierten Gäste in die Halle der Wartburg ein. Immer wieder konzipierte sie die Blumenmädchen im *Parsifal* neu, einmal schwebend impressionistisch, dann wieder pflanzenhaft-animalisch. Die »Fürther Mädchen« mit ihrer graziösen »gotischen Hüfte« und die chorisch gestaffelte »Prügelfuge« der *Meistersinger* 1956 verrieten ihre Handschrift ebenso wie der traumartig fließende »Zug der Frauen zum Münster« im *Lohengrin* 1958 oder die ihr »Links-zwei-drei-vier« mitreißend tanzenden Matrosen im *Holländer* 1959. Zahllose einzelne Chor- und Solistenszenen wurden von Gertrud einstudiert; je nach Neudeutung eines Stückes erfand sie immer neue choreographische Abläufe; im Unterschied zur vorwiegend symmetrischen Bildgestaltung ihres Mannes liebte sie die Diagonale, die Akzente auf unbetonten Taktteilen und rhythmische Synkopierungen.

Der männerbündlerische Blutsbrüderschwur war an Gertrud gescheitert. Obendrein agierte Gertrud nicht gerade bescheiden, rücksichtsvoll und sensibel im Festspielhaus. Ihr Sensorium war vollständig auf die Arbeit ausgerichtet, sie wußte, was sie konnte und daß der oberste Chef sie brauchte, vielleicht sogar abhängig war von ihrem ästhetischen Urteil und der Unbedingtheit ihrer Vollkommenheitsansprüche. Eine gewisse Hoffärtigkeit hatte sie sich vielleicht vom Gebahren am Wahnfriedhof abgeschaut, dem sie bis zur Selbstentfremdung von der eignen Familie mit Haut und Haaren verfallen war. Wolfgang war sozusagen auch ihr »kleiner Bruder«. Und die ausgeschlossenen Schwestern – wie mochten diese das Einnisten der »zugeheirateten« Gertrud im Heiligtum ihrer Familie empfinden? Gegen Gertrud war aber nichts zu machen – es sei denn, Wieland selbst würde etwas gegen sie unternehmen. Von der Arbeitsgemeinschaft her war das nicht zu erwarten. Gertrud wirkte bei Wielands Auslandsinszenierungen andrer Komponisten genauso mit wie bei Wagner *(Rienzi)*, bei Glucks *Orpheus und Eurydike*, Beethovens *Fidelio*, Orffs *Antigone* und *Comoedia de Christi Resurrectione*, Bizets *Carmen*, Verdis *Aida* und *Othello*, Strauss' *Salome* und *Elektra*, sie war nicht wegzudenken. Der Stoß mußte, wenn überhaupt, aus dem privaten Leben kommen.

War die Ehegemeinschaft des schwierigen Mannes und der impulsiven Frau niemals einfach gewesen und war das Gleichgewicht seit dem Neubeginn durch die gemeinsame Arbeit und den ausufernden Wahnfriedhaushalt schon angespannt genug, so mußten andrerseits beide irgendwie aus ihren früh eingefahrenen Gleisen heraus, wollten die Individualitäten sich weiterentwickeln. Erst eine Emanzipation von Gertrud konnte Wieland in seiner Selbsteinschätzung vorwärtsbringen; und Gertrud mußte aus der Selbstunterdrückung heraus, die diese Ehe mit sich brachte und die ihr beständige undefinierbare »Allergien« eintrug. Von erotischen Eskapaden seinerseits war die Ehe ohnehin nie verschont geblieben. Das hatte mit seiner grundsätzlichen Negation der bürgerlicher Ehe zu tun, aber auch mit »natürlichen« Triebvorrechten des Mannes und Künstlers. Vielleicht war ihm auch der Rollenwechsel seiner Frau zur »Mutter« – wie vielen Männern – zum (Inzest-)Problem geworden. Eine Frau, die sich zur Geliebten eignete, durfte in seinen Augen weder Kinder stillen noch stricken. Immer wenn er Gertrud dabei ertappte, äußerte er sich abwehrend und karikierte sie in bösen Zeichnungen. Daß der jungen Mutter dabei im buchstäblichen Sinne »die Milch wegblieb« (was in Kriegs- und Nachkriegszeiten höchst unerfreulich war), bezeichnet ihre hypersensible und stets psychosomatisch reagierende Natur, aber auch ihre Abhängigkeit von ihm. Jedenfalls suchte der homo eroticus Wieland den Weg vorbei an der störenden imago des Weiblichen als Ehefrau/Mutter und fand sich unkompliziertere Gefährtinnen. Daß er sich diese aus dem häuslich-familiären Umkreis holte, bezeugte jedoch fast rührend die innere Unfreiheit der Freiheiten, die er sich nahm. »Es wird dir ja nichts genommen«, war sein stereotypes Entschuldigungskürzel. Doch Gertrud, die dem Doppel- und Tripelleben ihres Mannes gegenüber lange Zeit vertrauensblind war und erst durch ein feydeauhaftes »flagranti« überzeugt werden mußte, dachte da anders. Wieland war für sie unteilbar und die Ehe eine heilige, tief in Gefühl und Recht verankerte Lebenssache. Zornig wie Fricka mochte sie ihren zwiespältigen Wieland immer wieder zur Rechenschaft ziehen; es half nichts, ihr blieb nur die Flucht in tausend diffuse Kränkeleien.

Daß eine erotische Emanzipation aus der »Kinderehe« auch für sie vonnöten war, wußte er und drängte sie in diese Richtung. »Du brauchst einen anderen Mann«, sagte er ihr offen, bestellte auch tatkräftig Hotels in Rom oder in München, begleitete sie persönlich an den Bahnhof, trieb sie prominenten Künstlern in die Arme – für die an ihn Gebundene nur ein halbes Vergnügen. Erst die Hilfe eines Psychoanalytikers konnte ihr Ich wieder so weit stärken, daß sie den vielfachen Belastungen von Festspielarbeit und Wahnfriedwelt erneut gewachsen war. »Die Mama ist frech geworden«, definierten die Kinder die veränderte Situation zu Hause gegen Ende der fünfziger Jahre. Daß es eigentlich Wieland war, der eine Psychoanalyse gebraucht hätte, darüber waren sich alle Beteiligten einig; doch dieser baute rechtzeitig eine ordentliche Abwehr gegen solche Hilfe auf – sie hätte ihm wohl auch eine Revision seines bisherigen Lebens abverlangt. Die Stellvertretung durch Gertrud war ihm recht, dafür zahlte er trotz aller spöttischen Begleitbemerkungen gerne; schließlich erkaufte er sich ja auch die eigene Befreiung durch den »Individuationsweg« seiner Frau. Irgendwann später verstand Gertrud ihre Beziehung zu Wieland als »Kampf um die Liebe«, als ehrlichen Kampf um die Erhaltung dieser außerordentlichen Konstellation. Denn auch er ließ sie niemals im Stich, schützte und hielt sie wie einer, der immer das Gefühl hat, etwas schuldig zu sein, verwöhnte sie materiell, wo er nur konnte – nichts war gut genug für sie. Von italienischen Modellkleidern reichte das schließlich bis zu dem selbstmörderischen Unternehmen eines Hauskaufs mit aufgenommenen Geldern auf Sylt. Von ihrem Purismus in moralischen Fragen immer leicht überfordert, von ihrem Perfektionsdrang in Theaterdingen vorwärtsgetrieben, wußte Wieland jedoch immer, daß er ein kostbares Rennpferd im Stall hatte, das er für sich in den Dingen, die ihm zentral waren – die künstlerische Arbeit – laufen lassen konnte.

»Jetzt kann man endlich mit dir leben!« rief sie gegen Ende dieses gegenseitigen Emanzipationsprozesses hoffnungsfroh; doch die Ironie des Schicksal bestimmte es anders, nämlich nach Schillerschen Mustern, die den Menschen nur erheben, um ihn gleichzeitig zu zermalmen. »Ich breche aus, um leben zu können«, hieß Wielands Selbstrettungsdevise –

Abb. 54: »Ich halte meinen Kopf hin« (Wieland, 1953)

Abb. 55: Wielands Idyll: Iris, Daphne, Wolf Siegfried, Nike

Abb. 56: Wolfgangs Idyll: Eva, Gottfried, Ellen

Abb. 57: Das Schweizer Abseits von F. W. Beidler mit Tochter Dagny

Abb. 58: Die Lafferentz-Kinder: Amélie, Manfred, Winifred und Wieland

Abb 59 und 60: Ehepaar, Liebespaar: Gertrud und Wieland, Wieland und Anja Silj

Abb. 61: Zweite Ehe: Gudrun und Wolfgang

Abb. 62: Wieland probt *Rheingold* (1965)

Abb. 63: Wolfgang probt *Lohengrin* (1968)

Abb. 64; 65: Das Modell (Wieland) und sein Verschnitt (Wolfgang): *Siegfried*, III. Akt

Abb. 66 und 67: Sans famille: Patrice Chéreau und Pierre Boulez

Abb. 68 und 69: Die Stiefschwestern: Eva und Katharina

Abb. 70: Mit ihren Einzelkindern: Eva und Antoine

Abb. 71: Wieland Lafferentz und Verena

Abb. 72: Nike und Louise

Abb. 73 und 74:
Die männlichen Erben:
Wolf Siegfried (1982) und
Gottfried (1997)

Abb. 75: Wolf Siegfried und die Kinder der Hitler-Attentäter (1976)

Abb. 76: Wagner in Israel: Gottfried und Teresina (1990)

Abb. 77 und 78: Die Machthaber: Wolfgang und Gudrun

Abb. 79: Generationswechsel?

für die aggressive Abkehr von musealem Wagnerverständnis und mütterlichem Faschismus heilsam gewesen, erwies sie sich für Gertrud als Quelle neuer Leiden und als Öffnung auf eine zugleich glänzende wie lebensgefährliche Neuorientierung für ihn. Die nächste Bresche, die ins Ehegehege geschlagen wurde, hatte keine heimischen und heimlichen Dimensionen mehr, sondern öffentliche: die Früchte der ehelichen Konfliktbearbeitung fielen einer Frau in den Schoß, die, volkstümlich gesprochen, wahrscheinlich endlich »sein Typ« war. In ihrer flachbrüstig-schlanken, maskulin anmutenden Figur, der sexuellen Signalwirkung, die sie mit ihren roten Haaren und langen Beinen ausübte, und der künstlerischen Formbarkeit – zu schweigen vom »süßen Vogel Jugend«, der in ihrer Gestalt auf dem Festspielhügel einflog –, mußte die Sängerin Anja Silja geradezu kinomäßig »das Verhängnis« für den »midlife-crisis«-Wieland bedeuten. Schon öfter hatte das als »Wunderkind« annoncierte junge Mädchen auf der Wagnerbühne vorgesungen, immer war Wieland der »Kindertrompete« ausgewichen und hatte sich beim Vorsingen vertreten lassen. Als die Wiener Sängerin Leonie Rysanek, die 1959 in seinem großartigen neuen (»magisch-realistischen«) *Fliegenden Holländer* die Senta verkörperte, für 1960 absagte, wurde er von Wolfgang Sawallisch, dem Dirigenten dieser Produktion, gedrängt, sich Anja endlich anzuhören. Sie war vom Fleck weg engagiert, erfüllte sie doch auf geradezu halluzinatorische Weise seinen Traum vom neuen, »entfetteten« Wagnersänger-Typus; außerdem paßte sie sowohl in ihrem kindlich unreifen Aussehen auf der Bühne wie in ihrer Fähigkeit, somnambule wie ekstatische Zustände glaubwürdig zu gestalten, genau in sein Konzept von dieser Rolle. Gertrud war im übrigen ebenso begeistert von ihr wie er und wird es noch sein, wenn sie Anja zwei Jahre später den »Tanz der sieben Schleier« in Stuttgart einstudiert, den sie tanzt wie wohl kaum eine Salome vor ihr.

Die Liaison zwischen Wieland Wagner und der Sängerin dauerte bis zu seinem Tod sechs Jahre später. Anja Silja sang seit ihrem ersten Auftreten 1960 beständig in Bayreuth – (Elsa, Venus, Eva, Freia), mehr noch außerhalb Bayreuths (Salome, Isolde, Brünnhilde, Elektra, Desdemona, Leonore, Lulu, Marie); eine neue Arbeitsunion hatte sich gebildet, die Gertrud naturgemäß bald ausschloß. Was die Klatschspalten der Presse in Atem hielt – das Paar hatte etwas anrüchig-anarchistisch Antibürgerliches, etwas von Joseph Sternberg und dem »blauen Engel«, etwas von Professor Higgins und Eliza, etwas von Tristan und Isolde, etwas von Doktor Schön und Lulu –, polarisierte die Theaterwelt und zerriß die Familie. Von einer Künstlergemeinschaft im Festspielhaus konnte bald nicht mehr die Rede sein – es bildeten sich Parteien. Wer gegen Anja war – die eine freche Berliner »Schnauze« besaß und gegen deren zum Schrillen neigenden Gesang sich mancherlei einwenden ließ –, hatte den Boß gegen sich und riskierte den Rausschmiß, andrerseits begann auch die große Zeit der Günstlinge und Opportunisten; Wieland war von der Anja-Clique umgeben, die nicht gerade die nobelsten Geister aufwies und die Lage nur allzugern für eigene Interessen ausnützte. Auch in der Familie bildeten sich die Fronten: für Winifred war die Rotblonde kurz und bündig »die Hure vom Kurfürstendamm«, und damit hatte sie ihren Sohn endgültig gegen sich. Wolfgang dachte wohl ähnlich, hütete sich aber, gegen den empfindlichen Wieland, dessen Ruhm außerdem mit jeder Inszenierung wuchs, laut zu werden. Gertrud war mit dieser Rivalin im Bett und auf der Bühne »alles genommen«, sie weinte und kämpfte, hielt ihren Mann fest und stieß ihn zurück, verbrannte die Liebesbriefe der Jugend und ging auf Reisen, suchte Trost in Bautätigkeit und warf sein Geld ressentimentgeladen zum Fenster hinaus, fand nirgendwo so recht einen Halt. Die Kinder dagegen, inzwischen zu unreifen Jugendlichen herangewachsen und, statt in Wahnfried, studienhalber auf die diversen Mietzimmer in Tübingen, Berlin, München und Wien verteilt, wurden in den Strudel der Ereignisse einbezogen und hatten die unschöne Wahl zwischen einer Solidarität mit dem Vater, die der Mutter Kummer brachte, oder jener mit der Mutter, die wiederum den Vater isolierte. »Glaubt mir, die Anja ist auch nicht viel anders als ihr«, sagte er einmal zu seinen kaum jüngeren Töchtern, verständnisheischend, hilfesuchend. Wenn er »ausbrechen« mußte, um weiterzuleben, so hieß das nicht, daß er ausgestoßen werden wollte. Daß sein Leiden an der Familienzerstörung, anders als das der Mutter, tief und unauflöslich war, weil er, ein schuldig-schuldloser Wotan, diese selber verursacht hatte, war den Kindern gefühlsmäßig klar. Aber sie erreichten ihn kaum mehr. Entweder war er auf Regie-Reisen mit Anja in Stuttgart, Brüssel, Köln, Berlin, Genf, Neapel, Kopenhagen, Paris, Mailand, Rom, Frankfurt und Hamburg, oder die ersehnten »Gespräche« blieben zugunsten organisatorischer Kurzverständigungen und gegenseitiger Vorwürfe aus. Um dem Schrecken ohne Ende ein Ende mit Schrecken zu bereiten, baten sie ihn schließlich, brieflich, um eine saubere Scheidung der Ehe. Anjas Versuche, in Wahnfried oder ins Sylter Haus einzuziehen, waren deutlich genug, er hatte sie nicht verhindern können – genausowenig wie er verhindern konnte, Beute ihrer Launen auf der beruflichen Ebene zu werden. Wenn er »nicht folgte« und immer noch zu Frau und Kindern hielt, erpreßte sie ihn mit der Weigerung aufzutreten – am liebsten kurz vor Beginn einer Vorstellung. Daß er, der aus der Ehe kam, nicht wieder heiraten wollte – eine Ehe mit Anja hätte Sinn und Funktion dieser Figur in seinem psychischen Haushalt völlig verfälscht –, wollte ihr nicht in den Kopf; paßte aber zu seiner Ablehnung, sich scheiden zu lassen, die er seiner Familie bald nach dem heroischen Vorschlag, eine Klärung der Lage durch finale Lösungen herbeizuführen, mitteilte.

Die finale Lösung kam auf andere Weise. Nicht unähnlich dem Zusammenbruch seines Vaters während der Probenarbeit, ereilte Wieland im Sommer 1966 eine Krankheit, die zunächst als Geschwulst am Herzen, als »morbus Boeck«, definiert worden war, die aber nur den Lungenkrebs verdeckte, der sich schon länger in seinem Körper eingenistet haben mußte. Wie er in einem symbolischen Sinne »keinen Atem« mehr hatte, zerrissen zwischen den Forderungen der Frauen, der Familie, einer künstlerischen Arbeit, die sich – um dem gewachsenen finanziellen Druck nachzukommen – immer mehr zur Hetzjagd gestaltete und die Gefahr von Selbstwiederholungen nicht mehr ausschloß –, hatte er nun auch im buchstäblichen keinen mehr. Selten wohl hat es einen so »eigenen Tod« gegeben, einen Tod als die genaue Nachzeichnung des Lebens: es wurde ihm die Luft abgedrückt, als er nicht mehr »ausbrechen« konnte, und auf den metaphorischen Sitz der Liebe, das Herz, drückten die allzu vielen, die von ihm geliebt werden wollten – und die er liebte. »Glaubt mir, Kinder, ich sterbe gern«, sagte er bei einem der Besuche der Töchter im Krankenhaus in München. Erfreulicherweise wurde diese Wahrheit Lügen gestraft durch eine andere Wahrheit – Wieland schmiedete in seinem Krankenbett neue Inszenierungspläne, unter anderem für einen *Don Giovanni*, den er mit seinem neugewonnenen »Ausbruchskollegen« und Bruder im Geiste, mit dem Dirigenten Pierre Boulez, realisieren wollte.

Wielands Krankheit hatte ihre tödlichen Keime jedoch noch an einer anderen und entscheidenden Stelle verankert. Frauen, Kinder und Theater allein hätten wohl nicht genügt – es mußte die permanente narzißtische Kränkung für den Künstler hinzukommen, eine Situation der Ohnmacht gegen seinen Schlemihl und Doppelgänger, den Bruder. Ab 1953 war für Wieland die Zusammenarbeit mit Wolfgang innerlich zu Ende, zeichnete doch seither auch Wolfgang für

Bühnenbilder und Regie auf der Festspielbühne verantwortlich. So durfte nun jeder der Brüder sich aus dem großen Kuchen, den der Großvater ihnen hinterlassen hatte, alljährlich eine Rosine heraussuchen und dem immer eifriger nach Bayreuth pilgernden Publikum präsentieren. Da wegen des begrenzten Repertoires immer dieselben Rosinen zum Vorzeigen gebracht werden mußten, ähnelte das Ganze bald einem häuslichen Ringelspiel, wenn nicht einem Alptraum: Hatte Wieland sich 1951 die Hauptwerke *Ring* und *Parsifal* geholt und 1952 den *Tristan*, so folgte Wolfgang 1953 mit dem *Lohengrin*. 1954 kam der *Tannhäuser* von Wieland, 1955 der *Fliegende Holländer* von Wolfgang, 1956 die *Meistersinger* von Wieland, 1957 der *Tristan* von Wolfgang, 1958 der *Lohengrin* von Wieland und 1959 der *Fliegende Holländer* – wieder von Wieland, weil Wolfgang für 1960 den *Ring* neu herausbrachte. Mit 1960 war dann der Kanon der Werke – bis auf einen Rückstand in den *Meistersingern* für Wolfgang – einmal von jedem Enkel durchinszeniert worden.

Wenn Wieland in einem seiner vielen Rechtfertigungsschreiben an die empörte » Gesellschaft der Freunde« – hier anläßlich seiner *Meistersinger* ohne Nürnberg – sich als einen charakterisiert, »der es immer blutig ernst meint mit der Kunst« und Wolfgang zur gleichen Zeit bekennt: »Ich suche eben Mittelwege. Ich bin kein Radikaler«, so mag man sich etwa vorstellen, wie die Zusammenarbeit der zwei verschiedenen Naturen ausgesehen haben mag: zwei Stiere unter einem Joch, der eine ungestüm ziehend, der andere gemütlich wiederkäuend. Dabei gerät der Karren unweigerlich ins Stocken, von den gegenseitigen Verletzungen abgesehen. Deshalb setzt Wieland 1960 – parallel zu seinem erotischen – einen beruflichen Ausbruchsversuch in Szene. Er bewirbt sich um die Intendanz an der »Deutschen Oper« in Berlin. Hinaus aus Bayreuth, hinaus aus der brüderlichen Zwangsgemeinschaft, hinaus auch aus der Zwangsjacke Wagner, hin zu Verdi, Strauss, Alban Berg. Doch während ihm alle anderen Wege ins Freie gelingen, wird ihm die Öffnung nach Berlin blockiert, ein Konkurrent auf der Opernbühne, Gustav Rudolf Sellner, bekommt den Posten. Wieland bleibt gefesselt an Bayreuth, bleibt gekettet an den Bruder. Vielleicht aber war seine »Mission« dort wirklich noch nicht zu Ende. Im Gegensatz zu dem, was Wolfgang später in seinen Memoiren behaupten wird – daß Wielands »gestalterische Weiterarbeit erschöpft« sei –, erlebt die Theaterwelt an ihm eine zweite, überraschende Schaffensphase. Abstrahierende Tendenzen bleiben, aber eine symbolische Zeichenhaftigkeit gibt seinem *Tristan* von 1962 die Raumtiefe und den »phallischen Sinn«, seine *Meistersinger* des nächsten Jahres sind rüpelhaft komischer Shakespeare, und in seinem *Ring* von 1965 wird der politischen Gewalt des Stückes stärkste Plastizität gegeben. Daß nun aber die Bildsprache von Gittern und Mauern seine Bühne beherrscht, hat damals noch keiner zu deuten gewußt.

Wieland Wagners Wirkung als Regisseur, als Kostüm-, Bühnen- und Lichtbildner war überwältigend. Die Nachrufe zeugen davon. Den meisten ist der Schock über sein frühes Verschwinden anzumerken. »Jetzt hat alles überhaupt keinen Sinn mehr«, klagte der Komponist und Musikschriftsteller Wolf Rosenberg, der insbesondere unter den jüdischen Musikern, deren ideologische Vorbehalte gegen Bayreuth geblieben waren, für Wieland geworben hatte. Um so seltsamer ist es, daß er angesichts seines Ruhmes als Künstler nicht gelassener zu werden vermochte, daß seine Empfindlichkeit mit den Jahren eher zunahm. Kritik regte ihn im allgemeinen zu munteren Polemiken an, und er pflegte gerade den erklärten Feinden seines Theaterstils mit ausgesuchter Höflichkeit und Geduld zu begegnen. Eines aber war unmöglich und raubte ihm allmählich die Kräfte: mit dem Schatten fertig zu werden, der sich an seine Fersen heftete, mit dem Dämon, der ihm bei hellichtem Tage das Blut aus den Adern saugte, mit dem Kobold, den er hundertmal zu

Boden schlug und der immer wieder aufsprang – mit seinem Bruder. Aus der Verwandtschaft läßt sich nicht ausbrechen. »Wieland und Wolfgang, Wolfgang und Wieland. Brüderlicher ›Ring‹-Kampf um die Geltung Neubayreuths« überschrieb der konservative Kritiker der »Zeit«, Johannes Jacobi, 1960 sein Festspielresümee. Ohne sich über den tieferen Sinn seiner Worte im klaren zu sein, berührte er darin den wundesten Punkt des Geschehens: »Wolfgang nutzte die Chance jedes Epigonen, die Überspitzungen der ersten Versuche abzuschleifen. So bog er die ebene Wieland-Scheibe zur flachen Schale durch [...], machte sie dreh- und zerlegbar.« Tiefsichtiger und treffsicherer formulierte ein anderer dieses Dilemma: Bleich vor Aufregung kam der Musikschriftsteller, Psychoanalytiker und Emigrant aus Freuds Wien, der alte Viktor Valentin Rosenfeld aus Wolfgangs *Ring*-Premiere. Auf Gertrud zustürzend, schrie er fast: »Das ist ja Mord. Er hat seinen Bruder ermordet. Wolfgang hat Wielands Scheibe genommen und zerstückelt!«

Die kreisrunde »Scheibe« war für Wielands neues Bayreuth ähnlich strukturbildend geworden wie einst Preetorius' immer wiederkehrender schiefergrauer Felsen für Tietjens Bayreuth. Die »Scheibe« – auch »Kochplatte« oder »Wieland-Scheibe« genannt – gehörte zu den bühnenbildnerischen Grundelementen Wielands, die seinem symmetrisch-zentralistischen, seinem mythischen Denken Ausdruck gaben und die die Dramenschauplätze im Sinne einer geistigen Ein- und Umkreisung sowohl zu reduzieren wie zu intensivieren vermochten. Hatte Wolfgang schon in seinen vorausgegangenen Inszenierungen die Stileigentümlichkeiten seines Bruders schüchtern und halbherzig kopiert, so holte er jetzt zum größeren Schlag aus, in aller Unschuld, aber auch mit dem hilflosen Trotz des Überforderten. Wieland hatte ihm den Termin zur Übernahme des *Rings* viel zu spät »auf den Tisch geknallt«, und Wolfgang mußte sich gegen diesen aggressiven Akt wehren und ihm mühsam ein weiteres Vorbereitungsjahr abhandeln. Daß er darin indirekt das Opfer seiner Schwägerin Gertrud war, die zu Hause Wielands »alt gewordenen« *Ring* kritisierte und ihren Mann dadurch zu selbstverletzenden Reaktionen herausforderte, konnte er nicht wissen. Wolfgang jedenfalls rüstete auf: ließ sich mit Hilfe einer riesigen Stahlkonstruktion seine *Ring*-Scheibe bauen, die in mehrere Sektoren und Segmente zerlegbar war, wobei aus den Verschiebungen gegeneinander die Aktionsräume entstanden. Die Kreisform jedoch blieb immer sichtbar, wenn auch nur in der Verzerrung. Ein bühnentechnologischer Kraftakt, der größten Aufwand an Stahl, Starkstrom und Manneskraft erforderte – das Unbewußte Wolfgangs war nicht zimperlich, wenn es um die Zerstückelung und Zersplitterung der »Weltenscheibe« des Bruders ging. Überdies setzte Wolfgang seinen neuen technischen Fetisch, die mechanisch regelbare »Xenon«-Lampe ein, die pompöse Großprojektionen erlaubte – als wolle er der differenzierten Lichtregie Wielands den Garaus machen. Glossare des Festspielgeschehens wußten zu berichten, daß die von der Symbol- zur praktischen Vielzweckscheibe entartete Konstruktion sich als »überdimensionales und bösartig-tückisches Untier« entpuppt habe, das fast bei jeder Vorstellung ein »Theater für sich« mache, indem die Technik sich unfallträchtig verselbständige. Auch die Komik, die solch bestrafte Hybris freisetzt, kann nicht darüber hinwegtäuschen, daß sich hier ein Familiendrama auf seinem Höhepunkt befand: geistiger Brudermord, im vollen Lichte der Öffentlichkeit und vom Buchstaben des Gesetzes legitimiert.

Markierte das Kopieren, Biegen und Brechen der *Ring*-Scheibe die deutlichste Form des Aufbegehrens Wolfgangs aus seiner inneren Abhängigkeit von Wieland, so war diesem symbolischen »Mord« ein jahrelanger Prozeß der geistigen Aneignung und Ausbeutung des großen Bruders vorausgegangen. Um die fatalen Dimensionen dieses Dramas begreiflich zu machen, müßte man das Geschehen für einen Augenblick auf andere Künstler übertragen: hinter Picasso beispielsweise stünde ein naher Verwandter, ebenfalls Maler, der die Bilderfindungen und die Stilwelt des anderen verwenden, kopieren, seinem flachen Verständnis assimilieren darf, ohne daß das authentische Werk den Schutz geistigen Eigentums in Anspruch nehmen dürfte. Weder ist es schwer, Picasso zu imitieren, noch war es schwer, Wieland Wagner zu imitieren. Wobei in dem qualitativen Sprung zwischen Original und Kopie im Bühnenraum noch etwas enthalten ist, was als fatales Mißverständnis zu werten ist. Wielands Scheibe war kein Objekt, sondern ein geistiges Zeichen, Abbild einer Idee. Wolfgang dagegen nahm sie als Sache, als wirkliches, materielles Objekt, das man nach Belieben zerlegen und wieder zusammensetzen konnte. Mit dieser Verdinglichung, Veräußerlichung raubte er dem Zeichen seine mystische Funktionalität und reduzierte es auf seinen irdischen Rest, auf sein Praktisches und Praktikables. Wenn er noch nach über zwanzig Jahren Wielands »Scheibe« deshalb lobt, weil sie vom theaterpraktischen und erst recht vom finanziellen Standpunkt ideal gewesen sei – kein Lager-, kein Personalaufwand und als »ständiges Bühnenbild« für vier *Ring*-Stücke ausnehmend billig –, so legt er selber Zeugnis von diesem Mißverständnis ab.

Da »Neubayreuth« aber sehr bald als Suggestion wirkte und alles, was irgendwie abstrakt daherkam, von diesem Etikett geschützt war, konnte das »breite Publikum« diesen entscheidenden Unterschied nicht wahrnehmen. Ähnlichen diskreditierenden Umgang pflegte Wolfgang auch mit dem »entrümpelten« Raum Wielands. War in Wielands leerer Bühne eine langsame, oft als »statuarisch« empfundene Bewegungsführung sorgfältig hineinkomponiert, die – dank der Arbeit Gertruds – eine »Gesamtchoreographie«, ein Spannungsgefüge, darstellte, so wurde die leere Bühne Wolfgangs – in seinem *Tristan* etwa – nach den Spielregeln der

Opernkonvention irgendwie ausgefüllt und erzeugte deshalb gähnende Langeweile. (Gnadenlos, wie interne Kolportage nun einmal ist, fand eine Regieanweisung, die Wolfgang 1960 an seinen Wotan-Darsteller Theo Adam weitergab, den Weg in die Presse. Auf die Frage des Sängers, wie er, der erhabenen Rolle gemäß, über die weite Bühnenfläche gehen solle, lautete die wenig erhellende Antwort des Regisseurs: »A weng göttlich, Herr Adam, a weng göttlich ...«)

Der jahrelange Raubbau am künstlerischen Ich des Bruders, die parasitäre Aneignung seiner Ideen aber konnte nur deshalb funktionieren, weil die Wahrnehmungsfähigkeit der Öffentlichkeit geblendet war: zwei Brüder – ein Bayreuth! Wer konnte schon die feinen Unterschiede ausmachen? Es war doch schön, daß die äußeren Züge der neuen Wagnerproduktionen einander ähnlich waren. Daß gerade im Begriff der »Ähnlichkeit« die Tragödie beschlossen war, wollte, außer bei den engsten Kreisen, nicht ins Bewußtsein – wobei »die Natur« selbst diesen Verblendungszusammenhang befördert haben dürfte: Es ist selbstverständlich, daß Brüder einander ähnlich sehen. Wären Wolfgangs Arbeiten kraß anders, es wäre besser gewesen, wie jede offen dargestellte Differenz. Die Strategie des »Anähnelns« aber, die auf Identität spekuliert und sich dabei einer verminderten öffentlichen Zuständigkeit sicher sein kann, ist für den, der sich aneignen, anverwandeln und verfälschen lassen muß, nicht nur ein zermürbender, sondern ein vernichtender Vorgang.

Da es aber nicht »wirklich« möglich war, Wieland zu sein, oder den »Mythos Wieland« in den Jahrzehnten nach dessen Tod vergessen zu machen – schon die Existenz seiner eignen Person mußte der Welt den Bruder ins Gedächtnis rufen –, wendete Wolfgang eine andere und höchst erfolgreiche Strategie an: Er stellte sich dem Bruder gleich – bis zur Ununterscheidbarkeit. Die Abbildungen ihrer Bühnenbilder, die heute im Wahnfriedmuseum nebeneinanderhängen – wohlweislich in schwarzweißen Reproduktionen –, gleichen einander in der Tat wie ein Ei dem anderen, sind wie aus einem Geist und Guß. Doch wer könnte dem arglosen Besucher klarmachen, daß sie in Wirklichkeit so verschieden waren wie die Brüder selbst, trotz ihrer »gleichen« Nasen? Auch die anderen Formen der Einverleibung dürften ihm kaum auffallen: Von Wielands vorgegebener Definition der Rolle Bayreuths als einer »Werkstatt« – damals gegen Alt- und Nazibayreuth gerichtet – hat Wolfgang sich nie gelöst. Er schleppt das vergilbte Etikett fort in eine Gegenwart, die dieser Definition nicht mehr entspricht und die längst anderer Definitionen bedarf.

»Zum Wieland« macht seinen Bruder auch jene scheinbar kühne Linie des Privatlebens, die die Ausbruchsversuche des Älteren aus Ehe und Familie nachstellt. Der immer untadelig häuslich schien und erotisch nicht tangierbar, überrascht im Jahr 1976 – nicht zufällig ist es das Jubiläumsjahr der Festspiele und aller Augen sind nach Bayreuth gerichtet – mit einer neuen Frau. War das Frühlingserwachen Wielands aber an den inneren Widersprüchen der eigenen Wünsche gescheitert, führt Wolfgang das seine nun brachial durch. Hier fand die Scheidung von seiner Frau Ellen wirklich statt, und die Kinder wurden unsanft aus dem Vaterhaus entfernt. War Wieland gleichsam hineingestolpert in ein Verhältnis mit allen Merkmalen einer verhängnisvollen Abhängigkeit, so war der Coup Wolfgangs von langer Hand und gut vorbereitet; offiziell abgesegnet obendrein durch Politik: sein Trauzeuge ist der Bayreuther Oberbürgermeister Hans Walter Wild. Die gewählte Frau – nibelungengerecht heißt sie Gudrun – war seit 1965 im Pressebüro des Festspielhauses tätig und bereits ins Amt einer persönlichen Assistentin vorgerückt; 1944 in Allenstein/Ostpreußen als Tochter eines Chemikers geboren, war das Fräulein Armann in erster Ehe mit dem von Wolfgang geförderten Theaterwissenschaftler

Dietrich Mack verheiratet, dem Mitherausgeber der Cosima-Tagebücher. Daß Mack seine Frau an seinen Freund Wolfgang gegen jenen Chefposten abtrat, den er zur gleichen Zeit im neugegründeten und mit den Festspielen eng verbundenen theaterwissenschaftlichen Institut in Thurnau bekam, munkelten aber wohl nur die vom »Ringtausch« in der Chefetage verwirrten Bayreuther.

Aber nicht einmal Wolfgang entkommt, trotz aller Handlungsfreiheit, den heimlichen Zwängen des familiären Unbewußten ganz: Seine Gattinnenwahl vollzieht sich nach dem Muster, das Großvater und Vater vorgelebt haben. (Und war nicht auch die zweite Liebeswahl Wielands diesem Vater-Tochter-Schema gefolgt?) Wieder heiratet ein älterer Mann – Wolfgang ist 57 – eine junge Frau. Gudrun ist 36 Jahre alt, um eine Generation jünger als er. Als praktische Mitarbeiterin, als Dienerin und Helferin ihres Mannes im Alltag nimmt Gudrun sich der gleichen Aufgaben an, die ihre Schwiegermutter Winifred in der Ära zuvor ausübte. Mit der zwei Jahre später geborenen Tochter Katharina setzt der Wagnerenkel die Reihe der »verschobenen« Generationen seit Cosimas ersten Wagnerkindern fort. Die neue Urenkelin, altersmäßig Ururenkelin, könnte das Kind seiner eigenen Kinder sein. Noch einmal aber zeichnen sich in der Wahl ihrer »Zweitfrauen« deutlich die unterschiedlichen Konturen der beiden Brüder nach: Anja und Gudrun, hier die Sängerin und Geliebte, dort die Sekretärin und Ehefrau.

Als Fußnote zur ewigen Wiederkehr einmal eingerasteter Dinge sei hierzu noch angemerkt:

Begabung und Metier Gudruns scheinen eine innere Rückkehr Wolfgangs zur Figur seiner Mutter nahezulegen, zumindest ist der Kontrast zur zarten, beherrschbaren Erstfrau Ellen deutlich, und in den Nachfolgefragen wird Gudrun bisweilen als neue »hohe Frau« gehandelt. Anja Silja dagegen war von Wieland offenbar als Antidotum gegen seine enge Mutterbindung gedacht. Manchmal blitzt jedoch erst nach langer Zeit ein Kommentar dazu auf, die andere Wahrheit andeutend: Ein Vierteljahrhundert nach seinem Tod – Anja hat inzwischen den Dirigenten Christoph von Dohnany geheiratet und ihm drei Kinder geboren – hält die Sängerin anläßlich einer Wiener Bühnenmatinee Rückschau auf ihre Karriere. Allein, privat, angestrahlt im Dunkel, erzählt sie in offenem, sachlichem Ton von ihrer Jugend in Bayreuth, von ihrem Leben mit Wieland, der sie künstlerisch geformt hat und zu dem sie sich heute noch bekennt. (Zur Freude der Anwesenden verwechselt sie auch einmal die Namen Wieland und Christoph.) Sie ist dieselbe wie früher, nur deutlich damenhafter und gefaßter. Hätte das Publikum aus älteren Jahrgängen der Familie bestanden, so wäre es freilich Zeuge einer bestürzenden Metamorphose geworden, wenn nicht der Offenbarung einer (un)heimlichen Identität. Die reife Anja verwandelt sich in die junge Winifred – ein Typus kommt zum Vorschein: dieselbe unsentimentale, leicht berlinerische Färbung im Ton der Worte, dieselbe nonchalante Redeweise, optisch unterstrichen durch die ins Männliche gezogene, trotz ihrer Schlankheit kräftige und hochgewachsene Erscheinung, und der beherrschte, entschlossene Gestus der Bewegungen. Wie lautete doch das auf Archetypisches verweisende Leitmotiv der Inszenierungen Wielands? »Gang zu den Müttern«.

Wolfgang hat bewiesen, daß Geschichte lenkbar, machbar ist. Am Ende wirft sie, was Prozeß war, langer »Auffreß«-Prozeß, als Bild einer Tatsache zurück: so ist es gewesen. Es gab eigentlich gar nicht zwei Brüder, sondern sie waren eins, eine Union. Der Erstgeborene, schon bei Lebzeiten so eingebunden, daß er sich nicht wehren konnte, ist gegen die Vollendung seiner Einverleibung in der Zeit danach erst recht machtlos. 1991, ein Vierteljahrhundert nach dem Tod des Bruders, kann Wolfgang sein Verhältnis zu Wieland mit dem Wort »Liebe« bezeichnen. Auf magische Weise entspricht das sogar der Wahrheit. Die Ähnlichkeit mit Wieland hat sich in Gleichheit, in Einheit verwandelt. Das erlaubte Wolfgang schließlich auch, die Schäden zu reparieren, die auch er erlitten hat. Wen man aufgefressen und einverleibt hat, der gehört zur eigenen Person, den kann man wieder so lieben wie früher in der Kindheit und Jugend. Auch die eigene Person kann man lieben, wenn man zugleich der geliebte andere ist. An seinen 1994 erschienenen Memoiren läßt sich eine Veränderung der Person Wolfgangs feststellen: Er ist selbstverliebt, er ist eitel geworden.

Inmitten dieser familienneurotischen und familienpolitischen Verstrickungen war die dritte Wahnfriedjugend herangewachsen und bildete ihre eigenen Muster aus. Der geringe Altersunterschied der vier Kinder Wielands und Gertruds – der Abstand beträgt jeweils nur eineinhalb Jahre, ähnlich wie bei der vorangegangenen Generation – schafft sowohl eine enge Bindung zwischen ihnen wie auch jenen innern Kriegsschauplatz, wie er in solchen Formationen durch die unbewußten Liebesstrategien und bewußten Delegationen von seiten der Eltern – trotz aller »Gerechtigkeit« – unvermeidlich auftritt. Die gleiche Jugend kann auf diese Weise ganz verschieden – traumhaft oder traumatisch – erlebt werden. Erstgeborene werden gnadenlos aus ihrer kurzen Alleinherrscherrolle gerissen, die Mittleren genießen den relativen Schutz der Herde, während die Jüngsten sich gegen die Masse über ihnen durchzusetzen haben. Das Schicksal der Reihe wiederum wird durchschnitten und gekreuzt von den geschlechtlichen Koordinaten. Wieder wird dem Sohn und Bruder eine Sonderrolle zugemutet, wieder ruhen auf ihm alle Hoffnungen auf eine Fortsetzung des dynastischen Auftrags, während den Mädchen mehr Spielraum gegönnt scheint.

Nach einer von aufgeklärten, lockeren Künstlereltern wunderbar gestalteten Kindheit geraten die Jugendlichen in dem Maß »aus dem Geleis«, wie ihre Familiensituation es tut. Werden die häufigen Abwesenheiten der Eltern auf ihren Inszenierungsreisen durch die Tanten, Gertruds Schwestern, noch günstig überbrückt, so wird es dann durch die Liebes-, Ehe- und Arbeitskrisen an der Spitze prekär. Durch die Führungslosigkeit entstand ein Chaos – auch finanziell –, auf das die Wahnfriedjugend zunächst einmal mit verstärkter Vergnügungssucht antwortete. Kontrolle ist bald nicht mehr möglich. »Mein Vater macht ja auch, was er will«, antwortet der Sohn auf die moralischen Vorhaltungen der Großmutter Winifred, deren Weinkeller für die ersten alkoholischen Exzesse herhalten muß. Bayreuther Gymnasiasten sind mit von der Partie bei jenen »Orgien«, über die die alte Kinderfrau Emma zeternd die Hände über dem Kopf zusammenschlägt. Sie sind auch dabei, wenn Wahnfried sich in ein »Kinderpuff« verwandelt, in dem es drunter und drüber geht. Die einfache Lösung heißt dann immer: ab ins Internat. In diesem Fall freilich ist es das Luxus-Landschulheim des alten Freundes und Siegfried-Wagner-Förderers Max Wiskott bei Traunstein, das die vier aufnimmt und sie genauso liberal weiter (nicht) erzieht, wie es zu Hause der Fall gewesen war. Im Unterschied zu den Wolfgangkindern, die die strengeren bayerischen Institute besuchen, werden die Wahnfriedkinder eher nach den Maximen des Lust- und weit weniger nach denen des Realitätsprinzips ausgerichtet. Der Versuch Wielands, von seinen Töchtern das Erlernen der Schreibmaschine zu verlangen, scheitert beispielsweise schon in den Ansätzen.

Weder im Internat – die Schulbücher behandelten deutsche Geschichte nur bis zum Ersten Weltkrieg – noch zu Hause wurde über die »Vergangenheit« viel geredet. Nicht daß in Wahnfried betont »geschwiegen« worden wäre, aber an der Tagesordnung waren einfach andere Probleme, im

Trubel des vielköpfigen Haushalts ging alles auf und unter, und zu Fragen wurde man von niemandem inspiriert. Obwohl doch mit den beiden Alten am neuen Wahnfried-Hof, mit Emma und Winifred, stramme Parteigenossen da waren. Die eine verwaltete mit eisern vorbildlicher Haltung Küche und Keller, die andere wohnte nebenan und war zumindest bei allen Geburtstags-, Weihnachts- und Silvesteressen in breiter Form anwesend. Allenfalls die sarkastischen Bemerkungen Wielands gegen seine Mutter hatten eine mild aufklärende Wirkung, und von seinen Inszenierungen wußte man, daß sie mit der Nazisache aufgeräumt hatten und daß man somit auf der »guten Seite« geboren war. Das genügte. Gelegentlich fiel Kritik von seiten des »berufsmäßigen Skeptikers« Wieland am Adenauer-Deutschland – da seien wieder »die alten Nazis« am Ruder. Aber Adolf Hitler war kein Thema. Nur an Winzigkeiten blitzte manchmal die Vergangenheit auf: Als Nike, etwa im Alter von fünf Jahren, ihren Plüschhasen auf den Namen »Vorkämpfer Adolf Hitlers« taufte, erntete sie vielsagende Blicke und ein deutliches Hallo von seiten der Erwachsenen. Halber Bub noch, schnitzte sie gern Speere aus Weidenruten, und auf die Frage, wie man eines dieser geliebten Wurfgeschosse nennen könnte, war der väterliche Vorschlag: »V2« – so hieß Hitlers Geheimwaffe gegen England. Redewendungen wie »bis zum Vergasen« oder »das ist ja zum Schießen« waren keine Seltenheit. Oder man sah den Vater auffallend häufig blonde Frauen mit Rasseprofilen und harten Körpern so nebenbei auf Skizzenblätter zeichnen. Wenn Wieland nachts im Bett alle Zeitungen, deren er an den Bayreuther Kiosken nur habhaft werden konnte – vor allem den »Spiegel« –, las und ein Kind das Privileg hatte, bei ihm zu schlafen, wehten hin und wieder manche Schlagzeile und manches häßliche KZ-Photo herüber. In seiner Handbibliothek stand neben einer Wagner-Briefausgabe Oswald Spengler und Gregor von Rezzori. Die Mutter dagegen schien nie nachzudenken. In beängstigender Vitalität befehligte sie den Haushalt, lernte fortwährend Köchinnen an, rauschte nervös durch das große Haus und hatte ein wohlriechendes Ankleidezimmer und einen doppelnierenförmigen Schminktisch. Als die Bayreuther Schulklassen dann zu Anfang der sechziger Jahre in Erwin Leisers Dokumentarfilm »Mein Kampf« geschickt wurden, blieb der Leichenschock nicht aus. Wolf Siegfried hakte bei dieser Gelegenheit seine Oma salopp unter und fragte sie listig, ob sie mit ihm da nicht reingehen wolle. Das klassische Abschmettern kam prompt: »Da geh ich nicht hinein. Das ist ja alles gelogen. Alles Propaganda.« Damit waren die Grenzen gezogen – aber waren das nicht Geschichten aus der Vorzeit, so unendlich lang her wie die Großmutter alt war, und hatte der Vater nicht alles schon wieder gutgemacht?

Trotz dieser Immunität und seltsamen Interesselosigkeit gegenüber der allerjüngsten Vergangenheit waren die geistigen Elemente, die in der hauseignen Variante des imperialistischen Wagnerismus und kulturellen Deutschnationalismus sowohl Alt- wie Nazi-Wahnfried vergiftet hatten, im Nachkriegs-Wahnfried wie weggeblasen. Wieland las zwar ständig in Wagnerbüchern, auch in altbacken philosophischen, weil er gute Stellen für seine Programmhefte suchte, aber man hatte nie das Gefühl, daß er »Wagnerianer« wäre. Im Gegenteil – Wagner schien identisch mit Fron und Joch und zuviel Familie, und nur in der leeren Landschaft der kalten Insel Sylt wehte ein frischer Wind. Über die Jahre wurde dieses friesische Abseits deshalb zum »Antidepressivum« gegen den Bayreuther Kessel, und auch für die Kinder wurde die »Fliegender Holländer«-Atmosphäre dieser Insel zur zweiten Heimat. Mit der durch Ironie und Spott gewürzten Abwehr des Elternhauses gegen das Wagnerianertum wurde auch Wagner wieder europäisiert, und mit Europa kam, neben der beibehaltenen Antikenschwärmerei, die moderne Kunst – Picasso, Klee, Moore –, die moderne Literatur –

Thomas Mann (!), Brecht, Anouilh, Giraudoux, Claudel – ins Haus, wurden die Kinder zu »eigenen Interessen« ermutigt und gelenkt allein durch die diskreten Freudensbezeugungen bei künstlerischen Betätigungen, dem Klavierspiel der »höheren Töchter«, den bildnerischen KunstStücken des Sohnes. Erste Bildungserlebnisse – neben dem permanenten Wagner (aber nur in Bayreuth!) – waren die Inszenierungen Fritz Kortners in München und die des Brecht-Theaters in Ostberlin, dann und wann ein Klemperer-Konzert und eben die Opernaufführungen jener anderen Komponisten, die der Vater inszenierte und zu denen man anreisen durfte: Gluck, Orff, Strauss, Verdi, Berg. Trotz aller Liberalität und Offenheit fiel die Wahl der Studienrichtungen in der Folge aber so konform aus, als wolle der »unterirdisch« wühlende Familiengeist sich nur ein bißchen ausdifferenzieren:

Mit der Architektur beginnt Wolf Siegfried und lenkt dann um auf Regie und Theater, bei der Literatur und Musik sind Iris und Nike zu finden; auf die Schauspielschule geht Daphne. Auch fast alle anderen Urenkel zieht es in die luftigen Sphären von Kunst und Wissenschaft: wird Eva aufs Management gelenkt, so studiert doch ihr Bruder Musikwissenschaft; Verenas Ältester wendet sich der Städteplanung zu, sein jüngerer Bruder will Dirigent werden, Amélie wählt das Theaterwissenschafts- und Geschichtsstudium, ihre Schwester Winifred die Romanistik, um dann auf die Malerei überzugehen, und die Jüngste, Verena bleibt bei der Kunstgeschichte. Phänotypisch zum großen Teil leicht erkennbar – auch der verleugnete Franz Liszt bekommt wieder physiognomische Echos – , zieht die vierte Generation in die großen Städte, Bayreuth bleibt ein neuralgischer Punkt, verschwimmt aber doch zur Provinz. Die Auseinandersetzung zwischen »geprägter Form« und lebendiger Ich-Entwicklung beginnt ihre mehr oder weniger dramatischen Kurven zu ziehen.

Während die Bayreuther Wagners sich also Mitte der sechziger Jahre langsam aus der fränkischen Heimat zurückziehen, erscheint im Jahr 1964 die Schweizer Urenkelin Dagny Ricarda auf der Bildfläche, mitten in der Höhle der Löwin Winifred. Der abgebrochenen historischen Kontinuität entsprechend, konnte es ohne kuriose diplomatische Umwege dabei freilich nicht abgehen. Unter den zahlreichen Besuchern, die mit dem Wagnerexperten Franz Wilhelm Beidler Kontakte pflegten, gab es auch den konservativen und ideologisch nicht eben lupenreinen Wagnerschriftsteller Curt von Westernhagen. Er war jedoch der richtige Mann, seine alte Freundin Winifred an die Existenz eines weiteren Wagnerabkömmlings zu erinnern – worauf Winifred, immer frischweg, ihn wissen ließ, sie sei bereit, Dagny zu empfangen. Ohne Wissen des Vaters vereinbarte das junge Mädchen dann ein Rendezvous in Bayreuth; er wolle »ihrem Glücke nicht im Weg stehen«, lautete dazu der ironische, aber bleischwer geladene Kommentar des Isoldesohnes. Als der Antinazi und Bayreuthgeschädigte im gegebenen Kontext dann auf die Hitlerfreundin und Gattin jenes Onkels trifft, der seinen Vater einst aus Bayreuth verjagt hatte, ist wiederum Ironie am Platze: Mit den Worten: »Nach 1000 Jahren...« begrüßt Beidler Winifred am Telefon. Es kommt nur mehr zu oberflächlichen Kontakten, Dagny aber ist seither immer wieder Gast im Siegfried-Wagner-Haus; Englisch sprechen aber wird die künftige Anglistin mit der alten Dame sicherlich nicht – die Engländerin Winifred hat es fast verlernt.

Dafür entdeckt Dagny jene für sich, die ihrer Großmutter Isolde so ähnlich gewesen sein soll: die Tante Friedelind. Jedenfalls hieß es bei den Geschwistern Isoldes so, wenn sie in ihren späten Tagen das in Altwahnfried herumtobende wilde und rechthaberische Kind Friedelind beobachteten. Friedelind, die am eigenen Leib erfahren hatte, wie bitter Verstoß und Emigration sind, integrierte Dagny, war ihr herzlich zugetan. Sie war sich der historischen Ungerechtigkeit bewußt, und es trieb sie wohl auch eine alte Lust am Widerstand gegen das selbstgerechte Wahnfried-Establishment. Über Dagny beleben sich auch die Kontakte ihres Vaters mit Friedelind wieder: weniger als Bündnis der Ausgestoßenen vielleicht als durch eine ähnliche politische Orientierung und die spiegelbildliche Ähnlichkeit ihrer Geschicke. In der Tat wiederholte sich ja in jenem anderen großen Mutter-Tochter-Konflikt, den die Familie zu verzeichnen hatte, im Konflikt zwischen Winifred und Friedelind, der zur Austreibung und Emigration Friedelinds führte, das Schema der strukturellen Gewalt in der Familie noch einmal auf anderer Ebene. Wie Friedelinds zahlreiche Versuche, in ihrer Heimatstadt wieder Fuß zu fassen, letztlich gescheitert sind – sie nimmt schließlich »Asyl« in der Schweiz –, so hat auch die »Schweizer Filiale« niemals Fuß fassen können im Wagnerzentrum. Es mutet reichlich trostlos an, wie die kompromißlos (links-)demokratischen, antinazistischen Familienmitglieder aus dem familiär-hegemonialen und kulturdeutsch-nazifreundlich agierenden Haus Wahnfried abgedrängt worden sind und wie familiäres und politisches Exil in der Folge ineinandergreifen.

Für die Bayreuther Zweige der Sippschaft bedeutete das Jahr 1966, der Tod Wieland Wagners, den ersten und entscheidenden Umbruch. Aber auch für die Festspielgeschichte, die sich hier deutlicher als irgendwo mit der Familiengeschichte verknüpft zeigte. Zwar war die Bayreuther Institution zu dieser Zeit längst gefeiert und gefestigt und von einer ernsthaften Krise konnte bei dem stets ausverkauften Haus keine Rede sein. Dennoch gab es für Wolfgang eine Zeit des Schlingerns und des Übergangs, und er mußte sich gegen die Presse, die seine Jubiläums-*Meistersinger* von 1968 »gutbürgerlich« nannte, und gegen die Familie, vor allem gegen Friedelind und Gertrud, ordentlich zur Wehr setzen. Das »Ende von Neubayreuth«, von beiden Seiten verkündet, schien gekommen. Zwei symbolisch absegnende Pflichtübungen mögen dies illustrieren. 1967 wird eine häßliche kleine Unterführungsstraße auf den Namen »Wieland-Wagner-Straße« getauft – sie verbindet die Richard-Wagner-Straße mit dem neuen Hohenzollernring –, und im Jahr darauf sein Kopf in Bronze gegossen und in Bayreuths kleiner Walhalla, dem Foyer der Stadthalle aufgestellt. Bei jedem Regimewechsel wird die Vergangenheit kurzgeschlossen, versiegelt und ad acta gelegt. So auch hier: Mit Ausnahme von Anja Silja, die nie wieder auf der Bayreuther Bühne erscheinen wollte und bei diesem Entschluß auch blieb, schien allen anderen Sängern ein Engagement an dem prestigeträchtigen Haus unverzichtbar, und selbst Wielands ergebenste Sekretärinnen standen sehr bald geschlossen hinter dem letzten Wagnerenkel. Mit den »Freunden von Bayreuth« konnte es nicht anders sein. Vergessen war der Brief, den der wichtigste der Mäzene, Konsul Franz Hilger, an Wieland im Jahr 1961 geschrieben hatte, in dem er ihn bat, Wolfgang abzusetzen, denn auch die geduldigsten »Freunde« könnten seine *Ring*-Inszenierung nicht mehr durchsitzen. Derselbe Gönner mußte bei einer Zusammenkunft mit der Familie Wielands 1967 im Hotel Vier Jahreszeiten in München auf das starke Plädoyer der ältesten Tochter Iris, die im Sinne der Erhaltung der verbliebenen Inszenierungen ihres Vaters darum kämpfte, daß diese ihrer Mutter übertragen würden, klarmachen, daß es jetzt anders liefe. »Fräulein Wagner, jetzt ist Wolfgang der Chef, und wir wollen unser Bayreuth.« Sie wollten Ruhe und Ordnung, es war die Stunde der Politik. Um die inneren und äußeren Streitigkeiten zu beenden, trommelte der Kuratoriumsvorsitzende und bayerische Finanzminister Konrad Pöhner die »Freunde« 1967 zu einem einmütig abgegebenen Vertrauensvotum für Wolfgang zusammen.

Keine Zeit für Sentimentalitäten, weder in Wahnfried

noch im Festspielhaus. Als die Nichten und Neffen Wolfgangs im Festspielsommer 1967 die Künstler nach der *Götterdämmerungs*-Inzenierung ihres Vaters zum Empfang in die Villa bitten wollen, verbietet der neue Alleinherrscher dies mit dem verwaltungstechnisch begründeten Hinweis, daß für die Benutzung der Wahnfriedräume ab jetzt Miete zu bezahlen sei. Eine Zeitlang noch betreut der Assistent der letzten Jahre, Hans Peter Lehmann, die Inszenierungen Wielands, doch sie verschwinden bald genug vom Spielplan; der wichtige *Ring* beispielsweise schon nach vier Jahren. Viele der engen und solidarischen Mitarbeiter Wielands werden sofort entlassen, seine Bühnenbildmodelle wurden demoliert, vieles Brief- und Bildmaterial verschwindet, die brüderlichen Anmerkungen werden aus den Regiebüchern radiert. »Sogar die Gummibusen seiner erotisch anregenden Inszenierungen wanderten in den Fundus« berichtete der »Spiegel« und zitierte Wolfgang: »Die runden Dinger müssen weg – mein Bruder muß ein Brustfetischist gewesen sein.« Wie die Bühnenarbeiter sich durch Unterschrift verpflichten mußten, nichts über die Begebenheiten intra muros nach außen dringen zu lassen, so mußten sich auch die Familie und ihre Freunde jetzt durch Unterschrift legitimieren, wollten sie zu den Vorstellungen eingelassen werden. Ebenfalls im Sinne besserer Kontrollierbarkeit wurden die Büroräume umgestaltet, parzelliert, abgedichtet, und so erinnerte auch hier bald nichts mehr an die Vergangenheit: Tabula rasa. Die Flurbereinigung griff auch auf die noch mit dem alten Flechtwerk versehene Bestuhlung im Zuschauerraum des Festspielhauses über; sie wurde 1968 durch moderne Holzmodelle ersetzt, die keineswegs bequemer waren. Durch die Einfügung von dreiundachtzig zusätzlichen Sitzen aber erhöhten sich die Einnahmen. Mehr als zwanzig Jahre später fanden die alten Klappsitzreihen ihre nostalgischen Käufer auf dem Bayreuther Flohmarkt. Daß Bayreuth-Historikern, insbesondere Wieland-Biographen wie dem Engländer Geoffrey Skelton, die Archive künftig verschlossen blieben oder der Zugang auf decouragierende Weise erschwert wurde, gehört zu jenen Paradoxien, über die häufig Klage geführt wurde. Wenn der Leiter des Bayreuther Instituts mit dem Argument abwehrt, es sei noch keine »wissenschaftliche Basis« vorhanden, zugleich aber deren Erstellung verhindert – wie sollten die Forscher damit zurechtkommen?

Der Tod des einen bedeutete die Geburt des anderen. Jener makabre Sketch, der sich damals, als Wieland starb, vor dem Tor der Universitätsklinik in München ereignete, war Wirklichkeit geworden: »Ich gratulier' dir zum Geburtstag«, hatte ein Betrunkener dort gelallt und war Wolfgang, der eben eintreten wollte, um den Hals gefallen. Seine zweite Geburt bescherte Wolfgang in der Tat einen Aufstieg und eine Dauer der Macht, wie er bei »normalen« Theaterbetriebsleitern undenkbar ist. In den ersten zehn Jahren festigt er seine Position als Intendant, in den weiteren acht Jahren – er ist dann im Pensionsalter – baut er seine persönliche finanzielle Position aus: Geschicklichkeit und Ellenbogen, eine Nase fürs Politische und schier unversiegbare Wortfluten stehen ihm dabei zu Gebote und gehen eine für den Erfolg in dieser Welt offenbar unwiderstehliche Mischung ein. Die zahllosen Auszeichnungen – jede Menge Orden und Medaillen und 1994 der Bayreuther Ehrendoktor – bilden nur die stillere soziale Begleitmusik zu jenen allsommerlichen Wagnerfanfaren, die er seit nunmehr vierzig Jahren über seinem grünen Hügel erschallen läßt.

Pragmatisch unabwendbar und künstlerisch notwendig waren seine ersten Schritte: Da ein Mann allein den Spielplan in der Zukunft nicht würde bewältigen können, begann Wolfgang ab 1969, Bayreuth für Fremdregisseure zu öffnen. Der konservative August Everding war der erste, der in Bayreuth gestalten durfte, den *Fliegenden Holländer*. 1972 folgte Götz Friedrich aus Ostberlin mit dem »sozialistischen« *Tannhäuser*. Den Löwenanteil des Repertoires bestritten aber nach wie vor Wolfgangs hauseigene Inszenierungen (1975: sechs von sieben Werken!). Interessantes Niveau gewannen die Festspiele erst nach zehn Jahren wieder, als »Hundert Jahre Bayreuth« anstanden und das *Ring*-Konzept der Franzosen Patrice Chéreau und Pierre Boulez 1976 endlich den Bruch mit dem vergreisenden »Neubayreuth« vollzog und der Wagnerbühne zu einem sowohl aufklärerischen wie szenisch mitreißenden Theaterspiel verhalf. Eine neue, lebendig bewegte und hochemotionelle Wagnerregie fegte endlich auch die Nostalgie nach dem kultisch-psychologischen Theater der Wieland-Ära hinweg. Auch seine Hinterbliebenen atmeten auf, daß der Tote endlich tot sein durfte und nicht länger in verwässerten Formen weiterverkauft werden würde.

Schaut man dem Jahrhundert-*Ring* jedoch genauer in die Kulissen, so rumorte hier dennoch der Geist Wielands. Ohne den Mann, den er in seinem letzten Lebensjahr gefunden hatte, den auf Empfehlung des Komponisten Karl Amadeus Hartmann nach Bayreuth geholten Pierre Boulez, wäre der Paradigmenwechsel von 1976 wahrscheinlich nicht geglückt. Boulez war es nämlich, der Wolfgang bei der Disposition des riskanten Jubeljahres aus der Patsche half. Sein ursprünglich vorgesehener Regiekandidat, Peter Stein von der Berliner Schaubühne, hatte, gereizt von der »faschistischen Landschaft« Oberfrankens, für sein Debut in Bayreuth an Demontage gedacht – er wollte den Ring auf zwei Abende einkürzen und die Bühne und den Zuschauerraum umbauen. Das schien dem Leiter inakzeptabel. Seiner Bedrängnis, einer »Angst des Tormanns beim Elfmeter«, kam Boulez nun zu Hilfe, oder vielmehr: Es war Boulez' älterer Schwester Jeanne, einer eifrigen Theatergängerin, zu verdanken, daß ein Name fiel, nach dem die Theatermacher nun wie nach einem Strohhalm griffen: Patrice Chéreau. Weder Boulez noch Wolfgang Wagner hatten je eine Arbeit dieses Schauspielregisseurs gesehen, sie kauften die Katze im Sack. Den Bonus eines Theatertriumphs konnte sich dann aber der Bayreuth-Chef hinter den Spiegel stecken – sein Ruhm als Intendant war damit gefestigt und unbestritten. Die Ehrenbürgerschaft der Stadt Bayreuth, verliehen im gleichen Jahr, rundete ihm diese erste Erfolgsetappe gebührend ab.

Dem gelungenen Aufstieg Wolfgangs zu Anerkennung und Autonomie entsprachen die Entthronung der Familie Wielands und der letztlich aussichtslose Kampf der Wolfgangkinder um den Vater und um ihr Erbe. Seiner Herrschaftsfestigung entsprach deren Heimatverlust, seinem Frühling in Ehe und Position deren herbstlichem Abschied von Bayreuth. Während die Bodensee-Filiale um Verena relativ unberührt vom Führungswechsel blieb – vom Bayreuther Geschehen durch Winifred längst schon ausgeschlossen –, vollzog sich der Exodus der Wielandsippe aus Bayreuth in voller Schärfe, und die Expatriierung der Wolfgangkinder hinkte nur zeitlich um einige Jahre hinterher. »Wenn der Förster stirbt, müssen die Försterkinder eben ausziehen«, verlautete es 1966 aus dem Munde des ehemaligen Waisenkindes Winifred an die »Wahnfriedjugend« dieser Generation, und so geschah es denn auch. Für die kommenden zehn Jahre werden die »Försterkinder« mitsamt ihrer Mutter den grünen Hügel kaum mehr betreten. Mochte ihnen der Wahnfriedverlust im Unterschied zu den Nesthockern der vorausgegangenen Epoche einen Gewinn an Offenheit und Weltkenntnis bringen, so hat die Entwurzelung doch Schäden verursacht, die sich erst später an den einzelnen Biographien zeigen würden. Jedenfalls verschwanden die Wielandkinder aus den »wolkigen Höhen« Walhalls, als hätte sich ein Versenkungsmechanismus im Boden geöffnet und sie verschluckt. Was durchaus wörtlich zu verstehen ist: der »underground«, den die späten sechziger Jahre mit ihren

Wohngemeinschaften, Studentenbewegungen und Marxismus/Leninismus-Gruppen darstellte, wartete auf die Töchter, die transatlantische Fremde auf den Sohn.

Von der ersten Phase des Aufstiegs Wolfgangs profitierte sichtlich nur eine – seine Tochter Eva. Gerade volljährig und kein »intellektueller«, sondern ein »praktischer« Typ, hatte die ihrer Großtante Eva ähnelnde attraktive Blonde eine Ausbildung als Kindergärtnerin hinter sich, wurde nun aber als die Mitarbeiterin ihres Vaters im Festspielbetrieb eingeschult; ihre »große Zeit« begann, ein wagnerisches Selbstbewußtsein nahm feste Formen an. Väterlich sorgte sich Wolfgang auch sonst um ihre Karriere. Während der deutlich weniger geliebte Gottfried sich durchs musikwissenschaftliche Studium schlug, wurde Eva an die Schlüsselstellen fürs künftige Operanmanagement vermittelt: 1971 an die prominente Sängeragentur Robert Schulz in München, dann in die »Unitel«-Opernfilmfirma des Medienkönigs Leo Kirch. Dieser erste Versuch Wolfgangs, eine familiäre Kontinuität von seinem Stamm her einzuleiten und aufzubauen, fand im Schicksalsjahr 1976 freilich ein Ende mit Schrecken. Durch seine Wiederverheiratung beschwor Wolfgang die ödipale Katastrophe herauf. Eva und Gudrun, zwei ehrgeizige, starke Frauen an seiner Seite, zwei First Ladies im Festspielhaus – beide nicht gerade zartfühlend in Gehaben und Worten – das trieb unweigerlich auf Konflikt und Bruch zu. Eine würde das Opfer sein müssen: es war Eva. Mit einer für Außenstehende unverständlichen Härte wirft der Vater seine geliebte Tochter aus Amt und Würden, künftig wird sie allenfalls über kurze bürokratische Mitteilungen von ihm hören, und sein Wotanszorn wird sich in archaischer Konsequenz noch auf die Folgegeneration erstrecken. Evas Sohn Antoine, geboren 1982, bekommt keine Chance, seinen Großvater kennenzulernen, obwohl Eva – strategisch, demütig oder masochistisch – mit ihm alljährlich an die Stätte ihrer Verstoßung zurückkehrt, um dort zu Generalprobenzeiten dem Phantom einer Versöhnung nachzujagen. Sie wird einiges erreichen im Leben – an der Londoner Covent Garden Opera arbeiten, an der Bastille-Opera in Paris, sie wird Sänger-»Scout« für alle möglichen Opernhäuser, mit Yves Pasquier, einem französischen Filmkaufmann, einen sanften, liebenswürdigen Ehemann gewinnen, sie wird Berühmtheiten aus dem Musikleben um sich sammeln – der Schmerz, der ihr durch die Vertreibung aus dem Wagnerparadies zugefügt worden ist, von einem Vater, von dem sie sich innerlich nicht lösen kann, markiert sie, läuft wie ein blutiger Striemen durch ihre Persönlichkeit. Das alte Familienmotiv der verstoßenen Tochter – Isolde, Friedelind – ertönt in der vierten Generation mit Eva wieder, nur ein bißchen uminstrumentiert. Diesmal bläst der Vater in das düstere Horn, das vormals die Mütter an die Lippen nahmen.

Eva sollte indessen nur das letzte Opfer der Konstellation nach 1966 sein. Andere gingen ihr voraus. In nachgerade fabulöser Weise – wie ein Elefant, der auch nach Jahrzehnten keine Kränkung vergißt – schickt Wolfgang sich an, jenen Männerschwur, den damals, 1951, sein Bruder gebrochen hatte: daß »die Weiber« ihnen nicht hineinkämen ins Festspielhaus, doch noch einzulösen. Alle bedrohlichen »Weiber« sind bald draußen: Winifred, Friedelind, Gertrud.

Was die Mutter betrifft, so lieferte sie ihm 1976 selbst die Munition dazu. Durch ihr filmisches »outing«, ihr Bekenntnis zu Adolf Hitler, hatte sie sich noch einmal aus der Vergessenheit gerissen und wie in einem Handstreich das öffentliche Bemühen ihrer Söhne um demokratische Reputierlichkeit und gleichnishafte Wiedergutmachung – wie immer unvollkommen – zunichte gemacht. Wolfgang, der die Dokumentation Hans Jürgen Syberbergs vorher genehmigt hatte – seine Mutter also, wenn man will, ins offene Messer hatte laufen lassen –, gab ihr, als der Eklat dann da war, Festspielhausverbot und verharmloste mit dem Wort »Altweibergewäsch« die abgründigen Dimensionen ihrer Sehnsucht nach dem Diktator. Eine Karikatur, die die alte Dame zeigt, ein Schoßhündchen mit Hitlergesicht im Arm, zurechtgewiesen von einem Wolfgang Wagner im Polizistenhabit, der ihr den Zugang zum Allerheiligsten verbietet, trifft die Lage der Nation auf ihre Weise. Die Gespaltenheit der »schuldigen« Generationen in ewiggestrige alte Nazis und gewendete Mitläufer trifft wohl nicht nur auf die Wagners zu.

Winifreds Altersgesicht im Film ist eindrucksvoll wie jedes verwitterte Monument aus Moos und Steinen. Für ein paar Stunden spricht aus ihm die Wahrheit einer anderen Zeit, jener »Vergangenheit, die nicht vergehen will«. Und weil es den Zufall nicht gibt, erhält Winifred Beifall aus noch älteren Zeiten. Schwiegermutter Cosima sekundiert ihr aus dem Grab. 1976 konnten endlich die Tagebücher Cosima Wagners erscheinen. So eindrucksvoll die Einblicke waren, die sie in Wagners Komponierwerkstatt (»R. arbeitet«) gewährten, und so farbig sich die Unmittelbarkeit dieses Zeitdokuments für Familie und Historiker auch ausnahm: Der ungenierte Antisemitismus dieser Alltagsaufzeichnungen zwischen 1864 und 1883 schockierte in seinen Details, obwohl man im allgemeinen davon wußte. Doch vielleicht sollte man den beiden alten Gralshüterinnen dankbar sein. Nach den Jahren des Schweigens wurde durch ihr authentisches Zeugnis die politische Seite des Komplexes Wagner/Bayreuth wieder ins Licht gerückt. Daß es das Licht der faschistischen »Blutleuchte« war, versah das Jubiläum mit jenem Beigeschmack von geschichtlicher Aufrichtigkeit, der solchen Feiern sonst eher vorenthalten wird.

Angesichts solcher ideologischen Warnsignale hätte der Festspielchef sich nun erst recht auf die »gute Tradition« seiner Familie besinnen und mit seiner Schwester Friedelind an einem »sauberen« Strang ziehen können. Doch mit Friedelind, per definitionem »große Schwester«, scharfzüngig, überwach, die »Wahrheit« immer aufs Panier geschrieben, Autoritäten gegenüber resistent und in ihrem auch sprachlich internationalen Habitus so gar nicht in die Kleinstadtkrämerei von Bayreuth passend, über die er Herr war – mit Friedelind hat Wolfgang sich wahrscheinlich nie besonders wohl gefühlt. Jedenfalls lassen die Worte, die er anläßlich ihres einzigen Versuches, einmal selbst Regie zu führen – beim *Lohengrin* in Bielefeld 1968 – auf unerquickliche Auseinandersetzungen schließen: »Die Frau hat ihre erste Inszenierung gemacht in einem Alter, in dem mein Bruder gestorben ist, mit 49 dreiviertel. Wenn sie mit ihrer zweiten Inszenierung wartet, bis sie 99 einhalb ist, dann ist es gut. Aber sie sollte sich abgewöhnen, zu behaupten, ich, ihr Bruder, mache nur Scheiße.« Außerdem war »die Frau« Wieland-Partisanin und fiel ihm jetzt, in kritischer Zeit, politisch in den Rücken, verdächtigte sein Bayreuth – in Zusammenhang mit den NPD-Erfolgen in der Stadt – der reaktionären Wende, wenn nicht gar des Neonazitums.

Damit war die Stunde der Vergeltung für sie gekommen, das Emigrantenglöckchen begann wieder zu läuten. Ab 1967 sperrte der Bruder sein Festspielhaus für ihre »Masterclasses«, einer 1959 gegründeten internationalen Akademie für Opernstudenten, die vom Proben- und Aufführungsbesuch am Originalschauplatz Wagner profitieren konnten. Friedelind habe nicht realitätsgerecht zu wirtschaften gewußt, war der Vorwurf. Mit der Auflösung dieses pädagogischen Steckenpferdes war Friedelinds Daseinsberechtigung in Bayreuth ebenfalls aufgelöst. Obwohl die »böse Mutter« Winifred immer gern kolportierte, die Tochter sei beruflich nie so recht »auf den grünen Zweig« gekommen, hatte sich das »schwarze Schaf« der Familie mit ihren »Meisterklassen« gleichwohl eine fruchtbare vermittelnde (mütterliche) Tätigkeit geschaffen, die vielen später zur Grundlage ihrer Theaterkarriere wurde. Erst ab 1972 konnte sie diese Arbeit wieder fortsetzen, in Eaglescliff, Stockton on Tees –, bis der

Thatcherismus diesen Versuch, den industriellen Nordosten Englands in eine Kulturlandschaft zu verwandeln 1982 wieder zunichte machte. Als die Wagnerenkelin sich dann erneut in Bayreuth anzusiedeln suchte – zum wievielten Male? –, empfand sie sich, verletzt von Querelen mit Wolfgang und von rechtsgerichtetem Gegröle auf den Straßen, wieder »hinausgeekelt« und verließ die alte Heimat für immer in Richtung Schweiz, dem gelobten Land so vieler europäischer Flüchtlinge. Vielleicht erlebte sie dort, weiterhin hilfsbereit nach allen Seiten und ihrer alten Devise: »I have a passion for the underdogs« treu, ihre glücklichsten Jahre. Daß sie, die verstoßene Tochter, sich in ihrer letzten Lebenszeit der Erforschung der Herkunft ihrer Mutter widmete und alle möglichen dänischen Verwandten der englischen Winifred ausgrub, ist seelengeschichtlich sehr anrührend, aber auch unheimlich: zeugt es doch noch einmal von der Gewalt, die diese harte Frau – noch über ihren Tod im Jahr 1980 hinaus – auszuüben imstande war.

Mit der kleinen Schwester, der anpassungsfähigen Verena, hatte Wolfgang nie Schwierigkeiten, sie gehörte nicht zu den dominierenden »Weibern«, flickte ihm, zumindest öffentlich, nichts am Zeug. Noch als weißhaarige Mittsiebziger werden die beiden jüngeren Siegfriedkinder sich anläßlich der Verteilung ihres Erbes nach Winifred über die Photos beugen, die ihre Jugend auf dem Festspielhügel dokumentieren. Das »Ach – weißt du noch« – und »Das war doch der ...« gilt hier den großen und den kleinen Nazis, die damals für Wagner und Hitler Spalier standen.

Die emotionale Erschütterung nach dem Tod des Bruders brachte es mit sich, daß Wolfgang der jüngsten Wielandtochter Daphne zumurmelte: »Zu mir kannst du immer kommen!« Auch mit der frisch verwitweten Gertrud gab es zunächst Übereinstimmung: er ordnete sich ihren Wünschen nach einer Totenfeier – nicht im nächsten Sommer, wie er meinte, sondern unmittelbar nach dem Geschehen, im Oktober – unter. Sie »aktivierte« ihn für einen Moment lang, als wäre er Wieland, bestimmte die Redner – darunter Ernst Bloch –, den Dirigenten – Pierre Boulez – und den Ort – die Hinterbühne des Festspielhauses. Er sorgte für den Rest, fürs Zusammentrommeln des Festspielorchesters und für die Hängung der Kränze, die, über die ganze Rückseite des eisernen Vorhangs verteilt, eine riesige Blütenwand bildeten. Nur mit der Gestaltung der Aussegnung kamen – zumindest mit Winifred – die Risse im familiären Gefüge wieder zum Vorschein. Wielands Kinder reklamierten den Sarg und die Stille für sich allein in Wahnfried, wohin der Vater aus München überführt worden war. Mutter Winifred, umsonst tobend, wurde ausgesperrt, konnte ihrem toten Sohn erst bei der öffentlichen Trauerfeier begegnen. Die unglückliche Ambivalenz der Gefühle Wielands für Winifred war von seinen Nachkommen verinnerlicht und zu einer negativen Entscheidung geführt worden; die Mutter/Großmutter wird als »Monster« perzipiert. Ihren 80. Geburtstag, elf Jahre nach dem Tod Wielands, feierte ihre älteste und geliebteste Enkelin Iris dementsprechend – mit einem unverhüllten Todeswunsch per Telegramm: »Im allgemeinen sterben die Drachen VOR dem Siegfried ...«

Die Karten Gertruds standen jedoch historisch und familiär viel schlechter, als sie es ahnen und reflektieren konnte. Sie war die erste unter den »Weibern«, die aus dem Festspielhaus entfernt werden mußten. Statt das Gesetz der Stunde zu erkennen, sich zu beugen und mit dem Wolf(gang) zu heulen, tat sie das Gegenteil, unterrichtete die Welt per Fernsehen von ihrer »unterschlagenen« Person und erhob den Anspruch, die einzige zu sein – aufgrund ihrer langjährigen Mitarbeit –, die die Inszenierungen Wielands in seinem Sinne betreuen und kreativ erhalten könnte. Doch wer recht hat, bekommt deshalb noch lange nicht recht. Für Wolfgang mußte sich das anhören wie eine Kriegserklärung.

Weitere Mitarbeit? Übernahme der Wielandschen Inszenierungen? Nicht nur die »große« Geschichte war jetzt auf der Seite des »kleinen Bruders«, sondern noch ganz andere Verfügungsgewalten. Gertrud übernahm zwar noch die vertraglich festgelegten Inszenierungen ihres Mannes, die *Salome* 1966 in Genf, den *Holländer* 1967 in Wien, doch ihre gesellschaftliche Position als » arme Witwe« – so die mitleidige Gattin des Baritons Otto Wiener –, als Witwe eines Berühmten gar, war prinzipiell unhaltbar. Das Ausmaß ihrer Mitarbeit in Bayreuth war unbekannt, bekannt war den Theatern jetzt nur das Künstlerduo Wieland/Anja. Ihre Regieansprüche wurden deshalb vielfach als Anmaßung empfunden. Schwer kaute sie an diesen Kränkungen und litt unter der Unterlassungssünde ihres Mannes, ihr Können nirgendwo schriftlich legitimiert zu haben. Sie hatte nichts in den Händen als ein sehr persönliches Bekenntnis an verschwiegener Stelle: eine Widmung Wielands an sie in dem Bildband Walter Panofskys über Wielands Theater aus dem Jahre 1964, wo er in seinen runden Buchstaben hineingemalt hatte: »Das sollte eigentlich ein Buch über dich sein – ohne dich wäre kein Bild + kein Gedanke!!!« Das war nicht genug, das half ihr nicht, nichts und niemand half ihr. Schwiegermutter Winifred, ängstlich vorausschauend auf Gertruds Beteiligung an Wielands Erbe, probte Gertruds Ausschaltung auf listige Weise – gab fleißig falsches Zeugnis ab von einer geschiedenen Ehe, adressierte ungeniert ihre Briefe an die Betroffene mit »Gertrud Reissinger«. Wolfgang griff, um sie endgültig loszuwerden, schließlich zu dem probatesten Mittel, das es gibt: der finanziellen Erpressung. Sollte sie weiterhin an anderen Theatern oder gar zu Hause Wagner inszenieren wollen, so würde er ihr den Unterhalt sperren. Der sogenannte »Gesellschafter«-Vertrag, den die Brüder im Jahr 1962 mit wechselseitiger Geltung geschlossen hatten, verpflichtete den jeweilig Überlebenden dazu, die Witwe des anderen zu unterstützen. Gertrud, erwerbslos, und die Kinder, die gerade am Anfang ihrer Ausbildung standen, waren von Wolfgang und seinen Festspielen abhängig.

An ein Behaupten der Wahnfried-Position war angesichts ihrer Zahlungsunfähigkeit nicht zu denken. Gertrud zog sich in ihr Ferienhaus auf Sylt zurück, ans »Ende der Welt«, wie ihr schien. Den weitläufigen Besitz in Keitum hatte Wieland ihr als »gemeinsamen Alterssitz« geschenkt, geplagt auch von dem Gedanken, sie irgendwie abzusichern. Mit einem Verkauf des Bayreuther Erbes war in den sechziger Jahren noch nicht zu rechnen. »Kinder, wenn ich in der Nordsee absaufe, gehört euch das Haus«, lautete einer seiner schlechten Witze; er spielte damit auf die Lebensversicherung an, mit der die aufgenommenen Gelder für das Haus abgegolten werden würden. Die böse Metapher vom »Badengehen« erfüllte sich, nur in einem anderen Sinn: verloren gingen diejenigen Teile des Hauses, die den Kindern zugedacht waren. Die besagte Lebensversicherung reichte längst nicht aus, seine negative Hinterlassenschaft, die hohen Schulden beim Festspielbankier Karl Schmidt in Bayreuth, abzudecken; Stück für Stück des Hauses mußte deshalb verkauft werden. Im letzten Hausteil »hinterblieb« Gertrud dann im wahrsten Sinne des Wortes. Schier endlose Jahrzehnte brachen für die Früh- und Zwangspensionierte hier an – nur im Sommer belebte ihre Familie das Haus. Ausgeschlossen von ihrem Lebenselixier, den Wagnerfestspielen, ihre Arbeit dort vergessen und an anderen Theatern nicht möglich oder nicht gefragt, die Ächtung von seiten der Großfamilie Wagner, in die sie doch mit Haut und Haar eingegangen war – was konnte sie tun?

Gertrud unternahm zwei Fluchtversuche in die Stadt ihrer Tanzzeit, nach München, wälzte immer wieder Theater- und Theaterstudiopläne, wollte nicht wahrhaben, daß einer ausgeschiedenen Mittsechzigerin in unserer Gesellschaft kein Aktivposten mehr zugedacht ist. Immer wieder kehrte sie in die Keitumer Einsamkeit zurück. Nur einmal noch schneite ein Inszenierungsangebot herein, es war der *Fidelio* in Kopenhagen 1979; da mußte sie erfahren, daß es nicht so einfach war, eigenwillige Wünsche an einem Repertoiretheater durchzusetzen. Fruchtbarer schien die andere Überlebenstechnik, die Gertrud entwickelte: die eigene Geschichte aufzuarbeiten. Die Körper- und Tanzfrau begann zu lesen, nachzudenken, zu verstehen, zu analysieren: dabei geriet sie tief in die Biographie und Geschichte des Urhebers all ihrer Freuden und Leiden. »Richard« nannte sie ihn schließlich nur noch, als wäre er ein Vertrauter und Hausgenosse. Aber auch Thomas Mann, Adorno, Bloch, von Weizsäcker, Goethe und den »Spiegel« ihres guten Freundes Rudolf Augstein las sie, schließlich die Frauenemanzipations-Literatur. Die Wunde Bayreuth aber blieb immer offen, immer wurde neues Salz hineingestreut, mit jeder Wagnerlektüre, mit jeder Nachricht aus Wolfgangs Bayreuth. Die Selbsterforschung als »Wagnerfrau« begann sich irgendwann im Kreise zu drehen, kein Ende zu finden. Die erwachsenen Kinder, ferienhalber gekommen, mochten nicht schon beim Frühstück mit den neuesten Erkenntnissen über die Figur Wotans oder über Cosima und Winifred oder ihren Vater überfallen werden. Gertruds unaufhörliches Gespräch mit den Toten hatte sich in ihrer Isolation zu einer Art Erkrankung an Wagner fortgebildet. Oder war es nur das fortgeschrittene Stadium des altbekannten und notorischen Wagnerschen »Innenbewußtseins«, das sich auch bei ihr, die mit vierzehn Jahren nach Wahnfried gekommen war, gebildet hatte? Jedenfalls bestätigen äußere Zeichen die innere Wirklichkeit: Nach der endgültigen Flucht vor dem lebendig Begrabensein in Sylt, nach dem Verkauf des Sylter Anwesens 1995, zieht Gertrud erneut nach München – die Adresse war unwiderstehlich gewesen: »Meistersinger-Straße« im »Cosima-Park«. Und ein historisches Muster findet in ihrer Person seine Fortsetzung: Überlebte die Witwe Cosima ihren Mann um 47 Jahre, Winifred den ihren um 50, so wären Gertrud und Wieland zur Jahreswende 1997 gemeinsam 80 Jahre alt geworden – aber da hatte sie ihn schon um drei Jahrzehnte überlebt.

Im Panoptikum der Töchter Lots – auf das blühende Bayreuth zurückschauend, erstarren sie zu Säulen des Schmerzes – darf eine nicht fehlen: einen vergleichbaren, aber wohl noch härteren Leidensweg als Gertrud geht Wolfgangs erste Frau Ellen. Obwohl Sohn Gottfried ihr eine so »völlige Identifikation mit den Bayreuther Festspielen« und mit ihrem Mann attestierte, daß sie ihrer Rolle als Mutter darüber kaum gerecht werden konnte, verfehlt sie einen entscheidenden Moment: als Wolfgang nach dem Tod Wielands zum Alleinherrscher wird, springt sie nicht in die Rolle der First Lady. Vielleicht war gegen ihre starke Tochter Eva nicht aufzukommen, die im Begriff war, diese Lücke auszufüllen, gestützt von Vater und Großmutter? Ellens Isolation von der Außenwelt, immer schon spürbar, nahm in den zehn Jahren nach 1966 jedenfalls zu. Just im Jubiläumsjahre der Festspiele traf sie dann der Schock. Was bei ihrer Schwägerin Gertrud, der ehemaligen Tanzkollegin an Tietjens »Oper unter den Linden« in Berlin »natürliche« Ursachen und Folgen hatte – Tod des Mannes, Arbeitsverlust, Vertreibung –, muß sie gleichsam im moralischen Rohzustand erleben. Die Scheidung von Wolfgang nach 33 Jahren Ehe verlief für die Wehrlose traumatisch. Als »gebrochene Frau« bezeichnete sie ihr Münchner Anwalt; verschiedene Selbstmordversuche werden tunlich nicht in die Öffentlichkeit getragen.

An der Ungleichheit der beiden »Parteien« ließe sich mühelos ein Exempel für die Schrecken der bürgerlichen Ehe statuieren: Der »schuldige« Wolfgang hatte die Macht, das Geld, den potentesten Rechtsbeistand, und für ihn begann alles neu – sie mußte sich dagegen, mit fast 60 Jahren und einer vergleichsweise bescheidenen Abfindungssumme, ein zweites Leben einrichten, das nur ein Schattenleben sein konnte, angewiesen auf Mitleid, auch von seiten ihrer Kinder. Unmittelbar nach der, wie ihr Sohn sagte, mit aller Härte und Schnelligkeit durchgezogenen Scheidung 1976 war die Gedemütigte von Winifred aufgefangen worden, um im Siegfried-Wagner-Haus – dort, wo sie einst geheiratet hatte – als »Hausdame« zu dienen. (Winifred: »Wenn es so bleibt, dann ist diese Lösung mir angenehmer, als wenn ich mich an eine bezahlte Kraft gewöhnen müßte, denn mit 80 so mutterseelenallein in einem so großen Hause wohnen wird ja wohl auf die Dauer kaum durchführbar sein.«) Bald aber erzwang die unbewältigte Trennung Ellens Aufenthalt bei Psychiatern und in Spitälern, schließlich vagabundierte sie zwischen Wiesbaden, wo Verwandte leben, und Bayreuth, wo sie sich in einer Mischung aus Masochismus und Hoffnung wieder anzusiedeln versuchte. Schließlich entschied sie sich doch für das freundlichere Wiesbaden, wo sie, von ihrer Tochter finanziell unterstützt, heute in bescheidensten Verhältnissen lebt. Ihr gestörter Geist aber wehrte sich von je, ihren Mann in die katastrophischen Verläufe einzubeziehen. Im patriarchalischen Rollenspiel gefangen, ist immer nur »die andere Frau« an allem schuld.

Stichjahr 1976: Der runde Geburtstag des Hauses, Scheidung und Hochzeit des Chefs, Verbannung seiner Tochter, das Erscheinen der Familienchronik Cosimas und das Bekenntnis ihrer Schwiegertochter Winifred zu Adolf Hitler – als ob das nicht der Ereignisse genug wären, geschieht das real- wie seelengeschichtlich Entscheidende ebenfalls in diesem Jahr: die Eröffnung Wahnfrieds als Museum.

Dazu bedurfte es massiver Veränderungen an der ökonomischen Basis, einer Umstrukturierung des Wagnerschen Ganzen. Wie war es denn immer gewesen? Nutz- und ertraglos wie das Rheingold auf seinem Riff waren die Güter der Wagners – das Festspielhaus, die Villa, der etwa 12 000 qm umfassende Grund, das Archiv, der Wahnfried-Hort mit seiner Bibliothek, den Büsten, Bildern und Erinnerungsstücken –, nur zu ästhetischem oder historischem Genuß geeignet. Erst einzelne Gewaltakte schreckten aus dem Umschwimmen und Umjubeln des eigenen Besitzes auf, machten die Gefährdung von Hab und Gut sichtbar. Im Jahr 1965 entdeckte Winifred, die dem Testament ihres Mannes zufolge Besitzerin und Vorerbin aller Schätze war, im Katalog eines renommierten Münchner Auktionshauses plötzlich die Silberstiftzeichnung Dominique Ingres' von 1839, die Franz Liszt darstellte. Ihr Erbstück war zum Verkauf angeboten. Die Suche nach dem Dieb begann – und endete schnell. Wielands Sohn Wolf Siegfried, damals ein unruhiger Jugendlicher, war in die Besenkammer von Wahnfried geraten, wo im Zuge der Traditionsstürmerei seines Vaters allerlei Ahnenbildnisse gestapelt lagen. Aus dem vermeintlichen Gerümpel griff der unschuldige Lehrling Arsène Lupins sich den Ingres und gedachte damit sein Taschengeld aufzubessern – dummerweise aber war gerade diese Zeichnung bekannt und berühmt, und auch das Auktionshaus wollte daran verdienen. Oma hatte kein Einsehen und wollte ihren Liszt wiederhaben, drohte auch mit Strafanzeige; die Festspielleitung aber wollte den Skandal vermeiden, und so mußte das Bild bei seiner Versteigerung über einen Strohmann zurückgekauft werden. Dieser teure Schelmenstreich war es, der – zusammen mit anderen Faktoren – den Hort im Riff zum Rutschen brachte. Denn wie wollte man sich davor schützen, daß weitere Erbstücke plötzlich unter dem Hammer des Auktionators erschienen oder anderweitig verschwanden? Wie wollte man den Nachlaß Wagners vor der Zersplitterung schützen?

Die Familiengeschichte hatte gelehrt, daß chronischer Geldmangel immer schon zu kleinen Beutezügen geführt hatte und Wummis Übergriff nur das kleinste Erkennungszeichen der Genealogie der Unmoral darstellte, die mit dem Gründer begonnen hatte – der zwar die Kritik am Kapital zu vertonen, im übrigen aber recht frei damit umzuspringen wußte und so manches finanzielle Darlehen mit einem Geschenk verwechselte. Soweit man weiß, war es die Wagnertochter Eva, die mit den innerfamiliären Eigentumsverschiebungen anfing – wobei zur Entschuldigung zu sagen ist, daß materielle Entschädigung sehr häufig dazu dienen mußte, die psychischen Defizite zu kompensieren. Eva Chamberlain nahm die für ihren Bruder Siegfried bestimmten Tagebücher Cosimas an sich, um sie der Stadt Bayreuth gegen eine Leibrente und die Auflage, daß sie erst dreißig Jahre nach ihrem Tod (Eva starb 1942) geöffnet werden dürften, zu vermachen. Ihre Nichte Friedelind verursachte peinliche Aufregung, als sich herausstellte, daß der ihr von der Baronin von Einem treuhänderisch übergebene Schmuck nach dem Krieg nicht mehr auffindbar war. Die Festspiele seien, so klagte der Sohn Gottfried von Einem noch Jahrzehnte danach, ihrer Wiedergutmachungspflicht – durch Überlassung einer Partiturenskizze, wie abgemacht – nie nachgekommen; Groll bestimmte seither das Verhältnis des Komponisten zu den Wagners. Der »Geldkomplex« wirkte naturgemäß auch in das Verhältnis der Festspielbrüder hinein. Wieland galt als der Verschwender, Wolfgang war der sparsame Realist – wobei auch hier die psychische Dynamik unter Verwandten zu beachten ist. Während Wieland den künstlerischen Aufbau Bayreuths in die Hände nahm, bekam Wolfgang die Festspielkasse immer fester in die seinen. Aus Wut über die daraus erwachsende Situation einer einseitigen Verfügungskompetenz und über die wachsende finanzielle Undurchschaulichkeit, stürzte Wieland sich mit der Zeit immer mehr in Schulden, deren Ausgleich er dann dem Bruder überließ, der sie aus der Festspielkasse irgendwie ausbügeln sollte. Zu Bezahlendes pflegte man in Wahnfried überhaupt gern mit großer Geste ans Festspielhaus weiterzugeben – von den Umbauten des Hauses bis zu den Postgebühren. Daß Wummi die große Geste vorgelebt bekam und sie übernahm – bei Fehlen jedes realen Fonds, aus dem die Familie hätte schöpfen können – machte in der Folge nur jene Diskrepanz zwischen Anspruch und Wirklichkeit sichtbar, in der die Schwierigkeiten aller Wagners – mit Ausnahme Wolfgangs – begründet sind. Beginnend mit den Töchtern Franz Liszts, die das Feudalbewußtsein der mütterlichen »grande dame« übernahmen und sich über die Bürgerwelt sowieso erhaben fühlten durch die Herkunft von der »phantastischen, sagenhaften Erscheinung« des Vaters (so Cosima), in Wirklichkeit aber vermögenslos und auf Heirat angewiesen waren, geht dieser Zug bis in die vierte Generation, bis zu den Kindern Wielands. Mit einem minimalen Monatswechsel ins Studium entlassen, zugleich aber unter dem Druck, gesellschaftlich glänzen zu müssen und mit einem dicken Wahnfriedbewußtsein ausgestattet, mußte sich ein existentieller Zwiespalt auftun, der nur durch kleine Schwindeleien, geborgte Abendkleider und das Eingehen von gelegentlichen Abhängigkeitsverhältnissen zu überbrücken war. Über viele andere und geschicktere Fischzüge als die des Ingres-Porträts schweigt die Chronik sich diskret aus: Nur daß eben immer wieder Erbstücke auftauchen – Briefe, Schriften, Noten –, von denen sich nicht mehr zurückverfolgen läßt, wie sie in den Besitz einzelner gelangt sind.

Von der Umwelt irrationalerweise stets für »reich« gehalten, waren die Familienoberhäupter aber auf die – zumindest für den Lebensstil der vielköpfigen Familie Wielands – unzureichenden Honorare aus dem Festspielbetrieb angewiesen, die von einem Kuratorium genehmigt werden mußten. Mutter Winifreds Auskommen war durch die Vermietung des Festspielhauses an ihre Söhne gesichert. Die Festspiele selbst blieben seit dem Wiederbeginn ein auf öffentliche und private Subventionen angewiesenes Unternehmen, das sich durch den Kartenverkauf allein nicht tragen konnte. Auch zur standesgemäßen Wiederherstellung Wahnfrieds hätte es einiger Millionen bedurft, die nicht da waren. In Unruhe versetzt durch das Intermezzo mit ihrem Enkel Wolf Siegfried, dachte Winifred nun verstärkt darüber nach, wie ihr Erbe zu erhalten sei; aber auch der Staat war aufgeschreckt durch die Streitigkeiten innerhalb der Familie, die nach dem Tod von Wieland die Position des Festspielleiters – den sie mit Millionen unterstützten – zu gefährden schienen. Ein Familien-Theaterbetrieb in der Größenordnung von Bayreuth war, das hatte auch Wieland erkannt, ein ökonomischer Anachronismus, dem irgendwann ein Ende gemacht werden mußte. Die Idee einer Umwandlung des Familienbesitzes in eine öffentliche Stiftung lag nahe, überdies war sie nicht neu: die Krise von 1913 ließ schon einmal solche Pläne keimen, 1924 konnte das Privatunternehmen nur dank der Hilfe von Spenden wieder hochgezogen und nach 1945 die drohende Verstaatlichung nur um Haaresbreite noch abgewendet werden. Irgendwann würde man sich von Alleinbesitz und Alleinherrschaft verabschieden müssen.

Doch wie? Das Festspielhaus zu veräußern untersagte das Testament Siegfried Wagners. Wahnfried – das heißt das Grab mit dem Großvater – zu verkaufen verbot der Anstand. Nur das Archiv war Millionen wert. Doch war dem Wunsch, wenigstens hier den Preis in die Höhe zu treiben, schnell eine Grenze gesetzt: Deutsches Kulturgut dieser Art war von einer Ausfuhr gesetzlich ausgeschlossen, der Staat würde der einzige und konkurrenzlose Bieter sein. Die Verhandlungen mit den Käufern – der Stadt Bayreuth, den Vertretern Oberfrankens, Bayerns und der Bundesrepublik – zogen sich dementsprechend über Jahre hin, bis die Familie den (zu niedrigen) Kaufpreis von 12,5 Millionen akzeptierte und die juristischen modi gefunden waren, die es fertigbrachten, Verträge zu erstellen, die, wie der Oberbürgermeister von Bayreuth formulierte, »alles veränderten, ohne daß viel anders wird«. Mit dem Jahr 1973 tritt die neugebildete

»Richard-Wagner-Stiftung« in die Rechte von Frau Winifred ein, sie wird die Festspiele nicht verwalten, sondern nur an einen Unternehmer vermieten: Naturgemäß ist es Wolfgang, der in dieser seiner Stellung verbleibt. Der Wagnerenkel verwandelte sich damit in den Privatunternehmer seines ehemaligen Mitbesitzes. Über die Ernennung eines künftigen Festspielleiters sollte grundsätzlich ein Stiftungsrat bestimmen, der über 24 Stimmen verfügte: je fünf kommen dem Bund und dem Freistaat Bayern zu, die Stadt Bayreuth hat inzwischen drei inne, die Gesellschaft der Freunde, der Bezirk Oberfranken und die Bayerische Landesstiftung folgen mit je zwei, und die Oberfrankenstiftung mit einer Stimme. Solange Winifred noch lebte, entfielen fünf Stimmen auf die Familie, danach nur mehr vier. Daß den Abkömmlingen in bezug auf die Nachfolge ein Vorschlagsrecht zukommt, das bevorzugt behandelt werden soll – sollten sie sich auf einen einzigen Bewerber aus ihrer Mitte einigen (ein psychologisch unwahrscheinlicher Fall) –, ist als der bescheidene Rest einstiger Souveränität zu verbuchen. Für diese Bescheidenheit – um nicht zu sagen Kläglichkeit – sorgte wohl derjenige, der sich einmal als der »letzte Wagner« bezeichnet hat, Wolfgang selber. Die Stiftungssatzung in dieser Form durchzupauken sei der »größte Coup seines Lebens« gewesen, formulierte sein Sohn.

Für die Immobilie Wahnfried hatte man ein diskretes Verkaufsarrangement gefunden. Es wurde das Nebengebäude, das Siegfried-Wagner-Haus, für 600 000 Mark erworben, mitsamt dem Grundstück, worauf auch die Villa steht, die in ihren Originalzustand zurückzuversetzen denn auch Investorenpflicht war. »Wehmut über Wahnfried« übertitelten bayerische Zeitungen ihre Berichte über die im Mai 1973 unterschriftsreifen Verhandlungen. »Ist denn jetzt, Herr Wagner, nicht auch Wehmut dabei, wenn Sie sehen, daß ›Wahnfried‹, wo Sie Ihre Kinderzeit verlebten, zum Museum wird?«, befragte der Bayreuther Journalist Werner Meyer aus diesem Anlaß den Festspielchef Wolfgang. »Für Emotionen ist kein Anlaß«, war die Antwort. »Was geschehen muß, muß geschehen.«

Vielleicht war nicht jeder dieser Ansicht. Mochte die Verteilung von Großvaters Rheingold an die Nachkommen – nun gänzlich juristisch-teutonisch »Stämme« genannt – zwar deutliches Aufatmen bewirken, so spielten sich auf den Ebenen des Imaginären, des Bewußtseins und der Psyche, gegenläufige Prozesse ab. Verlust und Gewinn rechnen hier anders: der Bayreuthverkauf bedeutete Selbstverkauf. Von nun an würde, wer zu den Festspielen kam, nur mehr »Besucher« sein; ein Identitätsmoment war damit abgebunden. Und mit der Verwandlung des Hauses Wahnfried in ein Museum war eine Entflechtung des familiären Schicksalsgewebes von außen erzwungen, die sich nach innen sehr häufig in Gefühlen der Entfremdung und Vertreibung niederschlug. Die Bitte der Wielandkinder, wenigstens den Oberstock Wahnfrieds als Familienwohnung zu erhalten, stieß auf taube Ohren; auch bei der Großmutter. So bot sich denn bei den künftigen Festspielbesuchen stets das Schauspiel der bei Verwandten, Bekannten oder im Hotel unterkriechenden Enterbten – ein Bild der Zerstreuung und Auflösung. Allmählich stellte sich heraus, daß mit dem Verlust des Wohnsitzes Wahnfried auch ein verbindliches altes Konzept geopfert war: Cosimas Idee der Familien-»Filialen«. Ohne Haupthaus und Stammsitz war Familie als solche nicht mehr definierbar. Aus den »Filialen«, den Verzweigungen mit dem inneren Schwerpunkt Wahnfried, war mit 1976 eine Art Diaspora geworden. Diaspora ist der Zustand nach dem Auszug, Diaspora bedeutet Fremde, die Fremde aber – »alles, was nicht Bayreuth ist« – bedeutet Elend. Dieses Elend auf symbolischer Ebene hat nichts zu tun mit dem nun durch Zinserträge behaglicher gemachten Dasein der »Stämme«, es wohnt, zumeist halbverdrängt und kaum reflektiert, in der Seele und äußert sich allenfalls in Gefühlsaufwallungen. Wenn die Bayreuther Sippschaft nun künftig von Berlin, München, Keitum, Hamburg, Wien, Paris oder Mailand nach Bayreuth reist, so ist in diesem Wiedersehen, in dieser Wiederberührung mit dem Ort, der zugleich eine Zeit bedeutet, immer jenes diffuse Gefühl enthalten, das alle kennen, die nach langer Zeit wieder in die Heimatgegend kommen, jener bittere Geschmack eines Heimkommens ohne Heimkehr.

Jenseits der sentimentalen Sphäre aber gibt es auch die konkreteren Indizien: In der Partnerwahl der vierten Generation dominieren die »Fremden« oder die, die das Vertriebenenschicksal kennen, oder die Außenseiter und Exzentriker. Weniger häufig fallen die Optionen zugunsten jener homogenen innerdeutschen Figuren und »Nachbarskinder« aus, wie sie noch in der vorigen Generation üblich waren – als ob die Seelenstrukturen sich verändert hätten und ihre Analogien jetzt »draußen« fänden, in der Fremde. Die »innere Fremde« der durch die Institution Festspiele vergegenständlichten Beziehungen der Familie hat sich durch den realen Verlust von Hof und Haus nach außen verlagert, um dort, in der äußeren Fremde, sowohl ein Echo wie das wohltuend Andere zu finden, das die eigenen Substanzen nicht erneut durch Nähe gefährdet. Zumindest scheint eine Möglichkeit des Ausbruchs aus Clanbindungen in diesen Fremdorientierungen auf, oder ist es die Rückkehr zum europäischen Modell, das in dieser Familie mit der französischen Ur- und der englischen Großmutter doch immerhin eine Rolle spielte? Eva heiratet einen Franzosen, Gottfried – nach einer ersten Ehe mit einer Deutschösterreicherin – eine Italienerin, Nike hat ein Kind mit einem Franzosen und heiratet einen Schweizer, Daphne erlebt ein eheliches Intermezzo mit einem Wiener, Winifred, die zweite Tochter Verenas, heiratet einen Franzosen und lebt in Kanada, ihr jüngerer Bruder Wieland heiratet österreichisch. Deutsche Verbindungen ohne den bürgerlichen Trauschein gehen Iris und Daphne ein, nach einer bald geschiedenen kurzen Ehe auch Wolf Siegfried. Nur die beiden ältesten Kinder Verenas, Amélie und Manfred, sowie ihre Jüngste, ebenfalls Verena genannt, haben relativ früh schon den einheimischen Ehestand bevorzugt. Symptomatisch für diese Generation dürfte auch die drastische Reduktion von Nachwuchs sein, die weit über das Maß der allgemeinen sozialen Tendenz zur Kleinfamilie hinausgeht. Nur die nach Kanada emigrierte »junge« Winifred hat zwei Kinder, sonst beherrscht das Einzelkind die Szene: bei Eva, Nike, Amélie und bei Manfred, Wieland und Wolf Siegfried. Der ausbleibende »Kindersegen«: ist er auf die unbewußte Übernahme antifamiliärer Strebungen, das mangelnde Vertrauen auf die positive, bindende Kraft der »natürlichen« Organisation zurückzuführen?

Ende und Anfang griffen mit dem Jahr 1976 ineinander. Der »Tag X«, von dem Wolfgang immer so gern als einem doomsday, dem Tag des Zorns, gewarnt hatte – Tag des Todes der befreiten Vorerbin Winifred Wagner, der zu gräßlichen Erbauseinandersetzungen führen würde –, war durch die Dreingabe des Ganzen in eine Stiftung glimpflich umgangen und entschärft. Wie der Bürgermeister schon sagte – es hatte sich zwar alles geändert, aber äußerlich war alles gleichgeblieben. Die Festspiele glitten unter der bisherigen Leitung ohne viel Erregung und ohne größere Ereignisse in die achtziger Jahre hinüber, und man sah die alte Winifred im krawattenseidenen Hemdblusenkleid, die Zigarette im Mundwinkel, im Siegfried-Wagner-Haus herumgehen und Briefe schreiben wie früher, auch wenn sie jetzt auf veräußertem Territorium und gleichsam im Ausgedinge von Gnaden der Stadt Bayreuth lebte. Vier Jahre blieben ihr noch nach ihrer skandalösen Rückkehr in die Öffentlichkeit, vier zunehmend von Einsamkeit gezeichnete Jahre. Im März

1980 starb die Schwiegertochter Richard Wagners, 83jährig, schließlich in einer Klink in Überlingen am Bodensee, nachdem sie die letzten Tage bei ihrer Tochter Verena in deren Nußdorfer Haus verbracht hatte. Viele der Enkel kamen zum Lebewohl angereist, manche sahen einander nach Jahrzehnten erst wieder, reihum die ergrauten Haarsträhnen erstaunt registrierend. Wen traf der Tod dieser umstrittenen Frau jenseits ihrer politischen und privaten Verfehlungen, wer liebte die Mutter/Großmutter? Im Geflecht der frühen Gebundenheiten ist das Wort Liebe vielleicht nicht das treffende – schwer gezeichnet von ihr im Sinne von enger Abhängigkeit und schrecklichen Distanznahmen waren in jedem Fall ihre Ältesten, Wieland und Friedelind, die beiden Jüngeren mochten innerlich freier von ihr sein. Vor allem Wolfgang ist sie wahrscheinlich nie zum Problem geworden. Im Unterschied zu allen anderen Familienangehörigen schlägt er ihr gegenüber in seinen Memoiren einen auffallend entspannten Ton an. Sicherlich aber liebten die ältesten Kinder der einzelnen Stämme – Iris, Eva, Amélie – ihre »Omi«, oder doch diejenigen, die keine elterlichen Ambivalenzen eingeimpft bekamen und viel Umgang mit ihr haben durften wie die Verenakinder. Aus Kindertagen resultierten bei manchen Enkeln unauslotbare Anhänglichkeiten – an ihr geduldiges Vorlesen, wenn man krank war, an »die Omi« eben als Erscheinung, vielleicht auch als der Mutter des geliebten Vaters oder der Mutter. Zu Iris als ihrem »Isilein« – die Rufe tönten langgezogen durch den Wahnfriedgarten – bestand von Winifreds Seite eine innige Zuneigung, und diese wurde, bis auf eine später sich entwickelnde Abwehr, auch erwidert; Amélie, wegen ihres edel geschnittenen Gesichtes von den Wielandkindern gerne »die D'Agoult« genannt, hatte sich ihrer Großmutter geradezu »geweiht«, war mit ihr auf Schiffsreisen in den Süden unterwegs gewesen und wollte, als Historikerin, ihre Lebensgeschichte zum Gegenstand einer Studie machen. Ihr Bruder Wieland sagt heute noch von ihr, sie sei als Großmutter »sensationell« gewesen. Auch Eva pflegte ein Nahverhältnis zu ihrer Oma, der sie in äußerem Gebaren und in ihren Begabungen immer mehr zu gleichen begann. Andere, wie Manfred, Nike oder Daphne, hatten dagegen eher das Gefühl, als »Nummern« zu rangieren, hatten ihre rauhe Art als Kälte empfunden. Wenn Gottfried sie später in der Presse als »skrupellose Geschäftsfrau« bezeichnet, so ist dieser ungerechte Übergriff nur vom Ufer seines neugewonnenen Selbstverständnisses als Aufarbeiter der Bayreuther Antisemitismus-Geschichte zu verstehen.

Nach Wahnfried überführt, lag Winifred offen aufgebahrt in dem wiederhergestellten Saal, in den sie vor 65 Jahren als Braut eingezogen war. Ähnlich wie bei ihrem Sohn Wieland, dessen Gesicht im Tod eine eigentümliche Jugend wiedergewonnen hatte, erschien auch das ihre merkwürdig zeitlos. Flüsternd umkreisten die Angehörigen die Tote dort im Halbdunkel, die nun, eben noch die deutsche Sünderin par excellence, in den Stand einer Sagengestalt gehoben wurde. »Eine Shakespeare-Gestalt im Mythos des 20. Jahrhunderts« nannte sie ihr letzter Wohltäter Hans Jürgen Syberberg. Als »große Persönlichkeit« wurde sie bei der Trauerfeier, die auf der Probebühne hinter dem Festspielhaus stattfand, vom Oberbürgermeister gewürdigt; ihren dunklen Punkt, nun »Verstrickung« mit dem Nationalsozialismus genannt, wußte man heller zu machen, indem man ihr die Rettung der Festspiele vor dem Zugriff des Dritten Reiches »aus künstlerischer Sicht« bescheinigte; aus der »Gesellschaft der Freunde« tönte es noch euphemistischer – Winifred habe sich nie der »Meinungsfeigheit« schuldig gemacht. Das hat sie wahrlich nicht, mochte die vollzählig versammelte Familie im stillen gedacht haben. Vielleicht aber auch nachgedacht über die geschichtlichen und seelischen Konditionierungen, die in diesem Leben stattgefunden haben mußten, um aus der Tugend der Treue den Makel der eisernen Treue zu machen. Und daß man Wärme nicht geben kann, wenn man Wärme nie erfahren hat. 50 Jahre nach ihrem Mann Siegfried und 14 Jahre nach ihrem Sohn Wieland wurde die »Retterin der Dynastie« auf dem Stadtfriedhof in die Wagnersche Familiengruft gesenkt.

»Wenigstens bei Begräbnissen sieht man sich wieder!« – so lief das gallige Witzwort in der Familie um. Ein verschnürtes Päckchen, ihr Briefwechsel mit Adolf Hitler, soll zum letzten Mal bei der erbbedingten Zusammenkunft der »Stämme« in ihrem Haus, halb unter einen Teppich gekehrt, gesehen worden sein. Doch was ihr wichtig war, hatte sie längst vorher geborgen, zur Enkelin Amélie, der Tochter Verenas, schaffen lassen, die seither – eine Frau Fafner, eine zweite Eva Chamberlain? – einen geheimnisvollen Schrank besitzt, zu dem niemand außer ihr Zutritt hat – auch der oberste Festspielherr nicht.

»What? Will the line stretch out to the crack of doom?« (Wie? Will die Sippe sich fortpflanzen bis zum jüngsten Tag?«) zitierte der englische Kolumnist Bernard Levin im Jahr 1991 Shakespeare, um dann zu seufzen und zu stöhnen über die unentwegt sich reproduzierende Brut von üblen Individuen, die mit dem abscheulichsten aller, Richard Wagner, begonnen habe. Aber auch der jüngste Tag ist ein Relationsbegriff. Freilich hatten die Wagners sich fortgezeugt, wie es das Familiengesetz befahl, und konnten in der vierten Generation mit dreizehn Nachkommen aufwarten. Aber man könnte den Kolumnisten beruhigen: Vergleichbar dem letzten Teil der *Ring*-Tetralogie, treten auch in dieser langgezogenen Familiendämmerung keine wirklich neuen Motive mehr auf, sondern die alten entwickeln sich weiter, verschlingen, verknüpfen, komplizieren sich. Nur das Thema »Väter und Söhne« moduliert in bisher unbekannte Tonarten hinüber.

Die Idee, Söhne zu haben, war für die Väter Wieland und Wolfgang kurioserweise mit Angst besetzt. Ob sich darin dynastisches Diminuendo und familiäre Überforderung – den Buddenbrookschen Endzeitgefühlen vergleichbar – kundtat oder bloß die allgemeine psychomythologische Tatsache, daß aus Töchtern Cordelias, Elektras und Walküren werden, aus Söhnen aber allenfalls Vatermörder, läßt sich nicht entscheiden.

Wahrscheinlich aber gab es bei Wieland und Wolfgang den unbewußten Wunsch, die eigene Männerproblematik nicht noch einmal in ihren Söhnen erleben zu müssen. Die Ausgangslage ist also nicht besonders günstig für die vom Familiengesetz verordneten Kinder Wolf Siegfried und Gottfried. Die grundsätzliche Ambivalenz ihrer Väter würde den Weg für die Heranwachsenden schwierig machen. Sie sollten ein klassisches Double-bind zu erfüllen haben: einerseits »genau so« sein wie die Väter, dieselben Talente haben – und zugleich doch anders, »freier als ich, der Gott«, um es in Wotans Worten auszudrücken. Der Kampf um die Anerkennung verlief bei beiden Söhnen dementsprechend schwierig. Das gute Verhältnis, das sich beim einen abzeichnete, hatte ein Ende mit Schrecken, als Schrecken ohne Ende stellt die Beziehung des anderen sich dar.

Bei Wolf Siegfried waren die sonst so erfrischend graecophil gesinnten Eltern einfallslos. Wie angepflockt an die Familie erscheint er durch die Koppelung von Onkel und Großvater in seiner Namensgebung. Nach den schönen wilden Kinderjahren im restaurierten Wahnfried, stets der erste und wagemutigste unter den Bayreuther Buben, weder zu Wagner erzogen noch als Wagner verzogen, kamen die von Großzügigkeit, Phantasie und Ausflipperei geprägten Jahre des Jugendlichen, die der Vater, darin ängstlich und konventionell, mißtrauisch beobachtete. Nach Art so vieler unsicherer Väter entzog sich auch Wieland gern den Mühseligkeiten der Verantwortung, vergrub sich lieber in seiner

Arbeit. Daß der Sohn »anders« war als er selber, kein introvertierter Arbeiter und Lateinprotz, sondern eher ein Autofahrer, Geldverschwender und Frauenheld, konnte er vorerst nicht akzeptieren und bevorzugte die Einser schreibenden Töchter. Auf diese Weise rastete für eine Weile ein Psychospiel der unausgesprochenen Erwartungen und enttäuschten Hoffnungen ein, und mit Worten wie: »Es liegt an dir, was wir aus der Tatsache Vater–Sohn machen wollen«, schob Wieland den schwarzen Peter nur weiter, verursachte diffuse Schuldgefühle – als ob die Tatsache, Sohn des Berühmten zu sein, nicht schon genügend inneren Druck ausübte. Irgendwann aber zeigt jede omnipotente Vaterfigur ihre Risse und Schwächen. Als Wieland wegen Fräulein Silja ins Schleudern geriet, war er plötzlich froh, einen jungen Mann an seiner Seite zu finden, auf den er sich verlassen konnte. Er zog den 22jährigen zur Mitarbeit im Festspielhaus heran, begann dessen offensichtliche künstlerische und praktische Talente zu schätzen.

Daß der sonst gegen »Traditionen« empfindliche Wieland hier der Tradition des Generationenvertrages nachkam und sich zur Pflege der Kontinuität bekannte, ist bemerkenswert, erzählt mehr von seiner »inneren Cosima«, als er wahrhaben wollte. Aber auch von ihren reaktionären Zügen ist er plötzlich nicht mehr frei. Als Gertrud die »unwichtigeren« Töchter, zuerst Iris, dann Nike und Daphne, in ihren Choreographien mittanzen lassen will, ist das für ihn »Nepotismus«, und sie muß ihm die Erlaubnis dafür geradezu abringen. Denn das gab es in der Familiengeschichte tatsächlich noch nicht und schmeckte einmal nach echter Familienwirtschaft: daß die Mädchen direkten, sinnlichen Kontakt mit dem Festspielbühnenboden erhalten – Iris inmitten der Fürther Mädchen in den *Meistersingern* (1957), die beiden anderen als *Tannhäuser*-Bacchantinnen, *Parsifal*-Blumenmädchen und »Festwiesen«-Musen (1963-65).

Mit dem Tod Wielands findet das Ritual der Weitergabe von Vater zu Sohn ein jähes Ende – als ob das notorische Nornenseil zwar noch geworfen, aber nicht mehr aufgefangen werden will. Es ist der Bruder und Onkel, der fürs Liegenbleiben des Traditonsstranges sorgt: Eine Verletzung der dynastischen Geschichte, die nur deshalb nicht recht ins Bewußtsein der Wagnerwelt dringt, solange Wolfgang selber als Garant der Tradition an der Spitze steht und seine »endlose Ära« von jeglichen Gedanken an eine Kontinuität durch Verjüngung zu dispensieren scheint.

Nach einer heilsamen Flucht ins Amerika der europäischen Opernemigranten, wo er das Handwerk erlernen konnte, folgten für Wummi – sein Kindernamen hatte sich in der Öffentlichkeit durchgesetzt – über zehn Jahre des Engagements als Opernregisseur und Bühnenbildner. Aufträge bekam er naturgemäß meistens für Wagners Werke, aber auch Puccini war darunter, auch ein Heiner Müller; er gastierte an den mittleren deutschen Häusern, viel aber auch im Ausland, in Italien, Portugal, Amerika, sogar in Persien. Was von mißgünstigen Beobachtern gern als ein Wandeln in Pappis Fußstapfen, als Zeichen von Ich-Schwäche ausgelegt wurde, müßte vielmehr in ganz gegenteiligen Kategorien gesehen werden: weit schwieriger und schwerer ist es, sein Erbe anzunehmen. Nicht unähnlich seinem Großvater ist Wolf Siegfried stark genug gewesen, seine Chancenlosigkeit als »Sohn« zu nutzen und den väterlich-geschichtlichen Auftrag ernst zu nehmen. Nach über vierzig Inszenierungen aber platzt ihm dann der Kragen, er meldet im Jahr 1984, Jahr des Pensionsalters von Wolfgang, seine Ansprüche auf die Nachfolge in Bayreuth öffentlich an. Doch das Kreisen ums Gralsgebiet ist durch den Vertrag auf Lebenszeit, mit dem der Onkel und die verwaltende Welt dieses Walhall juristisch abgedichtet haben, aussichtslos. Auch für den künstlerischen Familiennachwuchs oder besser: gerade für diesen. Dem Realitätsprinzip folgend, das ein Aussteigen aus den eigenen Wünschen nahelegt, bevor sie in Wahn und Illusion umkippen, setzt er sich ab aus der Welt der Theater, ab ins Ausland, in den Süden – auf die Insel Mallorca, wo er als Señor Wagner inzwischen zum Herren über Land und Schafe und Hunde und eine Baufirma geworden ist, bei den Bauern und Landarbeitern ebenso beliebt wie vorher bei den Opernsängern. Und wenn die Erkenntnis eines französischen Romantikers wahr ist, daß ein schönes Leben ein Gedanke aus der Jugend sei, der im reifen Alter verwirklicht wird, so muß dieses, nach der gravierenden Einbuße eines Amtes in Bayreuth, für Wummi gelten. Die Architektur war sein erster Studienwunsch gewesen, und dahin ist er zurückgekehrt. Im Unterschied zu Siegfried Wagner, der zu diesem seinem Jugendtraum nicht mehr zurückgefunden hat, baut Wolf Siegfried jetzt Häuser – Villen, Gärten, Traumpaläste. Sein sozialer Charme zieht Freunde und Gäste an, auf seinem eigenen Landsitz hält er Hof in großem Stil, empfängt seine Familie: seine Schwestern vor allem, die den mit emphatischer Ironie »einzigen Bruder« Genannten ebenso vergöttern wie einst die Schwestern Liszt ihren einzigen Bruder Daniel oder Cosimas Mädchen ihren einzigen Bruder Siegfried. Erinnerungsmuster, Wahnfried ein südliches Remake – on revient toujours.

Als wäre auch Gottfried der Apotheose des Mediterranen nachgegangen, die Friedrich Nietzsche gegen die nordischen Nebel Wagners einst ins Feld führte, finden wir den Wolfgangsohn seit 1983 ebenfalls im Süden, ebenfalls in der Diaspora, mit Wohnsitz in Italien, bei Mailand. Auch er ist weit entfernt von jener Bestimmung, die in seinem Namen anklingen sollte – Nachfolger Lohengrins auf dem Throne (von Brabant), junger Retter eines Reiches zu sein. Anders als Wummi jedoch verflucht er seine Kindheit: »Keinen Tag davon möchte ich mehr erleben!« Keine ästhetisch eingebettete Frühzeit auf wolkigen Wahnfried-Höhen, keine aufregende Bubenerkundung der Welt entspannen seinen Rückblick – nur mit Geboten und Verboten scheint sein Temperament drangsaliert gewesen. Zäune, Gefängnisbilder bestimmen heute noch seine Wahrnehmung jener Zeit. Der Vater, als Verwaltungsdirektor viel abwesend, zu Hause dann aber autoritär, eine Mutter, der er ab dem 13. Lebensjahr Stütze sein mußte, häufige Schulwechsel, die das Entstehen von Freundschaften erschwerten, eine dominierende und vom Vater bevorzugte Schwester vor der Nase – die stürmisch-hilflosen Wutausbrüche Gottfrieds wurden ebensowenig verstanden wie seine spätere Schwärmerei für Onkel Wieland. Was nützte es ihm, zum Entzücken aller, dem Jungrevolutionär Wagner so ähnlich zu sehen? Auch die Internatsjahre geben keine positive Bilanz, haben wohl eher seinen Verteidigungsgestus befördert. Über die akademische Graduierung in Musikwissenschaft, eine erste Regietätigkeit (*Fidelio* in Bonn 1977), Video-Clips zum *Ring* und intellektuelle Bewährungen in der gebildeten Welt war die Liebe und Anerkennung des Vaters offenbar auch nicht zu erreichen. Unversöhnt schied Gottfried, der noch Regieassistent beim Jahrhundert-*Ring* sein durfte, aus dem Wohnhaus des frisch verheirateten Vaters (»er stellte uns unsere Möbel vor die Tür«), unversöhnt schied er aus dem Festspielhaus der Väter, in dem er zweifellos ebenfalls sein Lebensziel gesehen hat – nicht anders als Wummi, mit dem er einmal »den Laden zu übernehmen« gedachte.

Ganz anders als Wummi bleibt Gottfried jedoch dem Thema Bayreuth und Wagner verhaftet. Die verschiedene Grundhaltung der Vettern, die nur vier Jahre Altersunterschied trennen und die die Presse, ähnlich wie Wieland und Wolfgang, gern verwechselt, mag hier ausschlaggebend sein: Als wäre der eine »positiv« ausgerichtet worden und der andere »negativ«, sind ihre sozialen und geistigen Orientierungs- und Identifikationsmodelle diametral entgegengesetzt.

Wielands Sohn liebte schon als Bub blonde Frauen und das schöne Leben, die Welt des Genusses und des Luxus, das Exklusive und Originelle, das Witzige und Verrückte, war vom Typ her dem Aktionskünstler verwandt – mit einem Schuß Zynismus, einem Zug zur Grandiosität und immer zu rücksichtslosem Selbstverschleiß bereit. Seine »Natur« fand ihre sozialen Entsprechungen in der sozialen upper class, ihre geistigen Verwandtschaften in den formalästhetischen Experimenten der zeitgenössischen Kunst. Die erste Ehe mit einer blonden Bielefelder Industriellentochter riß ihn vorübergehend in die bürgerlichen Bahnen – trotz einer (blonden) Tochter namens Joy Olivia blieb ihm hier nur die Flucht. Eine Art »Minna-Wagner«-Schicksal blieb der hübschen Cutterin Malo Osthoff, die ihren unsteten Mann doch stets mit guter Küche und kuscheliger Häuslichkeit versorgt hatte, nicht erspart. Wummis inneren Entwurf bestätigte eine andere Blonde, im souveränen Gestus ihm wahlverwandt und etwa so maskulin angehaucht, wie es schon sein Vater gern gehabt hatte: Eleonore Gräfin Lehndorff. (»Aber Herr Wagner – die eine ist blond, die andere ist blond – wozu die ganzen Schwierigkeiten?« fragte ihn der Familienbankier verständnislos, als der Geplagte ihn in der Absicht, sich aus seiner ersten Bindung freizukaufen, um Vorschuß aus seinem künftigen Erbe anging.) Über die Jahre assimiliert Wummi sich dem Lehndorffschen Familienclan – dem Clan der Familien des 20. Juli, jener ehemals preußische Elite, die nach der Vertreibung wieder im Westen zusammengefunden hatte und erneut zu Macht und Einfluß gekommen war. Die strukturelle Ähnlichkeit zu seiner eigenen Familie – auf jener gesellschaftlich höheren Ebene, die Frau Cosima so gern gepflegt hatte, gleichsam bei den »Lichtalben« persönlich –, ist auffallend: Hier bilden die Güter Ostpreußens das verlorene Utopia. Aber im Gegensatz zur bürgerlichen Bayreuther Familie halten die älteren Traditionen und das gemeinsame Schicksal die verschiedenen Zweige und Individuen hier noch zur »Großfamilie« zusammen. Kunst wird, wie immer in der Aristokratie, nicht so ernst genommen, nach altem Rezept hat sie aufzugehen in der Lebenskunst.

Als Kind eines von den Nazis hingerichteten Hitlerattentäters, das die Sippenhaft-KZs erlebt hat, bildet die Gräfin für den Enkel Winifreds auch insofern eine ideale Figur, als er mit ihr auf der »guten Seite« der deutschen Geschichte gelandet ist. (Mit provokativem Vergnügen speiste das Paar denn auch gelegentlich bei der Nazi-Oma in Bayreuth.) Damit hat Wummi, der im Unterschied zu Gottfried kein politisch Engagierter ist, jede bei seiner Generation anfallende Forderung nach »Stellungnahme« oder »Abbüßen« oder »Wiedergutmachung« unterlaufen und sich unter die gereiht, die es »nicht nötig« haben, etwas zu beweisen – und doch ist er nur seinen eigenen Liebeswünschen nachgegangen.

Vettern, die verschiedene Wege gehen, sind die entschärfte Variante des Kain-und-Abel-Themas. Hat Wolf Siegfried sich die Stacheln des Erbes halbwegs aus dem Fleisch gerissen, so bleibt Gottfried auf dem dornigen Kreuzweg, den eine grundsätzliche Identifikation mit den Opfern mit sich bringt. Er bleibt in der Revolte, bleibt dem Komplex Wagner/Bayreuth in der Negation verhaftet. Sein (Aus-)Bruchsversuch führt in diesem Sinne nicht ins Freie, sondern tobt gegen die eigenen Mauern. Nach einer zeitgerecht »linken Phase« und nach einer geschiedenen ersten Ehe mit der angehenden Juristin Beatrix Kraus (die sich freilich nicht hat zur »Minna« machen lassen, sondern die erfolgreiche Karriere vorgezogen hat) findet er gegen Ende der achtziger Jahre jenes objektiv-historische Medium, das es ihm erlaubt, seine ungelöste ödipale Situation in voller Aggression auszuleben: Er entdeckt das Thema »Wagner und die Juden« und arbeitet es zu einer ideologisch begründeten Gegnerschaft zu Bayreuth aus – dem sein Vater unerschütterlich vorsteht. Schon seine Dissertation über Kurt Weill zeigte die

Richtung. Das Problem von Täter und Opfer, auf die größere geschichtliche Ebene projiziert, kann dort in voller Legitimation abgehandelt werden. Sind die kompensatorischen Strickmuster hier auch deutlich zu erkennen und ist das verletzte und aufbrausende Kind in Gottfried auch beim 50jährigen leicht auszumachen – so beschreiben die Linien seines Engagements immer noch einen Leidensweg. (Hartnäckig hält in der Familie sich das Gerücht, daß seine Großmutter mütterlicherseits, Thora mit Namen, jüdischer Herkunft gewesen sei.) Daß er als Verstoßener und als Außenseiter seine Identität gefunden und diese Rolle auch bekräftigt haben will, davon zeugen so genußvoll vorgebrachte Formulierungen wie die, man habe ihn – nach seinen Vorträgen zum Thema an der Universität von Tel Aviv – in Bayreuth »zum Abschuß freigegeben«. Den Grund für ein solches Jagdszenario bildete nicht etwa, daß er Richard Wagners hinlänglich bekannten Antisemitismus diskutierte, sondern daß er die kommerziellen und machtpolitischen Aspekte im Wolfgangschen Bayreuth kritisierte und die Festspiele als »Erlösungs-GmbH« und »Investitionsbörse« brandmarkte, in deren »unglaubwürdiger Aufarbeitung der Vergangenheit er nicht atmen« könne. Mit pointierten Übertreibungen Gegenaggressionen provozierend, kerbt sich sein Profil schärfer, steht er, mitten im Frieden, plötzlich in der Nachfolge jener Bayreuth-Rebellion aus politischen Gründen, die seine Tante Friedelind schon vor dem Krieg begonnen hatte. Gottfrieds Entschluß, ein »guter Wagner« oder ein »Wiedergutmachungs-Wagner« zu sein – nicht anders sind seine Büßer- und Bekenner-Auftritte in Israel und in Auschwitz zu verstehen –, hat sein Pendant in einem sehr anrührenden Versuch, frühe Verletzungen auf privater Ebene zu reparieren. Zusammen mit seiner italienischen Frau Teresa adoptiert er 1990 einen fünfjährigen Jungen aus den Waisenhäusern des rumänischen Diktators Ceauşescu. Der Tag, an dem Eugenio ihm von einem Budapester Gericht zugesprochen wird, fällt auf das Geburtsdatum seines Vaters: der Zufall kennt offenbar kein Pardon. Aus diesem gequälten Wesen, dem nun mit größter Energie eine glückliche Kindheit inszeniert wird, würde der »erste freie italienische Wagner« werden, meinte Gottfried – als handele es sich um eine südliche Jung-Siegfried-Variante. Ein überbetont liebender Vater, stellt er bewußt das Gegenbild zu seinem eigenen Vater her; halluzinatorisch bewältigt er so die eigene Jugend im Sohn, stellt sie positiv nach: so könnte es gewesen sein ...

Der Familienname »Lafferentz« schickte die Kinder Verenas auf einen grundsätzlich anderen Weg. Ihre Mutter bekannte, sie dezidiert von Bayreuth »wegerzogen« zu haben – doch auch am »Negativabdruck« lassen sich die entsprechenden Spuren sichern. »Lafferentzens« werden mit den Gefühlen der Ausgegrenztheit, vielleicht des »Nicht-Authentischen« zu tun haben. Die beiden ältesten Kinder Amélie und Manfred übernehmen dabei wie so häufig die Hauptbelastungen, sind die »Geheimnisvollen«, die mit dem unsichtbaren Wagnerbazillus ihrer Mutter leben müssen, und sei es auch in der forcierten Ablehnung. Dem kleinen Manfred erschien Wahnfried bei seinen Festspielbesuchen als kleiner Bub immer wie eine dunkle »Burg«, in der man eigentlich gar nicht leben könne. Die merkwürdige Unwirklichkeit, Scheinhaftigkeit des Wagnergetriebes machte ihm, der an die faßbare kleine Bodenseewelt gewohnt war, zu schaffen. Frühe Anhänglichkeiten an den Onkel Wieland mußten zu seiner Enttäuschung bald versanden – der hatte entweder keine Zeit mehr, oder es wurden von großmütterlich/mütterlicher Seite Kontaktverbote zu den Wahnfriedbewohnern ausgesprochen. Nur aktweise durften die kleinen Lafferentzens den Aufführungen beiwohnen, dann wurden sie schleunigst in Omas Domizil nach Oberwarmensteinach verbracht, wo die alte Kinderfrau und Haushälterin Emma sie in Empfang nahm. Doch was die zu raunen pflegte, während sie ihren berühmten Kartoffelbrei preßte, war nicht dazu angetan, aufbauend auf empfindliche Kindergemüter zu wirken: ein »Fluch« liege über der Wagnerfamilie, daraus könne nichts Gutes werden ... Mit ihren schwieligen Händen und Füßen schien sie selbst wie eine Figur aus einem düstern Märchen, trotz der stets ordentlich ondulierten schneeweißen Haare. Für Manfred, der das feingeschnittene schöne Wagnergesicht seiner Mutter geerbt hat, resümiert sich das Familienklima in dem Wort »Kälte«. Auf wen sollte man bauen, wenn sie einander alle, ein jeglicher hinter dem Rücken des anderen, diffamierten? Als Kind leicht kränkelnd und fragil, bekam der künftige Diplomingenieur früh schon die Rolle des Schwächlichen und »aus der Art Geschlagenen« zuerteilt; in einem Haushalt, in dem die Ideale der Herrenmenschen mit 1945 noch nicht untergegangen waren, wurde er als »unser Intellektueller mit seinen Judenlöckchen« gehänselt. Da hatte es der zweite Sohn, nach dem großen Bruder Verenas Wieland genannt, besser. Als Mutters Liebling und weil er dem Ahn Franz Liszt so auffallend ähnlich sah, wurde früh schon auf sein musikalisches Talent gebaut und ihm die Wege geebnet. Wieland heiratet früh nach Salzburg: die weichere österreichische Lebensart entspricht seiner zum Dandyismus neigenden Natur eher als die brachialen heimischen Gewohnheiten.

Die unterschiedlichen Nistplätze, die die beiden Söhne der töchterlichen Linie in ihrer Familie erhielten, bestimmen fast zwangsläufig ihre innere und äußere Lebenskontur: Manfred blickt ungern zurück auf die »Perspektivlosigkeit« und den Defaitismus, die sein Elternhaus ausstrahlten – kein Wunder in einem Nachkriegshaushalt ehemaliger Nazismusgläubiger. Zur politischen Depression kam die Notwendigkeit, mit der familiären Depression – der erzwungenen Bayreuthferne – fertig zu werden. Die Betonung des Gegenteils ist dann eine häufige Form der Bewältigung. Kleinkariert-bäuerlich sei es zugegangen in Nußdorf, entsprechend der Herkunft des Vaters, der auf einem Hof bei Kiel aufgewachsen war. Manfred verläßt diese Enge bald und setzt sich örtlich und ideologisch ins »Gegenmilieu« des linken Westberlin ab und arbeitet heute bei der Berliner Stadt- und Regionalplanung. Der »kleine« Wieland dagegen bleibt stets auf dem »rechten« Weg, geht zum Studium ans Mozarteum nach Salzburg, driftet – am langen Arm der Großmutter – ins Karajan-Milieu nach Berlin und Wien, doch dürften ihm weder die Vorschußlorbeeren noch die Fallstricke, die ein »Urenkeltum« gerade in der Musik mit sich brachte, erspart geblieben sein. Ins Festspielhaus seines Onkels fand auch Wieland, weder als Lehrling noch als Mitarbeiter, Aufnahme, nicht anders als seine Vettern. Nach seinen Talentproben als Dirigent wanderte er als Verwaltungsdirektor des philharmonischen Orchesters in die Stadt, in der der *Rienzi*, *Holländer* und *Tannhäuser* uraufgeführt wurden und sein Urgroßvater sich revolutionär gebärdet hatte – nach Dresden.

Einen Generationenkonflikt auszufechten, wie er in Deutschland zwischen den »schuldig geborenen« Kindern und ihren Eltern nicht selten war und wie ihn Manfred auf seine Art vollzieht, ist Wielands Sache nicht. Mehr noch als die Wieland- und Wolfgangkinder hätten »Lafferentzens«, Kinder eines prominenten Nazifunktionärs, Grund zu Auseinandersetzungen gehabt, wollten sie der familiären Einstimmung nicht erliegen. Andrerseits spiegelt ihre Lage, vom Wagnerglanz nur wenig überstrahlt, auf geradezu klassische Weise die innere Gespaltenheit der unmittelbaren Nachkriegsgeneration. Sie hatten ihren Vater ja als guten und starken Vater erlebt. Sein Bild war im übrigen von dem gängigen Stereotyp dessen geformt, der »nichts Böses getan« und für die Nazis »nur organisiert« habe. Der Anschluß an die neue Zeit, den der an technischen Entwicklungen stets interessierte Bodo über eines seiner früheren Forschungsinstitute zu gewinnen suchte, war im übrigen harte Arbeit – ein Hochstrampeln, das dem Jahrgang 1897 nicht mehr recht glücken wollte.

Daß Mutter Verena ihre Nazi-Nostalgien – Nazizeit ist goldene Jugendzeit – nicht zu überdenken bereit ist, dürfte die innere Spaltung der Kinder noch vertieft haben. Heute noch freut sie sich über das »Kinderlachen«, das Joseph Goebbels so bezaubernd machte. Auch die enge Anbindung der Kinderschar an den Geist ihrer Großmutter Winifred dürfte nicht zur Erkenntnis beigetragen haben, wie die Verwicklungen der Familie in das Verbrecherregime zu deuten seien. Was konnten sie tun? Die älteste Verenatochter, in München lebend, hat sich von ihrer Familie losgesagt, die mittlere hat sich ihre eigene mit einem Mathematiker in Montreal geschaffen und besucht nur zu Ferienzeiten noch den Bodensee und die Aufführungen in Bayreuth. Nur das Nesthäkchen Verena ist eines geblieben und zieht ein Verbleiben in Überlingen, in Mutternähe, der restlichen weiten Welt vor.

Der geschichtliche Augenblick und das individuelle Talent greifen im Fall Wolfgang Wagners so günstig ineinander wie gut geölte Zahnrädchen. Den ihm historisch zugefallenen Platz an der Spitze weiß er durch Geschick fürs Management und einen ausgeprägten Sinn für Politik und Zeitgeist zu wahren und auszubauen. Außerdem treiben eine zähe physische Gesundheit und energisches Beharrungsvermögen einander in Wechselwirkung voran. Die Lust an Gewinn und Macht fördert seine Vitalität – alle Berichterstatter bestaunen seine bewegliche Omnipräsenz in und ums Festspielhaus –, seine Kräfte wachsen mit dem Gelingen der Strategien und Pläne. Fragt man sich genauer, was dieses erstaunliche Räderwerk denn antreibt und rastlos in Gang hält, so kristallisiert sich, neben den allgemein männlichen Ego-Bedürfnissen, ein Hauptmotiv heraus.

Es war ein Glücksmoment für ihn gewesen, damals 1955, als er sich mit einer eigenen Villa von der Wahnfried-Familie unabhängig machen konnte, als er sein »Sans-famille« besaß. Ohne Familie zu sein war das Traumziel seines Lebens – und es mag offenbleiben, ob dieser starke Affekt von persönlichen Schädigungen zeugt oder einfach ein zweckmäßiges Erfolgsrezept darstellt. Seine lexikonartige Definition von Familie als der »zufälligen Zusammenkunft einer Gemeinschaft [...], die aus einer gewissen gleichen Radix entstanden ist«, entbehrt jedenfalls nicht einer gewissen Komik. Sich bald von der »gewissen gleichen Radix« abzunabeln und die Brutstätte Wahnfried zu verlassen muß jedoch ein leichtes gewesen sein gegen die Schwierigkeit, den Familienbetrieb Festspielhaus eliminatorisch zu behandeln. Doch auch dieses glückt, Zug um Zug.

Die erste Bedingung war durch die Einbringung des Familienerbes in die »Richard-Wagner-Stiftung« 1973 gegeben, für die zweite sorgte Wolfgang – in Zusammenarbeit mit seinem Freund, dem Oberbürgermeister – in zwei Etappen. Obwohl durch den Verkauf des Nachlasses keine Kirchenmaus mehr – 2,5 Millionen Mark fielen dabei für ihn ab, und das Monatsgehalt des Festspielleiter ist fünfstellig –, war Wolfgangs Altersversorgung noch nicht gesichert. Außerdem gab es zwei Posten, deren Besitz durch Erbfolge noch hätte gefährdet werden können: das »geistige Eigentum« der Brüder und die Betriebseinrichtung des Festspielhauses. Als Wolfgang 1984 das 65. Lebensjahr erreichte, wurde in einer Sondersitzung des Bayreuther Stadtrates beschlossen, ihn in ein Beamtenverhältnis der Besoldungsgruppe B6 zu übernehmen – was der Besoldung eines Ministerialdirigenten, eines Zwei-Sterne-Generals oder eines Oberbürgermeisters entspricht. In der gleichen Sitzung wurde eine einmalige Abfindung in Höhe von 800 000 Mark für die Übergabe der Dokumentarmaterialien an die Stiftung festgesetzt, »Zustiftung Wolfgang Wagner« hießen diese. (Wie sagte doch seine spitzzüngige Schwester Verena einmal unverblümt? »Er kann den Hals einfach nicht vollkriegen!«)

In dieser großzügigen Pensionsregelung war jedoch ein kleiner »deal« inbegriffen: Die Stadt, die sich mit nur einer Stimme im Stiftungsrat unterrepräsentiert fühlte, leitete daraus die Forderung nach zusätzlichen drei Sitzen ab – was bei der Bestimmung des Nachfolgers von Gewicht sein dürfte. Vor allem der Oberbürgermeister sorgte sich seit dem Pensionsalter von Wolfgang um die Nachfolge. Furcht vor zuviel Einfluß des Staates, der im Stiftungsrat über die Hälfte der Stimmen verfügte und dem Bayreuther Unternehmen einen ganz normalen Intendanten aufnötigen könnte, leitete das lokalpatriotische Denken Hans Walter Wilds. Der nächste Amts-Coup, ebenfalls 1984 vorbereitet, wurde 1986 Wirklichkeit. War die Zukunft der neuen Kleinfamilie Wolfgangs gesichert – die Tochter des 65jährigen aus zweiter Ehe war damals gerade acht Jahre alt –, so blieben noch einige weiche Stellen in der Organisation der größeren, der Festspiel-Zukunft. »Da Wolfgang Wagner im vielköpfigen andernorts erfolgreich künstlerisch operierenden Familienclan keinen geeigneten Nachfolger sieht, wurde eine Stiftung ›Festspiel GmbH‹ ins Leben gerufen«, formuliert die Stuttgarter Zeitung das Geschehen. Dieser neu gegründeten »Festspiel GmbH« wurde das gesamte bewegliche Betriebsvermögen der Festspiele übertragen und Wolfgang zu ihrem alleinigen Gesellschafter und Geschäftsführer ernannt. Damit hat er sich der Haftungsrisiken aller Privatunternehmer entledigt, ohne daß sich an seiner überragenden Stellung und seiner künstlerischen Freiheit etwas geändert hätte. Als machtgeschützter Schelmenstreich aber hat zu gelten, was da in den Sitzungen noch geschah: den Zeitpunkt seines Ausscheidens bestimme er selber, redete er den zögernden Verhandlungspartnern ein, die nicht zu widersprechen wagten oder nicht erkennen wollten, daß die Zukunft damit unwiderruflich auf die Person Wolfgang Wagners zugeschnitten und festgezogen war. Wenn sie glaubten, daß das Alter ja doch eine Rolle spielen würde, so hatten sie den Selbstbehauptungswillen des ehemals in der Wehrmacht Abgehärteten gehörig unterschätzt. Noch zehn Jahre danach, 1996, fühlt der alte Herr sich so stark, daß er die Nachfolgefrage, an die er nun schon jahrelang gewöhnt ist, launig verwitzeln kann und die »zoologische Lösung« anheimstellt – den zu wählen, der Richard Wagner am ähnlichsten sieht. (Das wäre freilich der verstoßene Sohn Gottfried...)

Wolfgangs Nachfolger jedenfalls wird auch ein reiner GmbH-Geschäftsführer – ohne die Gesellschafteranteile – sein können, ein Manager. Die Gesellschafteranteile werden dann an den Bund, das Land Bayern, die Stadt und die »Gesellschaft der Freunde« fallen. Damit sei für den Nachfolgefall juristisch alles geregelt, meinte der damalige Festspiel-Pressechef. Das Zeitalter des Managements, das Wolfgangs Ära bereits in hohem Maß verkörpert, wird dergestalt für die Zukunft festgeschrieben. Ob dieser Entschluß allein von Sicherheit und Staatsräson bestimmt ist, oder ob nicht doch eine letzte Aversion gegen die Personalunion des »künstlerischen Leiters«, wie er in der Familie bisher üblich war, mitspielte, wer will das wissen? »Das bedeutet dann das Ende des über hundert Jahre alten, einzigen und ältesten Familien-Festspielbetriebs«, schließt der Stuttgarter Berichterstatter.

Wolfgang aber ist auf Lebenszeit an der Spitze der Bayreuther Festspiele: endlich allein – unangefochten, »sans famille«. Hatte Thomas Mann Bayreuth, das real gewordene Bayreuth von 1876, einmal als die »arrivierte Utopie« bezeichnet, so ähnelt Wolfgang an diesem Punkt seines Lebens einem in der Utopie Arrivierten. Hätte nur einer aus der Familie dem »kleinen Bruder« das zugetraut? Die öffentlichen Feiern für den immer wieder als »dienstältester Intendant der Welt« Gerühmten wollen über die Jahre kein Ende nehmen. Nach dem 65. Geburtstag kommt der 70. – an dem er von Joachim Kaiser das Epitheton »genial« bekommt –, danach der 75., an dem der Richard-Wagner-Verband ihm gerührt das Rollenfach der »letzten großen Vaterfigur des Theaters« zuweist. Der Pragmatiker ist mythenträchtig geworden. Geblendet von der schieren geschichtlichen Spanne – daß es möglich ist, daß einer, dessen Großvater vor fast 200 Jahren geboren wurde, heute noch dessen Werk in demselben Theater fortführt –, schaut die Öffentlichkeit diesem vom Glanz der Abendsonne umstrahlten Schauspiel zu und genießt darin die Darbietung ihrer selbst als traditionsreicher Kulturnation.

Der Affektstruktur eines »Sans-famille«-Strebens kommt auch die Zeit selber zu Hilfe. Sind der ältere Bruder und die Mutter schon nur mehr Erinnerung, so ist 1991 die Reihe an Friedelind, zu gehen. Als sie erkrankt, läßt die ebenso Eigensinnige wie Eigenwillige keinen Arzt an ihren zeitlebens von Hungerkuren gequälten Körper: Daß die Mutter ihr als kleinem Mädchen verabscheutes Essen zwangsweise hineingestopft habe, vergißt sie nie zu erwähnen. Ein Sanatorium in Herdecke/Westfalen bildet die letzte Station der 73jährigen. Die Nachrufe rühmen die witzige, kompromißlose, vorurteilsfreie, hilfreiche Art Friedelinds, der »rebellischen Enkelin«. Historisch gereicht sie den Wagners in der Tat nur zur Ehre – auch wenn die politische Motivation ihrer Emigration erst der psychologischen nachzog.

Hatte »Maus« sich noch mit der Welt ausgesöhnt? Fast schien es so. Kam man zu ihr zu Besuch, so lag sie im großgeblumten Hawaii-Sackkleid auf ihrer Villenterrasse in Luzern, von wo aus der Blick hinüberging auf die Halbinsel mit dem Haus Tribschen, wo ihr Vater einst das Licht der Welt erblickt hatte und die Exilfamilie Wagner glücklich gewesen war. Diese letzte »sentimental journey« an den Geburtsort Siegfrieds hatte sie drei Jahre nach dem Tod der Mutter, 1984, angetreten, und friedliche Zeiten sollten ihr hier bevorstehen. Nur der Versuch, ihre durch das Wanderleben zerstreuten Archive aufzuräumen, war zum Scheitern verurteilt: Das minutiöse Gedächtnis war ihr Hauptarchiv, aus dem sie Namen, Daten und Ereignisse wie aus einer gewaltigen Schublade zog. Ohne verbittert zu sein, hatte sie den Kontakt mit Verena drüben am Bodensee sehr eingeschränkt; die ideologischen Positionen der Schwestern waren dieselben wie zum Zeitpunkt ihrer Emigration. Für den Bruder Wolfgang und seine Festspiele hatte die unbequeme Schwester kein gutes Wort mehr übrig; 1990 hatte sie Bayreuth zum letzten Mal betreten, um ihrem Freund Leonard Bernstein Wahnfried, die Synagoge und das Festspielhaus zu zeigen, und war tief enttäuscht darüber, daß Wolfgang sich diesem prominenten Besuch entzog. Ihre Geschwister hatten es zweifellos aber auch nie leicht mit Friedelind, die im Wagnersein selbst schon eine Art Beruf erblickte und in ihrem wilden Idealismus etwas nie Gezähmtes, ungebrochen Kindliches hatte. Diese Disposition verurteilte sie einerseits dazu, hochfliegend gegen die Realität zu rennen, andrerseits bildete sie die Grundlage, um diese Realität immer wieder zu verbessern. Es mochte oft komisch wirken, wenn sie bei den Erbauseinandersetzungen der Familie Sprüche Mahatma Gandhis zitierte. Aber dann war es oft nur ihrem Willen zu handelnder Gerechtigkeit zu verdanken, daß Einigkeit hergestellt werden konnte. Beim einseitig zugunsten des Lafferentz-Zweiges abgefaßten Testament ihrer Mutter Winifred zum Beispiel stellte Friedelind aus eigener Tasche den Ausgleich her, der alle zufriedenstellte. Die die Armut gekannt hat, verteilte großzügig Gelder und Spenden, sobald sie durch Erbschaft nur selber erst dazu in der Lage war. Die am meisten von der Familie Geschädigte hatte den positivsten Familiensinn. Und die keine Kinder hatte, war für die Kinder und Kindeskinder der anderen unermüdlich einsatzbereit, phantasievoll, lustig und unkonventionell – wie eben ein echtes Original von Tante, die »anders« war als die landläufigen Erwachsenen. Das melancholisch-heitere Familienmotiv der »kinderlosen Tante«, das mit Tante Lulu und Eva Chamberlain schon erklungen war, findet mit Friedelind eine Wiederholung in »amerikanisch anmutender« Tonart. Mit ihr war auch der letzte potente Widerpart zu Wolfgang dahingegangen, verloren ein unbestechliches Familiengedächtnis.

Wie sie gelernt hatte, unabhängig zu leben und zu denken, wird Friedelind auch sterben, wie sie es will – nicht vereinnehmbar. Nur an ihrem Richard-Wagnerismus ist sie zu packen gewesen, und vielleicht haben ihre beiden jüngeren Geschwister das verstanden. »25 Jahre nach unserem Bruder Wieland folgte sie ihm in das Wunderreich der Nacht«, heißt es mit einem Anflug von Tristan-Kitsch in der Todesanzeige vom Mai 1991. (Oder sollte ein später Liebestod mit der »Erzgeburt« angedeutet werden?) Friedelinds Weigerung, sich in die Bayreuther Familienerde betten zu lassen, heimzukehren also wenigstens im Tod, ist jedenfalls eindrucksvoll konsequent. Im Garten ihres Luzerner Wohnsitzes, wo der Friede kein Wahn war, sollte ihre Asche verstreut werden. Diesen letzten Willen erfüllte ihr jener ehemalige »Meisterklassen«-Schüler, der längst ihr »Wahlsohn« geworden war und den sie auch zu ihrem Universalerben machte, der Engländer Neill Thornborrow. (Wie der Zufall – oder das Schicksal – es will, verfügt Neill über ein zartes, aber ausgeprägtes Wagnerprofil: wie mit dem Silberstift nachgezogen.) Für die Außenseiterin Friedelind wird in Wahnfried deshalb nur eine »Gedenkstunde« stattfinden. Wieder ist die Familie, wie bei Winifred, vollzählig angereist, Gesänge von Vater und Großvater erklingen im Saal ihres Elternhauses, Wolfgang hält eine ausgewogene Abschiedsrede. Wie heißt es aber bei Goethe vom Selbstmörder Werther? »Kein Geistlicher hat ihn begleitet.« Kein Vertreter von Stadt oder Staat hat der Hitler-Emigrantin in Wahnfried ein »Ruhe sanft!« hinterhergerufen.

Bei den einschneidenden Ereignissen von 1976 ist die vierte Wagnergeneration Anfang Dreißig. Mit der Ausnahme von Eva und Wolf Siegfried scheinen sie sich um »Wagner« nicht viel zu kümmern. Die Wahnfriedler zumindest erscheinen am Hügel nur, wenn interessante Neuinszenierungen von hausfremden Regisseuren winken. Sie sind mit ihrem eigenen »Individuationsweg« beschäftigt, befinden sich inmitten ihrer beruflichen Laufbahnen, absolvieren ihre verschiedenen Liaisons und ersten Ehen, setzen ihre spärlichen Kinder in die Welt. Die Studentenrevolution und andere anarchistisch-ästhetischen Aufbrüche prägen jetzt die Erlebniswelt. Zu den positiven Aspekten dieser gleichsam intern deutschen Selbstbefreiungen kommen die von außen herangetragenen. Im Unterschied zur vorangegangenen Generation, in der keine lebenden Fremdsprachen gesprochen wurden, gibt es hier Weltläufigkeit und einen gewissen Kosmopolitismus, vollzieht sich insgesamt eine politisch-psychologisch-kulturelle Entnationalisierung. Familienhistorisch ist es die Komponente Franz Liszt, die sich wieder bemerkbar macht – oder die des vorbayreuthischen, europäischen Wagner. In diesem Sinn gewinnt die Entwurzelung aus der fränkischen Erde auch progressive Züge; sie wirkt als Emanzipation vom familiären Knotenpunkt Bayreuth. Iris arbeitet an literarischen Übersetzungen und ist Filmautorin im kreativ und politisch bewegten Westberlin, Wolf Siegfried inszeniert Wagner an den mittleren deutschen und großen ausländischen Bühnen, gleichzeitig hasardiert er mit Erfolg im Geschäftsleben, Nike und Gottfried, die beiden »doctores«, beginnen den Weg in die Kulturpublizistik, nur Eva und Daphne sind bereits professionals, die eine im internationalen Opernbetriebswesen und die andere auf den Schauspielbühnen von Wien, Berlin und München. (Wie Ironie des Schicksals mutet es an, daß Daphnes langjähriger Lebensgefährte, der Regisseur Dieter Dorn, 1990 für den *Holländer* nach Bayreuth engagiert wird; da ist sie längst getrennt von ihm.)

Die neunziger Jahre waren angebrochen. Nach Verteilung von drei Nachlässen – Richards, Siegfried/Winifreds und Friedelinds – würde nun voraussichtlich Ruhe einkehren in Bayreuth. Gelöst die Familienbande, Wahnfried ein Friedhof, die Festspielleitung festgenagelt auf den Patriarchen – was sollte noch kommen? Ein Epilog? Wer sollte ihn sprechen? Ein Prolog? Zu welchem neuen Anfang?

Zwei Generationen sind über der exorbitanten Amtszeit Wolfgangs entstanden, zwei deutsche Staaten hatten Zeit, auseinander- und zusammenzuwachsen. Über 45 Jahre sind seit dem Wiederbeginn verflossen, Hunderte von Wagner-Aufführungen sind über die Bühne gegangen. Wolfgangs Eigenanteil daran bricht alle Rekorde, um ein Vielfaches übertrifft er die Summe dessen, was die Altvorderen zuwege gebracht haben. Von einem anderen Stern aus betrachtet, drängt sich die wahnwitzige Vermutung auf, daß das Wagner-Ritual auf dem grünen Hügel sich verselbständigt hat: Vielleicht gibt es den Chef gar nicht mehr, und ein Wagner-Roboter tut seine Arbeit? Um Wolfgang jedenfalls herrscht Familienschweigen, jahrelang. Ruhe und Ordnung, die von Wolfgang geschätzte »reibungslose Durchführung« der häuslichen Spiele werden allenfalls unterbrochen von den impertinenten kleinen Fragen nach der Nachfolge, die die Presse dem Pensionisten Wolfgang mit beträchtlicher Hartnäckigkeit stellt. Nicht daß die Institution inzwischen Anzeichen von schwindender Popularität zeigte – im Gegenteil, die Karten könnten zehnfach verkauft werden, die Mäzene sind glücklich und die SPD-Stadt »sonnt sich im Glanz ihrer Festspiele«. Nur der Hunger nach Kunst läßt zumindest die Stimme der liberalen Großpresse nicht ganz verstummen. Sie hatte immer gegen Wolfgangs biedere Stadttheater-Inszenierungen gemurrt, aus Wohlwollen gegenüber dem Intendanten und Enkel – der sich den Avantgarde-Bonus durch »gewagte« Engagements immer wieder einmal zu holen wußte – war dieses Murren aber nie zu laut geworden. Daß der Kaiser vielleicht nackt gehe, wer wollte dies angesichts der allseits akklamierten Pracht seiner Aufzüge zugeben? Doch 1995 steht es offen in der »Neuen Musikzeitung«: »Die Werkstatt erscheint nurmehr als Potemkinsches Dorf, in dem ein alter, starrköpfiger Bürgermeister, sprich: Festspielleiter, auf Herrschaftserhalt spielt.«

Wolfgang reagiert jedes Jahr gereizter und empfindlicher auf Kritik, er liebte die Journalisten nie. (1997 schließlich versteigt er sich so weit, sie mit jenem Wort zu beschimpfen, mit dem gerade seine Generation vorsichtig umgehen sollte: »faschistisch«.) Schlimmer aber als alle Kritiker ist in jedem Fall die Familie, die beginnt, um seine Festung zu streichen und ihre Krallen zu schärfen. Wie personifizierte Alpträume müssen seine und die Bruderkinder ihm erscheinen, wie Untote, die nicht in den verordneten Särgen bleiben wollen. Im tiefenpsychologischen Sinn jedenfalls hat die Wagnervereins-Metapher von der »Vaterfigur« einen Beigeschmack von Wahrheit. In zunehmend pathologischer Manier wehrt Wolfgang sich gegen die Zumutung, daß Jüngere seine Ablösung aus dem hohen Amt verlangen; sträubt sich mit Händen und Füßen und den kuriosesten Argumenten gegen die ödipalen Mordabsichten. Was zuerst nur neuralgischer Punkt war, wächst sich zu cholerischer Abwehr und argumentativen Vernebelungen aus. Zunächst ist es das Handwerk, das der Wagnerjugend fehlt, der homo practicus läßt nur die »Pike« gelten, dann ist Hohn an der Tagesordnung – die Jugend möge nur kommen, er werde ihr schon was über die »Kärrnerarbeit« am Theater erzählen. Dann wieder vergrößerte er die Zahl der Bewerber ins Phantastische, um die Absurdität des Ganzen augenfällig zu machen – »zwölf kann ich nicht gebrauchen« (in Wirklichkeit sind es höchstens zwei, alles »Weiber«, die sich bewerben), oder es wird gesagt, das Festspielhaus sei keine »Ausbildungsstätte für Wagner-Urenkel« (da sind die Bewerber schon Ende Vierzig und müßten eigentlich auf Berufsschädigung klagen), kein

»Narrenhaus persönlichster Egoismen« (besser wären Bürokraten und Rationalisten?), und vom eingeklagten sogenannten »Generationenvertrag« habe er noch nie einen Buchstaben gesehen. Stünde nicht ein deutscher Kulturfetisch und ein Millionenobjekt auf dem Spiel, müßte der allsommerlich sich wiederholende Kampf dieses Herkules gegen die Schlangenbrut Heiterkeit erregen. Neffe Wolf Siegfried wird 1986 aus der Kantine gewiesen, Sohn Gottfried bekommt für seine »Diffamierungen« 1992 endgültig Hausverbot und auch harmlose Veranstaltungen werden panikartig mit Bannfluch belegt. Als Daphne und ihr Pate, der Richard-Strauss-Enkel gleichen Namens, 1996 ihre Lese-Tournee des Briefwechsels Cosimas mit dem jungen Richard Strauss um der reizvollen historischen Pointe willen in Wahnfried abhalten möchten, wird dem nicht stattgegeben: No family please. Nur dem sanftäugigen Wahlsohn Friedelinds scheint ein kleines Entree zu gelingen. In Kleidung und Gestus dem längst verblichenen Siegfried Wagner immer ähnlicher werdend, kommt Neill, der inzwischen Mitarbeiter einer Düsseldorfer Sängeragentur ist, dem Festspielhaus zumindest nahe, wenn dort Vorsingen stattfinden.

Gegen den durch Verträge geschützten und in seiner Festspielfestung gleichsam verbarrikadierten Götterchef hilft nur das öffentlich gemachte Wort. »Der Enkel agiert auf der Bühne, die Urenkel geben Interviews«, charakterisiert Bernd Mayer, Szenenkenner und Vizebürgermeister von Bayreuth, die Situation gegen Ende des Jahrtausends sehr richtig. Während Tochter Eva dem Vater gegenüber taktische Zurückhaltung übt und pressescheu ist, greifen zwei direkt an: Gottfried aus der ideologiekritischen Perspektive und Nike aus der ästhetischen. Für den Sohn hat Bayreuth es versäumt, politische Trauerarbeit zu leisten, für Wielands Tochter ist Neubayreuth einfach alt geworden und zum »Betrieb« erstarrt. Hier wird die nicht verdrängte Vergangenheit der Festspiele eingeklagt, dort die verdrängte Zukunft. Und während Nike mit Elektra verglichen wird, die den väterlichen Palast umkreist, heulend und rachesinnend, entdeckt Gottfried, der »Ahasver von Bayreuth«, im nicht begriffenen und weitergetragenen Hitlerfaschismus die Achillesferse seines Vaters und schleift ihn daran moralisch zu Tode – in einer Autobiographie mit dem vielsagenden Titel: »Wer nicht mit dem Wolf heult« (1997). Die »heulende« Tonart: Wem käme bei diesen öffentlich ausgetragenen Zerfleischungen nicht das alte Familienmuster der literarischen Abrechnung in den Sinn, die Haßbücher aus verschmähter Liebe? Mit dem Roman »Nelida« von 1846 gab Marie D'Agoult ihrer Wut auf den ungetreuen Franz Liszt ziemlich unverhohlen Ausdruck, in etwa hundertjährigem Abstand folgte Friedelinds Klage über die harte Mutter ihrer Kinder- und Jugendjahre im nazifizierten Wahnfried (»Nacht über Bayreuth«), und nur die Hälfte des zeitlichen Abstands brauchte es, bis Gottfried seine familiären Beschädigungen in Buchform austrägt. Allein die unfertig gebliebene Biographie der Großmutter Cosima, die Franz Wilhelm Beidler geschrieben hat (»Cosima Wagner-Liszt. Der Weg zum Wagner-Mythos«), zeugt von Bewältigung; ausgerechnet der »verlorene Enkel« behandelt die, von der alles Unheil in seiner Familie kam, ohne Zorn und Eifer – ausgerechnet er, der wohl den zureichendsten Grund zur »Abrechnung«, ja zum »Rundumschlag« gehabt hätte. Lange als verschollen geltend, ist diese Schrift, zusammen mit andern Wagneressays, erst 1997 erschienen, und man staunt über den hohen Grad von historischer und psychologischer Objektivität, zu schweigen von einer Erzählkunst, die den notorischen Mangel an Dokumenten damals – im unaufgearbeiteten Bayreuther Archiv fand sich wenig, und die Tagebücher waren noch unter Verschluß – wunderbar wettzumachen versteht.

Als Literat wußte Beidler über die Ohnmacht des geschriebenen Wortes Bescheid. Und doch gibt es gegen die strukturelle Gewalt festgefahrener Verhältnisse kein anderes Mittel als die Gegengewalt durch das Wort: von Zola bis zu den Journalisten der »Washington Post«, die Richard Nixon zu Fall brachten, zieht sich eine Linie. Mäzene, Stadt und Staat haben sich im Status quo eingerichtet, nur vereinzelt wird die Loyalität für Wolfgang einmal durch die Vokabel vom »Durchhalten« desavouiert. Viele zeitgenössische Künstler zucken sowieso nur mit der Achsel über das »Musikantenstadl« Bayreuth: Wagner-Brauchtum. Man achte aber überhaupt auf Worte, vor allem auf die Wolfgangs. Hatte Wotan keinen Erfolg, als er von Brünnhilde zu seiner Rettung den Ring zurückverlangte, so ist es ja nicht ausgeschlossen, daß die Töchter doch einmal halten, was sie versprechen und wozu man sie erzogen hat.

1996 lockert sich die Redeweise des Festspielleiters, und er nennt seine an die englische Königin und den deutschen Regierungschef gemahnende Vorgangsweise des »Aussitzens« einer Generation beim Namen: Wenn er einmal abtrete, seien seine natürlichen Nachfolger, die Endkampf-Jahrgänge, »eigentlich zu alt« für seinen Posten. Zu diesen Worten präsentiert der fast 80jährige zum ersten Mal seine Tochter der zweiten Genitur, die 18jährige Katharina, der Öffentlichkeit und bezieht sie in die Nachfolge-Debatte ein. Beim Empfang der Politiker vor dem Königsbau erscheint Katharina, ein strahlendes, blondes, walkürenhaftes Geschöpf zwischen ihre verblühenden Eltern placiert, und das Bild der Drei geht suggestiv durch die Regenbogenpresse. Im Sommer darauf darf das Küken tun, was auch ihren Kusinen einst vergönnt war – auf der Festspielbühne auftreten, und sei es nur auf einer Probe. Danach soll sie, zielorientiert, ein Jura- und Betriebswirtschafts-Studium in Berlin beginnen und ein Praktikum bei bayreuthverbundenen Opernchefs absolvieren. »Das Kind liebt seinen Vater heiß und innig

[...], und wie schnell sie von ihm lernt, ist beachtlich«, verlautbarte ihre Mutter in einem Gespräch mit der heimischen Presse, in dem sie zugleich ihre Bereitschaft kundtut, die Festspiele zu übernehmen. »Ich bin eine Macherin«, heißt es da unmißverständlich. Darüber wird die Doppelstrategie ihres »Machers« Wolfgang deutlich. Laut die Vergeblichkeit dynastischer Ansprüche aufgrund der Stiftungssatzungen betonend, bereitet er leise das Gegenteil vor: Erbfolge in seinem Sinne.

Aber kann man es dem Enkel Richards und Sohn Siegfrieds verwehren, daß er, wenn auch erst im zweiten Anlauf, wieder Kontinuität und dynastisches Denken kultiviert? Daß er endlich zu träumen wagt? Die im Alter »weiblich« gewordenen, verfließenden Gesichtszüge Wolfgangs scheinen seither eine andere Sprache zu sprechen, es ist, als ob der Wind der Geschichte ihm die Kanten und Kerben des ewigen Machertums zerblasen hätte, als ob ein Föhnsturm über seine Charaktermaske hinweggegangen wäre. Er möchte nur eine Konstellation wiederbeleben, die schon in zweifacher Variante da war: daß eine Mutter wieder den Übergang zu denen bilde, die zu »neuen Thaten« ausersehen sind: Cosima zu Siegfried, Winifred zu Wieland/Wolfgang, Gudrun zu Katharina. Der geisterhaft lange Arm des Sippengesetzes scheint am Ende auch den heimzuholen, der sich am weitesten von der Familie entfernt hatte.

Im Kampf zwischen Mythos und Geschichte gewinnt immer die Geschichte, durch die Hintertür aber quillt stets der Mythos herein. Zumindest was Familiengeschichten – sind das nicht immer Epen und Opern? – betrifft. Über die Unauslotbarkeit der Wagnerschen Klangströme, die sie begleitete und aus der sie ihre Dynamik zog, hat die Familie Richard Wagners mittlerweile selbst eine Art Unauslotbarkeit bekommen – eine mythische Qualität. Diese widersteht all der Geschichtlichkeit, die sie deutlich genug kennzeichnet, nicht nur im Auf und Ab ihrer direkten Verflechtung mit der deutschen Geschichte, nicht nur in ihren nach dem Hackordnungsmuster ablaufenden Kämpfen um Rang und Geltung und Gewinn, sondern als das von hundert Zufällen und Ereignissen geformte organische Gebilde, das seinem inneren Gesetz auf Überleben und Dauer nachgeht. Nach fast zwei Jahrhunderten des familiären Blüten- und Blättertreibens scheint dieses zwar den zentrifugalen Kräften zu erliegen, und man sieht die verbleibende Schar auf kleinster Sankbank treiben, umspült von den Hochwassern kulturbürokratischer Befugnisse, die den potentiellen Nachfolgern aus ihrer Mitte nur brüchige Rettungsboote beigestellt haben; die mythologischen Requisiten ohnedies fest im Griff der Geschichte – Museum und Mausoleum ist Wahnfried und das Familientheater ein Mietobjekt. Andrerseits aber macht ein vages Gefühl drohenden Verlustes sich breit. Das öffentliche Interesse an der Frage, wie die Zukunft des nationalen Kleinods beschaffen sein soll, gewinnt ständig an Boden, und Diskussionen um Wagners Theater – Wagnertheater – erfüllt die Medien. So ganz will wohl niemand jene profane Helligkeit einer Fremdverwaltung in Bayreuth, die ein Übergang von der sagengetränkten Wahnfried-Walhall-Herrschaft zu den Rationalintrigen einer Gibichungenwelt bedeuten würde. Wie immer durchgescheuert das alte Nornenseil ist, ein dunkles Bedürfnis will, daß seine Fäden sich um Schicksalsfelsen und nicht um Bürostühle schlingen. Mit jeder »Wagnernase«, die in Bayreuth lebt, leitet und leidet, überdauert ein Stück jenes schönen und sinnlosen, aber gegen alle Verwaltung und Verkabelung unserer Gegenwart gerichteten Mythologems, in dem die kollektive Psyche ihre unausrottbare Sehnsucht nach den Geheimnissen der Genealogie, nach Zeitentiefe und Ungeschichtlichkeit stillen kann.

WINIFRED FEIERN?

Siegfried Wagner gab Bayreuth den Spitznamen »Schilda«. Daß in Schilda Schildbürgerstreiche nicht ausbleiben, dafür sorgen seine offiziellen Repräsentanten. Fern von der Entwicklung des allgemeinen Bewußtseins betreiben sie ihre Dinge und verlieren das Gefühl dafür, wo die Grenzen zwischen privatem Anstand und öffentlicher Unsittlichkeit verlaufen. Daß Schildbürger und Ehrenbürger oft in geheimnisvollen Zusammenhängen stehen, gehört zu den Zufällen und Zwängen des politischen Lebens.

Winifred Wagner wäre am 23. Juni 1997 hundert Jahre alt geworden. Na und? Statt daß diejenigen, die sich der Mutter oder Großmutter nahe fühlen, stilles Gedenken an ihrem Grab übten und sich Bilder der rauhen, aber herzlichen Person ins Gedächtnis riefen, hat ihr zweiter Sohn Wolfgang seiner Heimatstadt Umstände bereitet, die man nur zwischen Falle und Fettnäpfchen ansiedeln kann. In Verkennung der Differenz zwischen den Banden des Blutes, die ihn an seine Mutter, und den Banden, die ihn als Festspielleiter allein an die Rücksichten seines Amtes binden, veranstaltete er eine Gedenkfeier in dem allerschönsten Rahmen, den Bayreuth besitzt, im markgräflichen Opernhaus. Am nächsten Morgen wurde dieses als »Nachdenken« etikettierte Beisammensein der Bayreuther Honoratioren, Wagnerverbände und Freunde des Gesamtkunstwerks am Grabe fortgesetzt, wo mit Bruckners »Os justi« das gleiche Werk erklang wie bei Winifreds Beisetzung im Jahr 1980. Freilich ertönte auch Wagners »Pilgerchor«; und nicht wenige der zahlreich Erschienenen mochten sich bei den Worten: »Der Gnade Heil ist dem Büßer beschieden« ihren Teil gedacht haben, melancholisch oder ironisch.

Was hier christlich formuliert erklang, müssen wir im Fall Winifred Wagners geschichtlich, politisch und moralisch hören. Darin liegt das Problem oder vielmehr die Unmöglichkeit dieser Feierstunden. Gott liebt die reuigen Sünder, Winifreds alles überschattendes Charakteristikum aber war die Unbußfertigkeit – die starrköpfige Uneinsichtigkeit in jene katastrophale politische Fehlorientierung, mit der sie den Festspielen, dem Werk Richard Wagners und der Familie einen Schaden zugefügt hat, neben dem alle ihre unbestreitbaren Verdienste verblassen müssen. Winifred ist dank ihres dreißig Jahre nach Kriegsende erfolgten Bekenntnisses zu Adolf Hitler zur Symbolfigur geworden – zur Symbolfigur einer eisernen Lady des Nazismus, zum Inbegriff trotziger, blinder Selbstgerechtigkeit, zur »Repräsentantin deutscher Finsternisse« (G. R. Koch). Damit verbleibt sie im Umkreis ihres »Führers«, der mitsamt seiner blutigen Embleme zu einer mythologischen Inkarnation des Bösen geworden ist, wie es noch keiner andern Schreckensfigur der Geschichte gelungen ist.

Feierstunden sind symbolische Akte, sind Bekenntnisse zur gefeierten Person. Feiert man Winifred, so feiert man die Nibelungentreue zum Nationalsozialismus unweigerlich mit. Weit davon entfernt, der Stadt Bayreuth eine Rehabilitierung ihrer »schuldigen« Ehrenbürgerin zu unterstellen, weit davon entfernt, der Festrednerin Sabine Henze-Döhring, einer ausgewiesenen Wissenschaftlerin und Gattin des Leiters des Forschungsinstituts für Musiktheater in Thurnau, dem Wolfgang Wagner seinen Ehrendoktor verdankt, ähnliche Reparationsbedürfnisse nachzusagen, und voller Verständnis für den Wunsch des Festspielchefs, die »Trauerarbeit für Bayreuth«, die Hans Jürgen Syberberg sich mit seinem Winifred-Dokumentarfilm von 1976 angemaßt hatte, selber in die Hand zu nehmen – meilenweit entfernt also von dem Gedanken, daß die Bayreuther Nachwelt Winifred ungebührliche Kränze flechten möchte, muß doch gesagt werden: Wer Winifred öffentlich feiert, manövriert sich in eine Sackgasse, die er nicht unbeschädigt verläßt.

Winifreds spezifische und zugleich zeittypische Blindheit bestand darin, daß sie Adolf Hitler in zwei Personen aufspaltete, in die lichte Privatperson »Wolf«, ihren Duzfreund und Helfer, und in den historischen Hitler, von dessen »ins Dunkle« gehenden Seiten sie – auch im nachhinein – nichts wissen wollte. Wenn diejenigen nun, die sich anschicken, die »unsterbliche Herrenreiterin auf dem Bayreuther Thron« – so Syberberg in seinem damaligen Nachruf – öffentlich zu feiern, sie ebenfalls in einen zu lobenden und einen, nun ja, weniger schönen Teil zerlegen, so erliegen sie damit den gleichen unbewußten Selbstschutzmechanismen wie Winifred. So geschah es aber: Hier Winifred, die Festspielleiterin von 1930 bis 1944, Winifred, die Erbe und Auftrag ihres Mannes tapfer fortsetzte, dem Neuen aufgeschlossen, künstlerische Freiräume in »dunkler Zeit« wahrend, durch ihren Führungsverzicht nach dem Krieg Neubayreuth ermöglichend und schließlich, Gipfel des Guten, dem Transfer ihres Hortes in eine Stiftung zustimmend – Winifred, die Demokratin. Dort aber die Unmögliche, die Hitlerfreundin, die andere, »dunkle« Winifred, die zu erklären, wie sie selber ächzend zugab, man den Tiefenpsychologen überlassen müsse. Eine Spaltung ihrer Person in »helle« und »dunkle« Teile aber ist völlig unzulässig – oder lobt man etwa den Nationalsozialismus, weil er schließlich auch wunderbare Autobahnen hervorgebracht hat? Die Einheit ihrer Person zuzugeben und zu diskutieren ging aus Gründen der gegenwärtig herrschenden »political correctness« nicht – obwohl Winifred es ihren Interpreten da wirklich leicht macht.

Wenige Menschen nämlich sind so identisch mit sich selbst gewesen wie sie, wenige so holzschnittartig leicht erkennbar als »Typus«: politisch leidenschaftlich und zugleich pragmatisch veranlagt, weder von Selbstzweifeln noch von höheren Einsichten geplagt. Winifred ist kein Rätsel, sondern eine stark konturierte und primär politisch zu definierende Figur. Wie bald beklagte Siegfried sich, daß sie zu allen politischen Versammlungen rannte – wer hatte sie das gelehrt in ihrem Bereich, wo's »der Kunst galt«? Doch gerade daß sie kein Sensorium für die anderen Wirklichkeiten der Kunst hatte, machte sie so geschlossen, monolithisch und sicher. Ihre großen Qualitäten kamen denn auch dort zu Geltung und Wirkung, wo die Kunst in Management überging – im diplomatischen Umgang mit schwierigen Dirigenten oder mit den Künstlern im allgemeinen. Einmal als »Kinder« erkannt, waren die Künstler und ihre Unvernünftigkeiten ordentlich rubriziert, und Muttern konnte loslegen. Auch im »Durchorganisieren« der wirklichen Kinder, ihrer eigenen, war sie talentiert – bis zur Destruktivität. Ihre in die Politik abgedrängte Emotionalität machte sich am heimischen Herd als fehlende Wärme bemerkbar. Der Mangel hier garantierte aber auch dort nichts – Leidenschaft für Politik befähigt noch nicht zu politischem Denken. Winifreds Politikverständnis blieb immer gefühlsverhaftet.

Doch zurück: wie Winifred trotzdem feiern?

Es war interessant zu verfolgen, wie beide Gedenkredner, die Fachkundige im Opernhaus wie das Stadtoberhaupt am Grabe, trotz besten Wissens und Gewissens dem Sog der Stunde, die den exkulpatorischen Diskurs erzwang, nachgaben. Die rhetorisch-psychologischen Strategien waren in beiden Fällen die gleichen: man packe den Stier bei den Hörnern und fange mit dem Unverdaulichen, mit Winifreds Hitlerei, an. Zitatenstoff hat sie schließlich selber – Syberberg sei Dank – reichlich geliefert. Damit war die Bahn frei für ungehemmte Würdigung, für das Lob der »Hüterin«, der »großen Frau«, der Bayreuth Dank schuldet – so der Oberbürgermeister Dieter Mronz. Er plädierte dafür, die

»Verkürzung« ihrer Person auf die NS-Freundin/Festspielleiterin, wie sie sich inzwischen durch die grobe Geschichtsvermittlung der Medien eingebürgert habe, aufzuheben zugunsten ihres wirklichen Bildes: ein schönes, aber hoffnungsloses Begehren. Geschichte hält ihr eigenes Gericht. Oder, um es mit den Konstruktivisten zu sagen, die behaupten, daß es die Wirklichkeit nicht gibt, sondern daß sie jeweils »hergestellt« werde – Winifred hat ihre »verkürzte« Wirklichkeit selber hergestellt und bis zu ihrem Tode bestätigt. Diese läßt sich nicht mehr verlängern und differenzieren. Auch wenn man immer mal, je nach Stand der historischen Skrupellosigkeit, mit den Wertungen jongliert und ihre Uneinsichtigkeit »Bekennermut« nennt und in positiven Gegensatz zur Verlogenheit der sonstigen Deutschen setzt, die alle »nichts gewußt« und schon gar nichts »vollstreckt« haben. Dann ist Winifred gelegentlich wieder die »Mutter Courage« oder die exemplarische deutsche Großmutter.

Die Unmöglichkeit, Winifred zu feiern, trat auch in der Erkenntnis des Oberbürgermeisters zutage, ihre »Verstrikkung« sei unser aller Verstrickung gewesen. Verwässert das nicht den Sachverhalt, insofern Winifreds individuelle Entscheidungsfreiheit ausgeklammert wird? Es ist ja nicht ihre »Verstrickung«, die so irritiert, sondern das Festhalten an dieser »Verstrickung«. Daß sie sich als Chefin von Bayreuth dem Wagnerianer Hitler und den Zuwendungen des Diktators schwerlich entziehen konnte, liegt auf der Hand. Keine demokratischen Überzeugungen kamen ihr da zu Hilfe. Man darf auch annehmen, daß eine Renitenz von ihrer Seite die Festspiele und die Familie damals in unmittelbare Gefahr gebracht hätte. Winifreds individuelle Entscheidung jedoch war es, den Politiker nach Wahnfried zu ziehen, in die Intimität der Familie einzulassen, ihn den Kindern als den »idealen Vater« vorzugaukeln. Das war durch keine Unternehmensräson gerechtfertigt. Hier verschmilzt Privates und

Öffentliches, Neigung und Pflicht – Kunst und Politik – zu jener miserablen Mischung, die uns Furcht einjagen sollte, statt zu posthumen Feierlichkeiten anzuregen. Winifreds Engagement für Hitler wäre besser verständlich geworden, hätte man sie eingebettet gezeigt in die »Bayreuther Gesinnung«, von der der »verlorene Enkel« Franz Wilhelm Beidler, Sohn Isolde Wagners, zu Recht gesagt hatte, daß sie zu einem »erschreckend großen Teil« mit der nationalsozialistischen schon identisch war, bevor diese politisch wirksam wurde. Winifred lag im Trend und in der Familientradition. Doch mögliche »Unschuld« schillert auch hier. Winifred kann kaum als Opfer der Bayreuther Ideologie gelten, hat sie es doch verstanden, ihre vom »Schicksal« vorgesehene Rolle umzumünzen in einen Aktivposten, den sie glücklich und stolz ausübte. Außerdem: wie sollte ein Stadtoberhaupt »Bayreuther Gesinnung« kritisch beleuchten, wenn er doch Winifred feiern muß, in der diese Gesinnung kulminierte?

Frau Henze-Döhring dagegen machte der hundertjährigen Winifred insofern ein Geburtstagsgeschenk, als sie deren Selbstdeutungsunfähigkeit einfach übernahm: Winifreds »emotionales Labyrinth« – gemeint ist ihre Liebe zum Massenmörder – müsse man den Psychologen überlassen. Vom Standpunkt der Historikerin war dann für den Rest nur Gutes zu melden – nihil nisi bene. Wobei die Akzente des Lobes – wie bei ihrem Rednerkollegen – gehörig aus den Proportionen gerieten: Wir haben, trotz ihrer »antimusealen Energien«, nicht Winifred die künstlerischen Neuerungen ihrer Ära zu verdanken, sondern dem Team Tietjen-Preetorius; sie hielt sich mit dem Engagement dieser beiden Künstler nur (oder immerhin) an die Anweisungen Siegfrieds. Auch sollte man sich hüten, es ihr als besonderen existentiellen Bonus anzurechnen, nach dem Krieg auf die Festspielleitung verzichtet und damit Neubayreuth ermöglicht zu haben. Angesichts des Drucks der Situation war ein Rücktritt gar nicht zu vermeiden. Was sie von »Neubayreuth« hielt, davon erzählen die Anekdoten: am liebsten saß sie mit dem Rücken zur Bühne, wenn Wieland inszenierte.

Doch das sind Kleinigkeiten. Schwerer wiegt die Angepaßtheit einer Wissenschaftlerin der jüngeren Generation, die dem Sirenenruf einer Einladung von Bayreuth nicht nur nicht widerstehen kann, sondern auch nicht erkennt, wozu sie damit verurteilt ist: Adolf Hitler mitzufeiern. Nur Couragiertheit hätte ihr geholfen, die vorgegebene Sackgasse zu sprengen. Statt dessen wurde die Festspielgeschichte der Ära Winifred, die das heimische Publikum nun weiß Gott kennt, nacherzählt.

Warum nicht die komplizierten Zusammenhänge von Kunst und Moral und Politik am Beispiel Winifreds erörtern? Das hätte ihre Person herausgenommen aus dem lokalen Kontext und seinen breiteren Radius gezeigt. Oder man hätte Syberbergs Film, wenigstens ausschnittweise zeigen und kommentieren können. Oder man hätte, endlich einmal, dem Eiertanz ein Ende machen und die Grenzen der Feierbarkeit unbelehrbarer Altnazis aufzeigen müssen. Im Zeitalter Goldhagens, der Wehrmachtsausstellung und, last but not least, Gottfried Wagners niedersausender Nazikeule auf Vater, Onkel, Großmutter, Urgroßmutter und den Ahn selber, wäre von Bayreuth mehr zu verlangen als die Inszenierung sich selbst desavouierender Feierlichkeiten. Ein öffentliches »Nachdenken« muß als Täuschungsmanöver gelten, wenn man sich über die tiefere geschichtliche und moralische Problematik, die sich in Winifred verkörpert, nicht im klaren ist. Das wegwerfend-verharmlosende Wort Wolfgang Wagners vom »Hitlergewäsch« seiner Mutter weist aber leider in diese Richtung.

Doch magisch zieht eine Fehlleistung die andere mit sich. Anders als im alten Athen findet in Schilda das Satyrspiel vor der (Feier-)Tragödie statt. Die Festspielleitung scheute humoristische Akzente nicht, als sie von ihrem Archivdirektor eine Winifred-Wagner-Ausstellung vorbereiten, diese dann aber unter den fadenscheinigsten Argumenten abblasen ließ. Hat das »heiße Thema« kalte Füße gemacht? Oder war wirklich die bessere Einsicht am Werk, daß man nur über die gute Festspielleiterin der Epoche 1930-1944 keine Ausstellung machen kann, sondern die größer dimensionierte eines »Bayreuth im Dritten Reich« notwendig wäre? Schließlich ist nicht nur Winifred Wagner Ehrenbürgerin der Stadt Bayreuth. Auch Adolf Hitler wurde dieser Status nie aberkannt.

Bildnachweise

Bildteil I

Abb. 1: Bayreuth-Heft 1969, S. 9 und 2. Umschlagseite. Montage von Hartmut Zelinsky, *Richard Wagner. Ein deutsches Thema*, Berlin 1983 (3., korr. Auflage), S. 35. © Medusa Verlag, Berlin.

Abb. 2/3: Wolf Siegfried Wagner, Wolf Münzner, *Der fliegende Holländer*, Saarbrücken 1978. Photos: Julius C. Schmidt, Saarbrücken.

Abb. 4: Eintragungen in einen Klavierauszug anläßlich der *Tannhäuser*-Inszenierung Wieland Wagners 1961. *Tannhäuser*-Programmheft, Bayreuth 1965. © Bayreuther Festspiele.

Abb. 5: Aquarell von Nike Wagner.

Abb. 6: *Lohengrin*-Programmheft, Bayreuth 1979. © G. Uecker.

Abb. 7: Cosima und Siegfried Wagner, RWNA.

Abb. 8: Wolf Siegfried und Gertrud Wagner, privat.

Abb. 9: Friedelind und Wieland Wagner. Photo: Siegfried Lauterwasser.

Abb. 10: Wolf Siegfried und Daphne Wagner, privat.

Abb. 11: Wieland und Iris Wagner. Photo: Wolfgang Schadewaldt, 1965.

Abb. 12: Carlos Alexander in der *Meistersinger*-Inszenierung 1963 von Wieland Wagner. *Meistersinger*-Programmheft, Bayreuth 1964. Photograph nicht ermittelt. © Bayreuther Festspiele.

Abb. 13: Photo: Siegfried Lauterwasser.

Abb. 14: Richard Wilhelm Stock, *Richard Wagner und seine Meistersinger*. Eine Erinnerungsgabe zu den Bayreuther Kriegsfestspielen 1943, Nürnberg, S. 11.

Abb. 15: Ebda., S. 188.

Abb. 16: Bayreuth-Heft 1957. Photo: Siegfried Lauterwasser. © ?

Abb. 17: *Richard Wagner in der Karikatur*, hg. v. Ernst Kreowski und Ernst Fuchs, Berlin 1907, S. 111.

Abb. 18/19: Frida Leider, Bayreuth 1933, und Irene Dalis, Bayreuth 1963, Bayreuth-Heft 1982. © Bayreuther Festspiele.

Abb. 20: Aufführung am Wiener Volkstheater, in: Joshua Sobol, *Weiningers Nacht*, hg. v. Paulus Manker, Wien 1988, S. 79.

Abb. 21: Postkarte. Photo: Siegfried Lauterwasser. © ?

Abb. 22: Aufführung an der Hamburgischen Staatsoper. Photo: Peter Peitsch.

Abb. 23: Privat.

Abb. 24: Privat.

Abb. 25: Richard Wagner (1877), RWNA.
Abb. 26: Cosima Wagner (um 1870), RWNA.
Abb. 27: Privat.
Abb. 28: Archiv Bernd Mayer, Bayreuth.
Abb. 29: Aus dem Besitz von Hans C. Reissinger.
Abb. 30: Postkarte 1924, RWNA.
Abb. 31: Photo: Siegfried Lauterwasser.
Abb. 32: Photo: Wilhelm Rauh, Bayreuth.
Abb. 33: Zeichnung von Jean-Auguste Dominique Ingres (Rom 1839).
Abb. 34: Zeichnung von Théodore Chassériau (1841).
Abb. 35: Cosima, Blandine, Daniel. Zeichnung von Friedrich Preller, Weimar 1955, RWNA.
Abb. 36: Privat.
Abb. 37: Zeichnung von Franz von Lenbach. Aus dem Besitz von Dagny Beidler, Winterthur.
Abb. 38: Privat.
Abb. 39: Bayreuther Festspielführer 1925, nach S. 270.
Abb. 40/41: Photos: Wieland Wagner.
Abb. 42: Privat.
Abb. 43: Privat.
Abb. 44: Photo: Wieland Wagner.
Abb. 45: Ölgemälde von Wieland Wagner.
Abb. 46: Privat.
Abb. 47: Gertrud Reissinger, General Becker und Frau, Winifred, Adolf Hitler (v.l.n.r.), 1938/39. Privat.
Abb. 48: Archiv Bernd Mayer.
Abb. 49: Photo: Feldscharek.
Abb. 50: Wolfgang und Wieland. Bildarchiv Süddeutscher Verlag, München.
Abb. 51: Nachlaß Franz W. Beidler, aus: Franz Wilhelm Beidler, *Cosima Wagner-Liszt*, Bielefeld: Pendragon-Verlag 1997, Frontispiz.
Abb. 52: Photo: Ernst Gebauer, Bayreuth.
Abb. 53: Privat.

Abb. 54: Photo: Ernst Gebauer, Bayreuth.
Abb. 55: Photo: Siegfried Lauterwasser.
Abb. 56: Photo: Ernst Gebauer.
Abb. 57: Privat.
Abb. 58: Mit Tante Friedelind, Großmutter Winifred, Mutter Verena. Das fünfte Kind, Verena, wurde erst später geboren. Photo: Siegfried Lauterwasser.
Abb. 59: Photo: Ernst Gebauer.
Abb. 60: Bei den *Lulu*-Proben in Stuttgart 1966. Photo: Fritz Peyer, Hamburg.
Abb. 61: Photograph unbekannt.
Abb. 62: Photograph nicht ermittelt. © Bayreuther Festspiele.
Abb. 63: Bayreuth-Heft 1969. Photograph nicht ermittelt. © Bayreuther Festspiele.
Abb. 64: Bühnenbild 1952-1959, Photo: Siegfried Lauterwasser. © ?
Abb. 65: Bühnenbild 1960-1964, Photo: Wilhelm Rauh. © Bayreuther Festpiele.
Abb. 66/67: Der Ring, Bayreuth 1976-1980, Berlin 1880, S. 18, 117. Photograph nicht ermittelt.
Abb. 68: Photo: Thomas Dorn.
Abb. 69: Photo aus der BUNTEN, 7. 8. 1997.
Abb. 70: Photo: Klaus Tritschel, Bayreuth 1994.
Abb. 71: Photo: Sulzer, Salzburg.
Abb. 72: Photo: Klaus Tritschel, Bayreuth 1990.
Abb. 73: Photo: Iris Wagner, privat.
Abb. 74: Tiroler Tageszeitung, 25. 10. 1997. Photo: Zoller.
Abb. 75: Photograph nicht ermittelt – v.l.n.r.: Dirk von Haeften, Eleonore von Haeften-Lehndorff, Jan von Haeften.
Abb. 76: Privat.
Abb. 77: Photo: Jean Loup Debionne (für BUNTE 1997).
Abb. 78: Photo: Manfred Otzelberger, Bayreuth 1997 (Nordbayerischer Kurier).
Abb. 79: Daphne Wagner. Photo: Emil Perauer, München.

(RWNA = Richard Wagner-Nationalarchiv Bayreuth)

Autorin und Verlag danken den Inhabern der Rechte für die Genehmigung zum Abdruck der Bilder.

STAMMTAFEL

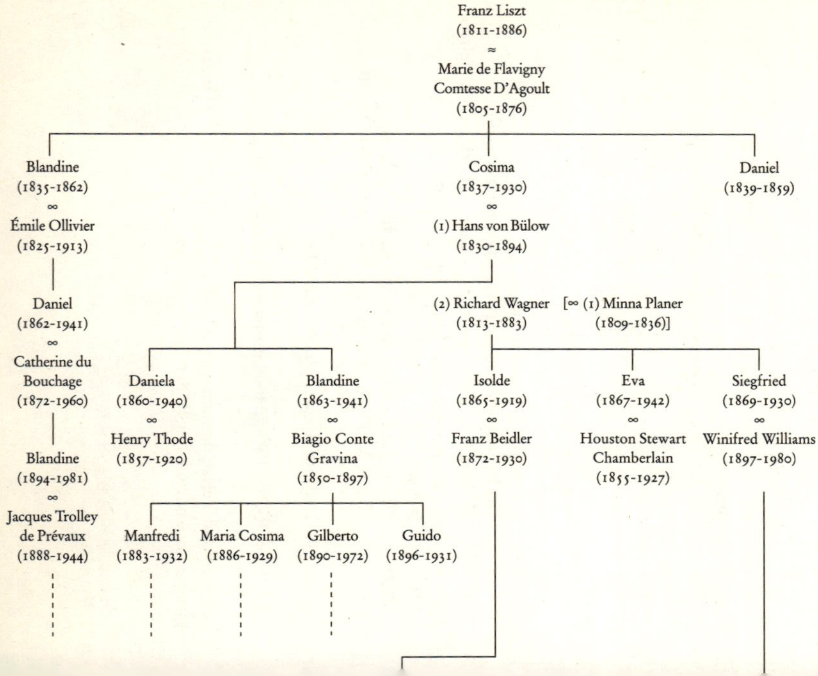
Franz Liszt
(1811-1886)
≈
Marie de Flavigny
Comtesse D'Agoult
(1805-1876)
Blandine
(1835-1862)
∞
Émile Ollivier
(1825-1913)
Cosima
(1837-1930)
∞
(1) Hans von Bülow
(1830-1894)
Daniel
(1839-1859)
Daniel
(1862-1941)
∞
Catherine du
Bouchage
(1872-1960)
(2) Richard Wagner
(1813-1883)
[∞ (1) Minna Planer
(1809-1836)]
Daniela
(1860-1940)
∞
Henry Thode
(1857-1920)
Blandine
(1863-1941)
∞
Biagio Conte
Gravina
(1850-1897)
Isolde
(1865-1919)
∞
Franz Beidler
(1872-1930)
Eva
(1867-1942)
∞
Houston Stewart
Chamberlain
(1855-1927)
Siegfried
(1869-1930)
∞
Winifred Williams
(1897-1980)
Blandine
(1894-1981)
∞
Jacques Trolley
de Prévaux
(1888-1944)
Manfredi
(1883-1932)
Maria Cosima
(1886-1929)
Gilberto
(1890-1972)
Guido
(1896-1931)

- Franz Wilhelm (1901-1981) ∞ Ellen Annemarie Gottschalk (1903-1945)
  - Dagny Ricarda (1942) ∞ Hans H. Hablützel (1948)
- Wieland (1917-1966) ∞ Gertrud Reissinger (1916)
  - Iris (1942) ≈ Thomas Kaever (1950)
  - Wolf Siegfried (1943) ∞ (1) Malo Osthoff (1942)
    - Joy Olivia (1970)
  - Wolf Siegfried ≈ (2) Eleonore von Haeften, geb. Gräfin Lehndorff (1938)
  - Nike (1945) ≈ (1) Jean Launay (1929)
    - Louise (1981)
  - Nike ∞ (2) Jürg Stenzl (1942)
  - Daphne (1946) ≈ Tilman Spengler (1947)
- Friedelind (1918-1991)
- Wolfgang (1919) ∞ (1) Ellen Drexel (1919)
  - Eva (1945) ∞ Ives Pasquier (1950)
    - Antoine Amadeus (1982)
  - Gottfried (1947) ∞ (1) Beatrix Kraus (1950) ∞ (2) Teresina Rossetti (1955)
    - Eugenio (1985)
- Wolfgang ∞ (2) Gudrun Mack, geb. Armann (1944)
  - Katharina Friderike (1978)
- Verena (1920) ∞ Bodo Lafferentz (1897-1974)
  - Amélie (1944) ∞ Manfred Hohmann (1943)
    - Christopher (1984)
  - Manfred (1945) ∞ Gunhild Mix (1945)
    - Leif (1979)
  - Winifred (1947) ∞ Paul Arminjon (1941)
    - Wendy (1973)
    - Matthias (1981)
  - Wieland (1949) ∞ Isabella Weiß (1948)
    - Verena Maja (1970)
  - Verena (1952) ∞ Thilo Schneken-burger (1951)

suhrkamp taschenbücher
Eine Auswahl

Isabel Allende
- Fortunas Tochter. Roman. Übersetzt von Lieselotte Kolanoske. st 3236. 483 Seiten- Das Geisterhaus. Übersetzt von Anneliese Botond. st 1676. 500 Seiten
- Paula. Übersetzt von Lieselotte Kolanoske. st 2840. 496 Seiten.
- Porträt in Sepia. Übersetzt von Lieselotte Kolanoske. st 3487. 512 Seiten
- Zorro. Roman. Übersetzt von Svenja Becker. st 3861. 443 Seiten

Ingeborg Bachmann. Malina. Roman. st 641. 368 Seiten

Jurek Becker
- Amanda herzlos. Roman. st 2295. 384 Seiten
- Jakob der Lügner. Roman. st 774. 283 Seiten

Louis Begley
- Lügen in Zeiten des Krieges. Roman. Übersetzt von Christa Krüger. st 2546. 223 Seiten
- Schmidt. Roman. Übersetzt von Christa Krüger. st 3000. 320 Seiten
- Schmidts Bewährung. Roman. Übersetzt von Christa Krüger. st 3436. 314 Seiten

Thomas Bernhard
- Alte Meister. Komödie. st 1553. 311 Seiten
- Holzfällen. st 3188. 336 Seiten
- Ein Lesebuch. Herausgegeben von Raimund Fellinger. st 3165. 112 Seiten
- Wittgensteins Neffe. st 1465. 164 Seiten

NF 266/1/2.08

Peter Bichsel
- Cherubin Hammer und Cherubin Hammer. st 3165. 112 Seiten
- Kindergeschichten. st 2642. 84 Seiten

Ketil Bjørnstad
- Villa Europa. Roman. Übersetzt von Ina Kronenberger. st 3730. 535 Seiten
- Vindings Spiel. Roman. Übersetzt von Lothar Schneider. st 3891. 347 Seiten

Lily Brett
- Einfach so. Roman. Übersetzt von Anne Lösch. st 3033. 446 Seiten.
- Chuzpe. Übersetzt von Melanie Walz. st 3922. 334 Seiten

Truman Capote. Die Grasharfe. Roman. Übersetzt von Annemarie Seidel und Friedrich Podszus. st 1796. 208 Seiten.

Paul Celan
- Die Gedichte. Kommentierte Gesamtausgabe in einem Band. Herausgegeben und kommentiert von Barbara Wiedemann. st 3665. 1000 Seiten
- Gesammelte Werke in sieben Bänden. st 3202-3208. 3380 Seiten

Lizzie Doron. Warum bist du nicht vor dem Krieg gekommen? Übersetzt von Mirjam Pressler. st 3769. 130 Seiten

Marguerite Duras. Der Liebhaber. Übersetzt von Ilma Rakusa. st 1629. 194 Seiten

Hans Magnus Enzensberger
- Der Fliegende Robert. Gedichte, Szenen, Essays. st 1962. 350 Seiten
- Gedichte 1950 – 2005. st 3823. 253 Seiten
- Josefine und ich. Eine Erzählung. st 3924. 147 Seiten

NF 266/2/2.08

Louise Erdrich
- Der Club der singenden Metzger. Roman. Übersetzt von Renate Orth-Guttmann. st 3750. 503 Seiten
- Die Rübenkönigin. Roman. Übersetzt von Helga Pfetsch. st 3937. 440 Seiten

Laura Esquivel. Bittersüße Schokolade. Roman. Übersetzt von Petra Strien. st 2391. 278 Seiten

Max Frisch
- Homo faber. Ein Bericht. st 354. 203 Seiten
- Mein Name sei Gantenbein. Roman. st 286. 304 Seiten
- Stiller. Roman. st 105. 438 Seiten

Carole L. Glickfeld. Herzweh. Roman. Übersetzt von Charlotte Breuer. st 3541. 448 Seiten

Philippe Grimbert. Ein Geheimnis. Roman. Übersetzt von Holger Fock und Sabine Müller. st 3920. 154 Seiten

Katharina Hacker
- Der Bademeister. Roman. st 3905. 207 Seiten
- Die Habenichtse. Roman. st 3910. 308 Seiten

Peter Handke
- Kali. Eine Vorwintergeschichte. st 3980. 160 Seiten
- Mein Jahr in der Niemandsbucht. st 3084. 632 Seiten

Marie Hermanson
- Der Mann unter der Treppe. Übersetzt von Regine Elsässer. st 3875. 250 Seiten.
- Muschelstrand. Roman. Übersetzt von Regine Elsässer. st 3390. 304 Seiten.
- Das unbeschriebene Blatt. Roman. Übersetzt von Regine Elsässer. st 3626. 236 Seiten

NF 266/3/2.08

Hermann Hesse
- Das Glasperlenspiel. Versuch einer Lebensbeschreibung des Magister Ludi Josef Knecht samt Knechts hinterlassenen Schriften. st 2572. 616 Seiten
- Der Steppenwolf. Roman. st 175. 288 Seiten
- Siddhartha. Eine indische Dichtung. st 182. 136 Seiten
- Unterm Rad. Materialienband. st 3883. 315 Seiten

Yasushi Inoue. Das Jagdgewehr. Übersetzt von Oskar Benl. st 2909. 98 Seiten

Uwe Johnson
- Mutmassungen über Jakob. Roman. st 3128. 298 Seiten
- Eine Reise nach Klagenfurt. st 235. 109 Seiten

James Joyce. Ulysses. Roman. Übersetzt von Hans Wollschläger. st 2551. 988 Seiten

Franz Kafka
- Amerika. Roman. Mit einem Anhang (Fragmente und Nachworte des Herausgebers Max Brod). st 3893. 310 Seiten
- Das Schloß. Roman. st 3825. 423 Seiten. st 2565. 432 Seiten
- Der Prozeß. Roman. st 2837. 282 Seiten

Daniel Kehlmann. Ich und Kaminski. Roman. st 3653. 174 Seiten.

Andreas Maier. Wäldchestag. Roman. st 3381. 315 Seiten

Magnus Mills
- Die Herren der Zäune. Roman. Übersetzt von Katharina Böhmer. st 3383. 216 Seiten
- Indien kann warten. Roman. Übersetzt von Katharina Böhmer. st 3565. 229 Seiten
- Zum König! Roman. Übersetzt von Katharina Böhmer. st 3865. 187 Seiten

NF 266/4/2.08

Cees Nooteboom
- Allerseelen. Roman. Übersetzt von Helga van Beuningen. st 3163. 440 Seiten
- Rituale. Roman. Übersetzt von Hans Herrfurth. st 2446. 231 Seiten.

Elsa Osorio. Mein Name ist Luz. Roman. Übersetzt von Christiane Barckhausen-Canale. st 3918. 434 Seiten

Amos Oz. Eine Geschichte von Liebe und Finsternis. Roman Übersetzt von Ruth Achlama. st 3788 und st 3968. 829 Seiten

Marcel Proust. In Swanns Welt. Auf der Suche nach der verlorenen Zeit. Übersetzt von Eva Rechel-Mertens. st 2671. 564 Seiten

Ralf Rothmann
- Junges Licht. Roman. st 3754. 236 Seiten
- Stier. Roman. st 2255. 384 Seiten

Hans-Ulrich Treichel
- Menschenflug. Roman. st 3837. 234 Seiten
- Der Verlorene. Erzählung. st 3061. 175 Seiten

Mario Vargas Llosa
- Das böse Mädchen. Roman. Übersetzt von Elke Wehr. st 3932. 395 Seiten
- Tante Julia und der Kunstschreiber. Roman. Übersetzt von Heidrun Adler. st 1520. 392 Seiten

Martin Walser. Ein fliehendes Pferd. Novelle. st 600. 151 Seiten

Carlos Ruiz Zafón. Der Schatten des Windes. Übersetzt von Peter Schwaar. st 3800. 565 Seiten

NF 266/5/2.08